다중격변 창조론

창조론대강좌 시리즈 1권

다중격변 창조론

: 다중격변모델로 재해석한 격변의 지구 역사

A Catastrophic History of the Earth

: Reinterpreting the History of the Earth in terms of Multiple Catastrophes

양승훈 지음

SFC

아버님이자 큰 스승이셨던

故 양명철 장로님(1915-1978)을

추모하며…

With Loving Memory of

Elder Myung Chul YANG(1915-1978)

My Dad,

Best Mentor,

Creative Farmer,

Powerful Preacher,

Great Church Planter

차례

추천의 글 9
시리즈 서문 11
서문: 단일격변에서 다중격변으로 15
감사의 글 19

제1강 다중격변과 지사학 이론 25
제2강 다중격변과 지층퇴적 모델 71
제3강 다중격변과 지구의 역사 107
제4강 다중격변과 화석의 증거 149
제5강 다중격변과 소행성 충돌 167

제6강 다중격변과 K-T 경계멸종	213
제7강 다중격변과 빙하기 논쟁	249
제8강 다중격변과 북미주 증거들	287
제9강 다중격변과 성경해석	327

부록　　　　　　　　　　　　355
주(註)　　　　　　　　　　　 361
색인　　　　　　　　　　　　409
후원기관 및 저자 소개　　　　423

추천의 글

　믿음의 영성과 지성과 열정을 함께 소유하는 것은 그리 쉬운 일이 아닙니다. 그런 면에서 제가 오래전부터 양승훈 박사님과 늘 교제할 수 있었다는 것은 참으로 큰 하나님의 은혜였습니다. 양 박사님은 학문적 순발력과 깊은 영성을 함께 소유한 이 시대의 보기 드문 하나님의 일꾼입니다. 양 박사님의 믿음과 기독교세계관과 학문에 대한 열정은 이미 기독세계관학술동역회와 밴쿠버세계관대학원(VIEW) 뿐 아니라 30여권에 이르는 탁월한 저서들을 통해 저를 비롯한 많은 분들에게 감동과 도전을 주어왔습니다. 양 박사님이 이번에 창조론의 지평을 새롭게 여는 국내 최초의 본격적인 창조론 종합 연구서『창조론대강좌 시리즈』를 내게 된 것을 하나님께 감사드립니다.
　저는 1981년 한국에서 창조론 운동이 시작된 이래 한국인에 의한 본격적인 창조론 연구 저작이 빈약했음을 늘 안타깝게 생각해 왔습니다. 그런 가운데 양 박사님을 통해『창조론대강좌 시리즈』라는 한국인 저자가 쓴 최초의 본격적인 창조론 종합 연구 시리즈가 출간된 것은 하나님의 선하시고 놀라우신 섭리임이 분명합니다. 이 책을 완성하기까지 양

박사님이 쏟은 30여 년의 눈물과 땀의 간증은 그 자체가 감동입니다. 늘 양 박사님을 존경하고 그 믿음과 열정을 옆에서 지켜보아왔던 저는 이 책의 탁월함과 중요성을 너무나 잘 알기에 모든 이들에게 적극 추천하는 바입니다.

조덕영 박사(목사, 전 한국창조과학회 대표간사, 창조신학연구소 소장)

시리즈 서문

한국에서 본격적으로 창조론 운동이 시작되던 1981년 1월, 내가 처음으로 접한 창조론은 창조과학이었다. 물론 그 이전에도 당시 건국대 물리학과 교수였던 주영흠 박사님을 통해 좀 다른 창조론(현재의 용어로는 진행적 창조론 혹은 날-시대이론)을 접하기는 했지만, 창조과학의 선명성과 전투성에 매료되어 창조과학이야말로 인생을 걸만한 일이라고 생각했다. 그래서 언젠가 창조론을 열심히 연구해서 좋은 책을 써보겠다는 꿈을 가졌다.

하지만 좋은 책을 쓴다는 것은 열정과 결심만으로 되는 것이 아니었다. 우선 창조론에 관해 내가 아는 것이 별로 없었고, 또한 창조론과 직접 연관되지 않은 반도체물리학 연구에 전념해야 하는 현실 속에서 창조론 연구는 꿈으로만 남아있을 뿐이었다. 하지만 뭔가 시작해야 한다는 생각을 갖고 틈나는 대로 한국창조과학회 활동에 참여하면서 (공저이지만) 『진화는 과학적 사실인가?』(1981) 등 번역 수준의 책들을 만들었다. 그 후에도 꾸준히 자료들을 모으고, 비록 강의록 수준의 글이었지만 조금씩 글의 틀을 잡아가기 시작했다.

체계를 잡은 첫 강의록으로는 1988년 대구에서 열린 창조론 지도자 훈련과정 교재로 만든 것이었는데, 이것이 기초가 되어 1990년 미국 메디슨한인장로교회에서 창조론 시리즈 강의를 위해 『창조론 서설』을 만들었다. 후에 이 강의록을 기초로 신학교 강의를 위한 『창조론 대강좌』 (CUP, 1995, 이하 『대강좌』)를 책으로 처음 출간했고, 이 책을 확장한 것이 오랫동안 많은 분들의 사랑을 받았던 『창조론 대강좌』 개정증보판 (CUP, 1996)이었다.

10년이면 강산도 변한다고 하는데, 어느덧 『대강좌』 개정증보판을 낸 지도 14년이 지났다. 창조론 분야의 중간층 독자들을 대상으로 한 이 책은 전문가들에게는 쉬웠고 일반인들에게는 다소 어려운 책이었다. 하지만 많은 분들이 애독해 주셨고, 여러 대학에서 교재로 사용하기도 했다. 하지만 시간이 지나면서 여러분들의 요청이 있었고, 실제로 개정해야 할 내용들이 많이 누적되었지만 여러 가지 사정으로 인해 개정판을 내지 못하고 있었다.

『대강좌』 개정증보판이 출간된 이후 이제는 서론격이기는 하지만 국내 저자들에 의한 창조론 책도 간간히 눈에 띄고 있으며, 외국 저자들의 책들도 소위 "팔릴만한" 책들은 어느 정도 번역이 되어있는 듯하다. 하지만 여전히 창조론 분야에서는 대중적인 책들이 주종을 이루고 있고, 그러다보니 좀 어려운 개념들이나 치밀한 논증을 소개할 수가 없었다. 이러한 요구를 충족하기 위해서는 부득불 『대강좌』를 단권이 아닌 시리즈로 출간할 필요가 있었다.

본 『대강좌』 시리즈는 다소 고급 독자들을 위한 책이라고 할 수 있다. 이전에 단권으로 출간된 『대강좌』에 비해 몇 권의 시리즈로 출간되는 본서에서는 중요한 창조론 이슈들을 좀 더 심층적으로 다루었다. 그 동안 창조론에 관한 나의 입장도 변했기 때문에 시리즈 제목을 바꾸는 것이 적절한 것 같지만, 이미 『대강좌』를 기초로 국내 저자들이 쓴 책들이 여러 권 출간되었기 때문에 연속성을 고려하여 "창조론 대강좌"를 시리즈 이름으로 사용하게 되었다.

본 시리즈를 집필하면서 주 독자층들을 어떻게 잡을 것인가를 두고 많이 고심했다. 기존의 『대강좌』 개정증보판을 출간하던 때에 비해 국내에서 창조론에 대한 논의가 많이 진전된 것을 생각한다면 좀 더 수준 있는 독자들을 대상으로 하는 책이어야 한다고 생각하면서도, 다른 한편으로는 여전히 처음 창조론을 접하는 분들을 위한 입문서 내지 대학 교양 교재 수준의 책들도 필요하다는 생각 때문이었다. 그래서 이번에는 일반인용과 전문가용으로 분리하여 출간하는 쪽으로 결론을 내렸다.

2006년, 예영에서 출간했던 『창조와 격변』은 일반인들의 창조론 교양과 대학 교양강좌를 위해 사용할 수 있도록 집필하였다. 그리고 본 시리즈는 좀 어폐가 있기는 하지만 일종의 전문가용, 즉 창조론을 제대로 공부하려는 독자들을 염두에 둔 책이라고 할 수 있다. 따라서 본 시리즈는 『창조와 격변』의 내용은 물론 그 책에 포함시키지 못했던 주제들과 내용들까지 포함시켰다. 분량은 많아졌지만 본 시리즈는 대학이나 교회에서 창조론을 가르치는 분들이나 창조론 대중 강의를 준비하는 분들에게 도움이 될 것이라 생각된다.

분권한 것 외에도 본 시리즈가 『대강좌』 개정증보판과 다른 점을 든다면 학술적으로 다중격변설을 포함시킨 것과 지구와 우주 창조 연대를 길게 잡은 점이다. 구체적으로 본 시리즈에서는 노아의 홍수만으로 지구의 모든 역사를 설명하던 기존의 단일격변설을 확장하여 다중격변설을 제시하고 있다. 다중격변설은 노아의 홍수 이전, 특히 창조주간에 지구에 대격변들이 여러 차례 있었으며, 노아의 홍수는 그들 중 마지막 전 지구적 격변이었다는 입장이다. 인류의 시작(아담과 하와의 창조)은 6,000년 내지 20만 년 전이라는 유연한 입장을 취했으며, 지구와 우주의 창조 연대는 현대 지구과학이나 우주론에서 제시하는 연대를 받아들일 수 있다는 입장으로 바꾸었다. 이 이론을 통해 (나와 같이) 젊은 창조연대와 단일격변설 사이에 끼여 고민하는 많은 분들이 해방되기를 기대한다.

이 외에도 본 시리즈 마지막 부분에는 창조에 대한 좀 더 자세한 신학적, 역사적 논의를 포함시켰고, 또한 이미 한국에 소개되어 논의되고 있는 지적 설계에 대한 내용도 일부 포함시켰다. 어떤 의미에서 생명의 기원과 직접 관련된 논의는 아닐지 모르지만 많은 사람들이 궁금해 하기 때문에 UFO에 대한 내용도 포함시켰다. 이전 『대강좌』 개정증보판에서 부록에 포함시켰던 창조론의 회고와 전망, 노아의 방주 탐사에 대한 내용은 정식으로 책 속에 포함시켰다.

아무쪼록 본 시리즈를 읽는 모든 분들에게 궁창의 빛과 같이 빛나는 지혜가 생기고, 많은 사람을 옳은 데로 돌아오게 하여 별과 같이 영원토록 비취는(단 12:3) 역사가 일어나기를 기대한다. 창조론에 빠져 지내면서 온갖 일들을 겪었던 지난 30여 년의 세월을 돌아보면서….

2011년 2월
저자

서문: 단일격변에서 다중격변으로

본 『다중격변 창조론』은 『대강좌』 시리즈의 첫 번째 책이자 가장 핵심적인 책이라고 할 수 있다. 다중격변의 아이디어는 본 시리즈 전체를 휘감는 틀이요, 기존의 창조과학과 가장 크게 다른 점이기 때문이다. 다중격변설(Multiple Catastrophism)은 내가 2004년 8월, 통합연구학회에서 발간하는 『통합연구』 17권(2호)에 "다중격변모델의 재고"라는 제목으로 발표한 것이며, 2006년 7월, 예영을 통해 출간한 『창조와 격변』 제14장에서 제시한 지구 역사에 대한 하나의 이론이다. 이 이론에서는 현재 지구상의 모든 지층과 화석은 한 차례(단일격변)가 아닌 여러 차례의 전 지구적, 혹은 국부적 격변으로 형성된 것이며, 이 격변들 중 마지막의 전 지구적 격변이 노아의 홍수일 거라고 본다.[1]

내가 다중격변설에 대한 확신을 갖게 된 가장 직접적인 출발점은 지구상에 존재하는 수많은 대형 운석공(隕石孔, crater)들이었다. 지금까지 지구상에는 전 지구적 멸종(격변)을 일으킬 수 있는 직경 100km 이상의 운석공만도 5개, 한 대륙을 멸종시킬 수 있는 직경 30km 이상의 운석공도 28개나 발견되었다. 이들은 대부분 지구 표면의 28%를 차지하는 육지에서만 발견되었으며, 만일 지구 표면의 나머지 72%를 차지하는 바다에 떨어진 운석들까지 포함한다면 이보다 3배 이상 늘어날 것이 분명하다. 이것은 지구 역사에서 전 지구적 격변이 우리의 생각보다 훨씬 더 많이 일어났음을 말해주는 분명한 증거라고 할 수 있다.

하지만 다중격변설의 기본 아이디어는 내가 처음 제시한 것이 아니다. 19세기 프랑스의 위대한 생물학자이자 창조론자였던 퀴비에(Georges Cuvier, 1769-1832)가 이미 200여 년 전에 제시한 것이었지만, 아쉽게도 당시에는 이 이론을 결정적으로 증명할 수 있는 지질학이나 지구과학, 천문학 등의 연구결과들이 별로 없었고, 그래서 오랫동안 이 이론은 진화론자들은 물론 창조론자들의 관심도 끌지 못했다. 나는 2003년에 우연히 영어로 번역된 그의 책을 읽게 되었다. 하지만 그의 다중격변 설명을 처음 접하는 순간 당시 단일격변설의 한계로 고민하던 내게 이 이론이 기존의 이론들로는 설명하기 어려운 지구 역사의 난제들을 설명할 수 있을지 모른다는 생각이 번개처럼 스쳐갔다.

이러한 나의 생각에 기름을 부은 것은 때마침 불고 있었던 "소행성 바람"이었다. 당시는 1994년 7월에 목성에 충돌한 슈메이커-레비 혜성(Comet Shoemaker-Levy 9)으로 인해 전 세계적으로 소행성 충돌에 대한 관심이 높아지고 있던 때였다. 이로 인해 지구도 소행성들과 충돌할 가능성이 있다는 주장이 제기되면서 지표면에 남겨진 운석공 연구가 활발하게 이루어지고 있었다. 이어 1978년 알바레즈 부자(父子)(Luis and Walter Alvarez)가 이끈 탐사대가 예측한, 중생대를 끝내게 한 대형 운석공이 멕시코 유카탄 반도 칙술룹(Chicxulub)에서 최종적으로 확인되었다. 때문에 운석공으로 인한 전 지구적 멸종의 확신은 점차 커지게 되

었다.[2]

소행성 충돌에 대한 관심들은 전문적인 연구들 및 수많은 논문과 책으로 발표되었다. 쏟아지는 전문 학자들의 연구 결과들을 접하면서 나는 어쩌면 퀴비에 당시에는 지질학적, 천문학적 증거가 부족하여 단순한 개념에 불과했던 다중격변설이 지구의 역사를 가장 바르게 설명할 수 있는 모델일 수 있다는 생각을 갖게 되었다. 그 후 시간이 지나면서 나는 이 모델이야말로 창조과학의 단일격변설이나 현대 지질학의 동일과정설로 설명할 수 없는 것들을 설명할 수 있을 거라는 확신이 점점 굳어져 갔다.

다중격변설의 기본적인 골격은 2004년 7월 23-26일, 내가 근무하는 밴쿠버 인근 트리니티 웨스턴 대학(Trinity Western University)에서 개최된 북미주 기독과학자협회(ASA/CSCA) 연차 대회에서 발표하면서 다듬었으며, 그 후 국내외 몇몇 곳에서 강의하고 또 대학원생의 졸업논문을 지도하면서 좀 더 다듬었다. 그러는 동안에 과학적으로나 성경해석학적으로 불분명했던 것들을 좀 더 분명하게 다듬을 수 있게 되었다. 과학철학자 라카토스(Imre Lakatos)의 표현을 빈다면, 다중격변설은 전진적 연구 프로그램(progressive research program)이라는 확신을 갖게 되었다.

다중격변설에서는 현대 지질학에서 절대연대를 측정하는 표준적인 방법으로 자리 잡은 방사능 연대측정법이나 현대 천문학에서 관측하고 있는 먼 우주(deep space)의 존재, 세계 곳곳에서 발견되는 대규모 운석공 등을 설명하기 위해 젊은 지구론자들이 제시하는 어색한 가정을 하지 않아도 된다. 이 외에도 다른 모든 생물들의 화석은 풍부하게 발견되는데 인류의 경우는 화석이 아니라 유골만이 출토되는지(대홍수 전에 그렇게 많은 사람들이 살았다는데), 왜 석유(해양 기원이라 추정되는)와 석탄

(육지 기원)이 같은 지역에서(예를 들면, 캐나다 앨버타 주) 생산될 수 있는지, 어떻게 그 단단한 현무암이(워싱턴주 컬럼비아 계곡 등에서 볼 수 있는) 그렇게 깊은 수로로 침식될 수 있었는지, 어떻게 그렇게 깊으면서 여러 지층들이 선명하게 구분되는 그랜드 캐년이 형성될 수 있었는지, 왜 130억 광년 이상 떨어진 은하들이 지금도 관측되는지 등등을 설명하기 위해 어색한 가정을 하지 않아도 된다.

물론 그렇다고 다중격변설로 지구상의 모든 것을 설명할 수 있는 것은 아니다. 이 이론에서도 과학적으로나 성경해석학적으로 어색한 부분이 전혀 없는 것은 아니다. 그러나 창조론에 본격적인 관심을 가졌던 지난 30여 년간 나의 경험으로 비추어 볼 때, 이 이론은 물밀 듯이 쌓이고 있는 과학적 연구 성과들을 성경적 관점에서 해석할 수 있는 가장 나은 모델이라 생각한다. 그러면서도 여전히 이 이론은 오늘날 관측할 수 있는 자연과 말씀의 수많은 증거를 바르게 이해하고 해석하려는 노력의 하나이며, 겸손하고 진지한 대화에 열려있는, 다시 말해 결정적인 반증의 증거가 나온다면 언제든지 폐기처분할 수 있는 일종의 "작업가설"(working hypothesis)이라고 할 수 있다.

끝으로 본서가 "많은 사람들을 옳은 데로 돌아오게" 하는데 작은 부분이라도 이바지하기를 바란다. 본서를 통해 기독교계 내에서는 물론 일반 지질학이나 고생물학, 지사학, 나아가 천문학, 우주론 등 유관한 여러 분야에서 지구역사에 대한 건강하고 생산적인 논의가 이어지고, 나아가 모든 독자들이 진리에 한 발자국 더 다가가는 작은 안내서가 되기를 기대한다.

감사의 글

어떤 책이라도 한 사람의 노력으로만 이루어질 수 없듯이 본 『창조론 대강좌』 시리즈 역시 완성하기까지 많은 분들이 도움을 주셨다.

우선 지난 1998년 8월부터 3년 간 본 시리즈를 준비할 수 있도록 재정 지원을 해 주신 창조회(회장 유성감리교회 유광조 목사, 총무 윤승호 목사) 여러 회원 목사님들(책 마지막에 있는 명단 참조)께 진심으로 감사드린다. 또한 2004년 가을, 원고 정리를 위해 위스콘신주 매디슨에서 50여 일 간 안식월을 보낼 수 있도록 물심양면으로 지원해주신 울산 소망정형외과 이선일 박사님, 전 메디슨 한인장로교회 장진광 목사님, 전 매디슨 사랑의 교회 황원선 목사님, 그리고 VIEW 원우회 여러분들께 감사드린다.

본 시리즈를 읽고 교정과 더불어 귀중한 조언을 주신 여러분들께도 감사드린다. 함께 공부하면서 본 시리즈의 미비한 점들을 지적해 준 제자 이성균, 박춘호 형제를 위시한 VIEW 창조론 연구회 멤버들에게 감사의 마음을 전한다. 특히 박춘호 형제는 나의 조교로서 지난 1년 간 원고 교정, 정리, 그림 편집 등 모든 면을 도와주었고, 현재 포항공대 박사과정

학생으로 공부하면서도 꾸준히 도움을 주고 있다. 마지막 원고 정리에 조교로 참여해준 유승훈 박사에게도 감사드린다. 유 박사는 서울대에서 재료공학으로 박사학위를 한 후 현재 VIEW에서 공부하고 있다.

한동대 생명공학부 곽진환 교수님은 본 시리즈의 오류들을 지적해주셨고, 개혁신학연구원의 이순태 박사님(조직신학)은 바쁜 시간 중에도 원고를 읽고 귀중한 조언을 해주셨다. 교정에 참여해 준 경북대 제자 오석규 실장(교원나라), VIEW 제자 이삼열, 이종윤, 정주원, 이원도 목사, 박준영 형제, 박관수 전도사께 감사드린다. 그 외에도 교정에 참여해주신 외국어대 영문과 김건이 형제, 한미정 선생님(국어), 최신혜 자매께도 감사드린다.

창조론 시리즈에 대해 귀중한 추천사를 써 주신 창조신학연구소 소장 조덕영 박사님(목사)과 경상대 백종국 교수님께도 감사드린다. 특히 조 박사님은 창조의 신학적, 철학적 의미에 대해 많은 조언을 해주셨으며, 나와 더불어 창조론으로 인한 눈물과 땀을 나눈 믿음의 동지였다. 또한 어려운 출판계 현실에도 불구하고 한정된 독자들을 위해 많은 천연색 사진과 그림이 들어가고, 분량도 많은 본 시리즈를 출판해준 SFC 출판부에 진심으로 감사드린다. 또한 진화론자이지만 『지질학 사전』이라는 좋은 책을 편찬해서 지질학 지식이 부족한 내게 큰 도움을 주신 전 경북대 교수 양승영 박사님께도 감사드린다.

"The Great Courses"라는 탁월한 DVD 강의 시리즈를 제작하여 나의 훈련이 부족했던 천문학, 지질학, 생물학 분야의 지식과 최근 연구 성과들을 보충하는데 큰 도움을 준 미국 The Teaching Company에 감사한다. 해당 분야에서 가장 탁월한 교수들이 강의한 "The Great Courses"의 내용들은 당연히 본 시리즈 곳곳에서 인용하였다. 교수들 중 몇몇은 기원에 관한 자신의 입장을 분명히 밝히기도 했지만, 자신의 입장을 밝히지 않은 채 전공분야의 지식을 전달하는데 충실한 이들도 있었다. 이들은 자신의 전문 분야에서 세계 정상의 실력과 더불어 전공지식을 다른 사람들과 소통하는데 탁월한 은사를 가진 학자이자 선생들이었다. 기원 연구와 관련하여 내가 수강했던 20여 강좌들 중에서 특히 본서 저술과 관련하여 도움이 된 강의들은 다음과 같다:

- L.M. Principe (Prof. of History of Science, Johns Hopkins U.) "Science and Religion" (12 강의)

- F. Gregory (Prof. of History of Science, U. of Florida), "The Darwinian Revolution" (24 강의)

- D. Christian (Prof. of History, San Diego State U.), "Big History" (48 강의)

- M.E. Wysession (Prof. of Geology, Washington U. in St. Louis) "How the Earth Works" (48 강의)

- J.J. Renton (Prof. of Geology, West Virginia U.) "Nature of Earth" (36 강의)

- A. Filippenko (Prof. of Astronomy, UC-Berkeley) "Understanding the Universe" (96 강의)

- M. Whittle (Prof. of Astronomy, U. of Virginia) "Cosmology: The History and Nature of Our Universe" (36 강의)

- F. Summers, (Prof. of Astrophysics, Space Telescope Science Institute) "New Frontiers: Modern Perspectives on Our Solar System" (24 강의)

- N. deGrasse Tyson (Director of Hayden Planetarium) "My Favorite Universe" (12 강의)

좀 이상하긴 하지만 카메라 회사에도 감사를 드리고 싶다. 본서에 사용된 많은 사진들은 일본 후지필름사에서 제작한 1세대 DSLR 카메라 FinePix S2 Pro에 니콘 렌즈(60mm 매크로, 18-32mm 광각, 28-200mm 줌, 70-300mm 망원)를 사용하여 촬영했다. S2 Pro는 여러 해 동안 수많은 탐사여행에서 나의 분신처럼 사용되었다. 이 카메라는 셔터를 너무 많이 눌러서 셔터만 한 번 갈았을 뿐 나머지 기능은 지금까지도 탁월하다. 좋은 카메라와 렌즈를 제작해서 내가 필요한 자료들을 구하는 데 큰 도움을 후지필름사와 니콘사에 감사드린다.

끝으로 본 『창조론대강좌』 시리즈 출간과 관련하여 가족들의 수고와 희생을 생각지 않을 수 없다. 결혼 전부터 시작하여 지난 30여 년 간 나의 창조론 공부를 격려해 준 사랑하는 아내 박진경 자매께 존경과 감사의 마음을 전한다. 아내는 늘 내가 이런 저런 "외도"의 유혹을 받을 때마다 일편단심으로 창조론에 대한 "정절"을 지킬 수 있도록 격려해 주었을 뿐만 아니라 창조론에 대한 나의 다중격변모델이 다듬어지는데 있어서 가장 성실하면서도 날카로운 토론자요 비판자이며 교정자였다.

또한 탐사여행 때문에 한 번도 "순수한" 휴가를 갖지 못한 것을 참아 준 아이들에게 미안함을 느낀다. 이번 원고가 끝나면 좀 더 많은 시간을 함께 보내며 한 번이라도 휴가다운 휴가를 가져야겠다고 다짐해 보지만 그러는 사이 늦둥이를 제외한 나머지 세 아이들은 모두 장성해 버렸다!! 이젠 휴가를 갈 형편이 되더라도 함께 갈 수 있는 아이들이 없어져 버렸다! 어쩌면 그런 아쉬움 속에 사는 것이 인생이거니 생각해 본다. 아이들 중에서도 본서에 사용된 여러 그림들을 그리고 다듬는 컴퓨터 작업을 도와준 둘째 아들 창모에게 특히 감사한 마음을 전한다.

2011년 2월
명철의 집 서재에서
저자

제1강

다중격변과 지사학 이론

> "내가 땅의 기초를 놓을 때에 네가 어디 있었느냐 네가 깨달아 알았거든 말할지니라"(욥 38:4)

인간은 본성적으로 우주와 주변 세계, 그리고 자신의 기원에 대한 호기심을 갖고 있다. 이것은 인간이 태어날 때부터 인지 구조 속에 깊이 뿌리박힌 일종의 존재론적 본능이라고 할 수 있다. 어떤 사람은 기원에 관해 논리적으로 골똘히 사고하지만 어떤 사람은 막연히 생각한다. 자신이 어디서 왔는지에 대해 심각하게 생각하지 않는 사람들도 일상의 분주함이 그 호기심을 함몰하였을 뿐, 자신과 주변 세계가 어디서 왔으며, 어디로 가는지에 대해 아무런 생각을 갖지 않고 살아가는 사람은 없다고 할 수 있다.

인류 역사를 살펴보더라도 인간은 처음부터 끊임없이 자신과 주변 세계가 어떻게 존재하게 되었는지를 설명하려고 무던히 애를 써왔음을 볼 수 있다. 나라와 민족들의 수많은 신화나 전설, 여러 종교들의 경전에는 예외 없이 기원에 관한 나름대로의 생각들이 표현되어 있다. 우리는 고대인들의 동굴 벽화나 피라미드 벽화로부터 현대 첨단 과학 연구실에서 이루어지고 있는 연구에 이르기까지 사람들은 자신이 누구이며, 어디서 왔다가 어디로 가는 존재인가를 알기 위해 분투하고 있음을 볼 수 있다.

그래서 기원에 대해서는 수많은 이론들이 존재한다. 황당무계한 이론으로부터 꽤 논리적이고 현대 과학적 지지를 받는 이론에 이르기까지… 하지만 기원에 관한 수많은 이론들이 존재하지만 이들을 크게 나누면 자연주의적 견해와 유신론적 견해로 나눌 수 있다.

1. 유신론과 자연주의

　기원에 관한 자연주의적 견해에도 다양한 종류가 있고, 또한 입장들마다 조금씩 철학적 함의가 다르다. 하지만 본서의 논의와 관련지어 볼 때 자연주의는 만물을 우주 내부에 존재하는 자연적 원인으로만 설명하려는 시도라고 할 수 있다. 결국 자연주의에서 우주는 "스스로 존재하는 자"이다. 여기서 우주는 그 자체가 존재의 원인이자 이유이며, 목적이라고 본다. 그러므로 자연주의자들은 우주는 그 자체를 설명할 수 있는 모든 것을 포함하고 있기 때문에 우주를 설명하기 위해 어떤 "비자연적인" 혹은 "초자연적인" 존재의 가정이 필요치 않다고 본다.

　이에 비해 유신론은 다르다. 유신론에도 많은 종류들이 있겠지만, 이들의 공통점은 만물은 우주 내적 원인으로만 설명할 수 없으며, 궁극적으로 이 우주나 물질세계 바깥에 존재하는 초월적 존재를 가정해야 바르게 설명할 수 있다고 본다. 물론 이 초월적 존재를 어떻게 정의하는가에 따라 다양한 종교나 철학사조들이 존재하지만, 유신론자들은 우주의 존재와 이유, 목적 등은 자연 외적인 존재나 초월적 존재와 불가분의 관계가 있다고 본다.

　본서에서 다루고자 하는 지구의 기원에 관한 견해도 크게 자연주의적 입장과 유신론적 입장으로 나누어 볼 수 있다. 이 두 입장은 특정한 이론이라기보다 여러 이론들의 배경에 있는 신념이라고 할 수 있다. 그러므로 동일한 관찰결과나 데이터라도 어떤 사람은 자연주의적 입장에서, 어떤 사람은 유신론적 입장에서 해석할 수 있다. 물론 유신론자라고 해도, 아니 같은 신앙을 가진 사람이라고 해도 세부적인 점에서는 의견이 동일하지 않을 수 있다. 그러므로 기원에 관한 논쟁은 비단 그리스도인과 비그리스도인 사이의 논쟁으로만 국한되지 않는다. 그리스도인들 간에도, 심지어 비슷한 신학적 입장을 가진 사람들 사이에서도 기원에 관한 세부적인 의견은 얼마든지 다를 수 있다.

이런 점을 염두에 둔 채, 본서에서는 크게 두 가지 기원 논쟁을 살펴보고자 한다. 하나는 자연주의적 견해와 유신론적 견해 간의 기원 논쟁을, 또 다른 하나는 유신론자들, 그 중에서도 복음주의권 내에서 일어나고 있는 창조론 논쟁을 살펴보고자 한다.

20세기 후반부터 시작된 기원 논쟁에서 가장 뜨거운 이슈는 다음 두 가지 질문으로 요약될 수 있다: (1) 지구/우주의 연대는 얼마나 되었는가?; (2) 현재의 지층과 지형은 어떻게 형성, 변천되었다고 해석할 수 있는가? 이 두 가지 질문은 서로 밀접하게 연관되어 있으며, 이에 대한 대답을 어떻게 하는가에 따라 창조론은 격변설과 동일과정설(균일설 혹은 제일설) 혹은 국부홍수설로 나눌 수 있다.[1]

본 장에서는 먼저 동일과정설과 격변설의 기본적인 전제를 소개한 후 어느 이론이 지질학적 증거들을 더 잘 설명할 수 있는지 살펴보고자 한다. 격변설과 관련해서는 격변의 범위와 특성, 횟수 등을 성경의 기록과 지질학적 증거들을 함께 비교하며 살펴볼 것이다. 특히 문자적 성경 해석을 믿는 미국 창조과학연구소(Institute for Creation Research, ICR)를 중심으로 제시되고 있는 단일격변설(대홍수설)과 진보적 복음주의 과학자들의 모임인 미국 기독과학자협회(American Scientific Affiliation, ASA)를 중심으로 제시되고 있는 국부홍수설, 이 두 이론의 난점을 극복하기 위해 내가 제시한 다중격변설을 소개할 것이다.

2. 동일과정설

동일과정설은 현대 지질학이 시작된 18세기 후반부터 본격적으로 제시된 이론으로서 오늘날 지질학의 척추를 이루고 있다. 동일과정설에서는 다음과 같은 다섯 가지 원리에 근거하여 지구역사를 해석한다.[2]

첫째, 지층누중의 법칙(地層累重의 法則, law of superposition)이다. 이 법칙에 의하면 퇴적암층에서 지층이 역전(逆轉)되지 않는 한, 아래쪽에 있는 지층이 위쪽에 있는 지층보다 먼저 형성되었다고 할 수 있다. 이는 모든 상대적 지질 연대 결정의 근거가 되는 법칙으로서 덴마크의 지질학자 스테노(Nicolas Steno)가 1669년에 처음 제창한 것이다.[3]

그림 1-1 수많은 지층으로 이루어진 지층. 역전되지 않는 한 아래 지층이 위 지층보다 오래되었다고 할 수 있다. ⓒ양승훈

둘째, 동물군천이의 법칙(動物群遷移의 法則, law of faunal succession)이다. 이 법칙에 의하면 지층에서 출토되는 화석군의 변천을 조사하여 지층들의 선후 관계를 알 수 있다. 이는 같은 생물 화석이 나오는 지층은 같은 시대에 생겼다는 가설로서 화석의 변천을 이용해 지층의 선후

관계를 밝히는 데 중요한 역할을 한다. 특정한 시대에만 출토되는 화석을 흔히 표준화석(標準化石, index fossil)이라고 하며, 이 표준화석을 기준으로 진화론자들은 진화가 덜 된 생물일수록 오래된 생물이라고 해석한다.[4] 이것은 영국의 지질학자 스미스(William Smith)가 우연히 발견한 것으로서 이 법칙을 통해 지질학자들은 멀리 떨어진 지층들을 비교할 수 있게 되었고, 지층의 상대적 연대를 결정할 수 있게 되었다.[5] 표준화석에 비해 특정한 지질시대의 생태학적 환경을 이해하는 데 중요한 역할을 하는 화석을 시상화석(示相化石, facies fossil)이라고 부른다.[6]

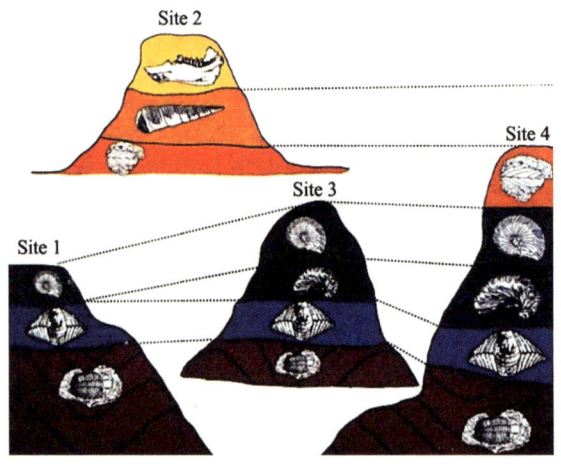

그림 1-2 지층에 따라 출토되는 화석들이 다르기 때문에 멀리 떨어진 지층이라도 화석을 비교함으로 지층의 상대적 연대를 결정할 수 있다.

셋째, 부정합의 법칙(不整合의 法則, law of unconformity)이다. 부정합이란 한 암석층 위에 상당한 기간 동안 퇴적이 일어나지 않고 있다가 다시 퇴적되는 것을 부정합이라 하고, 이 두 암석층 사이의 경계면을 부정합면이라고 부른다.[7] 부정합의 법칙은 암석층의 선후관계를 밝히는 법칙으로서 이 법칙에 의하면 부정합면을 경계로 위, 아래층 사이에 큰 시간차가 존재한다. 지층의 부정합이 존재할 때 부정합면의 아래 지층은 위 지층보다 훨씬 오래된 것이며, 두 지층의 화석을 비교하여 지질 시대를 구분한다.

그림 1-3 그랜드 캐년에서 볼 수 있는 고생대 캄브리아기와 선캄브리아기 부정합이 화살표로 표시되어 있다. ⓒ양승훈

넷째, 동일과정의 법칙(同一過程의 法則, law of uniformity)이다. 동일과정의 법칙은 "현재는 과거를 아는 열쇠"(The present is the key to the past)라고 말한 영국의 허튼(James Hutton)에 의해 제창되었으며,[8] 다윈의 진화론의 직접적인 기초를 제공한 라이엘(Charles Lyell) 등이 지지하였다.[9] 이 법칙은 현재 지구상에서 일어나고 있는 풍화, 침식, 퇴적 및 지진, 화산활동 등과 같은 지각 변화는 과거 지질시대에도 거의 동일한 속도와 규모로 일어났다는 이론으로서 현대 지질학에서 지질 현상을 해석하는 기초적인 원리가 되고 있다.

그림 1-4 동일과정설 지질학을 제창했던 영국의 허튼(좌)과 라이엘

다섯째, 관입의 법칙(貫入의 法則, law of intrusion)이다. 이 법칙은 관입 당한 암석이 관입한 암석보다 먼저 생겼다는 이론으로서, 지층이나 암석 생성의 시기적 선후 관계를 알 수 있게 한다. 이 법칙에 의하면 마그마가 기존의 암석들을 뚫고 들어와 굳어진 경우 이 마그마가 굳어서 된 화성암(火成巖, igneous rock)은 관입을 받은 암석들보다는 나중에 형성되었다고 해석할 수 있다. 물론 이것은 관입을 받은 암석이 화성암을 만든 용융상태 마그마보다 더 오래 되었다는 의미는 아니다. 이것은 쌓아놓은 목재들 사이의 빈틈에 얼음이 얼어 있을 때 얼음보다 목재가 그곳에 먼저 있었다는 논리이기 때문에 자명한 듯이 보인다. 하지만 목재는 물이 목재 사이에 들어와 얼기 전부터 그곳에 있었다고 할 수 있지만 목재가 얼음이 되었던 물보다 더 오래 되었다는 의미는 아니다.

요약하자면 동일과정설의 원리들은 공통적으로 지질학적 과정의 연속성을 강조하고 있다. 1790년에서 1830년 사이, 영국의 허튼, 라이엘, 스미스 등에 의해 기초가 놓인 동일과정설은 대부분의 지표면의 모양과 지층을 강, 바다, 빙하, 비, 눈, 바람과 같은 알려진 물리적인 요인들의 작용으로 설명할 수 있다고 하였다. 이들에게 "현재는 과거의 열쇠"(The present is the key to the past)였다. 과거에도 오늘날과 같은 점진적인 퇴적 과정이 있었고, 이러한 점진적인 과정에 의해 지층이 형성되기 위해서는 장구한 세월이 소요되었다고 보았다. 그리고 지층 속에서 출토되는 화석은 오랜 세월에 걸쳐 일어난 진화과정을 보여준다고 설명하였다. 그러므로 동일과정설에서는 지질학적 현상들을 설명하기 위해 노아의 홍수와 같은 일회적이고 전 지구적인 격변을 가정할 필요가 없다.[10]

3. 국부홍수설

이러한 동일과정설은 세속 지질학자들 뿐 아니라 기독교계 내에서도, 많은 지지자들을 확보하고 있다. 기독교계에서 동일과정설은 국부홍수설(局部洪水說, local flood theory)이란 이름으로 제시되고 있다. 국부홍수설은 창세기 6-8장에 기록된 노아의 홍수를 하나님이 인간을 멸망시키기 위해 일으킨 홍수로 보기는 하지만 전 지구적이 아닌, 지역적 홍수로 보는 입장이다. 일반적으로 창조론자들 중에서는 창조주간의 하루를 긴 시대로 보는 날-시대 이론(day-age theory)이나 긴 지질시대 동안 하나님께서 점진적으로 창조하셨다고 보는 진행적 창조론(progressive creationism)을 지지하는 사람들에게서 국부홍수설을 지지하는 사람들이 많다.[11] 그러면 이들이 국부홍수설을 지지하는 근거는 무엇인가?

첫째, 국부홍수설을 지지하는 사람들은 영어 성경과는 달리 히브리어 성경에서는 노아의 홍수가 전 지구적이었는지에 대해 다소 애매모호하게 표현하고 있다고 주장한다. 예를 들면, 창세기 7장 4절에서 "나의 지은 모든 생물을 지면에서 쓸어버리리라"(I will wipe from the face of the earth every living creature I have made)라는 영어표현과는 달리(23절에도 비슷한 표현이 있음) 히브리어 성경에서는 홍수가 전 지구를 덮었다거나 홍수로 모든 생명체들이 죽었다는 명시적 표현이 없다는 것이다. 실제로 한글의 "지면", 영어의 "the face of the earth"라는 표현에서 the earth는 지구 전체를 의미하는 "에레쯔"(אֶרֶץ)보다는(창 1:1) "아다마"(אֲדָמָה)를 사용하고 있다. 아다마는 아담과 같은 어원을 가진 말로서 성경 다른 곳에서는 땅, 토지, 전지, 흙, 세상, 티끌, 고향, 고국, 고토 등으로 번역되었다.

둘째, 국부홍수설 지지자들은 네피림의 존재를 근거로 제시한다. 민수기 13장 13절에 보면, "네피림 후손 아낙 자손 대장부들"이란 표현이 나온다. 그런데 창세기 6장 4절에 의하면, 이 네피림은 홍수 전에 살았던 사람들이라고 볼 수 있다. 그런데 이들이 노아의 홍수가 난 후에도 그 이름이 등장하는 것으로 미루어 이들의 일부는 노아의 홍수 때 죽지 않고 살아남은 사람들이었다고 해석할 수도 있다는 것이다.

하지만 이 주장에 대해서는 반론도 만만치 않다. 즉, 민수기의 기록은 이스라엘 정탐꾼들이 아낙 자손을 먼발치에서 훔쳐본 것을 기록한 것이지 그들의 족보를 따져보고 한 얘기가 아니기 때문에 정확하다고 하기는 어렵다. 또한 혹 노아 홍수 이전에 살았던 네피림 말고 네피림이란 이름을 가진 다른 종족들이 있었을 가능성도 배제할 수 없다. 그러므로 네피림에 대한 언급만으로 국부홍수설의 성경적 기초로 삼는 것은 무리가 있다는 것이다.

셋째, 국부홍수설 지지자들은 교회사적 증거를 근거로 제시한다. 예를 들어, 다메섹의 BC 1세기, 로마의 아우구스투스 황제 시절 시리아의 역사가이자 철학자였던 니콜라우스(Nicolaus of Damascus)가 한 말을 1세기 유대 역사가 요세푸스(Flavius Josephus)는 이렇게 인용한다: "…아르메니아에 큰 산이 하나 있는데, 전해지는 바에 의하면, 대홍수 때 많은 사람들이 그곳으로 도망하여 구원을 받았다고 한다; 방주를 탔던 사람은 그 산꼭대기 근처의 기슭에 도착했다. 아마 이 사람이 유대인들에게 율법을 준 모세가 기록했던 바로 그 사람이었을 것이다."[12] 이 외에도 고대 역사가들 중에는 노아의 홍수를 인정하면서도 그것을 다만 국부적 홍수로 언급한 사람들이 많다.[13]

그림 1-5 1세기 유대 역사가 요세푸스

우르의 홍수 퇴적층

　노아의 홍수를 메소포타미아 평야를 덮었던 국부적 홍수로 보는 것은 고고학적 연구와도 관련이 있다. 국부홍수설과 관련하여 특기할 만한 사람은 영국의 울리경(Sir Charles Leonard Woolley)이다. 울리를 비롯한 몇몇 고고학자들이 고대 도시 우르(Ur)에 대한 발굴을 통해 BC 3000년경에 거대한 홍수가 메소포타미아 지방을 휩쓸었다는 증거를 발견한 것이다.[14] 1922년부터 1934년까지 바그다드와 페르시아만 중간 사막지대에서 계속된 발굴을 통해 울리는 대홍수로 인해 이 지역의 문명이 갑자기 중단되었으며, 그 후에 다시 문명이 등장한 것을 생생하게 증명했다. 그리고 홍수 전 지층과 홍수 후 지층 사이에는 홍수에 의해 퇴적된 2.4m(8ft) 정도의 두꺼운 진흙층이 존재하고 있었다.[15]

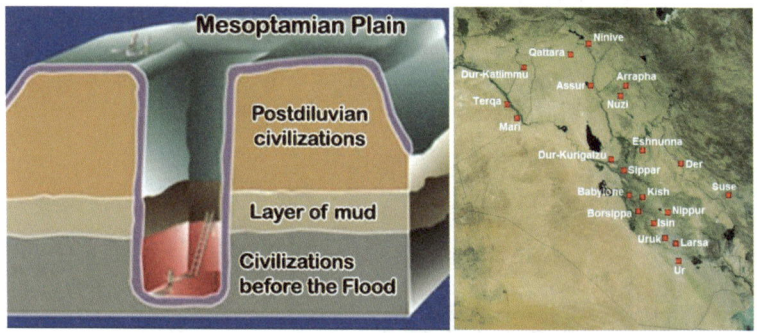

그림 1-6 울리가 메소포타미아 평원의 발굴을 통해 발견한 홍수 퇴적층의 단면도와 BC 3000년 경 우르(Ur) 인근의 도시들

　울리 자신은 이 퇴적층이 노아의 홍수에 의한 것이라고 확신했다: "우리가 유일하게 가능한 증거로 발견한 홍수는 수메르 역사와 전설 상의 홍수이며, 노아의 이야기가 기초하고 있는 홍수라는 것에는 의심의 여지

가 없다."[16] 울리의 해석은 많은 사람들이 받아들였지만, 과연 울리가 발견한 퇴적층이 노아의 홍수에 의한 것이었을까? 여기에는 몇 가지 의문이 있다.

첫째, 울리는 우르에서 다섯 곳을 발굴했으나, 그 중 불과 두 곳에서만 홍수 퇴적층이 발견되었다는 점을 들 수 있다. 이것은 우르가 발견한 홍수가 전 지구는 커녕 우르 도시 인근도 다 덮지 않았음을 의미한다. 아무리 노아의 홍수가 국부적인 홍수였다고 해도 우르 도시조차 덮지 못했다면, 울리가 발견한 퇴적층은 노아의 홍수와는 무관한 홍수일 가능성이 높다.[17]

둘째, 우르와 더불어 유프라테스강 가에 위치한 키쉬(Kish), 파라(Fara), 니느웨(Nineveh)에서도 홍수 퇴적층이 발견되고 있는데, 이들의 연대가 우르의 것과는 다르다는 것을 들 수 있다. 키쉬의 퇴적층은 BC 2800년경으로 우르의 것보다 200여년 후의 퇴적층이며, 파라의 퇴적층은 BC 3000년보다 훨씬 더 오래된 지층이다. 니느웨의 퇴적층도 우르의 것보다는 좀 더 이른 지층이다. 이것은 우르의 퇴적층을 형성한 홍수와 다른 곳의 퇴적층을 형성한 홍수가 동일하지 않음을 의미한다.[18]

셋째, 우르와 위에서 언급한 몇몇 도시들을 제외한 다른 지역에서는 전혀 홍수 퇴적층이 발견되지 않는다는 점이다. 울리는 우르로부터 불과 6km 떨어진 오베이드(Obeid)에서 발굴했으나 홍수 지층을 발견하지 못했으며, 다른 발굴자들도 메소포타미아 지역 어디에서도 퇴적층을 발견하지 못했다. 메소포타미아 지역 뿐 아니라 시리아, 팔레스타인, 이집트 등 인근 나라에서도 홍수 퇴적층은 발견되지 않았다.[19]

이상의 결과로부터 내릴 수 있는 결론은 중동 지역에서 발견되는 홍수 퇴적층들은 일부 지역에서만 발견되고, 이들조차도 서로 연대가 같지 않기 때문에 노아의 홍수와는 무관한 것이라고 할 수 있다. 성경은 노아의 홍수가 매우 파괴적인 홍수였다고 기록하고 있음을 생각한다면, 노아의 홍수로 인한 퇴적층은 지금까지 중동 지방에서 발굴된 퇴적층보다 훨씬 이전에 일어났다고 볼 수 있다.

지금까지 살펴본 국부홍수설 역시 비슷한 규모의 홍수가 지금도 세계 도처에서 일어나고 있다는 점을 고려한다면 동일과정설에 속한다고 할 수 있다. 동일과정설에 의하면 현재 지구에서 일어나는 과정들이 과거에도 동일하게 일어났다. 즉, 현재 일어나고 있는 퇴적과 침식, 융기 등의 과정이 과거에도 오랜 세월에 걸쳐 동일하게 일어나서 현재와 같은 지구의 모양을 만들었다는 것이다.

오늘날의 지질학과 고생물학 체계는 동일과정설 위에 세워져 있으며, 현재 대부분의 지질학자들은 동일과정설을 구체적인 어떤 증거에 의해 지지되는가의 차원이 아니라 일종의 배경신념(background belief)[20] 내지 패러다임(paradigm)[21]으로 받아들이고 있다. 즉, 동일과정설은 의심할 여지가 없는, 당연히 맞는 이론이므로 모든 증거는 명시적, 암시적으로 그 위에서 해석되어야 한다는 것이다. 만일 동일과정의 가정 위에서 해석될 수 없는 현상이 있다면, 그것은 동일과정설이 틀린 것이 아니라 예외적인 현상이거나 동일과정의 가정 내에서 사람들의 해석 능력이 부족하기 때문이라고 생각한다. 그렇다면 과연 동일과정의 전제는 의심의 여지가 없는 사실일까?

4. 격변설

하지만 근래에 들어와 이러한 동일과정설은 곳곳에서 도전을 받고 있다. 비록 그러한 도전들은 대부분 아직 동일과정이라는 큰 패러다임 속에서 제기되고 있으며, 또한 동일과정의 원리로 설명하려고 노력하고 있지만 점점 동일과정의 패러다임으로는 설명할 수 없는 "이상현상들"(anomalies)이 쌓여가고 있는 것이 사실이다. 대표적인 예로서는 소행성 충돌을 생각해 볼 수 있다.

후에 좀 더 자세히 살펴보겠지만, 1978년 캘리포니아 대학 버클리 분교(UC Berkeley)의 알바레즈 부자(父子)(Luis and Walter Alvarez)를 중심으로 구성된 버클리팀은 이탈리아 북부 구비오(Gubbio)에서 중생대가 거대한 소행성의 충돌로 끝났다는 증거를 발견했다. 이어 1990년대에 멕시코 유카탄 반도의 칙술룹(Chicxulub)이라는 곳에서 실제로 충돌한 그 소행성의 운석공이 발견되면서 동일과정의 패러다임은 심각한 위협을 받게 되었다. 게다가 1994년, (비록 지구에서 일어난 일은 아니지만) 슈메이커-레비 혜성(Comet Shoemaker-Levy9)이 목성에 충돌하는 것이 관측되면서, 그리고 지구에도 이러한 운석 충돌의 흔적인 운석공들이 많이 발견되면서 동일과정설의 캠프에 속했던 지질학자들 중에도 지구의 역사를 보는 기존의 패러다임을 바꾸어야 하지 않느냐고 주장하는 사람들이 늘고 있다.[22]

지구 역사를 대격변으로 설명하는 사람들은 다시 단일격변설[대격변설(大激變說, catastrophism) 혹은 대홍수설(大洪水說, great flood theory)이라고도 불림]과 다중격변설로 나누어질 수 있다. 단일격변설은 주로 기독교인들이 성경의 기록을 근거로 주장한 경우가 많았다. 이들은 노아의 홍수를 지구 역사에서 일어난 유일한, 전 지구적 격변이었다고 주장한다. 이 주장은 안식교 지질학자였던 프라이스(George McCready Price)와 미국 창조과학연구소(ICR)의 창립자이자 초대 소장이었던 모리

그림 1-7 20세기 단일격변설을 부흥시킨 안식교인 프라이스(좌)와 미국창조과학연구소를 창설한 모리스

스(Henry Madison Morris), 그의 아들이자 현 창조과학연구소(ICR) 소장인 존 모리스(John Morris), 창조과학연구소(ICR) 지질학자인 오스틴(Steven A. Austin) 등의 창조과학자들이 지지하고 있다.

단일격변설

성경의 문자적 해석을 지지하는 창조과학자들로 대표되는 단일격변설에서는 지구 역사에는 단 한 차례의 전 지구적 대홍수(노아의 홍수)만이 일어났으며, 대부분의 지층과 화석 등 현재 지구의 모습은 노아의 홍수와 같은 전 지구적인 격변에 의해 단시간 동안에 갑작스럽게 형성되었다고 믿는다. 즉, 지구의 주요한 지질학적 구조들은 일회적이며 전 지구적이고 파괴적인 대홍수에 의해 불과 10개월 정도의 짧은 기간에 형성되었다고 본다.[23] 이 기간 동안 급속한 퇴적과 침식, 화산활동, 조산운동 및 조륙운동 등이 일어났으며, 대부분의 화석이나 지층도 이 대홍수 기간에

그림 1-8 단일격변설(노아홍수설)의 진원지가 되고 있는 미국 캘리포니아주 남부의 창조과학연구소
ⓒ양승훈

형성되었다고 본다.[24]

이처럼 지구의 역사를 단일격변설로 해석하게 되면 지층과 그 속에서 발견되는 화석, 빙하기 등에 대해서도 전혀 다른 설명을 해야 한다. 단일격변 지지자들은 지층과 화석이 단시간에 형성되었기 때문에 지층 속에서 발견되는 화석은 진화계열과는 아무런 관계가 없으며 단지 홍수 때 매몰되는 순서에 불과하다고 본다. 그리고 빙하기는 지질학적으로 여러 차례, 오랜 기간 동안 일어난 사건이 아니라 대홍수 기간 중이나 직후에 일어난 단기간의 현상이라고 본다. 그러므로 대홍수설은 지층이 수십만, 수백만 년 동안 천천히 형성되었다고 주장하는 동일과정설과는 정면으로 충돌한다.[25]

또한 단일격변 지지자들은 국부홍수 지지자들의 주장도 성경적이 아니라고 반박한다. 이들은 히브리 성경이 비록 전 지구적 홍수라는 말을 사용하지는 않았더라도 산들이 덮였다든지, 방주가 미니 항공모함 정도의 크기였다든지, 물이 감소하는 데만도 몇 달이 걸렸다든지, 방주가 높

그림 1-9 캐나다 브리티시 컬럼비아주(British Columbia, BC) Courtenay에 사는 윌슨(Ken Wilson)이 만든 노아의 방주 모형(1/100 축소 모형). 앞에 있는 노란색 물체가 버스 크기임을 고려한다면 노아의 방주가 얼마나 큰 지 짐작할 수 있다.[26] ⓒ양승훈

은 산꼭대기에 머물렀다는 등의 기록으로 볼 때, 적어도 성경은 명백히 전 지구적 홍수를 말하고 있다고 확신한다.

오스틴을 비롯한 창조과학자들은 우선 성경의 기록을 근거로 전 지구적 홍수를 주장한다. 그는 "온 지면에 물이 있으므로…"라는 창세기 8장 9절의 말씀은 대홍수의 규모를 보여준다고 주장한다. 실제로 여기서 지면이라고 할 때 사용한 단어는 지구 전체를 의미하는 "에레쯔"(אֶרֶץ)이며 7장 4절에서 말하는 흙이나 대지를 의미하는 "아다마"(אֲדָמָה)가 아니다.

또한 그는 대홍수가 전 지구적이었다는 사실은 창세기 7장 19절에 대한 히브리어 문맥상 피할 수 없는 결론이라고 주장한다: "물이 땅에 더욱 창일하매 천하에 높은 산이 다 덮였더니."[27] 그는 비록 창세기 기자의 지질학적 지식은 제한된 것이었지만, 창세기 7장 19절은 의심할 나위 없이 전 지구적 홍수였음을 보여준다고 주장한다.[28] 심지어 신약성경의 기자들조차 대홍수는 전 지구적이었음을 보여준다고 주장한다.[29]

더욱이 오스틴은 창세기 7장 11절에서 "그 날에 큰 깊음의 샘들이 터지며 하늘의 창들이 열려"라는 말은 대양의 해저에서까지 거대한 격변이 일어났음을 의미하기 때문에 대홍수는 전 지구적일 수밖에 없다고 주장한다. 그는 1883년, 인도네시아 크라카토아(Krakatoa) 화산이 폭발한 것을 노아 홍수 때 깊음의 샘들이 터진 것에 비유한다. 또한 공룡의 화석이 전 지구적으로 출토되고 있는 것이나 이리듐(Iridium, Ir)을 풍부하게 함유하고 있는 중생대 백악기와 신생대 제3기 경계면인 K-T 경계면이 전 지구적으로 출토되고 있다는 점도 전 지구적 홍수의 증거라고 주장한다.[30]

하지만 이에 대한 국부홍수 지지자들의 반박도 만만치 않다. 복음주의 진영에서 국부홍수를 주장하는 대표적인 학자는 전 칼빈대학 지질학자인 영(Davis A. Young)이라고 할 수 있다. 그는 단일격변설을 비판하면서 홍수를 일으킨 수원이라고 하는 궁창 위의 물, 즉 수증기층은 단순한 구름이었을 뿐이라고 주장한다. 이의 증거로 그는 창세기 7장 11절의 "하늘의 창들"(the floodgates of the heavens)이 시편 104편 13절의 "누각"(upper chambers), 시편 148편 4절의 "하늘 위에 있는 물들"(waters above the sky)이 대홍수를 일으킨 물이었을 것이라고 추정한다. 또한 창세기 7장 11절의 대홍수를 일으킨 "깊음의 샘들"(the springs of the

그림 1-10 1988년 캘리포니아 페퍼다인대학(Pepperdine University)에서 열린 미국 기독과학자협회(ASA) 연례회의에서의 영.[33] 그는 단일격변설에 대한 가장 탁월한 비판자였다. ⓒ양승훈

great deep)(창 7:11)이 잠언 8장 28절의 "바다의 샘들"(the fountains of the deep)과 같다고 주장한다.[31]

하지만 영이 성경적으로 노아의 홍수를 국부 홍수로서 증명하는 것은 그리 성공적이지 못한 것으로 보인다. 비록 세계적인 저명한 구약학자의 아들이지만, 영은 "하늘의 창들"이 시편의 "누각"이나 "하늘 위에 있는 물들"과 같은 것임을, "깊음의 샘들"이 잠언의 "바다의 샘들"과 동일한 것임을 증명하지 못한다.[32]

5. 단일격변설의 문제

그러면 단일격변설, 즉 대홍수설은 창조과학자들이 주장하는 것처럼 지구 역사의 모든 미스터리를 푸는 마스터 키일까? 노아의 홍수가 지층과 화석을 포함한 지구의 모습을 모두 설명할 수 있을까? 이 이론이 과학적으로 그리고 성경적으로 갖는 문제를 살펴보면 다음과 같다.

첫째, 단일격변설 혹은 대홍수설의 가장 큰 문제는 연대 문제라고 할 수 있다. 지구 역사에서 단 한 차례의 대규모 홍수만 있었다는 단일격변설은 현대 과학이 받아들이고 있는 방사능 연대측정법(radioactive dating)의 결과와 전혀 맞지 않는다. 즉, 현대 과학은 지구의 연대가 1만 년 이내라거나 모든 지층과 화석의 연대가 동일하다는 주장을 지지하지 않는다. 그러므로 지구의 절대 연대를 측정하는 대표적인 방법인 방사성 동위원소 연대측정법은 이 논쟁의 출발점이요 핵심이라고 할 수 있다.

방사성 연대측정법 비판자들이 가장 집중적으로 제기하는 의문은 크게 (1) 방사능 원소의 반감기는 일정한가? (2) 용융상태의 마그마가 굳기 시작했을 때 모원소만 있었는가? (3) 외부로부터 모원소나 자원소의 유출이나 유입이 없었는가? 등 세 가지로 요약될 수 있다.[34] 방사성 연대측정법은 100% 정확하다고는 할 수 없지만, 지금까지 제안된 다른 어떤 연대 측정법들보다 더 재현 가능하고, 상호검증이 가능한 방법으로 알려져 있다.[35]

둘째, 성경에 대한 단일격변설의 문자적 해석은 연대 문제와 충돌한다. 밀른(Rich Milne)과 볼린(Ray Bohlin)이 말한 것처럼, "성경적으로 보면 24시간으로 이루어진 여섯 번의 연속적인 하루와 전 지구적이고 격변적인 홍수가 맞는 듯이 보인다. 그러나 과학을 보면 우주와 지구가 오래되었다는 증거가 거의 압도적(nearly overwhelming)이다. 우리는 이 갈등을 어떻게 해결할 수 있는지를 모른다."[36] 창세기에 대한 문자적 해석에 의하면 지구는 엿새 동안에 창조되었다고 하지만, 지질학의 증거는 지구가 수십억 년 되었음을 제시하고 있다. 또한 성경은 거대한 전 지구적 홍수가 일어났다고 말하지만, 지질학에서는 그런 홍수의 증거를 찾을 수 없다.[37]

셋째, 국부홍수설과 단일격변설의 주장을 비교해 볼 때, 성경 기록만으로는 전 지구적인 홍수의 증거가 압도적이지만 지질학적인 면에서는 국부홍수설의 주장 또한 만만치 않음을 알 수 있다. 국부홍수 지지자들도 화석이나 화석 집산지 등의 형성은 급속하고 격변적인 매몰에 의해 일어난다는 점을 인정한다. 지질학자 영 역시 폭풍, 지진, 해일, 화산폭발, 홍수, 산사태(mud-slide) 등에 의해 화석이 형성된다는 점에는 동의한다. 그러나 그는 단일격변 지지자들과는 달리 이런 화석 형성이 단 한 차례의 전 지구적 격변에 의해 일어난다는 것에는 반대한다. 그는 그런 국부적 격변은 오늘날에도 일어나고 있으며, 화석이나 화석 집산지 등의 형성도 꼭 전 지구적 홍수를 가정해야만 설명할 수 있는 게 아니라고 주장한다.[38] 또한 영은 단일격변 지지자들은 대홍수 이전까지 지구가 수증기층으로 덮여있었고, 따라서 온실효과에 의해 전 지구적 기후는 따뜻하고 기온의 변동이 거의 없었다고 하지만, 이것은 페름기 암석에 남아있는 빙하기 흔적과 모순된다고 주장한다.[39]

넷째, 단일격변설은 20세기 지구과학의 최대 발견이라 할 수 있는 판구조론(板構造論, plate tectonics) 연구와도 충돌한다. 판구조론은 각 대륙의 대륙붕을 연결시키면 퍼즐 조각처럼 맞는다는 사실로부터 쉽게 유추할 수 있다. 판구조론에 의하면 지구는 중생대 삼첩기 이전에는 하나의 거대한 대륙, 즉 팡게아(Pangaea)로 존재하다가 그 후 북쪽의 로라시아(Laurasia) 대륙과 남쪽의 곤드와나(Gondwana) 대륙으로 분리되었으며, 이어 현재와 같은 5대양 6대주가 형성되었다고 본다.

그러나 단일격변설에서는 중생대가 아니라 지금부터 5천 년 전, 즉 대홍수가 일어나기 전까지, 심지어 대홍수가 발생했던 해의 초까지 대륙들은 하나로 존재했다고 본다. 그러므로 단일격변 지지자들은 하나로 존재하던 대륙이 불과 수 천 년 동안 현재의 위치로 이동했음을 설명할 수 있

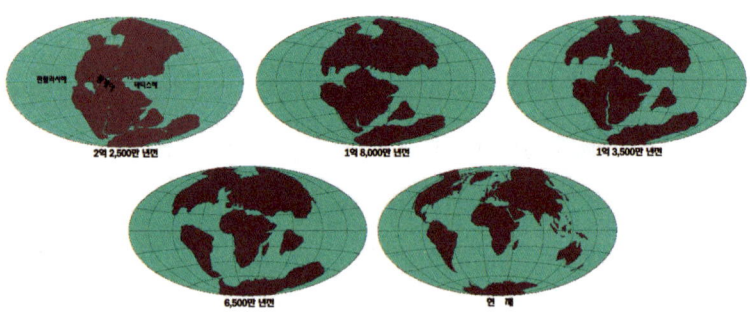

그림 1-11 판구조론. 지구상의 모든 대륙은 팡게아라는 한 초대륙으로부터 출발했다고 본다. 한 덩어리였던 대륙이 시간이 지나면서 이동을 하여 현재와 같은 모양이 되었다.

어야 한다. 만일 하나였던 대륙이 수천 년 동안 현재와 같은 형태로 이동했다면 엄청난 속도로 이동했어야 하는데, 역사 기간 내에 대륙이 그렇게 빠른 속도로 이동했다는 어떤 과학적 증거도 없다.[40]

다섯째, 단일격변설, 즉 노아 홍수에 따른 창조과학적 설명으로는 빙하기 때 낮아진 해수면과 이로 인한 사람들의 수중 주거지를 설명할 수 없다. 전 세계적으로 빙하기에는 현재보다 해수면이 100-150m 정도 낮아졌다는 확실한 증거가 있다. 그리고 그 기간 동안에 사람들은 해변 가까이 거주했으며, 해변 동굴 속에서 벽화 등을 그리는 등 나름대로 문화생활을 하면서 오랫동안 거주했다. 실제로 지중해 인근에서 이를 입증하는 동굴 등이 확인되고 있다. 물론 빙하기가 끝나면서 다시 해수면이 상승했기 때문에 빙하기의 인류 주거지는 현재 물속 깊은 곳에 있다.[41]

만일 창조과학의 주장대로 빙하기가 노아의 홍수 후기나 직후에 짧은 기간 동안 진행된 것이라면 잠깐 동안 해수면이 낮아진 것은 설명할 수 있을지 모르지만, 지금은 물속 깊이 잠겨버린 사람들의 주거지의 존재를 어떻게 설명할 것인가? 사람들의 주거지는 하루 이틀 만에 만들어질 수 있는 것이 아니다. 게다가 일부러 사람들이 수중 동굴 주거지를 만든다는 것은 기술적으로도 불가능하지만, 그렇게 할 이유도 없다. 그렇다면 해수면이 사람들의 주거지로 상승하기 전까지 사람들은 오랫동안 바닷가에 살았음을 의미한다. 이것은 빙하기가 노아의 홍수로 인해 생긴 짧은 기간의 현상이 아님을 분명히 보여준다.

여섯째, 단일격변설에 대한 비판은 지표면 혹은 지구 내부에서 마그마가 식으면서 형성된 화성암 연구에서도 제기된다. 단일격변 지지자들은 화성암은 홍수 중이나 홍수 후에 형성되었다고 하지만, 지질학자 영은 홍수 중이나 홍수가 끝난 직후에 결정화되었다고 보기에는 너무 시간이 짧다고 주장한다.[42] 영은 비교적 얕은 지표면에서 식은 화성암이라고 해도 냉각되어 결정화가 일어나기 위해서는 적어도 수백 년이 걸리며, 깊은 곳에서 퇴적암 속으로 관입된 거대 화성암괴들은 식는 데만도 수만 년 내지 수십만 년, 때로는 수백만 년이 걸리기도 한다고 주장한다.[43] 물론 이러한 심성암들이 지각의 운동을 통해 지표면까지 융기하는 시간을 고려한다면 이보다 훨씬 더 오랜 시간이 걸릴 수 있다.

그림 1-12 거대한 화강암으로 이루어진 미국 요세미티 국립공원. 이 거대한 화강암이 땅속 깊은 곳에서 냉각되어 융기하기까지는 적어도 백만 년 단위의 시간이 필요하다. ⓒ양승훈

　결론적으로 성경 기록이나 영적, 신학적인 의미에서 살펴본다면, 대홍수는 전 지구적이었다는 것으로 해석할 수도 있다. 창세기의 기록으로 미루어볼 때, 대홍수를 국부적 홍수라고 해석하는 것은 어색하다. 하지만 지질학적인 증거들을 볼 때, 지층들을 포함하여 현재 지구상의 여러 격변의 증거들을 모두 전 지구적인 일회적 홍수만으로 설명하는 것은 불가하다. 단일격변 지지자들은 급격한 지층의 형성을 보여주는 단골 메뉴로 미국 워싱턴주에 있는 세인트 헬렌스 화산(Mount St. Helens)을 제시한다. 그들은 이 화산의 폭발로 인한 급격한 지층 형성으로부터 전 지구

적 지층들이 모두 급격히 형성되었다는 주장을 하고 있지만 이것은 지나친 외삽이다. 지구의 역사를 살펴보면 급격한 퇴적이나 침식에 더하여 느린 퇴적이나 침식을 보여주는 증거들도 많기 때문이다.[44)]

그러면 단일격변설은 과학적으로 아무런 가치가 없는 것일까? 혹 현대 지질학의 동일과정 도그마가 단일격변의 강점들을 가리는 것은 아닐까? 아래에서는 대홍수에 대한 성경적 증거들을 재검토 하고자 한다. 이를 위해 먼저 지금까지 동일과정설에 근거한 국부홍수설과 단일격변설 양측에서 제시하는 홍수에 대한 주장들을 살펴보자.

6. 성경 해석과 대홍수

노아 홍수가 전 지구적이라는 것과 밀접한 관련이 있는 것은 노아 홍수의 특성이다. 대홍수설 지지자들은 홍수가 파괴적이었다고 주장하며, 전 지구적으로 분포되어 있는 화석 산지들은 파괴적인 격변의 부정할 수 없는 증거라고 본다. 또한 이들은 성경도 파괴적인 격변을 증거한다고 주장한다.

홍수의 특성과 격변의 횟수

성경은 반복해서 창세기 대홍수는 온 지면의 생명체들을 멸절시킨 파괴적인 사건이었다고 말한다. 특히 창세기 7장 19-24절의 기록은 전 지구적 홍수의 증거일 뿐 아니라 파괴적인, 즉 인류와 수많은 동물들을 멸절시킨 홍수의 증거라고도 볼 수 있다:

"물이 땅에 더욱 창일하매 천하에 높은 산이 다 덮였더니 물이 불어서 십오 규빗이 오르매 산들이 덮인지라 땅위에 움직이는 생물이 다 죽었으니 곧 새와 육축과 들짐승과 땅에 기는 모든 것과 모든 사람이라 육지에 있어 코로 생물의 기식을 호흡하는 것은 다 죽었더라 지면의 모든 생물을 쓸어버리시니 곧 사람과 짐승과 기는 것과 공중의 새까지라 이들은 땅에서 쓸어버림을 당하였으되 홀로 노아와 그와 함께 방주에 있던 자만 남았더라 물이 일백 오십일을 땅에 창일하였더라."[45]

그림 1-13 노아의 홍수는 전 인류를 멸망시킨 심판의 격변이었다.

이 외에도 노아의 홍수가 파괴적이었다는 것은 신약에서도 언급된다. 예수님은 분명히 노아의 홍수가 인류를 멸망시킨 전 지구적 홍수였다고 말씀하셨다: "노아의 때와 같이 인자의 임함도 그러하리라 홍수 전에 노아가 방주에 들어가던 날까지 사람들이 먹고 마시고 장가들고 시집가고 있으면서 홍수가 나서 저희를 다 멸하기까지 깨닫지 못하였으니 인자의 임함도 이와 같으리라"(마 24:37-39).

히브리서 기자나 사도 베드로 역시 노아의 홍수가 전 지구적 심판이었다고 분명히 말한다: "믿음으로 노아는 아직 보지 못하는 일에 경고하심을 받아 경외함으로 방주를 예비하여 그 집을 구원하였으니 이로 말미암아 세상을 정죄하고 믿음을 좇는 의의 후사가 되었느니라"(히 11:7); "그들은 전에 노아의 날 방주 예비할 동안 하나님이 오래 참고 기다리실 때에 순종치 아니하던 자들이라 방주에서 물로 말미암아 구원을 얻은 자가 몇 명 뿐이니 겨우 여덟 명이라"(벧전 3:20); "옛 세상을 용서치 아니하시고 오직 의를 전파하는 노아와 그 일곱 식구를 보존하시고 경건치 아니한 자들의 세상에 홍수를 내리셨으며"(벧후2:5). 아마 신약에서 노아의 홍수에 대해 가장 분명하게 언급하는 것은 베드로의 유언과 같은 베드로후서 3장 6절이라고 할 수 있다: "이로 말미암아 그때 세상은 물의 넘침으로 멸망하였으되" 이것은 하나님의 심판이 전 지구적 홍수로 나타났음을 말해준다.

이런 성경의 분명한 증언에도 불구하고 국부홍수 지지자인 영은 소위 "조용한 홍수"(tranquil flood)를 주장한다. 이의 증거로 그는 "성경은 홍수 후의 지표면의 모양은 근본적으로 홍수전의 지표면의 모양과 같았음을 강력히 시사한다"고 주장한다.[46] 영은 모세가 창세기를 기록할 당시 창세기 2장 10-14절에 기록된 에덴동산의 위치와 관련하여 언급된 티그리스강(그리스어 이름, 히브리어 이름은 힛데겔강)과 유프라테스강이 이스라엘 사람들에게는 퍽 친숙한 것이었음을 제시한다. 그래서 그는 "만일 홍수 전 지표면의 모양이 이스라엘 사람들이 익숙해져 있었던 홍수 후의 모양과 전혀 달랐다면, 모세가 티그리스강과 유프라테스강을 언급한 것이 별 의미가 없었을 것이다"고 주장한다. 그러면서 그는 이 두 강은 홍수 전이나 후에 모두 존재했으며, 이는 노아의 홍수가 전 지구 표면

을 바꿀 정도의 격변은 아니었음을 보여준다고 했다.[47]

과연 그럴까? 노아의 대홍수가 조용한 홍수였다는 영의 주장은 바로 같은 창세기 2장의 기록과 충돌한다. 창세기 2장에는 에덴동산에서 발원하는 강으로서 기혼(Gihon)강, 비손(Pishon)강, 티그리스강, 유프라테스강 등 네 개의 강이 언급되어 있다. 그러나 홍수 후 현재는 그 중 두 개만이 남아있고, 기혼강과 비손강은 홍수 기간 동안 물길이 사라졌거나 물줄기가 다른 강들과 합쳐진 것으로 보인다. 네 개의 강들 중 두개는 아직까지 그 이름이 남아있으나, 나머지 두개의 강이 사라진 것은 노아의 홍수가 매우 파괴적이었음을 보여주는 간접적인 증거가 된다.[48]

그림 1-14 에덴동산에서 발원했다는 네 개의 강 이름이 지금도 남아있기는 하지만, 노아의 홍수로 인해 물길이 바뀌었거나 없어졌을 가능성이 있다.[49]

그러면 격변의 횟수는 어떤가?

대홍수 지지자들은 노아의 홍수와 같은 전 지구적 격변은 한 차례만 일어났다고 주장한다. 즉, 그들은 화석을 포함하고 있는 지층의 존재나 지구의 주요한 지질학적인 현상들을 1년 미만 지속된 일회적인 전 지구적 홍수로 설명한다.[50] 그러나 과연 1년 미만의 짧은 홍수로 고생대로부터 신생대에 이르는 대부분의 지층과 그 속에서 발견되는 화석들을 설명할 수 있을까? 이 주장에 대해서는 국부홍수 지지자들의 반론이 보다 설득력 있다.

국부홍수 지지자들은 지구 역사에는 국부적 홍수를 비롯하여 크고 작은 국부적 격변들이 많이 일어났다고 본다. 이들은 노아의 홍수나 인간의 타락 이후 경과한 시간은 오늘날 볼 수 있는 많은 화석들과 이들을 포함하고 있는 퇴적암들을 만들기에는 턱 없이 짧다고 주장한다.[51] 이들은 "과거에 창세기 홍수와 같은 규모의 다른 지질학적 재앙들이 있었을 것이라고 가정하는 것은 정당하다. 다만 성경이 다른 사건들은 언급하지 않을 뿐이다"라고 주장한다. 성경이 다른 지질학적 격변들을 언급하지 않는 것은 그런 격변들이 없어서가 아니라 그것들이 노아의 홍수와 같이 하나님의 구원 계획에서 의미 있는 역할을 하지 않기 때문이라는 것이다. 영은 성경의 주요한 관심은 지질학보다 인간의 죄와 하나님의 은혜, 심판과 구원이라고 말한다.[52]

성경해석학적 반론

물론 보수적 성경관을 가진 사람들 중에도 노아의 홍수를 반드시 전 지구적이었다고 볼 이유가 없다고 주장하는 이들도 있다. 강서 성서아카데미 조성윤 목사는 개인적인 메일을 통해 홍수사건을 현대 관점에서 해석하기보다는 홍수를 직접 경험한 노아의 시각에서 본다면, 노아의 홍수를 전 지구적이었다고 볼 수 없다고 말한다. 노아홍수를 문자적으로 전 지구적 홍수로 보는 사람들은 "물이 땅에 더욱 창일하매 천하에 높은 산이 다 덮였더니 물이 불어서 십오 규빗이 오르매 산들이 덮인지라"(창 7:19)는 구절을 증거로 들지만, 그는 다른 성경적 용례들과 비교하여 이

를 이렇게 말한다:[53]

문제는 이런 용례들이 다른 곳에서도 사용되었다는 것입니다: "온 지면에 기근이 있으매 요셉이 모든 창고를 열고 애굽 백성에게 팔 새 애굽 땅에 기근이 심하여 각국 백성도 양식을 사려고 애굽으로 들어와 요셉에게 이르렀으니 기근이 온 세상에 심함 이었더라"(창 41:56-57). 여기서 '온 지면'과 57절의 '온 세상'은 애굽을 중심한 가나안 지역 전체를 가리키는 것이지, 문자적인 지구 전체의 땅을 말하는 것은 아닙니다. 다음 구절은 어떻습니까? "이스라엘 자손이 생육하고 불어나 번성하고 매우 강하여 온 땅에 가득하게 되었더라"(출 1:7). 물론 여기서의 '온 땅' 역시 지구 전체를 말하는 것이 아닌 애굽을 말하는 것이지요. 신약에도 이와 비슷한 용례가 있습니다: "그 때에 가이사 아구스도가 영을 내려 천하로 다 호적하라 하였으니"(눅 2:1). 이때의 '천하' 역시 지구 전체가 아닌 로마 중심권의 모든 지역임은 물론입니다. "그때에 경건한 유대인들이 천하 각국으로부터 와서 예루살렘에 머물러 있더니"(행 2:5). 이 역시 문자적인 지구 온 땅을 의미하는 것은 아니죠. 우리나라에도 유대인이 온 것은 아니니까요.

이것은 일리 있는 지적이라고 할 수 있다. 이외 비슷한 표현들은 복음서에서도 볼 수 있다. 예수님이 시험을 받을 때 "마귀가 또 그를 데리고 지극히 높은 산으로 가서 천하만국과 그 영광을 보여"(마 4:8)라는 구절이 있다. 여기서 지극히 높은 산은 헬몬산(Mount Hermon)으로 추정되는데 이 산의 높이는 2,814m이며, 날씨가 좋아서 멀리 볼 수 있을 때도 200km 이상을 볼 수 없다는 점을 고려한다면, 성경기자가 "천하만국"

이라고 표현한 것은 문자적인 의미라기보다는 관용적인 표현임을 알 수 있다.

그림 1-15 헬몬산. 높이가 2,814m인 이 산 위에서 천하만국과 그 영광을 본다는 표현을 거짓이라고 말할 수 있을까?[54]

하지만 이러한 표현들을 노아의 홍수 기록과 동일하게 생각할 수 있을까? 노아의 홍수에 대한 성경의 기록은 위에서 언급한 것처럼 "온 지면", "온 세상", "온 땅", "천하", "천하 각국", "천하만국" 등의 일회적이고 단순한 용어와는 구별된다. 노아의 홍수 기록은 앞뒤 문맥으로 봐서 과장법 혹은 문학적 표현이 분명한 것으로 보이는 다른 용례들과는 구별되는 것으로 보인다. 성경은 창세기 6장에서 8장에 이르는 긴 내용을 홍수 사건에 할애하고 있으며, 위에서 예를 든 성경 기록과는 달리 노아의 홍수가 전 지구적이었음을 매우 자세하고도 구체적으로 설명하고 있다.

물론 당시 사람들의 지식이나 성경 기자들의 지식이 부족해서 국부적 홍수를 전 지구적인 것처럼 착각했을 것이라는 주장도 가능하다. 하지만 한 가지 분명한 것은 적어도 성경 기자들은 국부적 사건이었던 노아의 홍수를 과장법, 상징법, 은유법 등 표현상의 문제로 전 지구적이었던 것처럼 기록하지는 않았을 것이라는 점이다. 성경 기자들은 노아의 홍수를 전 지구적인 사건으로 이해했음이 분명하다.

위의 논의를 요약하면 노아의 홍수를 국부적으로 보는 것은 성경적으로 어색해 보인다. 전 지구적 격변이라 해도 그 격변이 지구의 현재의 모습을 결정하는데 얼마나 큰 영향을 미쳤을까 하는 것은 논쟁의 여지가 있지만, 적어도 성경의 기록으로만 본다면 노아의 홍수를 전 지구적이었다고 보는 것은 정당한 것으로 보인다.

그러면 성경 해석과 관련하여 국부홍수설로부터 얻을 수 있는 통찰은 없을까? 단일격변 지지자들이 성경에 기록된 사건만 일어났고, 그 외에는 아무런 일도 일어나지 않았다고 주장하는 것에 대해 국부홍수 지지자들이 비판하는 것은 정당하다. 성경은 기록목적에 필요한 사건들만 기록했으며, 그것도 그 사건을 통해 전달하려는 중심적인 메시지에 가장 적절한 방법을 동원하여 기록하였다고 보는 것이 타당하다. 성경은 인간을 향하신 하나님의 사랑, 하나님의 구원계획을 전달하는데 꼭 필요한 인물이나 사건들만 기록하고 있다. 만일 성경이 지구 역사에서 일어난 격변들을 모두 기록한다면 성경은 더 이상 성경이 아니라 과학백과사전이 되어야 할 것이고, 우리는 한평생 읽어도 일독을 할 수 없을 것이다. 그러므로 지구 역사에서 노아의 홍수 이외의 격변들이 많이 일어났으리라고 보는 국부홍수 지지자들의 주장은 타당하다고 할 수 있다.

지금까지의 논의로부터 우리는 다음과 같은 몇 가지 잠정적인 결론을 내릴 수 있다: (1) 지난 30여 년 간 누적된 여러 격변들의 증거들은 명백히 동일과정설의 원리만으로는 설명할 수 없는 부분이 있다; (2) 동일과정설의 하나인 국부홍수설은 지질학적 문제에 더하여 성경 해석상의 문제가 있다; (3) 단일격변설은 연대측정 결과를 비롯하여 판구조론, 빙하기 등 여러 지질학적 증거들과 충돌하며, 역시 성경 해석상의 문제가 있다.

7. 다중격변설

이런 문제들을 해결하기 위해 내가 제안한 모델이 바로 다중격변설(多重激變說, Multiple Catastrophism)이다. 이 이론에서는 현재 지구의 모습이 과거 지구에서 일어난 수많은 격변들에 의해 형성되었다고 본다. 이 이론은 단일격변설처럼 격변을 받아들이지만 한 차례가 아닌 여러 차례의 국부적, 혹은 전 지구적 격변들이 있었다고 본다. 또한 이 이론은 단일격변설과는 달리 지구의 연대를 오래된 것으로 본다.

그러면 지구 역사에서 많은 격변들이 있었다면 구체적으로 어떤 격변들이 일어났으며, 그 결과는 어떠했을까? 먼저 격변의 예로는 대형 운석 충돌, 전 세계적인 화산폭발이나 지진, 해일, 대륙이동, 빙하기, 대규모 홍수나 산사태 등을 생각해 볼 수 있을 것이다. 그리고 이러한 대격변들은 생물의 멸종과도 밀접한 관련이 있다. 대격변의 원인이 무엇인가에 따라 우리는 지구 내부 원인에 의한 격변과 멸종, 그리고 지구 외적 원인에 의한 격변과 멸종으로 나누어 생각해 볼 수 있다.

지구 내적 원인에 의한 격변과 멸종

지구에 살고 있는 복잡하고 다양한 생명체들은 태양광, 공기, 물 등과 연결된 지구의 기후 변화에 예민하게 의존되어 있다. 이러한 지구 환경의 예민한 균형이 깨어지면 지구에는 대규모 환경 변화가 일어나며, 이는 곧 수많은 생물종의 멸종으로 이어진다. 지구의 역사를 살펴보면, 이러한 지구환경의 격변과 멸종은 주기적으로 여러 차례 일어났음을 볼 수 있다. 특히 근래에는 인간에 의한 대규모의 지구환경 변화가 일어나고

있으며, 전 지구적 멸종의 가능성이 점증하고 있다.[55]

한 예로, 대규모 화산 폭발을 생각해 보자. 지구 내부에는 엄청난 양의 화산 기체가 녹아 있는 거대한 마그마 챔버(magma chamber)들이 있다. 이러한 화산 기체들은 지구 내부에서 엄청난 압력과 높은 온도의 마그마와 함께 있을 때는 마그마에 용해된 상태로 존재한다. 그러나 격렬한 화산 활동을 통해 이 압력이 낮아지고 마그마가 지표면 가까이로 올라오게 되면 마그마로부터 화산 기체들이 재빨리 끓어올라 거대한 폭발을 일으킨다. 그러면 치명적인 화산 기체와 더불어 화산재, 암석 분말 등이 뜨거운 상승기류를 타고 성층권(고도 17-50km)에까지 올라가게 된다. 그리고 이러한 것들이 고공에서 바람을 타고 전 세계로 흩어지면서 지면을 덮게 되면, 심각한 기상이변이 일어남은 물론 농업이 불가능하게 되고, 인류의 문명도 심각한 위협을 받게 된다.

화산 폭발과 더불어 지진이나 해일 등도 지상의 생명체들에게 큰 위협이 될 수 있다. 지구의 판들이 충돌하면서 일어나는 대규모 지진이나 해일 등은 역사적으로 이미 여러 차례 (국부적이지만) 인류의 문명을 멸절시킬 수 있음이 증명되었다. 화산이나 지진, 해일 등은 자연 재해라고 할 수 있지만, 근래에 와서는 사람에 의한 전 지구적 재해의 가능성도 증가

그림 1-16 1959년 11월 19일에 폭발한 하와이 킬라우에(K?lauea) 화산. 불기둥의 높이가 수백 m에 이른다.

하고 있다. 몇 가지 예를 들어보자.

첫째, 온실가스에 의한 온실효과(greenhouse effect)이다. 온실에서 유리가 식물들을 따뜻하게 유지하듯 대기 중에 포함된 수증기, 이산화탄소, 메탄가스 등은 적외선을 흡수하여 지구 대기의 온도를 높이는 역할을 한다. 이로 인해 우리 지구는 생명체들이 살 수 있는 따뜻한 환경이 유지되고 있다. 지구 역사에서 나타난 온실 가스들의 변화는 대체로 서서히 일어나기 때문에 지구상의 생명체들이 이에 적응할 수 있는 충분한 시간적인 여유가 있었다. 하지만 급격한 온실효과는 수많은 생물종의 멸종으로 이어질 수 있다. 실제로 근래 우리가 경험하고 있는 생물종의 멸종은 지구 역사에서 격변적이라고 할 수 있는 속도로 빠르게 일어나고 있다.

둘째, 오존층의 파괴이다. 자연에서는 오존(Ozone, O_3)이 끊임없이 생성, 소멸되고 있다. 자외선이 산소분자(O_2)에 조사되면, 오존분자(O_3)가 생성되는 한편 자연에서 생성된 메탄가스(CH_4)는 오존분자를 파괴하는 역할을 한다. 자연계에서는 이 두 과정이 평형을 이루면서 오존의 농도를 조절하고 있다. 하지만 20세기에 들어와서는 인간이 합성한 염화불화탄소(chlorofluorocarbon, CFC)라는 냉매가 부가적으로 오존분자를 파괴하기 시작하면서 자연에서 오존의 생성-소멸 균형이 깨어지고 있다. 자외선이 CFC분자를 분해하면 질소와 염소가 생성되는데, 이들이 오존분자를 공격하는 것이다. 이로 인해 오존이 파괴되는 속도는 오존이 생성되는 속도보다 훨씬 빠르다. 그러면 이런 오존의 파괴가 생태계에 구체적으로 어떤 영향을 미치는가?

지구 대기권의 성층권 하층에 존재하는 얇은 오존층은 태양으로부터 쏟아지는 치명적인 자외선의 양을 흡수한다. 하지만 오존층이 파괴되어

그림 1-17 남극대륙 상공에 뚫린 오존층 구멍.

점점 얇아지게 되면 점점 더 많은 자외선이 지표면에 도달하게 되고, 이로 인해 지상의 생명체들은 심각한 생존의 위협을 받게 된다. 실제로 과도한 CFC 배출로 인해 남극 상공에 거대한 오존층 구멍이 생겼음이 관측되고 있고, 그 결과 과도한 자외선이 지표면으로 쏟아지고 있다. 이로 인해 호주나 뉴질랜드에 피부암 환자가 급증한 것은 우리가 목도하는 현상이다. 지금보다 조금이라도 더 많은 자외선이 지표면에 도달하게 되면, 인간에게는 치명적인 피부암이 발생할 가능성이 현저히 증가하며, 또한 대규모 흉작과 기근이 일어나서 인류 문명은 지속되기가 어렵게 된다.

셋째, 핵무기의 위협이다. 지난 세기, 인류는 원자핵에 엄청난 에너지가 들어있으며, 이를 방출하는 방법을 발견했다. 이 에너지는 종래의 화석 연료 따위가 갖는 화학에너지와는 비교할 수 없을 정도로 엄청나다. 이를 응용하여 만든 것이 바로 원자폭탄이나 수소폭탄과 같은 핵무기이다. 인간이 만든 핵무기로 인해 전 지구적인 핵전쟁의 위험은 그 무엇보다 인류의 생존을 송두리째 위협하는 요소라고 할 수 있다. 오늘날 인류가 소유하고 있는 수많은 핵무기는 작은 소행성이 지구에 충돌하는 것 못지않은 충격을 줄 수 있다.

나라	핵탄두 수	나라	핵탄두 수
러시아	13,000	이스라엘	80
미국	9,400	파키스탄	70-90
프랑스	300	인도	60-80
중국	240	북한	최대 10
영국	185		

표 1-1 지구상에는 현재 전 인류를 수십 번 죽이고도 남을 만큼의 핵무기가 있다. 2009년 9월 1일 기준 세계 핵무기 현황[56]

만일 전 지구적인 핵전쟁이 일어난다면, 전 세계는 치명적인 방사능으로 오염되어 사람들이 살 수 없을 것이다. 도시와 숲, 공장들이 불 탈 것이고, 이 때 방출되는 유독 가스들은 불과 수주일 안에 성층권에 이르러 전 지구로 흩어질 것이다. 태양광은 차폐되어 지구 표면의 온도는 15-30도 정도 곤두박질 쳐서 소위 "핵겨울"(nuclear winter)이 닥칠 것이다. 방사능과 유독 가스들은 전 지구적으로 많은 생물들을 멸종시킬 것이며, 나아가 많은 식물들이 일광 부족으로 죽을 것이다.[57]

이 외에도 우리가 알지 못하는 원인에 의한 기후의 갑작스런 변화, 면역력이 전혀 없는 병균의 창궐 등도 생물의 멸종 원인으로 생각해 볼 수 있을 것이다.

지구 외적 원인에 의한 격변과 멸종

이러한 지구 내적인 원인에 더하여 지구 외적인 원인도 전 지구적 격변과 생물의 멸종을 초래할 수 있다. 지구는 광활한 어두운 바다에 떠 있는 아름답고도 반짝이는 푸른 진주요, 사막의 오아시스라고 할 만하다. 하지만 지구를 둘러싼 광활한 우주공간은 생명체들에 대해 매우 적대적이다. 적절한 온도와 대기, 액체 상태의 물을 비롯하여 생명체가 살아가기 위해서는 수많은 조건들이 동시에 갖춰져야 하지만, 우주 공간에 그런 조건을 모두 만족하는 별들은 존재하지 않는 것 같다. 뿐만 아니라 우주에는 지구의 생명체들을 송두리째 멸종시킬 수 있는 여러 가능성들이 존재한다.[58]

첫째, 우주진(宇宙塵, cosmic dust)으로 인한 멸종의 가능성을 생각해 볼 수 있다. 우리는 흔히 우주 공간을 진공으로 생각하지만, 우주는 밀도가 낮기는 하지만 기체나 먼지, 폭발한 별들이나 우주 창조 이래 남은 잔해 등으로 가득 차 있다.[59] 이러한 우주 공간에서 우주진이나 기체의 밀도가 높은 곳을 우리는 성운(星雲)이라 부른다. 이러한 우주진들은 우리 은하의 나선형팔들 사이에도 널리 분포되어 있다. 만일 우리 지구가 이러한 성운들 사이를 통과하게 된다면 지구 생명체들에게 재난이 일어날 수 있다. 지구 대기 중의 먼지 밀도가 높아져서 태양으로부터 빛이나 열이 차단될 정도가 되면 빙하기가 시작될 것이다.

만일 태양이 우주진의 밀도가 높은 성운 사이를 통과하게 되면, 먼지들이 지구 중력권으로 끌려와 대기와 마찰을 일으키면서 백열 상태로 타버릴 것이다. 그러면 이로 인해 지구 대기의 온도가 과도하게 증가해서 지구 생명체들에게는 재난이 닥칠 것이다. 물론 이러한 격변과 멸종의 가능성은 그다지 높지 않다. 우주진들의 분포로 볼 때 적어도 앞으로 몇 백만 년 동안에는 지구가 성운을 통과할 가능성은 거의 없어 보이기 때문이다.

둘째, 태양의 변화로 인한 격변의 가능성이다. 태양은 기체로 되어 있지만 온도나 압력이 엄청나기 때문에 중심에서는 원자들이 서로 융합하는 핵융합 반응을 일으킨다. 태양은 1초에 5억 톤의 수소를 소모하면서 지구상의 생명체들이 살아가는데 필요한 열과 빛을 방출하고 있다. 또한 태양은 중심으로부터 강력한 자기장을 방출하여 우주 공간으로 쏘아 보내고 있다. 이러한 태양이 자전하게 되면 태양의 적도지방이 극지방에 비해 속도가 빠르고 이러한 속도의 차이로 인해 자기장이 뒤틀리게 된다. 그리고 이 뒤틀림이 최대가 되는 곳에 태양의 흑점이 형성된다. 흑점의 숫자는 최대와 최소 사이를 주기적으로 반복한다. 과학자들은 흑점 주기와 지구의 기후의 변화 사이에 어떤 관계가 있지 않은지를 연구한다. 만일 정말 어떤 관계가 존재한다면, 흑점 주기의 변화로 인해 소빙하기와 소간빙기가 반복될 것이다.

셋째, 초신성(超新星, supernova)의 근접 폭발도 지구에서의 격변과 멸종의 원인이 될 수 있다.[60] 대부분의 별들은 수십억 년 동안 핵융합으로 인한 압력과 중력이 균형을 이룬다. 하지만 어떤 별들은 질량이 너무 커서 일정 기간 동안 안정을 유지하지만, 핵연료가 소진되면 내부로 향하는 중력과 외부로 향하는 핵반응 압력이 균형을 유지할 수 없게 된다. 그러면 거대한 폭발이 일어나 초신성을 만들면서 별은 없어진다. 이 대폭발이 일어날 때는 엄청난 양의 치명적인 우주선이 사방으로 발산된다. 이 때 초신성으로부터 10광년 이내에 생물이 있다면, 이들은 초신성에서 방출되는 강한 X-선과 감마선으로 인해 더 이상 살 수가 없게 된다. 지금도 지구는 많은 초신성으로부터 방출되는 우주선에 노출되어 있다. 하지만 이 초신성들까지는 거리가 멀고, 그래서 우주선의 강도가 약하기 때문에 큰 문제는 없다. 그러나 만일 지구 가까이에서 초신성이 폭발하

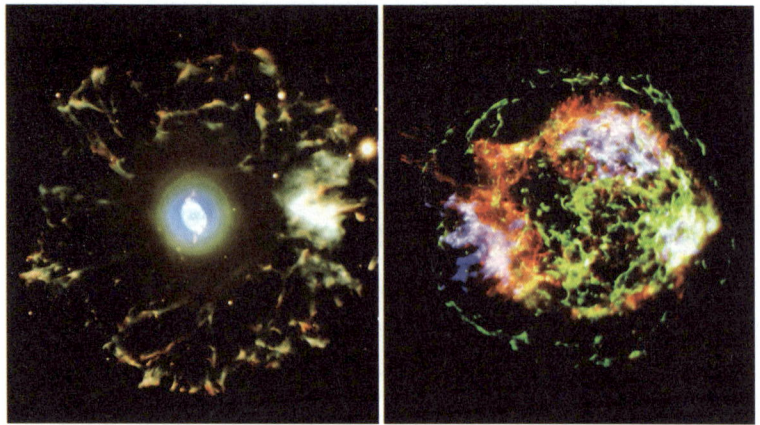

그림 1-18 초신성이 태양계 가까운 곳에서 폭발하면 지구의 모든 생명체는 전멸한다(NASA/ESA).

게 된다면, 지구상의 생물들은 심각한 유전정보의 손상을 입을 것이며, 대규모의 멸종이 불가피하게 될 것이다. 물론 이 가설은 충분한 개연성은 있지만, 구체적인 증거는 없다는 단점이 있다.

초신성 폭발 시 방출되는 강력한 우주선에 의한 멸종에 더하여 초신성의 폭발 잔해가 지구에 충돌하여 생물의 멸종으로 이어질 수 있다는 주장도 있다. 2005년 로렌스버클리국립연구소(U.S. Department of Energy's Lawrence Berkeley National Laboratory)의 핵물리학자 파이어스톤(Richard Firestone)과 애리조나 지질학자 웨스트(Allen West)는 초신성 폭발로 인해 매머드(mammoth)가 멸종했을 수 있다고 주장했다. 그들의 주장에 의하면, 지금부터 41,000년 전, 지구로부터 약 250광년 떨어진 초신성이 폭발했다. 이 때 발생한 초기 충격파가 초속 10,000km의 속도로 7,000년 동안 우주공간을 가로질러 와서 지구의 매머드들을 죽였으며, 이어 그로부터 21,000년 후인 13,000년 전에는 초신성 폭발의 잔해로 이루어진 직경 10km 정도의 혜성과 같은 저밀도 물체가 지구에 충돌하여 북미주 대륙에 서식하던 매머드들을 모두 멸종시켰다고 한다.[61] 초신성 폭발에 대해서는 후에 한 번 더 다루고자 한다.

넷째, 소행성이나 혜성 충돌에 의한 격변과 멸종을 생각해 볼 수 있다. 소행성 등이 충돌하게 되면 거대한 폭발이 일어나고 수백만 톤의 미세먼지들이 성층권으로 올라가 지상 생명체들이 살아가는데 필수적인 태양광을 가리게 된다. 충돌로 인한 강한 열풍은 먼지와 연기로 휩싸인 지구를 몇 달간 불폭풍(firestorm) 속에 휩싸이게 할 것이다. 그 후에는 먼지와 숯가루가 마치 비처럼 지구상에 떨어져 중생대와 신생대 경계에 있는 K-T 경계면과 같은 얇은 층을 형성할 것이다. 만일 거대한 소행성이 바다에 떨어졌다면, 록키산맥만큼이나 높은 해일이 일어나 시속 수백 km의 속도로 진행하면서 모든 것들을 초토화시킬 것이다.[62]

소행성과의 충돌은 확률이 낮지만 실제적인 위협이 될 수 있다. 태양 주위를 공전하면서 지구는 일 년에도 여러 차례 우주진과 작은 운석들이 있는 곳을 통과하기 때문에 유성우(meteor shower)가 일어난다. 대부분의 운석들은 너무 작아서 지구 대기권에 진입할 때 타버리기 때문에 별로 위협이 되지는 않는다. 실제로 위협이 되는 것은 지구의 공전궤도를 가로질러가는 커다란 소행성들이다. 단 1km 직경을 가진 소행성이 지구와 충돌하더라도 인류 문명 전체를 위협하는 심각한 기후 변화가 일어날 것으로 생각된다. 지난 10여 년 동안에만 해도 여러 개의 소행성들이 지구로부터 불과 1백만 km 이내를 "살짝" 스쳐 지나갔다는 점을 생각한다면 으스스한 일이 아닐 수 없다. 사실 이 넓고 넓은 우주에서 1백만 km 떨어진 거리라고 하는 것은 정말 가까운 거리이다. 소행성과의 충돌은 제5강과 제6강에서 좀 더 자세히 다룰 것이다.

결국 단일격변설이든 다중격변설이든 격변설이 지구의 과거를 설명하는 바른 설명이라고 한다면, 오늘날의 지질학, 생물학 체계는 척추를 바꾸어야 하는 대격변(?)이 불가피하다고 할 수 있다. 이러한 대격변은 비단 생물학, 지질학에만 국한되는 것이 아니며, 이들과 직, 간접적으로 관계를 맺고 있는 고고학이나 지리학 등 다른 여러 학문의 분야도 커다란 변화를 겪을 수밖에 없다. 뿐만 아니라, 동일과정설의 해석 체계나 방법론적 특징으로부터 간접적인 영향을 받고 있는 인문, 사회 과학의 제 분야에도 상당한 변화가 일어날 수밖에 없다. 그러므로 동일과정인가, 대홍수인가의 논쟁은 지질학 분야에만 한정된 일이 아니라 현대 학문체계 전체, 나아가 이 시대의 정신에도 지대한 영향을 미친다고 할 수 있다.

8. 불가피한 선택

지금까지 우리는 지구의 역사를 설명하는 몇 가지 이론들을 논의해 보았다. 특히 동일과정의 가설로 지구의 역사를 설명하려는 시도와 격변으로 지구의 역사를 설명하려는 시도를 모두 소개했다. 기독교인들에게 관심이 많은 단일격변설과 국부홍수설, 다중격변설도 소개했다. 이것을 요약하면 표 1-2와 같은 도표로 나타낼 수 있다.

그리고 격변에 대한 논의를 포함하여 전체 논의를 요약하면, 표 1-3과 같은 도표로 나타낼 수 있다.

과학적 측면과 성경 해석학적 측면을 살펴볼 때, 단일격변설은 지질학적인 증거들을 설명하기가 어렵고, 동일과정설 혹은 국부홍수설은 성경의 기록들과 양립하기 어렵다고 할 수 있다. 오랜 지구 연대를 보여주는 방사성 연대측정 결과를 부정할 수도 없고, 성경적으로나 지질학적으로

	특성	과학의 증거	성경의 증거
격변의 규모	전 지구적	근거 있음 K-T 경계면 발견 대형 운석공들	강력 지지 창 8:9; 7:11,19
	국부적	근거 있음	부정적임
격변의 특성	파괴적	강력 지지 화석 화석을 포함하는 지층들 전 지구적 지층 기둥	강력지지 창 6:17; 7:22; 8:21 긴 수명: 창 5:11; 마 1
	조용함	부정적임	부정적임
격변의 횟수	한 차례	부정적임	근거 있음 벧전 3:3-6; 시 104:8
	여러 차례	강력 지지 여러 차례의 빙하기 전 지구적 지층 기둥 수많은 운석공	근거 있음 창 1:2; 1:9; 1:16

표 1-2 격변설 요약

표 1-3 지구역사에 대한 이론

노아의 홍수가 전 지구적이며, 파괴적임을 받아들이지 않을 수가 없다면 남은 한 가지 가능성은 지구 역사에서 전 지구적인 대격변이 여러 차례 있었다고 보는 다중격변설이다. 다중격변설은 동일과정설과 단일격변설의 강점을 갖고 있으면서, 약점을 극복할 수 있다.

지구는 과거에도 지금과 동일한 과정을 거친 것이 아니라 지금과는 전혀 다른 과정을 겪었을 가능성이 높다. 그렇다면 동일과정설의 주장과는 달리 더 이상 현재의 지구는 과거의 지구를 설명하는 좋은 열쇠가 될 수 없다. 실제로 지구 표면에는 다시는 반복되지 않는 수많은 격변들의 증거들이 있다. 이들 중 가장 직접적이고 중요한 증거는 지구상 곳곳에서 발견되는 크고 작은 운석공들과 대규모 화산 폭발의 흔적이라고 할 수 있다. 특히 현재 확인되고 있는 수많은 운석공들이 운석이나 소행성, 혜성 등의 충돌에 의해 형성된 것이 분명하고, 또 이들이 지구와 충돌할 때의 충격이 여러 연구들을 통해 확인되고 있는 바와 같이 엄청나다면, 지구 역사를 설명함에 있어서 다중격변모델은 피할 수 없는 선택이라고 할 수 있다.

토의와 질문

1. 동일과정설이 등장하게 된 배경을 말해보라. 이 이론이 등장하던 시기를 흔히 계몽주의 시대라고 하며, 이신론적 사고가 유럽 지성인들의 마음을 사로잡고 있을 때였다. 당시 유럽을 지배하고 있었던 세계관과 동일과정설의 등장 사이에 어떤 관련성은 없을까?

2. 저자가 현대 지질학의 딜레마는 단일격변설로도, 동일과정설로도 해결할 수 없다는 주장에 동의하는가? 지구 역사를 다중격변으로 설명하는 것을 불가피한 선택이라고 하는 저자의 말에 동의하는가? 동의하거나 반대한다면 그 이유를 말해보라.

3. 지질학의 동일과정설은 생물학에서 다윈의 『종의 기원』보다 몇 세대 앞서 등장하였다. 동일과정설의 등장이 진화론의 등장과 어떤 관계가 있는지 살펴보라.

제2강

다중격변과 지층퇴적 모델

"…그가 소리를 내시매 땅이 녹았도다."(시 46:6)

다중격변모델은 동일과정설이나 단일격변설로 지구의 역사를 설명하는 것이 불가하다는 인식에서 출발한다. 이 모델에서는 지구 역사에는 현재 우리가 볼 수 있는 지층과 화석들이 만들어질 수 있는 여러 차례의 대격변이 있었으며, 노아의 대홍수는 그들 중 마지막 격변이라는 이론이다.[1] 이 모델이 본격적으로 수면 위에 드러나게 된 것은 19세기 초, 프랑스 비교 해부학자이자 척추동물 고생물학자인 퀴비에(Baron Georges Leopold Chretien Frederic Dagobert Cuvier)에 의해서였다.

1. 퀴비에

당시의 많은 상류층 사람들이 그랬던 것처럼 긴 이름을 가졌던 퀴비에는 1769년 8월 23일, 프랑스 중동부와 스위스 국경의 쥬라산맥(Jura Mountains)에 위치한 몽벨리아르(Montbeliard) 지방에서 태어났다. 이곳은 프랑스어를 사용하고 있었지만 루터교 공국이었고, 프랑스가 아니라 비르템베르크 대공(Grand Duke Karl Eugen von Wurttemberg)이 다스리고 있었다.

원래 퀴비에에게는 죠르지(Georges)라는 형이 있었다. 그런데 퀴비에가 태어나기 직전에 네 살이었던 그의 형이 죽었다. 첫 아들을 잃은 부모는 엄청난 충격과 슬픔을 이기기 위해 그 다음에 태어난 둘째 아들의 이름을 동일하게 죠르지라고 부르기로 했다! 그래서 퀴비에는 오늘날 우리들이 알고 있는 죠르지라는 이름을 갖게 되었다.

퀴비에가 태어난 몽벨리아르는 주변이 모두 가톨릭 신도들로 둘러쌓인 작은 개신교 동네였다. 가정에서는 스위스군의 퇴역 장교였던 그의 아버지가 퀴비에를 엄격한 루터교 방식으로 키웠다. 퀴비에는 어린 시절과 사춘기의 많은 시간을 그의 삼촌 집에서 보냈는데, 그 집에는 당시 프랑스 최고의 박물학자이자 진화론자였던 뷔퐁(Comte de Buffon)이 쓴 『자연사』(Histoire naturelle) 전질이 있었다. 퀴비에가 이 책들에 빠져들었음은 말할 나위가 없었다.[2]

퀴비에의 부모는 아들이 지적으로 대단히 탁월하다는 것을 일찍 발견했다. 다행히 퀴비에는 스투트가르트 교외에 새로 캐롤리니안 아카데미(Carolinian Academy in Stuttgart)란 학교를 세우고 전국의 영재들을 찾고 있었던 비르템베르크 대공의 눈에 들었다. 그래서 퀴비에는 독일로 유학을 갔다. 이곳에서 그는 칼스슐러(Karlsschule)라는 사관학교 훈련을 받으면서 유럽 각지에서 몰려든 친구들을 만났다.

그림 2-1 프랑스 비교해부학자이자 고생물학자인 퀴비에(1769-1832). 그는 다중격변모델의 주창자이자 반진화론자였다.

퀴비에는 캐롤리니안 아카데미에서 독일학자들의 연구로부터 많은 것들을 배웠다. 그 중 일평생 그의 학문에 깊은 영향을 끼쳤던 가장 중요한 인물은 독일의 자연철학자 베르너(Abraham Werner)였다. 그는 베르너로부터 사변적이었던 프랑스의 뷔퐁이나 드마이에(Benoit de Maillet), 스코틀랜드의 허튼(James Hutton)과는 전혀 다른 면을 배웠다. 독일의 광물학 전통을 가진 베르너는 퀴비에에게 실험의 중요성에 대해 가르쳐 주었다.[3]

퀴비에는 1784-1788년까지 캐롤리니안 아카데미에서 자연사, 비교해부학 등을 공부한 후에는 파리에서 멀리 떨어진 노르망디에 있는 한 귀족 가정의 가정교사가 되었다. 똑똑한 퀴비에가 파리에서 직장을 구하지 못한 것은 당시로서는 섭섭한 일이었지만, 이로 인해 그는 프랑스 대혁명의 폭력을 피할 수 있었다. 노르망디에 있는 동안 그는 그 지방정부에 참여하여 자연학자로서 명성을 떨치기 시작했고, 이 소문은 곧 파리에까지 퍼졌다.

1795년, 퀴비에는 후에 진화론자로서 자신과 심하게 대립했던 생띨레르(Geoffroy Saint-Hilaire)로부터 초청을 받아 파리에 갔다. 그리고 얼마 후에는 신설된 국립자연사박물관(Musee National d'Histoire Nataurelle)의 동물해부학 교수가 되었다. 그는 그곳에서 지질학 연구를 할 수 있었고, 그로 인해 국제적으로 지질학 분야에서 가장 영향력 있는 학자가 되었다. 그는 1832년 5월 13일 죽을 때까지 그곳에서 가르치면서 연구했다.

2. 생물종의 사멸과 지구의 연대

그러면 고생물학이나 지구의 역사와 관련하여 퀴비에의 공헌은 무엇일까? 처음 화석이 발견된 이래 과학자들은 화석들은 현존하는 생물들의 것이며, 어떤 종도 멸종하지 않았다고 생각했다. 하나님이 설계하셔서 보시기에 좋도록 창조하신 생물들이 불완전해서 멸종했다고 가정하는 것은 어리석다고 생각했기 때문이었다. 그러나 이러한 생각은 퀴비에의 연구에 의해 뒤집어지게 되었다. 그는 1796년 두 편의 논문을 통해 동물의 멸종 가능성을 처음으로 제기했다.[4]

그는 첫 번 논문에서 코끼리의 예를 들었다. 그는 현존하는 코끼리는 아프리카 코끼리와 인도 코끼리 두 종류가 있는데 후에, 마스토돈(mastodon)이라고 부른 "오하이오 동물"(Ohio animal)이라는 사멸한 종이 있음을 지적했다. 그는 이 논문에서 인도 코끼리와 마스토돈의 턱뼈를 비교하면서 마스토돈은 사멸한 종이 분명하다고 밝혔다. 또한 두 번째 논문에서 퀴비에는 현존하는 나무늘보(sloth)와 비교해서 거대한 지상 나무늘보인 메가테리움(megatherium)을 새로운 종으로 기술하고, 이 종도 멸종했다고 했다.[5]

당시 사람들은 모든 생물은 하나님이 보시기에 좋도록 창조했다고 믿었기 때문에 아무도 사멸한 동물종이 있다고는 상상도 하지 못했던 때에 퀴비에는 자신의 연구를 기초로 대담하게 멸종한 생물종이 있다고 선포했다! 사멸한 동물종은 없다는 기존의 입장을 포기하면서 퀴비에는 말하기를 "이 모든 사실들은 그들 자체적으로도 일관성이 있고 어떤 연구 보고와도 반대되지 않으므로 우리들 세계 이전에도 어떤 종류의 격변에 의해 멸종된 다른 세계가 있었음을 증명하는 것으로 보인다"고 했다. 인간이 창조되기 이전의 세계에는 지금은 멸종한 수많은 동물들이 있었다고 했다. 퀴비에가 사멸한 동물종이 무수히 많이 있다고 주장하는 것은 지구의 연대가 6천년이 아니라 그보다 훨씬 더 오래되었음을 선포하는 것이기도 했다.[6]

그림 2-2 런던 자연사박물관(Natural History Museum, London)에 있는 메가테라움(Megatherium americanum)의 골격과 복원도. 메가테리움은 퀴비에가 사멸한 종의 예로 든 화석종의 하나였다.

이것은 퀴비에가 다중격변설 지지자로서 모든 지질학적 증거들과 여러 동물들의 멸종은 많은 격변들로 인한 것이며, 지구가 6천년보다 훨씬 더 오래되었음을 분명하게 드러낸 말이었다. 하지만 퀴비에는 격변을 표현할 때, 초자연적인 뉘앙스가 풍기는 "catastrophe"라는 말대신 "revolution"이란 말을 사용했다. 퀴비에의 사후에 지지자들을 많이 잃어버리기는 했지만, 다중격변이론은 성경의 창조기록을 받아들이면서도 생물 멸종에 대한 새로운 과학적 증거들에 부합하는 이론이라는 의미 있는 유산을 남겼다.

다중격변이론을 주장하면서도 퀴비에는 하나님이 진화의 방법으로 생명체들을 창조했다는, 요즘 용어로 말한다면, 유신론적 진화(theistic evolution)에 대해서는 단호히 반대했다.[7] 그는 당시 라마르크(Jean de Lamarck) 등이 제시한 것처럼, 모든 생명체들이 세대를 거듭하면서 형태가 변했다는 진화론에는 단호히 반대했다. 대신 그는 하나님이 동식물을 창조했지만, 그들은 시대마다 지구를 뒤흔들었던 격변들에 의해 멸종되었고, 그리고 각 격변 후에는 새로운 종이 창조되었다고 보는 일종의 진행적 창조론(progressive creationism)을 지지했다. 당시에 이러한 퀴비에의 생각에 찬성한 사람들이 많이 있었는데, 그 중에는 처음으로 공룡(dinosaur)이란 말을 제안했던 영국의 유명한 고생물학자 오웬(Richard Owen)도 포함되어 있었다.

퀴비에는 지구 역사에서 파충류의 중요성을 제시했다. 그 해 그는 거대한 바다 파충류의 일종인 모사사우루스(Mosasaurus) 화석을 제시했고, 그 다음해에는 프테로닥틸(pterodactyl)이라 명명한 거대한 익룡 화석을 제시했다. 이러한 화석들을 통해 퀴비에는 지구 역사에서 지금처럼 포유류가 항상 지구를 지배한 것이 아니라 파충류가 지배한 적이 있었다는 놀라운 제안을 했다. 그 후 그의 이론을 지지하는 증거들이 쌓이기 시작했는데 예를 들면 애닝스(Mary Annings)가 처음으로 발견한 완전한 익티오사우루스(Ichthyosaurus)의 화석과 마텔(Gideon Matells)의 이구아노돈(iguanodon)의 화석이 있었다.

그림 2-3 미시건대학 자연사박물관(Natural History Museum of the University of Michigan)에 소장된 익티오사우루스 화석과 재구성

물고기를 의미하는 그리스어 익티스(ichthys)와 도마뱀을 의미하는 라틴어 사우로스(sauros)가 합쳐져서 만들어진 익티오사우루스는 물고기와 돌고래를 닮은 거대 해양 파충류였다. 1699년 웨일즈에서 처음 발견된 이 화석 동물은 2억 4,500만 년 전에 출현하여 9천만 년 전까지 중생대에 번성했던 동물이었다. 또 이구아나(iguana)란 단어와 치아를 의미하는 돈(don)이 합쳐진 이구아노돈은 1822년에 처음 화석으로 발견되었으며, 퀴비에는 익티오사우루스와 더불어 지금은 멸종한 대표적인 동물로 제시했다. 이처럼 명백히 멸종한 동물들이 존재한다는 사실이 확인되자 퀴비에는 좀 더 대담하게 자신의 입장을 제시했다.

퀴비에는 허튼, 스미스(W. Smith), 라이엘(C. Lyell) 등 당시 영국 지질학자들이 주장한 동일과정설에 반대했다. 그렇다고 오늘날의 창조과학자들이 주장하는 단일격변설, 즉 노아 홍수설에 찬성한 것도 아니었다. 그는 지구의 역사를 바르게 설명하기 위해서는 과거에 지구를 뒤흔든, 그래서 많은 생물종들을 멸종시킨 여러 격변들이 있었을 것이라고 주장했다. 비록 이러한 퀴비에의 주장은 지난 200여 년 간 주류 지질학, 나아가 동일과정설에 기초한 진화론의 위세 속에 기를 펴지 못했지만, 근래 다시 부활하고 있다. 특히 소행성 충돌과 관련된 많은 증거들이 발견되면서 다중격변설은 점점 더 많은 지지를 받아가고 있다.

3. 퀴비에와 생물의 멸종

생물종의 멸종 가능성은 고생물학 분야에서 퀴비에의 탁월한 업적의 시작일 뿐이었다. 18세기에 이르러서야 사람들은 비로소 화석이란 암석 그 자체가 만든 것이 아니라 과거에 살았던 동식물의 유해임을 알게 되었다. 그러면서 알게 된 놀라운 사실은 일부 화석들 중에는 현존하는 곳과 전혀 동떨어진 데서 발견된다는 것이었다. 예를 들어, 코끼리는 현재 아프리카나 인도에서 서식하고 이탈리아에는 코끼리가 서식하지 않는데, 화석은 이탈리아에서 발견된다. 당시 학자들은 화석으로 발견되는 생물종들이 어딘가 알지 못하는 곳에 존재할 것이라고 생각했다.[8]

그러나 18세기 말경에 이르러 퀴비에는 어떤 화석 종들은 지금은 지구상에서 완전히 멸종되어 존재하지 않는다는 놀라운 제안을 했다. 이런 업적을 통해 1795년에 프랑스 파리국립박물관에 들어온 신출내기 퀴비에는 재빨리 동물해부학의 세계적인 권위자가 되었다. 그는 해부학에 관한 탁월한 통찰력으로 화석종들을 해석하였다. 전해지는 바에 의하면,

퀴비에는 때로 불과 몇몇 뼈 조각만으로도 이전에 알려지지 않은 생물들의 모습을 완전히 재구성해냈다고 한다. 이러한 해부학적 지식으로 무장한 퀴비에는 생물종이 멸종할 수 있는가에 관한 논쟁에 뛰어들었다.

예를 들면, 퀴비에는 처음으로 모사소르 화석을 복원한 후 그것을 생물 멸종에 대한 자신의 주장의 증거로 제시했다. 물론 퀴비에 이전에도 뷔퐁과 같은 소수의 사람들이 생물종이 멸종할 수 있다는 주장을 제기했다. 하지만 멸종한 생물종이 있을 수 있다는 생각은 성경과 배치된다고 생각했기 때문에 많은 사람들이 받아들이지 않았다. 만일 태초에 창조주가 자연계를 자신의 거룩한 뜻을 따라 창조하셨다면, 그리고 그 모든 피조물들을 보기에 좋도록 창조하셨다면, 피조물들 중의 일부가 멸종되도록 내어버려두었을 리가 없을 것이라고 생각한 것이다. 또한 만일 생명 세계가 갯지렁이로부터 인간, 나아가 천사들에 이르기까지 "거대한 존재의 대연쇄"(a Great Chain of Being)로 이루어져 있다면, 멸종이라는 것은 이들의 연쇄를 깨뜨리는 것이었다.

하지만 1798년에 발표한 한 논문에서 퀴비에는 매머드와 인도 코끼리의 아래턱뼈 사이의 차이를 보여주는 그림을 보여주면서 매머드는 확실히 멸종했다고 결론내렸다. 퀴비에는 조심스럽게 파리 근교에서 발견된 코끼리 화석을 연구했다. 그리고 이 뼈들이 명백히 아프리카나 인도에 살아있는 코끼리들과는 다르다는 점을 발견했다. 심지어 그들은 시베리아에서 화석으로 발견된 코끼리들과도 전혀 달랐다. 퀴비에는 그 때까지도 이 화석동물들이 지구 어딘가에 숨어있을 것이라는 주장을 일축했다. 매머드나 코끼리는 숨어있기에는 너무 크다고 생각했다. 퀴비에는 그들은 지금은 멸종한 별도의 종들이라고 선언했다. 후에 그는 더 많은 큰 포유동물들의 화석을 조사해본 결과, 그들은 현존하는 어떤 다른 종에도 속하지 않는다는 것을 증명했다. 이러한 화석 증거들로 인해 그는 지구는 수많은 생명체들을 멸종시킨 격변들을 주기적으로 경험했다는 다중 격변모델을 제시하기에 이르렀다.

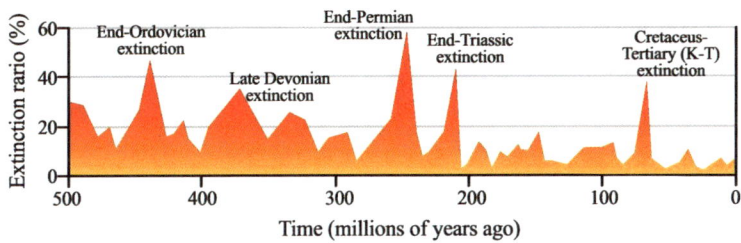

그림 2-4 생명의 역사는 격변적 멸종(뾰족뾰족한 진한 노란색 부분)과 일정한 배경 멸종(배경이 되는 옅은 노란색 부분) 양자에 의해 멸종을 거듭해온 것으로 보인다.[9]

퀴비에는 멸종이라고 하는 것은 미래에 어떤 생명의 역사에 대한 이론이 나타나더라도 반드시 설명해야 하는 사실이라고 강하게 주장했다. 그리고 멸종의 가장 중요한 메커니즘으로 대격변을 제안했다. 하지만 다윈(C.R. Darwin)의 이론에서는 변화하는 환경에 적응하지 못하거나 다른 종들과의 경쟁에서 살아남지 못한 종들만이 멸종한다고 보았다. 다윈은 퀴비에의 멸종 이론을 받아들이지 않았다. 그보다 앞서 살았던 라이엘과 같이 그는 종들이 대격변에 의해 멸종되었다는 것보다 점진적으로 멸종했다고 생각했다.

화석종들과의 비교를 통해 현대 고생물학자들은 과거 지구상에 존재했던 모든 생물종들의 99%는 멸종하였을 것으로 본다. 그러면 이들의 멸종원인은 무엇이었을까? 대격변에 의한 급격한 멸종이었을까, 아니면 점진적 멸종이었을까? 이 질문에 대해서는 두 이론 모두가 멸종에 기여했다고 보아야 한다. 대부분의 멸종한 종들은 다윈의 점진적 멸종

(Darwinian trickle), 오늘날의 고생물학자들이 "배경멸종들"(background extinctions)이라고 부르는 것을 통해 사라졌다. 하지만 동시에 앞에서 언급한 것처럼, 지난 6억 년에 걸친 세월에서 지구상의 생명체들은 여러 차례의 "대규모 멸종들"(mass extinctions)도 경험했다. 살아있던 동물들의 절반 이상은 지질학적으로 눈 깜빡할 사이라고 할 수 있는 지난 2백만 년 동안 사라졌다.

멸종의 원인들로는 소행성 충돌, 대규모 화산 폭발, 해수면의 급속한 변화 등을 들 수 있다. 이러한 멸종은 지구상의 생명 역사에서 중요한 전환점이 되는데, 이로 인해 새로운 종들이 나타나 이전에 살았던 오래된 종들의 생태계적 지위를 차지했다. 예를 들어 6,500만 년 전에 일어난 K-T 경계멸종으로 인해 공룡과 같은 거대 파충류들이 사라지고 포유류들이 육지를 지배하게 되었다.

4. 퀴비에의 다중격변모델

사실 퀴비에는 당시 학계에서 지질학자로서가 아니라 생물학자로서 더 잘 알려져 있었다. 하지만 그는 생전에 많은 야외 탐사 연구를 통해 (주로 파리 분지 주변이었지만) 현재의 지층과 화석은 노아의 홍수라는 단일 격변에 의해 형성되지 않았다고 주장했다. 물론 그도 처음에는 노아의 홍수가 모든 멸종과 화석 형성의 원인이었다고 믿었다. 하지만 야외 탐사 연구를 진행하면 할수록 노아의 홍수와 같은 단일격변만으로는 지층과 화석의 형성을 절대로 설명할 수 없다는 결론에 이르렀다.

퀴비에는 파리 주변의 지형에 대한 방대한 탐사를 하면서 지층들의 거대한 그룹들이 때로 부정합들(不整合, unconformities)에 의해 분리되어 있음에 유의했다. 한 지층이 부정합을 거쳐 그 위 지층으로 변화해감에 따라 화석으로 출토되는 동물들의 종류도 현저히 변하는 것을 관찰했다. 퀴비에는 개별적인 지층이나 지층군에는 독특한 동물군의 화석들이 출현함을 발견했다. 한 지층이나 지층군에서 발견되는 동물군은 얼마동안 살다가 사라지고, 이어지는 더 젊은 지층에서는 완전히 새로운 동물군이 출현하는 것을 발견했다.

이러한 화석분포는 단 한 번의 전 지구적인 대홍수로는 도저히 설명할 수 없었다. 그래서 그는 지구에서는 대륙을 덮는 거대한 홍수나 갑작스럽고 엄청난 규모의 지각 융기 등과 같은 격변들이 여러 차례 일어났다는 결론을 내렸다. 그리고 각 격변이 일어날 때마다 많은 생명체들이 멸

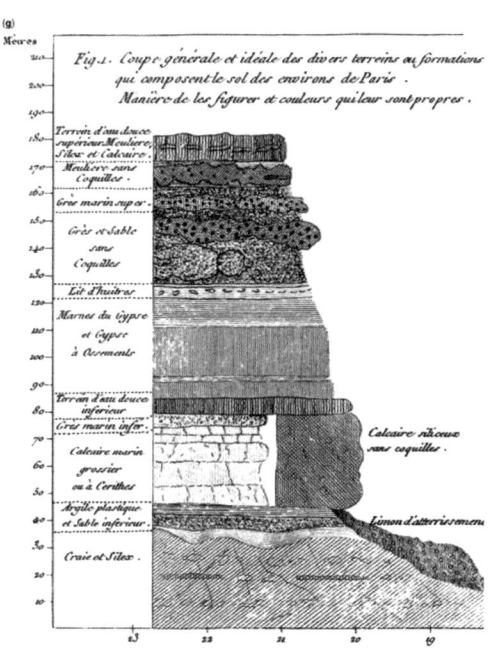

그림 2-5 파리 분지(Paris Basin)의 이상화된 단면도

종되었으며, 그 후에 이어 새로운 생명체들이 출현하게 되었다고 (즉, 창조되었다고) 제안했다.[11] 이런 일련의 대격변들은 긴 시간 간격을 두고 일어났으며, 현재의 지표면의 모양을 만든 마지막 노아의 홍수는 수천 년 전에 일어났다고 주장했다.[12] 퀴비에는 성경의 무오함을 지키기 위해 과학적 증거를 희생하지도 않았지만, 그렇다고 과학적 증거를 구하기 위해 성경 해석을 타협하지도 않았다!

하지만 그의 주장은 한 번의 대홍수를 주장하는 단일격변설 지지자들과 동일과정설을 주장하는 사람들의 틈바구니에서 많은 지지를 얻지 못했다. 그가 다중격변모델을 처음 제시했을 때는 현대 지질학이 시작 단계에 있었고, 탐사 자료들도 많지 않았기 때문이다. 천문학적 자료들도 마찬가지였다. 그가 살던 시기는 우주의 격변적 시작에 대해 아직 개념조차 생기지 않은 때였다. 그러므로 아무리 탁월한 통찰력을 가진 퀴비에였다고 해도 사람들을 설득하는 데는 한계가 있었다.

5. 개정된 다중격변모델

이제 퀴비에가 다중격변모델을 제시한지도 200여 년의 세월이 지났다. 우리는 그 때와는 비교할 수 없이 많은 지질 탐사와 천문 관측 자료들을 가지고 있다. 또한 동시에 우리는 단일격변설과 동일과정설로는 설명하기 어려운 많은 난제들에 직면하고 있다. 나는 이러한 난제들을 해결할 수 있는 열쇠를 퀴비에가 처음 제창한 다중격변 아이디어에서 찾을 수 있다고 생각한다. 물론 그의 단순한 제안은 현대과학의 여러 성과들을 가지고 다듬고 개정해야 하지만, 지구 역사를 설명하는 데 있어서 그의 다중격변 아이디어는 기존의 모델들이 설명하기 어려운 것들을 잘 설명할 수 있을 뿐만 아니라 이 두 이론의 강점들을 살려낼 수도 있다고 생각한다.

근래에 들어 지구가 여러 차례의 대격변을 겪었다는 증거들이 많이 발견되면서 점점 더 많은 학자들이 다중격변으로 지구의 역사를 해석하려는 시도를 하고 있다. 한 예로 에이저(Derek V. Ager)가 쓴 『신격변설』(*The New Catastrophism*)이라는 책에 대한 서평에서 데이비스(Gordon Davies)는 이렇게 말한다:

> "이제 모든 것이 바뀌었다. 우리는 지구 역사를 다시 쓰고 있다. 과거에 매끄럽게 움직이는 컨베이어 벨트를 보았던 곳에서 우리는 이제 계단이 있는 에스컬레이터를 본다. 그 에스컬레이터의 발판들은 거의 아무런 사건도 일어나지 않고 상대적인 정적이 지속되는 긴 기간들이다. 층 뒤의 판들은 풍경과 새로운 상태로 옮겨갈 때 발생하는 상대적으로 돌연한 변화의 에피소드들이다. 근대 지질학자들은 아무리 차분한 사람이라고 해도 이제는 퇴적층의 물결들, 유기체 진화의 폭발적 단계들, 화산활동으로 인한 전기통신 장애, 대륙 충돌, 무시무시한 소행성 충돌 등에 호소하고 있다. 우리는 신대격변설의 시대에 살고 있다."[13]

여기서 "계단이 있는 에스컬레이터"(stepped escalator)라는 표현은 다분히 다중격변의 뉘앙스를 풍기고 있다. 사람들마다 다중격변 개념에 대한 차이는 있지만, 지구의 역사를 움직이는 자동도로(movator)가 아니라 계단이 있는 에스컬레이터라고 표현한 것은 흥미로운 일이다. 이는 지구의 역사를 밋밋하게 진행되는 것으로 해석하기보다는 에스컬레이터의 계단처럼 격변적 도약의 연속으로 해석하는 것이 증거에 더 잘 부합함을 의미하는 것이다.

지난 여러 해 동안 나 역시 많은 탐사여행을 다니면서 지구 역사를 동일과정설이 아니라 격변의 연속으로, 다시 말해 다중격변모델로 설명하는 것이 자연스러움을 발견하였다. 아래는 퀴비에의 아이디어에서 출발하여 현대 과학적 증거들을 기초로 그의 이론을 개정, 보완한 것이다. 이 개정된 다중격변모델에서는 크게 다음 몇 가지를 가정한다.

첫째, 다중격변모델에서는 방사성 동위원소를 이용한 연대측정은, 비록 부분적으로 부정확하고 개선되어야 할 점들이 있지만, 전반적으로 신뢰할 만하다는 가정에서 출발한다. 젊은 지구/우주의 연대를 주장하는 사람들이 제기하는 붕괴속도의 가변성과 초기조건의 불확실성, 연대 측정 시료의 오염 가능성 등은 부분적으로 일리가 없는 것은 아니지만, 지금까지 발표된 방대한 방사성 연대 결과들을 뒤집을 수 있을 정도는 아니라고 보기 때문이다. 방사능 연대측정을 비롯하여 다양한 연대측정법에 대한 논의는 본 『창조론대강좌 시리즈』의 다른 부분에서 좀 더 자세히 다루어질 것이다.

둘째, 다중격변모델에서는 고생대 이후 지층기둥의 모든 퇴적층들은 대부분 지구가 거대 운석 충돌과 같은 크고 작은 급격한 격변들, 그리고 이 격변들에 이어 일어난 2차적인 격변들(홍수나 지진, 화산폭발, 산사태, 낙진, 쓰나미 등)에 의해 급속하게 퇴적된 것이라고 본다.[14] 그리고 지층에서 발견되는 화석들은 여러 차례의 격변으로 인한 급속한 퇴적으로 인해 형성되었다고 본다. 이 모델에서는 지층 기둥의 대부분은 지구의 연속적인 역사를 보여주는 것이 아니며, 격변이 일어난 극히 짧은 한 시대의 단면만을 보여준다고 본다.

그러면 한 지층 내에서도 여러 개의 작은 지층들이 있으며, 또한 같은 시대의 지층이라도 아래 지층에서 발굴되는 화석과 위 지층에서 발굴되는 화석이 전혀 다른 것은 어떻게 설명할 수 있을까? 이것은 하나의 큰 격변이 여러 단계를 거치면서 진행되었거나, 큰 격변과 큰 격변 사이에 독립된 작은 격변들이 일어난 것으로 볼 수 있다. 이러한 다중격변의 개념은 다음과 같은 그림으로 표시할 수 있을 것이다.

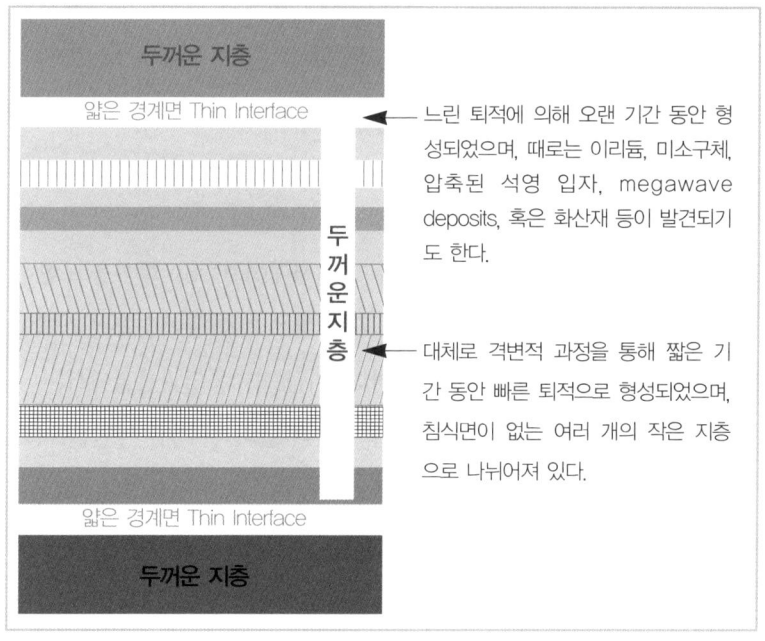

그림 2-6 다중격변모델에서의 지층 해석

지층의 형성을 이렇게 해석할 때 문제가 되는 것은 침식면(erosion surface)이나 화학적 풍화(chemical weathering)에 대한 해석이다. 지층이 노출되면 지층과 지층 사이에 침식작용으로 형성된 침식면이나 암석이 화학적으로(산화, 용해, 가수분해 등을 통해) 분해되는 화학적 풍화

흔적이 존재해야 한다. 그런데 많은 지층 경계면에서 이러한 흔적이 보이지 않는다. 이는 두 가지로 설명할 수 있다. 하나는 두꺼운 지층들 내부에 존재하는 여러 작은 지층들은 하나 혹은 이어지는 격변에 의해 짧은 기간 동안 형성되었기 때문이고, 다른 하나는 오랜 기간 노출된 경계면에서는 침식면이 형성되고 화학적 풍화가 일어났더라도 그 다음 격변(주로 홍수나 빙하와 같이 마모작용이 강한)에 의해 깎여 나갔기 때문이라고 설명할 수 있다. 이렇게 본다면, 주요 지층들의 경계면에는 침식면이나 화학적 풍화의 흔적이 존재할 수도 있고 그렇지 않을 수도 있으나, 주요 지층 내의 얇은 지층들 경계에는 대체로 풍화나 침식의 흔적이 나타나지 않을 것이다.

셋째, 위의 가정에 이어지는 것으로서 다중격변모델에서는 전 지구의 역사는 오래되었을지라도 고생대로부터 신생대에 이르는 화석을 포함하는 대부분의 지층들은 격변들에 의해 극히 짧은 기간에(지질학적 스케일에서 보았을 때) 형성되었다고 가정한다. 지금까지 동일과정설에서는 지구 표면 어디에나 존재하는 지층들은 수십억 년의 긴 시간 동안 퇴적되어 왔으며, 따라서 지구 역사를 그대로 보여준다고 가정해왔다. 그러나 다중격변모델에서는 격변과 격변 사이의 긴 시간에는 별로 퇴적이 이루어지지 않았고 화석들도 거의 형성되지 않았다고 본다. 이렇게 지층과 화석은 격변이 아닌 시기에는 별로 만들어지지 않았다고 보는 것은 지표면의 각 지층은 불과 수 년 혹은 길어도 수만 년 이내에 형성되었음을 의미한다. 물론 지층으로는 남아있지 않는, 지층과 지층 사이의 긴 시간을 고려한다면 각 지층의 절대적인 연대는 훨씬 더 오래되었다고 볼 수 있을 것이다.

물론 퇴적암 속에서 발견되는 퇴적물들 중에는 홍수 등의 격변에 의한 것도 있지만, 다양한 환경에서 천천히 형성된 퇴적물들도 일부 발견된다. 예를 들면, 오늘날과 같이 과거 지구에도 존재했다고 생각되는 호수나 강 하구, 사막, 빙하 등 특수한 몇몇 장소에서는 호성(湖成, lacustrine) 퇴적물, 빙하(glacial) 퇴적물, 사막(desert) 퇴적물 등이 만들어졌을 것이다. 그리고 이런 것들은 격변 때 급격히 진행되는 퇴적작용으로 인해 지층 속으로 편입되었을 것이다. 이런 퇴적물들은 오랜 기간에 걸쳐서 퇴적된 것들이지만, 전 지구적으로 볼 때는 일부 지역에서만 발견될 뿐이다.[15] 그리고 이런 퇴적물들은 대부분 격변에 의해 급격히 형성된 퇴적층들과 쉽게 분별될 수 있다.

만일 대부분의 지층이 급속하게 형성되었다면 중생대 백악기(Cretaceous, 독일어로는 Kreide)와 신생대 제3기(Tertiary) 사이의 K-T 경계면과 같은 시대를 구분하는 얇은 경계면이 존재하는 것은 어떻게 설명할 수 있을까? K-T 경계면에, 지상에서는 희귀원소지만 운석과 화산재에 많이 함유되어 있는, 이리듐(Ir)이 풍부한 얇은 지층이 존재하는 것은 어떻게 설명할 수 있을까? 이것은 다음과 같이 설명할 수 있다.[16]

우선 거대 운석이 지구에 충돌하게 되면 그 충격으로 인해 수많은 화산들이 폭발하게 될 것이다. 그러는 동안 지표면에서는 거대한 홍수와 지진, 산사태 등이 일어나면서 급속도로 퇴적층이 형성될 것이다. 그리고 이리듐을 다량으로 포함하고 있는 운석 먼지나 화산재들은 뜨거운 상승기류를 타고 공중 높이 올라갈 것이다. 그 후 몇 달 혹은 몇 년 사이에 홍수나 지진, 산사태와 같은 운석 충돌의 2차 격변들에 의한 지층 형성이 거의 종료된 후에는 이리듐을 포함하고 있는 화산재나 운석 먼지들이 지표면에 천천히 떨어질 것이다. 그리고 이리듐을 다량 함유하고 있는 지표면의 얇은 지층은 다음 격변에 의해 덮여서 오늘날 발견되는 K-T

경계면과 같은 얇은 경계면을 이루게 될 것이다.

K-T 경계면 외 신생대 제3기의 시신세(Eocene)와 점신세(Oligocene)의 경계면인 E-O 경계면(3,400만 년 전)에도 이리듐이 다량 함유된 경계면이 발견되는데, 이는 직경이 100km에 이르는 러시아의 포피가이(Popigai) 운석(3,570만 년 전)의 충돌로 인한 것으로 추정된다. 이때 해양생물의 약 17% 정도가 멸종한 것으로 보인다. 이 외에도 운석은 발견되지 않았지만(바다에 떨어졌을 가능성이 있다), 이리듐이 발견되는 경계면을 전후하여 생물들의 종이 대량으로 멸종한 것을 볼 수 있다. 예를 들면, 180만 년을 전후한 신생대 제3기와 제4기(Quaternary)의 T-Q 경계면, 9,000만 년을 전후한 백악기 후기의 C-T 경계면 등을 들 수 있다.

넷째, 다중격변모델에서는 노아의 대홍수를 지구 역사에서 일어난 많은 격변들 중 최후의 전 지구적 격변으로 본다. 노아의 홍수에 대한 연대는 아무도 정확하게 알 수 없다. 성경의 계보로부터 홍수의 연대를 계산하려고 할 때는 빠진 계보에 대한 정확한 정보가 없이는 불가능하다. 빠진 계보를 고려하지 않은 채 성경 계보로부터 노아의 홍수 연대를 계산하면 BC 2400년경이라는 결과가 나오는데, 이 시기를 전후하여 인류 문명의 큰 불연속이 있었다는 흔적은 어디에도 없다.

이러한 흔적이 있다면 이를 찾아볼 수 있는 가장 좋은 장소는 이스탄불 고고학 박물관(Istanbul Archaeological Museum)이다. 화가이자 고고학자인 베이(Osman Hamdi Bey)가 1891년에 설립한 이스탄불 고고학 박물관은 세계 5대 고고학 박물관 중의 하나로서 터키 지역에서 발굴된 선사시대로부터 현대까지의 인류 문화를 연대별로 자세히 정리해서 전시하고 있다. 하지만 BC 3000-2000년 사이에 거대한 홍수가 있었다는, 다시 말해 인류문명의 거대한 불연속이 있었다는 흔적은 어디에서도 보여지지 않는다. 노아 홍수와 같이 전 지구의 인류를 멸절시킨 사건이 있었다고 한다면 수많은 흔적들이 남아있어야 함에도 불구하고 선사시대로부터 현대에 이르기까지 모든 유적이 동시에 존재하는 터키의 경우 지난 몇 천 년 동안 인류 문명의 불연속을 보여주는 어떤 흔적도 존재하지 않는다.

그림 2-7 이스탄불고고학박물관과 박물관 내 청동기 전시관. 터키에서 발굴된 BC 3000-1900년 사이의 초기 청동기 유물들은 어떤 문명의 불연속도 보여주지 않고 있다.

지질학적으로 볼 때 노아의 홍수는 신생대 제4기 홍적세(洪績世, Pleistocene) 후기나 현세(現世, Holocene) 초기에 일어났을 가능성이 높다.[17] 연대로 본다면 홍적세 마지막 빙하기가 시작된 11만 년 전부터 빙하기가 끝나고 있었던 1만 년 전 어느 시점에 홍수가 있었을 가능성이 높다. 만일 노아의 홍수가 빙하기를 촉발했다면, 홍수연대는 11만 년 전으로 거슬러 올라갈 수 있고, 노아의 홍수가 간빙기로 접어드는 동안 일어난 빙하홍수의 하나였다면, 1만 년 내지 1만 5천 년 전후였을 가능성이 높다. 노아의 홍수가 일어난 시기와 무관하게 홍수를 전후하여 지구상에는 엄청난 생태계의 변화가 일어난 것으로 보인다.

실제로 근래 학자들은 영거 드라이아스기(Younger Dryas)와 같은 소빙하기에 있었던 급작스러운 홍수 흔적을 보고하고 있다. 머튼(Julian Murton)과 공동연구원들은 소빙하기와 시기적으로 일치하는 지금부터 13,000여 년 전에 일어난 주요한 홍수의 흔적을 발견하였다. 홍적세 말기 캐나다 대부분과 미국 북부를 덮고 있던 로렌타이드 빙상(Laurentide ice sheet)이 녹으면서 수천 km³의 융빙수(融氷水)가 대양으로 쏟아져 들어갔으며, 이 때 엄청난 홍수가 곳곳에서 일어났다. 그 중의 한 홍수는 융빙수가 북극해로 쏟아져 들어가는 과정에서 발생하였다. 머튼 등은 캐나다 북서지역에 있는 침식층 표면 위쪽의 사력암층은 남쪽의 미시시피강 또는 동쪽의 오대호보다는 북극해로 흘러들어가는 매켄지강(Mackenzie River)에서의 주요 홍수 경로와 일치한다고 발표하였다.[18] 이 때 대양으로 흘러들어간 대규모 융빙수로 인해 해류의 흐름이 느려졌으며, 이로 인해 지구에는 엄청난 기후 변화가 일어났다. 홍적세 말기의 홍수들이 노아의 홍수와 어떤 관계에 있는지에 대해서는 어떤 결론도 내릴 수 없지만, 이 때 대규모 홍수들이 지구 곳곳에 일어났다는 것은 분명한 것으로 보인다.

요약하자면, 다중격변모델은 전 지구적인 홍수, 대홍수를 전후한 지구생태의 급격한 변화, 빙하기 설명 등 대홍수 모델이 예측하는 주요한 부분들을 설명할 수 있는 동시에 모든 지층이 포함된 완전한 지질주상도의 부재, 지층들 사이에 빠진 지층의 존재 등 기존의 국부홍수설 내지 동일과정설에서 제시하는 자료들의 상당 부분을 설명할 수 있다.

6. 격변, 한 번일까, 여러 번일까?

격변의 횟수에 대해 좀 더 살펴보자. 과연 지구 역사에서 10개월 남짓 지속된 노아의 홍수와 같은 한 차례의 격변만이 아닌 여러 차례의 격변이 일어났다는 증거는 무엇일까? 아래에서는 이에 대한 중요한 몇 가지 증거들을 살펴본다.

화석의 고도와 현존하는 생물의 유사성

우선 생각해 볼 수 있는 것은 화석의 증거이다. 퀴비에가 다중격변을 생각한 배경에는 그가 발굴한 많은 화석들의 증거가 있었다. 즉, 화석들 중에서 오래되고 깊은 곳에 있는 지층에서 발굴된 화석들일수록 현존하는 동물들과의 유사성이 적은 거대한 공룡, 날아다니는 파충류, 멸종된 코끼리 등의 동물화석이 많이 출토되고, 최근의 지층일수록 현존하는 동물들과의 유사성이 증가한다는 것이었다. 따라서 퀴비에는 지층의 절대연대는 알 수 없지만, 어느 지층이 오래 되었고 어느 것이 나중에 생겼는지는 말할 수 있으며, 또한 한 차례의 격변만으로 이 모든 지층이 생겼다고 할 수는 없다고 보았다.[19]

단일격변에서는 단 한 차례의 격변으로 대부분의 퇴적층들과 지층들 속의 화석들이 형성되었다고 본다. 그리고 지층에 따라 다른 화석들이 출토되는 것은 생태학적 서식지 이론(Ecological Zonation Theory)으로 설명한다. 즉, 대홍수가 났을 때 높은 곳에 서식하는 동물들은 높은 곳에서, 낮은 곳에 서식하는 동물들은 낮은 곳에서 화석이 되어 출토된다는 것이다. 물론 이 외에도 대홍수가 났을 때 도망갈 수 있는 동물들의 이동도(mobility)나 죽은 후 시체들이 얼마나 잘 물에 뜨는지의 부유성 (floatability)도 화석 분포에 영향을 미친다고 보지만, 생물들의 서식지가 화석 분포에 가장 큰 영향을 미친다고 본다.

생물의 서식지, 부유성, 이동도 등은 아래 지층으로 내려갈수록 소위 "하등"하다고 생각되는 생물들의 화석이, 위 지층으로 갈수록 "고등"하다고 생각되는 화석들이 출토되는 것은 어느 정도 설명할 수 있다. 하지만 왜 아래 있는 지층에서 출토되는 화석일수록 현존하는 동물들과 유사

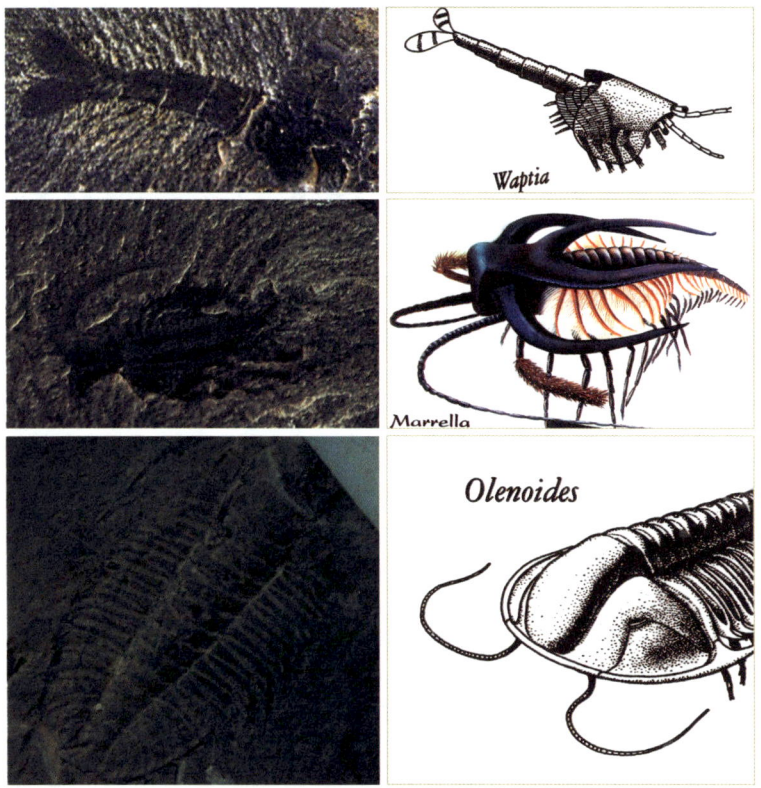

그림 2-8 캐나다 록키산맥의 요호 국립공원 내 왈콧 채석장에서 발굴된 고생대 캄브리아기 화석들의 몇몇 예. 왈콧에서는 수많은 화석들이 발굴되었지만 대부분의 화석 생물들은 현존하지 않으며, 현존하는 생물들과의 모습도 전혀 다르다. ⓒ양승훈

성이 적어지는지는 전혀 설명할 수 없다. 한 예로 전 세계에서 가장 유명한 화석 발굴지의 하나인 캐나다 록키산맥 내 요호국립공원(Yoho National Park)의 왈콧 채석장(Walcott Quarry)에서는 수만 점의 캄브리아기 화석이 발굴되었지만, 현존하는 생물과의 유사성은 거의 찾아볼 수 없다. 이 화석들은 그 이전 선캄브리아기 조상들과도 전혀 달랐기 때문에 하버드대학의 굴드(Stephen Jay Gould) 교수는 캄브리아기 대폭발(Cambrian Explosion)이란 용어를 만들기도 했다.

　단일격변 가설에 의하면, 위 지층에서 발굴되는 "고등동물" 화석들이 오늘날 동물들과 유사성이 크다면, 아래 지층에서 발굴되는 "하등동물" 화석들도 현존하는 동물들과 유사해야 한다. 이는 단일격변에서는 위 지층과 아래 지층의 퇴적 시간 차이가 불과 1년도 되지 않기 때문이다. 이것은 노아의 홍수라는 단일격변으로 모든 화석이 형성되었다고 보는 창

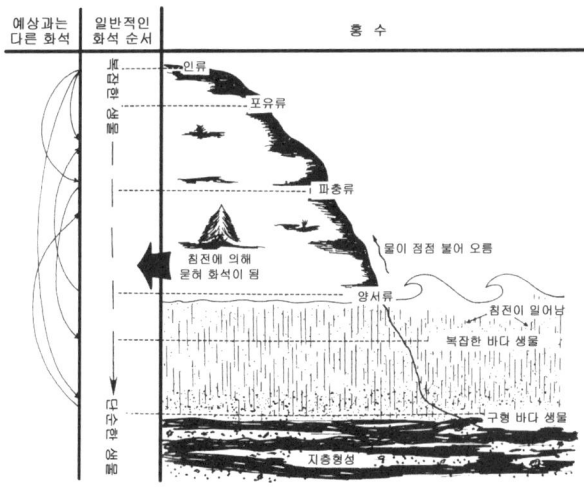

그림 2-9 단일격변설에서 주장하는 생태학적 서식지 이론. 화석의 출토 위치는 그 생물의 생태학적 서식지에 따라 결정된다는 이론이다.

조과학의 치명적인 문제이다.

아래 지층으로 내려갈수록 현존하는 동물들과 유사성이 적어지는 것을 단일격변으로 설명하려면 대홍수 때 낮은 곳에 서식하는, 즉 강이나 바다 밑바닥에 서식하는 동물들일수록 멸종 가능성이 커야 한다는 이상한 가설을 세워야 한다. 그러나 우리가 잘 알다시피 대홍수 때 살아남을 수 있는 가능성이 가장 높은 동물들은 가장 낮은 곳에 서식하는 수중생물들이다. 그러므로 아래 지층에서 발굴되는 화석들은 도리어 현존하는 수중생물들과 유사성이 커야한다. 그런데 정반대의 현상이 나타나는 것은 노아의 홍수라는 단일격변에 의한 화석 형성이 전혀 근거가 없음을 의미한다.

이러한 화석들의 모습으로부터 어떤 결론을 내릴 수 있을까? 아래 지층에서 발굴되는 화석일수록 오늘날 동물들과 유사성이 낮다는 사실은 아래 지층에서 발굴되는 화석일수록 위 지층에서 발굴되는 화석들보다 훨씬 오래 전에 일어난 다른 격변들에 의해 매몰, 화석화 되었다고 봐야 한다. 즉, 우리가 보고 있는 지표면의 많은 지층들은 서로 다른 시기에 다른 격변들에 의해 형성되었다고 봐야 설명할 수 있다.

인류 화석의 부재

지구 역사를 노아의 홍수만으로는 도무지 설명할 수 없으며, 동시에 여러 차례의 격변이 있었다는 것을 보여주는 또 하나의 결정적인 증거는 인류의 화석이 없다는 사실이다. 현재 수많은 고대인들의 유골이 발굴되고 있지만, 완전히 화석화 되어서(petrified) 발견되는 경우는 거의 없다. 이것은 대홍수설(단일격변설)에서는 도저히 설명할 수 없다.

지금까지 노아의 홍수라는 단일격변으로 모든 화석과 지층을 설명하려는 사람들은 사람들의 유골이 가장 높은 지층에서 화석화되지 않은 채로 발견되는 것에 대해 사람들이 가장 높은 곳에 살았고, 그리고 홍수를 피해 가장 빠르게 이동했기 때문이라고 설명했다. 그러나 사람보다도 높은 곳에 살았던 동물들이 많이 있고, 또한 홍수가 났을 때 사람보다 빠르게 이동할 수 있는 많은 동물들이 있음을 고려한다면 이것은 설득력이 없다. 특히 가장 나중에 죽었으리라고 생각되는 조류들이 사람들의 유골보다 훨씬 밑에서 발견되는 것을 어떻게 설명할 것인가?

또한 대홍수설을 주장하는 모리스(H.M. Morris) 등은 홍수 이전에 지상에 수십억의 사람들이 살고 있었다고 주장했다. 그렇다면 그렇게 많은 사람들이 거의 동시에 갑작스럽게 매몰되었는데도 인간의 화석이 발견되지 않음을 어떻게 설명할 것인가? 홍수 이전에 지상에 수십억의 사람

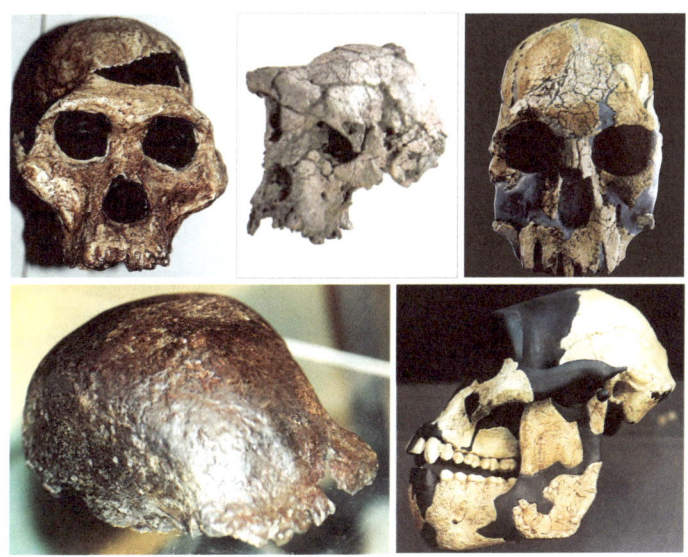

그림 2-10 수많은 동식물들의 화석이 발견되고 있지만 완전히 화석화 된 인간의 유골은 존재하지 않는다.

들이 살았다면 그 중에는 빨리 이동할 수 없는 노약자들도 있었을 터이고, 환자들도 있었을 것이 아닌가! 저지대에 살았던 수많은 사람들은 어떻게 그 엄청난 홍수를 피했을까?

만일 노아의 홍수에 의해 대부분의 지층과 화석이 형성되었다고 한다면, 다른 동식물들의 화석과 같이 당연히 화석화된 인류의 유골도 많이 존재해야 한다. 사람들이 거주했던 다양한 고도와 환경을 고려한다면 (단일격변설에서 주장하듯이 현재와 같은 화석 분포가 생물의 서식지나 부유성, 이동도에 의해 결정된다면), 모든 지층에서 골고루 사람들의 화석이 출토되어야 한다. 인간이 홍수 이전에 지구상에 가장 번성했던 존재라고 한다면, 그리고 그렇게 많은 사람들이 높은 곳 낮은 곳 가릴 것 없이 널리 분포되어 살았다면, 인간의 화석은 비슷한 고도에서 비슷한 부유성과 이동성을 가졌던 다른 동물들의 화석과 더불어 전 세계적으로 널리 출토되어야 한다. 그런데 다른 동물들과 더불어 화석으로 발견되는 인류의 화석이 거의 없다는 사실은 무엇을 말해주고 있는가?

이는 동식물들의 멸종 시기가 인간 유골들이 남겨지게 된 시기와 전혀 다르다는 것을 의미한다. 이것은 동식물들을 멸종시켜서 화석으로 만들었던 격변은 인간을 멸종시켜서 유골을 남게 했던 격변과 절대로 동일하지 않음을 말해준다. 대홍수 이전에 인간이 그렇게 많이 그리고 그렇게 널리 분포되어 살았는데도 인간의 화석이 없고, 인간의 화석이 다른 동물들의 화석과 함께 발견되는 예도 거의 없다는 것은 대홍수에 대한 창조과학적 해석이 전혀 근거가 없음을 의미한다. 도리어 이러한 사실들은 인간의 창조 시기보다 훨씬 이전에 번성했던 동식물들이 전 지구적인 여러 차례의 격변들에 의해 멸종, 화석화 되었으며, 이들을 멸종시킨 격변은 인간을 멸종시킨 격변과 다른 시기의 다른 격변이었음을 의미한다.

7. 다중격변설과 대륙이동설

지구 역사에서 일어난 많은 전 지구적 대격변들과 밀접한 관련이 있는 이론은 대륙이동설이다. 대륙이동설은 처음에는 많은 논란과 의심이 있었지만, 1960년대를 지나면서 20세기 최고의 지질학적 업적으로 인정되고 있다. 이 이론은 지구의 과거를 연구하는 것에서부터 지진이나 화산폭발의 연구에 이르기까지 실제적인 삶의 영역에 많은 기여를 하고 있다.

비록 대륙이동에 대한 현대적 이론은 지난 세기에 등장하였지만, 대륙이 이동한다는 생각은 이미 오래 전부터 시작되었다. 15, 16세기에 유럽 학자들은 대항해를 통해 만들어진 좋은 지도를 가질 수 있었다. 그래서 1596년 지도제작자였던 오르텔리우스(Abraham Ortelius)는 지구의 대륙들이 한 때는 한데 붙어있었다가 떨어져서 지금의 대서양을 만들었노라고 했다. 17세기 학자들도 대륙들을 서로 맞추면 퍼즐 조각처럼 잘 맞는 것을 발견하고 놀랐으나 그 원인을 구체적으로 밝히지는 못했다. 사

그림 2-11 1596년 오르텔리우스가 발간한 지도.

람들은 20세기가 되어서야 비로소 현재와 같은 대륙 분포를 설명할 수 있었다.

베게너와 대륙이동설

현대적인 대륙이동설을 처음으로 제창한 사람은 독일의 기상학자 베게너(Alfred L. Wegener)였다. 1912년, 그는 2억 년 전, 즉 중생대 이전에는 모든 대륙이 팡게아(Pangaea)라는 하나의 커다란 대륙덩어리를 이루고 있었으나 점차 분리되어 각기 다른 방향으로 이동함으로써 오늘날과 같은 대륙분포를 하게 되었다고 주장하였다.[20] 이것을 흔히 대륙이동설이라고 한다.

이전 과학자들과는 달리 베게너는 이를 보여주는 몇 가지 중요한 증거들을 제시했다. 예를 들면, 오늘날 동물들의 분포 패턴이나 멀리 떨어진 대륙들이라도 동일한 지층에서는 비슷한 화석들이나 지층이 존재하는 것 등이었다. 그러나 그의 주장은 대륙을 분리시키고 이동시킬 수 있는

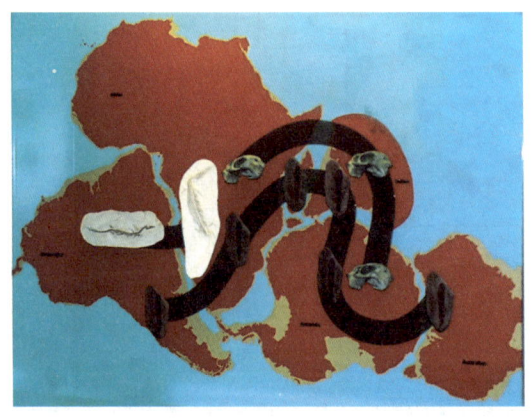

그림 2-12 대륙들마다 발견되는 화석들을 비교함으로써 베게너는 대륙이동설을 제창하였다.

힘의 원천에 대한 확실한 원인 규명이 없었기 때문에 처음에는 받아들이는 사람이 별로 없었다.

그러다가 1928년, 영국의 홈즈(Arthur Holmes)는 맨틀에 대류가 존재하며, 이 맨틀의 대류에 의해 대륙이 이동한다고 주장하여 오늘날 우리가 말하는 소위 판구조론(板構造論, plate tectonics)의 근간을 세웠다.[21] 그리고 대륙이동설은 1960년대 이후로 암석 내의 자연잔류자기(自然殘留磁氣, natural residual magnetization)와 지자기(地磁氣, Earth's magnetic field)의 극이동에 관한 연구로부터 지지를 받으며 판구조론과 함께 다시금 각광을 받게 되었다.[22]

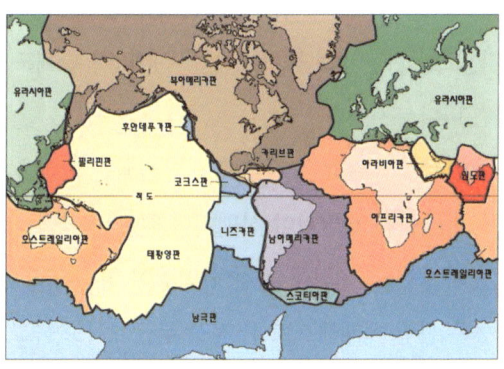

그림 2-13 판구조론. 지구 표면이 여러 개의 판(plate)으로 이루어져 있는데 이들은 정지해 있지 않고 천천히 움직인다는 소위 판구조론은 20세기의 가장 중요한 지질학적 발견으로 인정되고 있다.

한 덩어리였던 육지

흥미로운 것은 대륙이 이동한다는 증거는 육지보다는 대양 한 가운데서 발견되었다. 2차 대전 후에 새로운 해저 탐사 장비를 이용하여 해저 지형을 조사하던 과학자들은 놀랍게도 바다에도 산맥이 있다는 것을 발견하였다. 미국 지질학자 헤스(Harry H. Hess)는 1962년에 발표한 "대양 분지의 역사"(History of the Ocean Basins)라는 논문에서 이 산맥들이 새로운 해양 지각을 만드는 것이라고 제안하였다. 그러나 헤스 자신도 이러한 생각은 단순한 상상이라고 생각해서 자신의 논문을 "지구시에 관한 에세이"(Essay in Geopoetry)라고 불렀다.[23]

하지만 지금은 대륙이 이동한다는 것은 지질학의 상식이 되었다. 오늘날 누구라도 세계지도를 펴놓고 보면 오대양 육대주가 서로 맞출 수 있는 몇 조각의 퍼즐처럼 보임을 알 수 있다. 가장 손쉽게 확인할 수 있는 예로는 아프리카 서해안과 남아메리카 동해안을 들 수 있다. 동남아시아의 섬들과 반도도 그 일부가 바다에 잠기기 전에는 원래 서로 이어져 있는 대륙이었다. 또한 가깝게는 동지나해나 우리나라 황해도 일부도 육지의 함몰로 생긴 바다분지이다.

대륙이 이동한다는 것은 높은 지대에서 발견되는 화석을 통해서도 쉽게 확인할 수 있다. 근래 히말라야 산맥이나 알프스 산맥 그리고 안데스 산맥 등은 최근의 융기로 인하여 생긴 산맥임이 밝혀지고 있다. 특히 세계에서 가장 높은 산인 에베레스트 산 정상 부근에서도 물고기 뼈와 대합

그림 2-14 캐나다 요호국립공원 내에 있는 왈콧 채석장. 저 멀리 코발트 물빛의 아름다운 에메랄드 호수가 보인다. 전 세계에서 가장 중요한 화석 산지의 하나인 이곳은 해발 2,500m 고지에 있지만 바다생물 화석이 쏟아져 나왔다. ⓒ양승훈

조개 등이 발견되는 것은 이것도 한 때 바다로 덮여 있다가 융기하였음을 보여주는 명백한 증거이다. 캐나다 요호국립공원 내에 있는 왈콧 채석장은 해발 2,500m 고지대에 있지만, 그곳의 버제스 혈암(頁岩, Burgess Shale)에서 수많은 바다 생물 화석들이 발견되는 것도 그렇다. 이렇게 지표의 한 부분이 솟아오르면 다른 부분은 가라앉으므로 바다는 더욱 깊어졌을 것이다.[24]

곳곳에 존재하는 암염광산도 대륙 이동을 보여주는 한 예이다. 현재 이탈리아 남부에 있는 시실리 섬 지하 400m 깊이에는 바다가 사라진 것을 부인할 수 없는 증거가 있다. 그것은 엄청난 규모의 암염광산이다. 학자들은 600만 년 전에 아프리카와 유럽 대륙이 충돌하여 현재의 지브롤터 해협이 닫히게 되고 지중해가 증발해서 현재의 소금광산이 형성되었다고 본다. 물론 그런 과정은 적어도 100만 년 이상의 시간이 소요되었을 것이다.

그러면 다중격변설은 대륙이동설과 어떤 관계에 있는가? 지구 역사에서 일어난 많은 격변들은 맨틀의 대류현상을 가속화시켰을 것이고, 이로 인해 대륙의 이동도 활발히 일어났을 것이다. 한 예로, 대규모 운석 충돌은 지각판들의 운동을 가속화시키는 방아쇠를 당겼을 것이다. 이어 대륙이동은 다시 대규모의 지진이나 화산 폭발로 이어짐으로써 제2, 제3의 격변으로 이어졌을 것이다. 일차적으로는 지구 내부의 열에너지가 대륙이동의 동력을 제공한 것이긴 하지만, 운석충돌 등의 외부적 요인이 지구 내부의 열에너지를 활성화시켜 대륙이동을 촉진시키는 역할을 했으리라 생각된다.

8. 발상의 전환

지금까지 논의한 다중격변모델은 지난 200여 년 이상 지질학의 기본이 된 동일과정설에 대한 도전이 될 수 있다. 미국지질연구소에서 발간한 『지질학 용어사전』에서는 동일과정설을 오늘날 지구의 지각을 변형시키는 데 작용하는 지질학적 과정과 자연법칙이 과거 지질시대에도 동일하게 일정한 방법으로, 본질적으로 같은 강도로 작용했다는 원리, 혹은 이론라고 정의한다. 즉, 과거 지질학적 사건은 오늘날 우리가 관찰할 수 있는 현상이나 힘에 의하여 설명이 가능하다고 본다. 그리고 "현재는 과거의 열쇠이다"라는 동일과정설의 모토 속에는 지구 표면에서 일어나는 모든 변화들이 극도로 느리게 일어난다는 가정이 전제되어 있다.

그러나 지금까지 우리가 살펴본 바로는 지구 역사에는 크고 작은 많은 격변들이 일어났다. 우리는 동일과정설 지지자들이 인정하는 국부적 격변만이 아니라 전 지구적 격변들도 여러 차례 일어났다는 여러 증거들을 살펴보았다. 이처럼 20세기 후반부터 지질학계에서 강하게 등장하고 있는 동일과정설 비판에 대하여 리딩(H.G. Reading)은 이렇게 말한다:

"자연에는 모델이라는 게 없다. 각 환경과 암석층들은 독특하다. 우리는 오늘날의 환경으로부터 모델을 만든다. 그리고 우리는 또한 오래된 암석들의 모양(facies)을 해석함으로, 그리고 현대와 고대로부터의 아이디어를 섞어서 모델을 만든다. 그러나 환경(situation)은 결코 똑같이 반복되지 않는다."[25]

자신을 진화론자이자 동일과정설의 지지자라고 소개하는 런던대학

(University of London)의 에이저(D.V. Ager) 역시 "모든 지질학적 현상과 구조는 수억 년이라는 긴 시간을 요구하는 동일과정설에 따라 형성되었다고 믿어지지는 않는다"고 하면서 "모든 지층은 급격히 형성되었으며, 태풍, 홍수, 쓰나미(지진해일) 등은 한 시간 혹은 단 하루 만에도 수천 년에 걸쳐 형성된 지질학적 과정보다 더 큰 변화를 초래할 것이다"라고 말한다.[26] 근래 동일과정설 지지자인지 의심스러울 정도의 "격변적인" 언급을 하는 지질학자들이 늘어가고 있는 것은 흥미로운 일이다.

결론적으로 동일과정설 뿐만 아니라 대홍수설 혹은 단일격변설도 지구의 역사를 설명하는데 적절하지 못하다. 본장에서 살펴본 여러 지질학적 증거들은 기존의 동일과정설이나 단일격변설에 대한 통념을 송두리째 바꿀 것을 요구한다. 물론 격변들의 연속으로 지구의 역사를 설명하려는 것은 현대 지질학이 등장하기 전의 단일격변설로 돌아가자는 것이 아니다. 근래에 쏟아지고 있는 많은 연구결과들을 기초로 다시 지구의 역사를 설명하자는 것이다. 기존의 패러다임을 바꾸게 되면, 그 동안 우리를 괴롭히던 지구 역사의 수많은 수수께끼들에 대한 새로운 해답이 보일 수 있다. 다음 제3강에서는 발상의 전환을 돕는 좀 더 구체적인 격변의 증거들을 살펴볼 것이다.

토의와 질문

1. 동일과정설 지지자들은 지구역사에서 일어난 수많은 격변들조차 동일과정의 틀 속에서 해석할 수 있다고 주장한다. 다중격변을 동일과정의 틀 속에서 해석하려는 시도의 문제는 무엇인가?

2. K-T 경계면의 발견으로 인해 지질학계에서는 신격변설(Neo-Catastrophism)이 대두되고 있다. 이것이 창조과학자들이 제시하는 단일격변설 혹은 대홍수설을 지지한다고 생각하는가?

3. 저자는 고생 인류의 유골이 화석화 되지 않고, 또한 다른 동물들의 화석과 더불어 출토되지 않는다는 점을 대홍수설 혹은 단일격변의 치명적인 문제라고 지적하고 있다. 이에 대해 대홍수설을 지지하는 창조과학자들은 어떻게 설명하는지 말해 보자.

제3강

다중격변과 지구의 역사

"… 그 날에 하늘이 불에 타서 풀어지고 물질이 뜨거운 불에 녹아지려니와"(벧후 3:12)

앞 강에서 언급한 것처럼 지구 역사를 수많은 격변들의 역사로 보는 것은 전혀 새로운 관점이 아니다. 사실 지구는 격변의 흔적들로 가득 차 있다. 비록 격변들의 크기, 형태, 충격, 시기 등은 동일하지 않지만, 격변은 과거에 수없이 일어났으며, 지금도 일어나고 있으며, 미래에도 일어날 것이다. 하지만 격변의 원인, 범위, 빈도, 크기, 생태계에 미치는 영향 등은 모두 다르다. 한 예로 과거에는 지금보다 소행성이나 혜성 충돌이 훨씬 더 잦았던 것으로 보인다. 대기의 조성, 기후, 생태계, 번성했던 생물군 등도 지금과는 달랐던 것으로 보인다. 그러므로 "현재는 과거의 열쇠"라는 동일과정설의 가정은 지구의 과거를 설명하는데 바른 출발점이라고 할 수 없다.

1. 근래의 상황

물론 그럼에도 불구하고 여전히 동일과정설을 고집하면서 지구 역사에서 어떤 전 지구적 격변이나 멸종을 인정하지 않는 사람들이 있다. 고생물학파(palaeontologic school)의 대표이자 캘리포니아 대학 버클리 분교(UC Berkeley) 생물학과 명예교수인 클레멘스(William Clemens)는 전 지구적 차원의 어떤 격변에도 반대한다. 아이러니컬하게도 그는 20세기 후반, 중생대 말기의 멸종을 대격변에 의한 것이라고 주장한 버클리팀과 동일한 대학에 근무하면서도 지구 역사를 격변적 관점에서 보는 것에 반대한다.[1]

하지만 알바레즈 부자(Luis and Walter Alvarez)가 인도한 버클리팀이 이탈리아 구비오에서 K-T 경계면을 발견한 이후 30여 년 간, 특히 1994년 목성에 충돌한 슈메이커-레비 혜성 사건 이후 십 수 년 간의 지사학 연구 결과는 다중격변 쪽으로 기울고 있다. 비슷한 시기에 멕시코 칙술룹(Chicxulub)에서 중생대를 마감하게 했던 소행성 운석공이 발견되고, 나아가 크고 작은 수많은 운석공들이 지구와 다른 행성들에서도 발견되고 있으며, 고기후학이나 고지자기학, 고해양학 등의 연구들도 대체로 다중격변을 수용하는 쪽으로 기울고 있다.

아래에서는 전 지구적 영향을 미쳤던 대격변들에 대해 살펴볼 것이다. 대규모 운석이나 소행성, 혜성 등의 충돌에 의한 격변은 제5, 6강에서 자세히 살펴볼 것이므로 여기서는 지구 역사에서 볼 수 있는 다른 몇몇 중요한 격변들과 멸종들을 살펴볼 것이다. 먼저 격변의 가장 일반적인 증거로서 전 지구상에 분포되어 있는 지층들부터 살펴보자.

2. 지층의 분포

우선 가장 중요하면서도 보편적인 전 지구적 격변의 증거로는 어디서나 볼 수 있는 지층의 분포를 들 수 있다. 오늘날 지구 표면의 75%를 덮고 있는 암석은 퇴적암이다. 퇴적암은 자갈, 모래, 진흙 등의 퇴적물이 바다나 호수, 강 바닥에 쌓여 굳어진 암석이다. 구체적으로 암석이 풍화나 침식을 받게 되면 퇴적물이 만들어지고, 이것이 물이나 공기 등에 의해 운반되어 퇴적된 후 굳어진 것이 퇴적암이다.[2]

퇴적암은 암석을 이루는 광물의 크기에 따라 역암(礫岩, conglomerate), 사암(砂巖, sandstone), 혈암(頁岩, shale) 등으로 구분된다. 역암은 자갈, 모래, 진흙이 퇴적되어 형성되며, 사암은 모래와 진흙이, 혈암은 진흙이 퇴적되어 형성된다. 일반적으로 역암은 해안에서 가까운 얕은 바다 밑에서, 사암은 해안에서 더 먼 곳에서, 혈암은 깊은 바다 속에서 생성되는 것으로 알려져 있기 때문에 퇴적암은 생성 시기와 생성 당시의 환경에 관한 정보를 제공한다고 할 수 있다. 퇴적물의 종류에 따라 퇴적암을 나눌 때는 위 세 가지 외에도 석회질 물질이 퇴적된 석회암(石灰巖, limestone), 화산재가 퇴적된 응회암(凝灰巖, tuff), 소금이 퇴적된 암염(巖鹽, halite 혹은 rock salt) 등이 있다.

퇴적암 형성의 가장 중요한 매개체는 역시 물이다. 대부분 퇴적물이 물에 의해 운반되고, 다져지고, 굳어짐으로써 퇴적암이 된다. 이러한 과정에서 생물들의 유해나 자취들이 화석을 형성한다. 흥미로운 것은 화석은 국부적이든, 전 지구적이든 느린 퇴적의 과정을 통해서는 형성되지 않는다는 사실이다. 화석은 빠른 퇴적과 암석화 과정을 거쳐 형성되기 때문에, 전 지구적으로 서로 다른 연대의 퇴적암층들이 존재하고 그 속에 많은 화석들이 포함되어 있다는 사실은 전 세계적인 여러 격변들과 대홍수 등이 일어났다는 중요한 증거가 된다. 지구 전체에 지층이 없는 곳이 없고 어디나 화석을 포함하는 퇴적암이 있다는 점은 대격변의 가장 중요한 증거라 할 수 있다.

그림 3-1 미국 위스콘신주에 있는 수상유원지 위스콘신델(Wisconsin Dells)(위)과 부산 태종대 절벽의 지층(아래 왼쪽), 록키산맥의 아타바스카 폭포(Athabasca Falls)가 만들어낸 퇴적암 협곡; 이러한 지층은 규모의 차이는 있을지언정 세계 도처에서 발견되고 있다. 이와 같이 세계 도처에 수상 퇴적암이 풍부하게 존재하는 것은 이 모든 퇴적층을 형성시켰던 과거의 대격변이 있었음을 보여준다. ⓒ양승훈

앞에서 언급한 것처럼, 진화론과 동일과정설의 기본 가정은 현재 관찰되는 현상으로부터 과거의 모든 것을 설명할 수 있다는 것이다. 그렇지만 현재와 다른 대기권이나 생태계가 과거에 존재하였고, 지금은 일어나

지 않는 대격변이 일어났다면, 이 가정은 맞지 않는다. 그런데 이미 오래 전부터 관련 학자들은 원시 지구의 대기가 지금과 달랐다고 가정하고 있을 뿐만 아니라 지질학적 시대가 바뀐 것은 대부분 격변에 의해 이루어졌다고 해석한다. 그리고 현재는 극히 일부 지역을 제외하고는 지층이 거의 형성되고 있지 않는데, 이는 명백히 과거는 현재와는 판이하게 달랐음을 의미한다. 그러므로 현대 지질학의 척추를 이루고 있는 동일과정설의 가정은 바르지 않다고 할 수 있다.

2. 불완전한 지층 기둥과 급격한 퇴적

지층은 전 세계 어느 지역에나 존재한다. 하지만 전 세계 어디에도 현대 지질학에서 말하는 12개 지층을 한꺼번에 모두 보여주는 곳은 존재하지 않는다. 이것은 기존의 동일과정설로는 설명하기 어려운 점이다. 동일과정설에서 말하는 것과 같이 한 지질 시대가 지구상에서 수백만 내지 수억 년 동안 지속되었다면, 지층의 두께는 지역에 따라 다소 달라질 수 있겠지만 반드시 모든 지층이 연속적으로 존재하는 곳이 있어야 한다. 하지만 세계적으로 지층의 단면을 가장 광범위하고 깊게 보여주는 미국 그랜드 캐년(Grand Canyon)조차도 그렇지 못하다.

그랜드 캐년은 길이가 450km, 최대 넓이 28km, 깊이가 근 1.6km에 이르는 대협곡이지만, 여기도 선캄브리아기와 고생대 캄브리아기에서 페름기까지밖에 없으며 그나마 오르도비스기와 실루리아기는 빠져있다. 만약 12개의 모든 지층이 다 있다면 그랜드 캐년의 깊이는 약 210km가 될 것이나, 실제 깊이는 그 지방의 다른 모든 캐년들[신생대 지층인 브라이스 캐년(Bryce Canyon)이나 중생대 지층인 자이온 캐년(Zion Canyon) 등]의 깊이를 더한다고 해도 20km 내외이다. 모든 지층이 다 존재하지 않는 것과 더불어 중간에 빠진 지층이 있다는 것은 동일과정설로는 설명하기가 곤란하다. 만일 각 지질시대가 전 지구적으로 오랫동안 지속되었다면, 각 지층의 두께가 서로 다를 수는 있어도 반드시 존재해야 하기 때문이다.[3]

그림 3-2 신생대 지층으로 이루어진 브라이스 캐년(위), 중생대 지층으로 이루어진 자이온 캐년(가운데), 고생대와 선캄브리아기 지층으로 이루어진 그랜드 캐년. ⓒ양승훈

그러나 다중격변모델로는 이러한 현상들을 비교적 용이하게 설명할 수 있다. 즉, 격변의 위치나 격변의 크기에 따라, 다시 말하면 운석에 의한 격변이라면 운석이 떨어진 위치와 운석의 크기에 따라 특정 지층이 빠질 수도 있다는 것이다. 오히려 이 모델에서는 모든 지층이 한꺼번에 발견되는 것이 불가능하다고 본다. 물론 대홍수설로도 이런 점들을 설명할 수는 있지만, 대홍수설에서는 이를 위해 방사성 연대측정 결과와 현대 지질학의 시대 구분 자체를 받아들이지 않는 부담을 안아야 한다.

전 세계적으로 존재하는 지층들이 (비록 흩어져 있기는 하지만) 출토되는 화석이나 연대, 지층을 이루는 암석 등에 의해 몇 개의 그룹으로 분류될 수 있음은 지구 역사에서 전혀 다른 생태계와 동식물군들이 존재했던 시기가 있었음을 분명히 보여준다. 그리고 지층에 따라 다른 화석들이 출토된다는 것은 각 시대에 살았던 동식물군들이 불규칙하게 반복되는 급속한 퇴적 과정들에 의해 매몰되었음을 의미한다.

또한 각 지층들이 다른 화석이나 다른 구성 성분에 의해 구분된다는 사실은 지층들 사이에 불연속이 있었음을 의미한다. 화석의 형성이 반드시 급작스런 매몰을 전제해야 함을 고려한다면, 화석을 포함하고 있는 대부분의 지층은 격변에 의해 형성되었다고 할 수 있다. 1980년에 있었던 세인트 헬렌스 화산(Mount St. Helens)의 폭발은 급속한 퇴적을 보여주는 좋은 한 예라고 할 수 있다.[4]

캘리포니아 대학 버클리 분교(UC Berkeley)의 만타나리(Alexandro Mantanari)는 칙술룹 운석의 충돌로 인해 아이티(Haiti)를 비롯한 멕시코만의 여러 섬들에 순식간에 두꺼운 지층이 형성되었다고 지적한다. 지금도 운석이 충돌한 지점으로부터 800km 정도 떨어진 곳에는 그 때 순식간에 퇴적된 2m 정도의 지층이 확인되고 있다.[5]

3. 습곡지층과 얕은 바다에서 형성된 퇴적층

퇴적지층의 존재에 더하여 전 세계 곳곳에서 관찰되는 심한 습곡지형들도 격변의 지구 역사를 가정하지 않고는 설명할 수 없다. 예를 들면, 영국과 유럽 북서부에 분포하는 데본기 구적사암(舊赤砂岩, Old Red Sandstone) 중에는 격변적 형성을 가정하지 않고는 설명할 수 없는 지층들이 있다. 영국 북부에 있는 적색 퇴적암, 특히 사암과 역암 및 세일로 구성된 비해성(非海成)(non-marine)의 두꺼운 구적사암 지층 중에는 두께가 무려 8km 이상이나 되면서 심한 습곡작용을 보여주는 지층이 있다.

그림 3-3 영국 북부에 있는 구적사암. 심한 습곡작용을 받았지만 이들이 오랜 기간 동안 퇴적되었다는 증거가 없으며, 격변에 의해 급격하게 형성되었다고 해석할 수밖에 없다.

지금까지 학자들은 이 지형에 대해 고생대 데본기 전 기간(6,300만 년)에 걸쳐 하호성(河湖成, fluvio-lacustrine) 환경의 한정된 분지 지형(laterally restricted basin)에서 수평방향으로 퇴적되는 횡적부착(橫的附着, lateral accretion)이 일어났고 그 후 습곡작용이 일어났다고 해석했다.

그러나 이런 해석으로서는 설명할 수 없는 점이 있다. 이 지역을 연구했던 실베스트루(Emil Silvestru)에 의하면, 우선 퇴적분지가 횡적으로 한정된 지역에서 형성될 경우 퇴적된 물질들이 어디서 왔는지를 설명할 수가 없다. 그리고 퇴적분지가 6,300만 년 동안이나 횡적으로 한정된 분지에 있으면 두께가 8km나 되는 퇴적층을 어떻게 쌓을 수 있는가도 설명할 수 없다. 또한 퇴적작용과 습곡작용이 이렇게 오랜 세월에 걸쳐 일어나게 되면, 침식면(erosion surface)이 습곡층을 가로지르는 현상이 관찰되어야 하는데 그렇지 않다.[6]

지층과 관련하여 경과된 시간이라면, 첫째, 지층이 퇴적(堆積, sedimentation)이나 화성암의 관입(貫入, intrusion)을 통해 쌓이는 시간, 둘째, 쌓인 지층이 변성작용(變成作用, metamorphism)이나 속성작용(續成作用, diagenesis)을 통해 변화하는 시간, 그리고 마지막으로 침식 등을 통해 지층이 제거되는 시간 등을 생각해 볼 수 있다.[7] 하지만 이 습곡지형에서는 침식면이 습곡층들을 가로지르는 경우가 없다. 각 층들은 전체적인 습곡지형의 모양을 따라 부드럽게 굽어 있으며, 불연속적이지 않다. 이것은 침식이 일어났다고 해도 습곡작용이 일어나기 전에 일어났기 때문에 침식면이 선명하지 않다고 볼 수 있다. 이런 현상은 홍수와 같은 대격변에 의해 빠른 퇴적이 일어났을 때만 가능하다. 고에너지를 동반한 급격한 퇴적환경 하에서는 구적사암이 퇴적되는데 그리 오랜 시간이 필요하지 않다. 그러므로 심한 습곡작용을 받은 구적사암이 존재하는 것은 과거 지구에 거대한 격변이 있었음을 보여주는 좋은 증거라고 할 수 있다.[8]

전 지구적 격변의 또 다른 증거는 전 세계적으로 편만한 해양 기원 퇴적층들이다. 현재 전 세계적으로 얕은 바다가 차지하는 비중은 전체 해양 환경의 불과 10% 정도에 불과하다. 그러나 현존하는 해양 기원 퇴적층들의 90%는 얕은 바다에서 기원한 퇴적층들이다. 이는 현재와 같은 바다 분포로는 현존하는 퇴적층들의 기원을 설명할 수 없음을 의미한다. 현존하는 해양 기원 퇴적층들이 형성된 것은 지금과는 전혀 다른 환경에서 형성되었음을 보여준다.[9]

4. 캐년 형성

전 세계적인 캐년들의 분포도 격변의 증거가 된다. 한 예로 그랜드 캐년을 생각해 보자. 그랜드 캐년의 형성, 즉 그랜드 캐년의 침식을 설명하는 데는 크게 세 가지 이론이 있다. 첫째는 시조강(始祖江) 이론(Theory of Ancestral River), 둘째는 기존배수로(旣存排水路) 이론(Precocious Gully Theory), 셋째는 댐 파괴 이론(Breached Dam Theory)이다.

시조강 이론에 의하면, 북부 애리조나 지역이 융기하여 콜로라도 고원이 되기 전부터, 즉 평평한 지역이었을 때부터 큰 강이 흐르고 있었는데, 이 지역이 천천히 융기하자 수천만 년에 걸쳐 높아지는 만큼 강이 계속 지반을 침식하여 현재와 같은 그랜드 캐년이 형성되었다고 한다. 이 이론은 간단하고 그럴듯한 이론이지만, 대부분의 지질학자들은 강에 오래된 퇴적층이나 퇴적물의 증거가 전혀 없기 때문에 받아들이지 않는다.

기존 배수로 이론은 원래 콜로라도강이 동쪽에 있는 뉴멕시코주 쪽으로 흐르다가 갑자기 방향을 바꾸어 현재와 같은 그랜드 캐년을 형성하게 되었다는 이론이다. 하지만 이 이론 역시 지질학자들은 구체적인 증거가 없기 때문에 가능성이 희박한 것으로 보고 있다.

가장 가능성이 높은 이론으로는 댐 파괴 이론을 들 수 있다. 이 이론에 의하면, 과거에는 현재의 그랜드 캐년 동쪽에 자연적으로 형성된 거대한 호수들이 있었는데, 이 호수들은 지각이 완만하게 위쪽으로 굽은 케이밥 곡륭(曲隆, Kaibab Upwarp)으로 인해 콜로라도강으로 흘러나가지 못하고 있었다. 즉, 케이밥 곡륭이 거대한 댐 역할을 하고 있었다. 그러다가 무슨 연유에서인지 잘 모르지만 호수를 막고 있던 거대한 곡륭댐이 갑자기 파괴되면서 엄청난 양의 물이 갑자기 콜로라도강을 통해 빠른 속도로 방류되었고, 그 과정에서 현재의 캐년이 형성되었다는 것이다. 그랜드 캐년이 호수의 격변적인 배수로(catastrophic drainage of lakes)였다는 것에는 여러 가지 증거들이 있다.

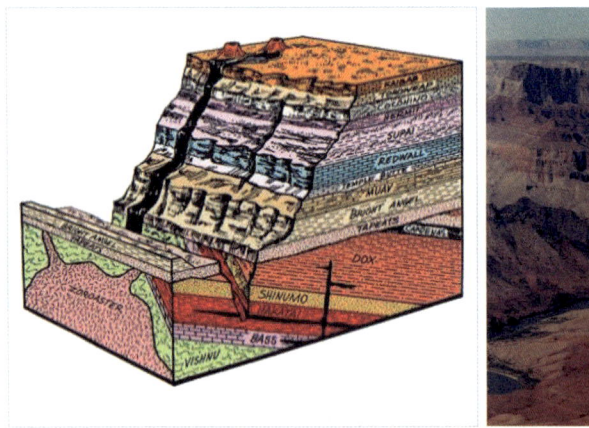

그림 3-4 그랜드 캐년 구조와 South Rim에서 바라본 전경. 그랜드 캐년의 깊은 협곡은 현재와 같은 콜로라도강의 침식작용만으로는 설명할 수 없다. ⓒ양승훈

첫째, 그랜드 캐년의 지층이 격변적 사건을 통해 매우 급속하게 퇴적되었다는 증거는 난코웹 뷰트(Nankoweap Butte)에 있는 60마일층(Sixty Mile Formation)이다. 여기에는 번갈아가면서 각력암(角礫岩, Breccia) 층이 형성되어 있다. 각력암은 다른 암석들이 부서져서 만들어진 암석 조각들로서 아직 날카로운 모서리들이 남아있는 작은 암석들을

말한다. 일반적으로 큰 암석이 부서져서 그 조각들이 오랜 시간 동안 물속에서 구르면서 이동하면 부서진 조각들의 모퉁이가 연마되어 날카로운 모서리들이 사라진다. 그러므로 날카로운 모서리들을 가진 각력암층이 존재한다는 것은 암석들이 부서진 후 오랜 시간이 지나지 않았고, 또 멀리 이동하지도 않았음을 의미한다. 또한 이 각력암들은 소위 비늘 겹침(imbricate), 즉 각력암 조각들이 마치 비늘이나 기와가 겹치듯이 어느 한 방향을 향해 경사지게 정렬되어 있는 것을 보여주는데, 이것 역시 이들이 빠르게 흐르는 물속에서 형성되었음을 의미한다.[10]

둘째, 그랜드 캐년 곳곳에 산재하고 있는 표석들(漂石, boulders)도 부인할 수 없는 대홍수와 같은 격변에 의해 캐년이 형성되었음을 보여주는 증거라고 할 수 있다. 그랜드 캐년에는 곳곳에 30cm 내외의 작은 표석에서부터 30m에 이르는 거대 표석까지 곳곳에 표석들이 분포되어 있으며, 이는 격변적 홍수의 직접적인 증거라고 할 수 있다.

하지만 그랜드 캐년의 퇴적과 침식을 단 한 번의 대격변으로 모두 설명할 수 있을까? 지금까지 창조과학자들을 포함한 홍수지질학자들은 그랜드 캐년을 포함한 지구상의 대부분의 지층들이 노아의 홍수라는 단일 사건에 의해 만들어졌다고 주장해 왔다. 그러나 노아 홍수와 같은 단일 격변만으로는 캐년 등에서 드러나는 모든 지층을 설명하기가 어렵다.

그림 3-5에서처럼, 대홍수 모델에서는 대부분의 지층(태핏 사암에서 케이밥 곡류까지) 형성과 캐년 형성이 대홍수에 의해 거의 동시에 이루어졌다고 본다. 그러나 단기간의 대홍수만으로는 20km에 이르는 지층이나 미국 남서부 지방의 캐년 지역을 모두 설명할 수 없다. 다시 말해 불과 10개월 동안(비가 내리기 시작한 것은 2월 17일부터 물이 충분히 물러갔다고 하는 그해 12월 17일까지)의 대홍수로 인해 현재의 모든 지층과 그 속

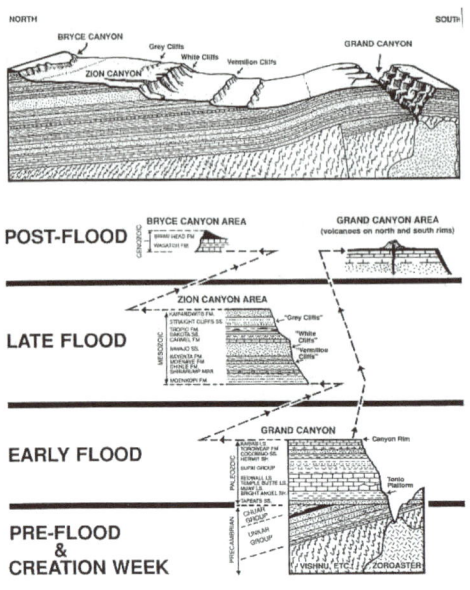

그림 3-5 그랜드 캐년 형성에 대한 창조과학 모델.

에 화석들이 형성되었다고 보기에는 지층이 지나치게 두껍다. 설사 지층이 형성되었다고 해도 현재와 같은 그랜드 캐년이 형성되려면, 총 $3,700km^3(900mi^3)$의 침식이 일어나야 한다. 만일 노아의 홍수로만 현재의 지층 형성을 설명하려면, 홍수가 있었던 10여 개월 동안 매일 50m 이상의 속도로 지층이 퇴적됨과 동시에 매일 $12.3km^3$의 침식이 일어났다고 가정해야 하는데, 이는 현재의 그랜드 캐년 구조로는 불가능하다.

5. 저탁류

이런 딜레마를 해결하기 위해 대홍수설 지지자들이 근래에 새롭게 제시하고 있는 이론이 소위 혼탁류 이론 혹은 저탁류(底濁流, turbidity current) 이론이다. 그랜드 캐년의 급속한 퇴적과 침식을 설명하기 위해 제시된 이 이론에서 저탁류란 가는 모래와 점토가 포함되어 밀도가 커진 혼탁수(混濁水)의 흐름을 말한다. 혼탁수가 경사진 지형에 고여 있는 맑은 물속에 흘러 들어가면 맑은 물과 섞이지 않고 밑바닥으로 가라앉아 강바닥이나 해저 경사면을 따라 흘러가는데, 이러한 흐름을 저탁류라고 한다. 저탁류는 강바닥이나 해저의 경사 정도에 따라 그리고 혼탁수의 밀도나 양에 따라 매우 파괴적일 수 있다.

사람들이 저탁류의 존재에 대해 처음 관심을 갖게 된 것은 1929년 11월 18일 오후 3시경, 뉴잉글랜드 지방에서 일어난 지진 때문이었다. 이 지진으로 인해 대서양을 횡단하고 있는 13개의 전화선이 뉴펀들랜드 앞바다에서 모두 갑자기 절단되었다. 해안선 가까이 있던 8개 선은 순식간에, 나머지 5개는 그로부터 수 시간 후에 절단되었다. 하지만 처음에는 이 엄청난 사건을 일으킨 "거대한 손"(Giant Hand)이 무엇인지 아무도 몰랐다. 그러다가 1952년에 이르러 비로소 이것이 저탁류라고 하는 지질학에서 새롭게 알려진 현상에 의한 것임이 밝혀졌다. 이 사건으로 인해 뉴펀들랜드 앞 바다에는 불과 13시간 만에 60cm 두께로 대한민국 정도 넓이(10만km²)의 지층이 쌓였으며, 이는 저탁류가 최고 시속 100km에 이르렀음을 의미했다! 시속 100km라는 엄청난 속도로 대한민국 면적 크기의 저탁류가 밀어닥치면 어떤 굵기의 전선이라도 견딜 재간이 없는 것이다![11]

저탁류는 일종의 해저 산사태(underwater avalanche)라고 할 수 있다. 저탁류로 인한 산사태는 강과 바다가 만나는 강어귀 등에 쌓여있던 무겁고 빽빽한 물과 진흙의 혼합물이 무게로 인해 혹은 지진으로 인해 바다

쪽으로 쏟아져 들어가면서 생기는 현상이다. 이러한 저탁류에 의해 형성된 지층은 미국의 유타주(Shepherd's Point), 캘리포니아주(Ventura Basin), 아리조나주(Grand Canyon), 텍사스주(Marathon), 스위스(Blonay, Le Sepey), 뉴질랜드(Castle Point) 등 전 세계적으로 발견되고 있다.[12]

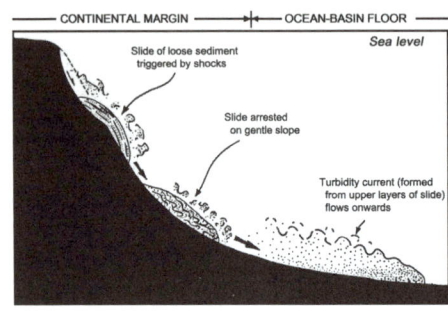

그림 3-6 저탁류의 생성원리와 캘리포니아 북부해안에 있는 고신세(Paleocene) 저탁암(6,500만 년–5,600만 년 전)[13]

저탁류 이론은 기존의 국부홍수설이나 동일과정설로는 설명할 수 없는 급격한 지층 퇴적을 설명할 수 있는 획기적인 이론이었다. 하지만 저탁류 이론만으로 전 세계의 지층들을 설명할 수 있을까? 10여 개월 동안 지속된 노아 홍수 기간 중의 저탁류만으로 전 지구상의 대부분의 퇴적층을 설명할 수 있을까?

네덜란드 지질학자 울프(Arjen van der Wolf)에 의하면, 육상 퇴적층의 30% 정도가 저탁암(底濁岩, turbidite)이라고 한다: "육상 퇴적암에서 우리는 많은 저탁암을 발견한다. 저탁암은 아래쪽으로 갈수록 점점 더 입자가 굵어지고, 위쪽으로 갈수록 점점 더 입자가 작아지는 퇴적층의 입자 굵기 경사로부터 확인할 수 있다. 아마 모든 지층의 30%나 그 이상이 과거에 퇴적될 때 저탁류에 의해 퇴적된 것으로 보인다."[14]

울프가 지적한 것과 같이 저탁류에 의해 형성된 지층은 아래쪽에서는 굵은 입자로 된 지층이, 위쪽으로 갈수록 가는 입자로 된 지층이 분포되어 있기 때문에 식별할 수 있다. 그리고 전 세계적으로 저탁류에 의해 형성된 저탁암들이 많이 발견되고는 있지만, 모든 퇴적층을 저탁류 이론만으로는 설명할 수 없다. 더군다나 저탁류에 의해 형성된 퇴적층들이라도 단 한 차례의 전 지구적 홍수 기간 중에 형성되었다고 보기보다는 여러 차례의 격변에 의해 만들어졌다고 보는 것이 타당하다. 또한 저탁암들의 연대가 모두 같지 않다는 점도 단일격변설이 지닌 난점이다!

이 외에도 지층이 불연속적으로 쌓여있는 부정합 지층구조도 격변적 지층 형성을 보여주고 있다. 부정합 관계에 있는 상하 지층의 경계에 있는 침식면을 부정합면이라 하는데, 이 부정합면 위에는 흔히 자갈로 이루어진 기저역암(基底礫岩, basal conglomerate)이 존재한다. 이것은 무엇을 의미하는가? 이것은 부정합면을 기준으로 아래, 위에 있는 지층이 전혀 다른 격변적 원인에 의해 형성되었음을 의미한다. 특히 부정합면 위에 기저역암이 존재하는 경우가 흔하다는 것은 다양한 격변들 중에서 홍수나 저탁류 등 흐르는 물에 의해 급격히 퇴적된 경우가 많음을 의미한다. 화산폭발이나 산사태 등에 의해서는 부정합면에 기저역암이 존재하는 것을 설명할 수 없다.

6. 크라카타우 화산

비록 국지적인 격변이지만 화산 역시 격변의 한 예가 될 수 있다. 특히 특정한 기간에 많은 화산이 동시에 폭발하거나 초대형 화산이 폭발하게 되면 전 지구적인 영향을 미치게 된다. 지난 몇 백 년 동안에 지구에서 일어난 화산 폭발 중에서 가장 규모가 크고 비교적 자세한 기록이 남아 있는 것은 1883년에 폭발한 인도네시아 크라카타우(Krakatau) 화산이다. 인도네시아 자바섬과 수마트라 섬 사이의 순다(Sunda) 해협에 있는 크라카타우 섬의 화산 폭발은 거대한 화산이 폭발했을 때 어떤 일이 일어나는가를 보여주는 좋은 예라고 할 수 있다.

기록에 의하면 크라카타우 화산은 1883년 8월 27일 오전 10시 경에 폭발했다. 이 때 마그마와 암석, 화산재 따위가 섞인 거대한 불기둥이 5km 상공에까지 솟구치면서 섬의 대부분이 삽시간에 바다 속으로 빨려 들어갔고 오직 남쪽의 일부만이 바다 위에 남았다. 말할 필요도 없이 섬의 동식물들이 모두 죽었다. 크라카타우로부터 멀리 북동쪽 84km 지점을 항해하면서 이 광경을 지켜본 미국의 작은 범선 W.H. 베세호의 선원들은 모두들 지구 최후의 날이 닥쳐왔다고 생각했다.[15]

이 때 화산 폭발은 TNT 100-150메가톤에 상당하는 폭발이었으며(히로시마에 투하된 원자탄의 5,000-7,500배 위력) 이 폭발로 인해 40m 높이의 해일이 일어나 자바와 수마트라 섬 해변을 덮쳐 37,000명이 목숨을 잃었다. 이는 후에 살펴볼 미국 세인트 헬렌스 화산 폭발 규모의 10-15배 이상에 이르는 대형 화산 폭발이었다. 이 때 분출된 화산재는 50km 이상의 상공으로 치솟았고, 이 화산재로 말미암아 햇빛이 차단되어 반경 수십 km의 지역이 칠흑 같은 어둠에 휩싸여 주민들은 대낮에도 등불을 켜야 했으며, 수천만 톤의 화산 먼지가 3년에 걸쳐 천천히 지상에 떨어져 마을과 숲을 덮었다.

화산 폭발 후에는 6주 동안이나 전 세계적으로 호우가 계속되었으며, 3년 간 사진(砂塵)으로 인해 기온이 곤두박질했다. 몇 년 동안 화산먼지

그림 3-7 (좌) 사라지는 크라카타우가 화산재와 가스를 수천 미터 높이로 분출하고 있다. 1883년 8월 27일, 크라카타우섬에서 일어난 화산 폭발로 남단의 라카타섬만 제외하고 섬의 부분들은 완전히 파괴되었다. 이 그림은 화산 폭발 3개월 전인 1887년 5월 27일에 찍은 사진에 기초하여 19세기 판화로 기록한 풍경이다. 이 폭발로 인해 옛 크라카타우섬의 중앙에는 길이 7km, 길이 270m의 해저 분화구가 생겼다. 그 후 1930년, 옛 섬의 북쪽 바다 밑으로부터 아낙크라카타우섬이 화산추로 떠올라 새로운 섬은 두개의 섬으로 이루어져 있다.[16] (중) 화산폭발로 일어난 쓰나미(해일)이 수마트라의 텔록베통의 정박지에 있던 기선 베로우브호를 부순 후 내륙 2.4km 안으로 옮겨갔다; (우) 1883년 11월 26일, 윌리엄 애스크로프트가 그린 일몰 그림에서 런던 하늘을 붉게 물들인 크라카타우 화산진을 볼 수 있다.[17]

로 인한 아름다운 노을이 계속되기도 했다.[18] 만일 크라카타우와 같은 규모의 화산이 동시에 여러 개가 폭발한다면 지구에는 큰 재난이 닥칠 것이다. 운석 충돌 등으로 인해 환태평양 조산대에 속한 수많은 화산들이 동시에 폭발했다면 지구 역사상 전무후무한 재난이 닥쳤을 것이다.

7. 갑자기 얼어붙은 동물들

크라카타우 화산 폭발로 말미암은 전 지구적 기상 이변은 과거 지구상에서 일어났던 격변들을 유추할 수 있는 좋은 실마리가 된다. 그 중의 한 예가 바로 과거 지구상에 번성했던 매머드(mammoth)의 멸종이다. 매머드는 현존하는 코가 긴 장비목(長鼻目) 동물들과 크기와 생김새가 비슷하지만 온 몸에 털이 있었다는 점이 다르다. 러시아어 마모트

(MaMOHT)에서 유래한 매머드는 홍적세에 번성했던 대표적인 포유동물이었지만 홍적세 후기에 갑자기 멸종했다. 3.5-5m의 키에 어깨에 커다란 지방 혹이 있어서 가혹한 자연환경을 견뎌냈던 것으로 생각되는 매머드였지만 지금은 멸종했으며, 현재 알래스카나 시베리아 등에서 시체로 발견될 뿐이다. 근래에도 시베리아와 알래스카에서는 전신에 살점과 털이 남아 있는 매머드 화석들이 발견되고 있다.

매머드의 멸종과 관련해서는 몇 가지 흥미로운 사실들을 볼 수 있다. 우선 거대한 동물인 매머드가 거의 먹을 것이 없는 툰드라(tundra) 지대에서 살았다는 점이다. 그런데 더욱 놀라운 사실은 이 매머드를 해부했을 때 매머드가 먹었던 음식이 나왔는데, 그것은 화산재가 섞여 있는 아열대성 활엽수의 잎이었다는 점이다. 그것은 매머드가 살 당시의 시베리아는 지금과 같은 추운 지방이 아니라 따뜻한 지방이었음을 말해준다.

또한 일부 매머드의 시체가 크게 부패되지 않은 채로 발굴된다는 점도 흥미롭다. 이것은 이 지방의 추위가 갑자기 닥쳐와 죽은 직후 곧장 얼어붙었음을 의미한다. 오늘날 흔히 설명하듯이, 빙하시대가 서서히 도래하여 매머드가 얼어 죽었다고 해서는 설명하기 어렵다. 북극권이 확장되어 빙하시대가 왔다면 시베리아나 알래스카가 서서히 추워지기 시작하였을 것이므로 매머드의 시체와 위장 속에 들어있는 음식물들이 부패할 수 있는 충분한 시간적인 여유가 있었을 것이 아닌가!

지난 2007-2008년에 걸쳐 서울에서 열린 "러시아 자연사 박물관전" (Paleontological Treasures from Russia)은 처음으로 우리나라에 시베리아에서 생생하게 발견된 아기 매머드 디마를 포함하여 여러 구의 매머드 시체들이 소개되었다. 특히 한 농부에 의해 우연히 발견된 아기 매머드 디마는 죽은 후 얼마 되지 않아 갑자기 얼어붙은 것으로 생각되어 그

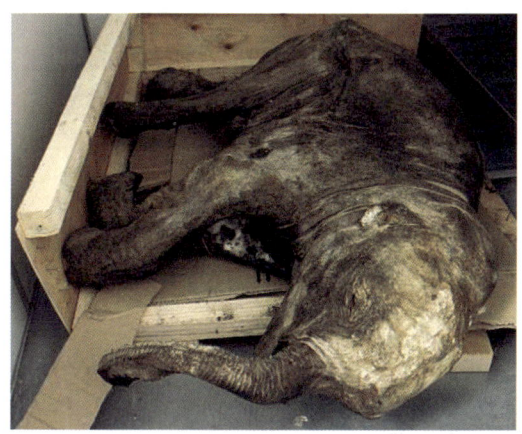

그림 3-8 시베리아에서 비교적 생생하게 발견된 아기 매머드 시체.[19]

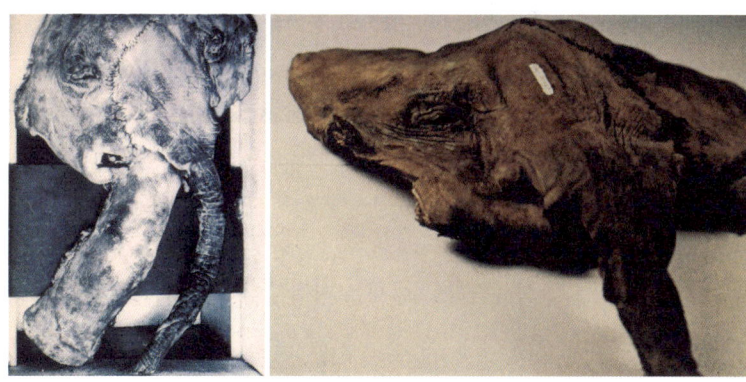

그림 3-9 알래스카 동토에서 발굴된 매머드의 시체. 알래스카와 시베리아에는 매머드의 시체가 대량으로 발견되고 있으며 이들 중에는 크게 부패하지 않은 채 잘 보존된 시체들도 있다. 북극권이 서서히 확장되므로 빙하기가 도래하여 죽었다면 이처럼 생생하게 시체가 보존될 수 있었을까?

것의 복제 가능성으로 인해 많은 주목을 받고 있다.[20]

    화석이 된 모기의 배 속에 들어 있는 공룡의 피를 통해 공룡을 부활시켰던 영화 "쥐라기 공원"의 얘기가 과연 매머드 복제에서 실제로 가능할까? 공룡을 복제한다는 것은 지금으로서는 다만 영화 속의 이야기일 뿐이다. 공룡은 너무나 오래 전에 멸종해서 DNA를 추출하기 쉬운 피부조직이나 털, 혈액 등은 더 이상 존재하지 않으며, 설사 힘들게 모은 DNA

그림 3-10 매머드의 살이 남아있는 피부조각. 시베리아(Gydan 반도, Yuribei 분지)에서 발견된 매머드 (Mammutus primigenius Blumenbach, 1799)의 피부. 학자들은 이로부터 DNA를 추출하여 이를 매머드와 유사한 코끼리 등의 난자에 핵치환 하여 매머드를 복제하는 것을 연구하고 있다.

로 유전자 지도를 완성하더라도 현재는 착상시킬 비슷한 유전자 조직의 파충류가 존재하지 않는다.

하지만 추운 지역에 주로 살았던 매머드들 중 특히 시베리아 동부에서 발견된 매머드는 온전한 모습의 사체로 발견되는 경우가 많아서 매머드의 유전자 구조를 이해하는데 필요한 DNA를 채취할 수 있을 것이라 기대된다. 학자들은 일단 DNA가 채취되면 이를 아시아 코끼리 등 비슷한 유전자를 가진 동물의 난자에 집어넣고 이를 코끼리의 자궁 속에 착상시켜서 혼종을 복제하는 것을 연구하고 있다. 2007년 5월에 발견된 매머드는 보존상태가 특히 양호하여 학자들은 매머드 복원 프로젝트에 대한 기대에 부풀어 있다.

매머드에 더하여 과거 북극권이 따뜻했음을 보여주는 다른 동물들의 증거도 많다. 캐나다 북쪽 누나벗 준주(Nunavut Territory) 팡니르텅(Pangnirtung)에 사는 디알라(Andrew Dialla)는 2006년에 그의 딸과 더불어 툰드라의 해변가 얼어붙은 길을 걸어가다가 바깥으로 삐죽하게 튀어나온 두개골을 하나 발견했다. 사람의 주먹 크기의 두개골이었는데, 모양은 어린 순록(caribou)의 것을 닮았지만 그 정도 나이의 순록에는 없는 뿔이 있는 점이 달랐다. 이런 종류의 동물은 현존하지 않을 뿐만 아니라 툰드라 기후에는 살지 않음을 생각한다면, 과거 이 동물들이 살아있었을 때는 현재보다 훨씬 더 따뜻한 기후였을 것으로 생각된다.

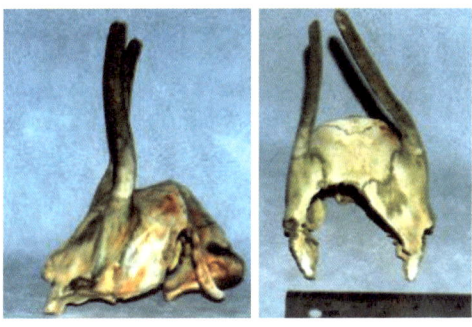

그림 3-11 캐나다 북부 누나벗에서 발견된 신비한 동물의 두개골[21]

이 신비로운 두개골에 더하여 몇 년 전 누나벗 연구소(Nunavut Research Institute)에서는 이곳에서 나무 둥치 화석을 발견하기도 했다. 이 지역이 수목한계선(tree-line)보다 훨씬 북쪽에 있음을 고려한다면, 이것 역시 과거에 이 지역이 현재보다 훨씬 더 따뜻했던 시기가 있었음을 보여주는 증거라고 할 수 있다.[22]

8. 공룡의 멸종

지구상에 일어난 수많은 격변들 중 가장 우리의 관심을 끄는 것은 단연 공룡을 멸종시킨 격변이다. 공룡은 지금부터 2억 2,500만 년 전부터 6,500만 년 전까지의 중생대에 번성했다고 하는 거대 파충류이다. 작은 것은 닭 정도의 크기로부터 큰 것은 길이가 30m, 무게가 90여 톤에 이른다. 930여 속(屬), 1,500여 종(種)에 이르는 다양한 형태의 공룡 화석은 흔히 중생대의 표준화석(標準化石, index fossil)으로 사용될 만큼 중생대 지층에서만 독특하게 발견된다.[23] 현재까지 발견된 가장 오래된 공룡 화석으로는 1999년 아르헨티나의 삼첩기 중-후기(2억 2,500만-2억 3,000만 년 전) 지층에서 발견된 공룡 화석이다.[24]

현대 지질학에서는 중생대 공룡의 갑작스런 출현과 멸종, 중생대 말기의 대격변에 대한 정확한 이유를 모르고 있다. 하지만 발굴된 화석으로부터 이처럼 거대한 동물들이 살기 위해서는 최소한 다음 두 가지 조건이 필요함을 추측할 수 있다. 첫째, 거대한 동물들은 온도 변화에 약하기 때문에 기후의 변화가 심하지 않아야 하며, 둘째, 거대한 체구를 유지하기 위해서는 풍부한 음식물이 있어야 한다. 실제로 여러 화석들의 증거로 볼 때 중생대나 그 이전의 시대가 오늘날과는 달리 매우 따뜻했고, 엄청난 크기의 동물들과 식물들이 번성했음을 보여준다.

그러나 이러한 환경은 대격변으로 인해 갑자기 사라져버리고 말았다. 지구의 생태계는 급격하게 변화되었으며 이 급변한 환경에 적응할 수 없었던 거대 파충류나 기타 동식물들은 멸종되었다고 할 수 있다. 현재 지구상에 일어나고 있는 현상들을 근거로 과거를 유추하는 동일과정설의 가정으로는 어떻게 그렇게 덩치 큰 공룡들이 지구상에 살 수 있었는지,

그리고 왜 공룡이 갑자기 사라졌는지를 설명하지 못한다.

공룡 화석은 전 세계적으로 풍부하게 출토되고 있는데, 이는 과거 언젠가 엄청난 수의 공룡이 지구상에 살았음을 증거한다. 그런데 공룡의 진화가 직면하는 가장 큰 수수께끼는 그처럼 다양하고 번성했던 공룡이 고생대 말기에 진화 조상의 화석이 없이 갑자기 중생대 지층에서 나타났다가 왠 영문인지 모르게 중생대 말기에 갑자기 지구상에서 사라졌다는 점이다. 공룡이 갑자기 사라졌다는 것은 지구에 대격변이 일어났음을 의미한다. 그러면 어떤 대격변에 의해 공룡이 멸종했을까?

그림 3-12 다양한 공룡. 많은 공룡들이 중생대 말기에 갑작스럽게 멸종했다.

여기에 관해서는 학자마다 설이 분분하며, 지금까지 제시된 이론만도 200여 개가 넘는다. 물론 대부분은 객관적인 증거가 없고 상상에 불과하지만 몇 개의 이론은 나름대로의 논리와 증거들에 기초하고 있다.[25]

첫째는 초신성의 폭발로 인한 열이나 방사능 때문이라는 이론이다. 과학사에서는 지난 3,000년 동안 9회의 초신성이 폭발한 기록이 있다고 한다. 역사적으로 가장 유명한 이 초신성은 1054년 7월 중국 천문학자들이

게성운(Crab Nebula)에서 관찰한 것이었다. 중국 천문학자들은 그 때 하늘에서 태양 다음으로 밝은 별이 나타나 23일간 밝게 빛났다고 기록하고 있다. 지구로부터 6,500광년 떨어진 이 초신성은 폭발하기 전 질량이 태양의 10배에 이르는 별이었다. 이 초신성이 폭발하면서 얼마나 밝게 빛났는지 사람들은 또 하나의 태양이 나타났다고 생각할 정도였다. 천문학자들은 만일 이 초신성이 지구로부터 50광년 이내에서 폭발했다면, 초신성으로부터 방출되는 강력한 방사능이나 우주선 등으로 인해 지구의 모든 생명체들이 전멸했을 것으로 추정한다. 물론 이처럼 과거에 초신성의 폭발로 지구상의 생명체들이 멸절되는 사건이 일어났을 수도 있긴 하지만, 이 이론은 직접적인 증거가 없어서 현재는 별로 받아들여지지 않고 있다.

둘째는 현존하는 악어로부터 유추한 창의적인 이론이다. 악어는 습하고 열기가 많은 곳에 알을 낳는다. 그런데 악어의 알은 낳을 때는 암컷과 수컷의 성이 확실하게 구별되지 않으며, 낳은 후 알의 주변 온도가 얼마

그림 3-13 게성운 사진 푸른색 기체들은 지금도 매초 500km의 속도로 지구에 접근하고 있고, 핑크색 기체들은 멀어지고 있다. (NASA/ESA 제공)

인가에 따라 암수가 결정된다. 즉, 온도가 높아지면 수컷이 탄생하고, 온도가 낮아지면 암컷이 탄생한다. 그렇다면 공룡의 경우도 이와 같아서 과거 지구의 온도가 높아져서 공룡들의 알이 대부분 수컷으로 부화되어 멸종한 것은 아닐까? 하지만 이 이론은 그렇다면 왜 악어의 조상들은 그렇게 높은 온도에서 함께 멸종되지 않고 살아남았을까를 설명하지 못한다.

이 외에도 파충류의 알을 먹어치우는 쥐 크기 정도의 포유동물이 번성함으로써 공룡이 멸종했다는 이론이 있는가 하면, 어떤 사람은 기후의 갑작스런 변화나 특수한 바이러스에 감염되었기 때문이라고도 한다. 또 어떤 이론에서는 배설물을 밖으로 내보내지 못해서 죽었다고도 한다. 그러나 근래에 와서는 앞에서 제시한 바와 같이 거대한 운석이 떨어져 공룡이 멸종했다는 주장이 가장 널리 받아들여지고 있다. 또한 이런 공룡화석이 전 지구적으로 어디서나 발견된다는 점은 공룡을 멸종시킨 대격변의 규모가 전 지구적이었음을 의미한다. 이에 대해서는 제6강에서 좀 더 자세히 다룰 것이다.

앞에서 언급한 것처럼, 지구 역사에서는 공룡 뿐 아니라 다른 많은 동식물들도 갑자기 출현했다가 사라진 생물들이 수없이 많다. 예를 들면, 갑주어(甲冑魚, ostracoderm)는 3억 년 전에, 삼엽충(三葉蟲, trilobite)이나 펠리코소러스(pelycosaur)는 2억 5,000만 년 전에 갑자기 멸종했다. 그 외에도 등에 방열판을 붙이고 다녔던 디메트로돈(dimetrodon), 데코돈트(thecodont), 테라프실리 등도 갑자기 멸종했다. 서로 다른 시대에 살던 이들 동물들이 화석으로만 출토될 뿐 갑자기 사라졌다는 사실은 지구 역사에서 여러 차례의 격변과 이로 인한 대규모 멸종이 일어났음을 시사한다. 동시에 이러한 격변의 역사는 동일과정의 전제가 바르지 않음을 시사하고 있다.

9. 지구 역사의 대멸종

지금까지 우리는 지구상에서 일어난 몇몇 격변의 예들을 살펴보았다. 그러면 실제로 지구상에서 대멸종을 보여주는 증거들이 있는가? 현대 지질학은 이 문제에 관해 무엇을 말해주고 있는가? 화석 기록을 면밀히 분석해 본 결과 과학자들은 지난 6억 년 동안 지구상에서 적어도 10회 이상 대멸종 혹은 대격변이 일어났다고 본다.

이러한 멸종이 왜 일어났는가에 대해서는 학자들마다 설이 분분하다. 한편에서는 대멸종이 소행성 충돌이나 거대한 화산 활동에 의해 일어났다고 주장하는가 하면, 다른 한편에서는 기후 변화와 같은 환경적 변화로 인해 점진적으로 멸종되었다고 주장한다. 또 일부에서는 이 두 가지 원인이 결합되어 일어났다고 주장하기도 한다. 근래에 들어 지구 역사에서 뚜렷하게 드러나는 대멸종에 관해서 많은 연구들이 이루어지고 있다.[26]

그러면 이러한 대격변들은 국부적(局部的)이었을까, 아니면 전 지구적이었을까? 물론 대부분의 격변들의 영향은 국부적이었을 것이다. 그러나 지구의 지질역사를 구분하는 변화들은 명백히 전 지구적인 대격변으로 보인다. 대격변은 언제나 대멸종을 동반했으며, 이러한 대멸종의 흔적은 오늘날 지층에 고스란히 남아있다. 지구 역사를 살펴보면 언제나 소수의 종들은 계속 멸종하고 있었다. 그러나 정상적인 멸종보다 훨씬 더 많은 멸종이 상대적으로 짧은 기간 동안(수백만 년 미만의 기간 동안) 일어난다면, 이것은 대멸종이라고 볼 수 있다.[27]

지구 역사에서 얼마나 많은 대멸종이 일어났는지는 학자들마다 의견이 분분하다. 하지만 고생물학자들은 지구상에 동물이 창조된 이후 최소한 11차례 이상 멸종한 것으로 본다. 그 가운데 "대멸종"이라 부르는

45% 이상의 생물들이 사라진 멸종만도 다섯 차례에 이르며, 현재는 여섯 번째 멸종이 진행되고 있다고 본다.[28]

아래에서 소개하는 대격변 시간표는 시카고 자연사박물관(Field Museum of Natural History) 내의 "Kenneth and Anne Griffin Halls of Evolving Planet"에서 소개하고 있는 것(2008.10.10기준)과 2007년 12월 14일부터 2008년 2월 10일까지 양재동 aT센터 제2전시장에서 열린 "러시아 자연사 박물관전" 도록(圖錄)에서 소개하는 다섯 번의 주요 격변을 참고한 것이다. 학자들마다 격변과 멸종의 시기는 조금씩 다르지만, 전체적인 횟수나 피해 및 생물 멸종의 규모 등은 대동소이함을 볼 수 있다. 본문에서 그 연대는 괄호 속에 표시했다.

그림 3-14 시카고 자연사박물관에서는 아예 다섯 번의 대격변(대멸종)을 중심으로 지구 역사를 구분, 제시하고 있으며, 지금은 여섯 번째의 멸종이 진행되고 있다고 해석한다.

오르도비스기 대멸종(The Ordovician Extinction)

첫 번째 대멸종은 고생대 오르도비스기 후기, 구체적으로 4억 6,500

만 4억 4,300만 년 사이에 일어났다. 지질학적으로 이는 고생대 오르도비스기와 실루리아기 경계면에서 대규모 빙하기가 도래함으로써 일어난 것으로 생각된다. 고대 초대륙(supercontinent)인 곤드와나(Gondwana)가 남극 위를 떠다니면서 오랜 기간 동안 빙하기가 지속되었다. 이 시기에 거대한 대륙이 남극으로 이동하면서 빙하가 형성되고 지구의 온도는 내려가기 시작했다. 그래서 추위에 적응하지 못한 많은 종들이 죽었고, 물이 얼고 해수면이 낮아지면서 서식지를 잃어버린 생물들이 멸종했다. 이 때 일부 원시적인 물고기는 살아남았지만, 산호나 삼엽충과 같은 해양 무척추동물들은 많이 멸종했다. 이 때 바다 무척추 동물의 대부분이 멸종했으며, 지구 전체 생명체의 60% 이상이 사라진 것으로 추정된다.

데본기 후기 대멸종(The Late Devonian Extinction)

두 번째 멸종은 3억 7,000만-3억 6,000만 년 사이 데본기 후기에 일어났다. 이 멸종에 대해서는 학자들마다 의견이 일치하지 않고 있다. 일부에서는 지구 대륙들이 계속 움직이면서 환경 변화를 일으킨 것이 멸종의 원인이라 생각하기도 하고,[29] 또 다른 학자들은 데본기와 석탄기 경계면에서 연속적으로 일어난 운석 충돌 때문에 멸종이 일어났다고도 본다.[30] 대륙의 이동으로 멸종이 일어났다고 보는 이들은 데본기 말에 대륙들이 남극으로 이동하면서 남극의 추운 날씨 때문에 대륙에 눈이 쌓이고, 나아가 빙하가 형성되었다고 본다. 외계로부터 소행성이 충돌함으로써 멸종했다고 보는 이들은 대륙붕이 범람하고 대양의 산소를 고갈시켜 해양 생물들이 대규모로 멸종했다고 본다.

이 멸종으로 인해 해양생물 종의 70%가 사라졌는데, 대부분 열대 해양생물들이었다. 모래톱(砂洲, reef)과 이들을 서식지로 삼고 있던 생물들이 멸종했고, 산호, 완족류(brachiopod), 삼엽충, 연체동물(mollusk) 등도 사라졌다. 특히 갑주어, 판피류(placodermi)는 완전히 사라졌다.[31] 일부에서는 육지 동물의 80%가 사라졌다고도 본다.[32]

페름기-삼첩기 대멸종(The Permian-Triassic Extinction)

세 번째 멸종은 지구 역사에서 가장 큰 멸종이었으며, 2억 6,000만–2억 5,100만 년(2억 4,500만 년) 사이의 페름기 말에 일어났다. 이것은 고생대 페름기와 중생대 삼첩기 경계면에서 일어난 P-T 경계멸종이다. P-T 경계멸종은 지구 역사상 가장 큰 멸종 사건으로서 지구 생명체의 약 90% 이상이 사라진 것으로 추정된다. 이 멸종에 대해서는 몇 가지 설이 있지만 확실한 원인은 알려져 있지 않다.

첫째, 일부 과학자들은 대규모 멸종을 일으킨 장본인이 바로 대륙 이동이었다고 본다. 즉, 여러 대륙들이 하나의 거대한 초대륙으로 합쳐지면서 재앙이 일어났다는 것이다. 이들은 하나의 초대륙이 만들어지면서 얕은 연근해의 먹이가 풍부한 서식지가 급속도로 위축되면서 모든 종의 약 96%가 멸종했다고 본다!

둘째, 다른 과학자들은 연대 측정에서 페름기 말기로 추정되는 대규모 용암이 시베리아의 넓은 지역을 덮고 있는 것으로 보아 격렬한 지각 변동 및 화산활동이 그 원인이었으리라 추정한다. 시베리아 용암지대(Siberian Traps)는 지구상에서 가장 큰 용암지대로서 알래스카 크기에 이른다. 만일 이런 정도의 용암지대를 형성하는 화산 폭발이 일어났다면 엄청난 양의 온실가스가 대기 중에 방출되었을 것이고, 이로 인해 대기

온도가 상승하여 생물이 멸종하였으리라는 것이다.[33] 지구 온난화로 인해 바닷물 온도가 상승하였고, 이로 인해 바다 속에 있던 메탄 기체가 공기 중에서 산소와 만나 이산화탄소가 되어 공기 중 산소 함량이 10%로 줄어들었을 것이라고 본다(현재는 21%).[34]

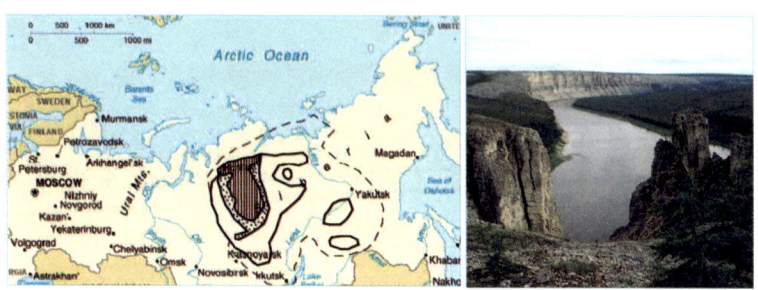

그림 3-15 시베리아 용암지대. 대륙 용암지대로서는 세계 최대 규모이며, 분출 시기가 페름기 말기의 대멸종 시기와 일치한다.[35]

또한 근래 중국과 영국 과학자들로 이루어진 리즈대학(University of Leeds) 연구팀은 2억 6,000만 년 된 페름기 중기에 중국 남서부 쓰촨성(四川省)의 어메이산(峨眉山, Mount Emei)에서도 대규모 화산폭발이 일어났음을 발견했다. 이들은 화산 지대에 P-T 경계멸종의 일부인 과달루피아세 대규모 멸종(Guadalupian mass extinction)의 흔적을 포함하고 있는 페름기 중기 석회암이 교대로 쌓여있다는 사실에 주목하여 페름기 중기의 대규모 멸종과 대규모 화산활동 사이의 시간적 상관관계를 집중적으로 연구했다. 그 결과 화산활동의 시작과 더불어 일어난 대규모 마그마 분출(phreatomagmatic eruptions)이 유공충(有孔蟲, foraminifera) 및 해조류 등의 멸종과 밀접한 관련이 있음을 밝혔다.

이들은 매우 다양한 생명체들의 일시적인 대멸종을 보여주는 화석화된 암석층이 발견됨에 따라 당시 화산 폭발이 주변 환경을 대재앙으로 몰고 갔다는 사실이 분명히 드러났다고 발표했다. 또한 이들은 이 폭발이 얕은 바다에서 일어났기 때문에 화산암과 화석화된 해양생물들이 들어있는 퇴적암층을 동시에 연구할 수 있어 이런 연대 비교가 가능했다고 밝혔다. 당시 화산 폭발로 약 50만 km^3의 용암이 흘러나와 얕은 바다와 맞닥뜨리면서 격렬한 폭발이 일어났고, 이 때 형성된 이산화황 성분의 구름이 지구 전체에 퍼져 지구 기온을 낮추고 산성비를 내렸을 것이라고 했다.

또한 이들은 바다 생물들의 대규모 멸종 후에 탄소 동위원소의 급격한 변화가 관측되는 것으로 미루어 보아 대양과 대기권의 탄소 사이클이 심각하게 교란되었음을 밝혔다. 이들은 이 연구를 통해 뚜렷한 인과관계의 증거를 제시한 것은 아니지만, 대멸종과 화산 폭발 사이의 잠재적인 연관성을 보여주는 증거가 될 수 있다고 했다.[36] 최근 일부 학자들이 외부 천체의 충돌 효과가 생각만큼 크지 않고 멸종의 진짜 원인은 화산 분출에 있다는 쪽으로 의견이 기울고 있음은 흥미로운 일이다.

삼첩기말 대멸종(The End-Triassic Extinction)

네 번째 멸종은 2억 2,500만-2억 600만 년(2억 800만 년) 사이에 일어났다. 이것은 중생대 삼첩기와 쥐라기 경계면에서 일어난 멸종이다. 미국 학자들은 이 멸종의 도화선이 대륙이동이었으나, 바다에서의 멸종과 육지에서의 멸종의 직접적인 원인은 달랐다고 본다. 바다에서는 해수면의 높이가 감소하면서 해양생물들의 서식지가 사라졌기 때문이고, 육지에서는 활발한 화산활동으로 인한 지구온난화 때문이었다는 것이다. 기온이 상승하면서 이에 적응하지 못했던 식물종들이 멸종했다고 본다.[37)] 하지만 러시아 학자들은 중생대 삼첩기와 쥐라기 경계면에서의 활발한 화산활동에 더하여 운석 충돌을 멸종의 원인으로 제시한다. 하여튼 이로 인해 P-T 경계멸종을 견디고 살아남은 몇 안 되는 파충류들의 상당수가 사라졌다.[38)]

백악기-제삼기 대멸종(The K-T Extinction 혹은 The Cretaceous-Tertiary Event)

다섯 번째 대멸종은 6,500만 년 전, 중생대와 신생대 경계면에서 거대한 운석이 지구에 충돌함으로써 일어난 K-T 경계멸종이다. 소위 K-T 경계면이라 불리는 시기의 지층에서 이리듐(Ir)을 비롯하여 거대 운석이 충돌할 때 형성되는 각종 증거들이 풍부하게 포함된 얇은 진흙층이 발견되면서 이 멸종은 거대한 운석 충돌로 인해 일어났다는 것이 알려지게 되었다.

중생대 말기 대격변의 가장 중요한 증거로 제시되고 있는 K-T 경계면이 전 세계적으로 흩어져 있다는 사실은 부인할 수 없는 전 지구적 격변의 증거이다. K-T 경계면은 최초로 이탈리아에서 발견되었지만, 후에 멕시코, 미국, 캐나다에서도 발견되었다. 이것은 중생대 말기의 대격변, 즉 K-T 경계면을 만들었던 격변이 전 지구적이었음을 말해준다. 이 외에도 많은 대격변들의 규모가 전 지구적이었다는 여러 가지 증거들이 있다.[39)]

가장 많은 연구가 이루어진 이 격변으로 인해 전 지구상의 생명체들의 50-80%가 멸종하였다. 당시 지구를 지배하던 대부분의 공룡이 멸종했으며, 작은 포유류나 조류 등은 땅 속이나 동굴 속 등에 숨어서 살아 남았다. 그리고 이어 초식 포유류가 번성하였고, 코끼리, 말, 무소의 조상들이 등장하였으며, 나중에는 영장류도 출현하였다. 이 멸종에 대해서는 제6강에서 좀 더 자세히 살펴볼 것이다.

여섯 번째 멸종

여섯 번째 멸종은 1만여년 전부터 시작되어 현재 진행되고 있다. 특히 이 멸종은 환경오염, 도시화로 인한 과도한 인구밀집, 자동차와 산업시설로 인한 대기오염, 삼림파괴 등 인간의 활동으로 인한 기후와 환경 변화가 주원인으로 지적되고 있다. 이로 인한 생물들의 서식지 파괴가 생물 멸종으로 이어지고 있다.

화석 기록을 근거로 학자들은 지구상의 동물, 식물, 미생물 종들은 약 1,000만 년 정도 생존한다고 본다. 그러나 근래에 와서 생물종들은 화석으로 나타난 종들의 사멸 속도보다 훨씬 더 빠른 속도로 사라지고 있다. 물론 아직도 새로운 종이 계속 발견되고 있으며, 생물종의 사멸속도란 발견된 종들에 대해서만 카운트하고 있기 때문에 발견되지 않은 종들의 멸종까지 포함한다면 멸종속도는 이보다 훨씬 클 것으로 생각된다.[40] 사람들마다 의견의 차이는 있지만, 지구 역사에서 배경멸종속도(background rate of extinction)는 연간 0.3-5종 정도였다.[41] 하지만 홀싱거(Kent Holsinger)는 이보다 100-1,000배 정도, 다른 사람들은 이보다 훨씬 많은 10,000배, 즉 매년 3만 종, 매일 82종, 매시간 4종이 멸종하고 있다고 본다.[42]

오늘날 특정한 생물종이 멸종하는 주된 이유는 지구온난화나 산성비라기보다는 서식지 파괴(habitat loss), 새로운 종들과의 경쟁, 사람들의 과도한 사냥, 살충제와 같은 환경오염 물질 등이다. 특히 인구가 증가하고 전 세계가 산업화 되면서 동식물들의 자연적 서식지가 빠르게 사라지는 것은 생물종의 멸종에 가장 큰 위협 요인이 되고 있다. 서식지에 살던 동식물 종들이 사라지게 되면, 생물 다양성이 감소하게 된다. 생물종이 사라지게 되면, 먹이 부족으로부터 토양 황폐화에 이르기까지 온갖 생태계 문제들이 발생한다.

때로는 한 종의 멸종이 다른 여러 종의 멸종으로 이어질 수도 있다. 예를 들면, 꽃이 있는 식물의 경우는 벌이나 나비와 같은 곤충들에게 수분(受粉)을 의존하고 있는데, 이런 곤충들이 사라지게 되면 꽃이 있는 식물들 역시 멸종하게 된다. 먹이사슬에서도 비슷한 현상이 일어난다. 어떤 동물이 특정한 식물을 먹고 살 경우, 그 식물이 멸종하게 되면 그 동물 역시 먹이를 바꾸지 않는 한 곧 멸종하게 된다. 한 예로, 11,000년 전 빙하기 마지막에 작은 포유동물들이 기후와 지형 변화로 멸종된 것으로 추정되는데, 이로 인해 검치호(saber-tooth cat)와 같은 더 큰 동물들이 먹이가 없어서 멸종된 것을 들 수 있다. 대체로 일부 종의 멸종은 전 지구적으로 항상 일어나고 있고, 또한 그로 인해 몇몇 연관된 종들이 멸종하기도 했다. 그러나 때로 이런 일부 종의 멸종이 생태계의 다른 문제와 복합적인 상승작용을 일으켜 전 지구적인 멸종으로 이어질 수도 있다.

드물지만 어떤 종의 멸종은 유익한 경우도 있다. 한 예로, 천연두의 박멸을 들 수 있다. 1980년, 세계보건기구(World Health Organization, WHO)는 공식적으로 천연두가 박멸되었다고 선언했다. 천연두 균은 백신이 발견되기까지 인류에게 치명적인 질병이었지만, 지금은 실험실에서 보관하고 있는 샘플 균을 제외하고는 모두 "멸종"되었다.

생태계에서 특정한 생물종의 상황이 어떤지를 결정하는 국제적인 기구는 존재하지 않는다. 그러나 몇몇 단체들은 자세한 연구를 통해 특정 생물종, 특히 특정 동물종의 상태를 위험(threatened), 위기(endangered), 안전(safe) 등으로 구분하고 있다. 대표적인 단체로는 국제 자연 및 자원보호 연맹(International Union for Conservation of Nature and Natural Resources, IUCN)을 들 수 있다. 여기서는 위험 생물종 리스트(red list of threatened species)를 발표하고 있는데, 2007년 리스트에 의하면, 16,306종이 멸종위험 종(threatened species)으로 분류되고 있다.[43]

10. 지구 온난화와 멸종

지구 온난화는 멸종의 1차적인 원인은 아니지만, 서식지 파괴와 이로 인한 멸종의 간접적인 원인으로 지적되고 있다. 지구 온난화는 17세기 말 서구에서 탄생한 석유산업문명이 전 세계로 확산되면서 지난 수 십만 년 간 280ppm(0.028%) 내외를 지속하던 대기 중 이산화탄소 농도가 크게 증가했기 때문에 일어난 것이다. 지난 100여 년 간 진행된 산업화의 결과로 대기 중의 이산화탄소와 메탄가스의 양이 현저하게 증가하였으며, 이로 인해 급속한 인위적인 온실효과가 일어나고 있는데, 특히 1990년대 이후 지구생태계는 이산화탄소 흡수력이 떨어지고 배출은 가파르게 증가했다. 대기 중 이산화탄소 농도가 1985년 1월에 340ppm이던 것이 1996년엔 360ppm, 2005년엔 379ppm으로서 산업혁명 이전에 비해 1.4배 증가했다. 이는 지난 65만 년 간 유지된 지구의 평균 온실가스 농도인 180-300ppm을 크게 넘어선 것이다.[44]

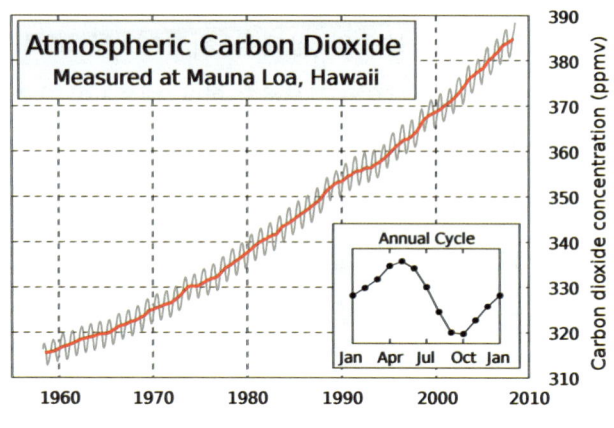

그림 3-16 대기 중 이산화탄소 농도의 증가.

　화석 연료를 연소시키면서 발생하는 온실 가스로 인해 지구온난화가 급속도로 진행되고 있는 것은 이미 우리들이 피부로 느끼고 있다. 더욱이 과도한 삼림 벌채로 인해 이산화탄소를 흡수하는 숲이 급속히 사라지면서 온실효과가 더 빠른 속도로 진행되고 있다. 이처럼 오랜 세월동안 자연이 유지해 오던 균형이 깨어지면서 지구의 기후가 급속도로 변화하고 생태계 파괴 또한 급속히 진전되고 있다.

　국제에너지기구(International Energy Agency, IEA)는 세계 각국이 특단의 대책을 세워 온실가스 감축을 하지 않는다면, 2020년에는 400ppm, 2030년에는 550ppm(이산화탄소 배출량 410억 톤)을 넘어설 것이며, 지구기온이 평균 3도 이상 상승해 심각한 기후위기를 맞을 것으로 경고하고 있다. 국제에너지기구(IEA) 다나카 총재는 심각한 기후변화로 인류문명이 멸망하지 않기 위해서는 2030년까지 온실가스 농도를 450ppm(이산화탄소 배출량 260억 톤) 이하로 맞추어야 하며, 현재보다 지구기온을 2도 이상 올리면 안 된다고 경고한다.[45]

지구가 점점 더워지면 오랫동안 유지되어 오던 지구생태계의 물질과 에너지의 평형이 깨어져 날씨가 더워지는 것 뿐만 아니라 기후가 불안정해져서 날씨가 심하게 변하게 된다. 이미 2005년은 역사상 가장 더웠던 해로 기록되고 있으며, 가장 더웠던 7위까지의 기록이 모두 2000년 이후에 발생했다. 미항공우주국(National Aeronautics and Space Administration, NASA) 고다드우주비행센터(Goddard Space Flight Center)에 의하면, 1906년부터 2005년까지 100년 동안 지구 평균온도가 0.74도 높아졌다. 2007년 봄에 열린 유엔의 정부간 기후변화협의체(Intergovernmental Panel on Climate Change, IPCC)에 의하면, 얼마나 더 화석연료를 사용하느냐에 따라 추가로 1.8-4도까지 증가할 수 있다고 경고한다.[46]

지구가 따뜻해지면 남북극의 빙산과 빙하가 녹게 되고, 이로 인해 해수면이 상승하면서 저지대가 침수되기 때문에 연안 생태계가 크게 훼손되고 저지대에 사는 생물들의 서식지가 사라지게 된다. 이미 해수면이 상승하는 속도에 가속도가 붙고 있는 조짐이 곳곳에서 나타나고 있다.

그림 3-17 지구 온난화로 인해 캐나다 브리티시 컬럼비아주 삼림은 심각한 소나무 딱정벌레(pine beetle)의 피해를 입고 있다. 날씨가 추워서 딱정벌레들이 월동을 할 수가 없었던 과거와는 달리 지금은 지구 온난화로 이들의 월동이 가능하면서 삼림 피해가 걷잡을 수 없이 번지고 있다. ⓒ양승훈

11. 피할 수 없는 대격변과 대멸종

지금까지 우리는 수많은 격변과 멸종의 증거들이 전 지구적으로 흩어져 있음을 살펴보았다. 그리고 실제로 지구 역사에서는 대격변과 대멸종들이 여러 차례 일어났음도 살펴보았다. 그러므로 현재 전 세계적으로 일어나고 있는 지질학적 과정들이 과거에도 동일하게 일어났으리라 가정하는 것은 올바르지 않다. 만일 과거 지구에서 일어난 지질학적 사건들이 현재 일어나고 있는 사건들과 동일하지 않다면, 우리는 지구 역사를 새롭게 해석하는 것이 필요하다.

이러한 격변의 증거들 중에는 최근에 밝혀진 것들도 있지만, 이미 오래 전부터 잘 알려진 것들도 있다. 다만 그러한 증거들을 해석하는 입장의 변화가 필요할 뿐이다. 격변적 관점에서 새로운 해석이 필요한 것은 지금까지 제시한 증거들에만 국한되는 것은 아니다. 우리에게 가장 친숙한 격변의 증거는 바로 화석이다. 화석은 전 세계적으로 발견되지 않는 곳이 거의 없고, 그리고 발굴되는 숫자 또한 엄청나다. 화석이 워낙 많이 발굴되기 때문에 이를 연구한 고생물학이 지질학의 중요한 분야로 자리를 잡게 되었고, 화석을 사고 파는 것이 거대한 비즈니스가 되고 있다. 수세기 전부터 본격적인 연구가 이루어지고 있는 화석은 국부적이든, 전 지구적이든 격변이 아니면 형성될 수가 없다. 그래서 다음 제4강에서는 격변의 가장 일상적인 증거인 화석에 대해 살펴보고자 한다.

토의와 질문

1. 흥미롭게도 동일과정설에 근거한 현대 지질학은 이미 오래 전부터 동일과정의 전제에 모순되는 많은 설명들을 제시해 왔다. 본장에서 제시하고 있는 것들 외에 과거 지구에서 일어난 격변의 흔적들이 있다면 나누어보자.

2. 현재 지구상에서 일어나고 있는 지질학적 과정으로는 설명할 수 없는 수많은 격변의 흔적들이 있는데, 왜 "과거는 현재의 열쇠"라는 동일과정의 전제가 여전히 건재하는가?

3. 인류는 현재 여섯 번째 생물멸종의 시기를 지나고 있다는 주장에 동의하는가? 그리고 정말 그렇다면 오늘날 우리가 할 수 있는 바는 무엇인지 논의해 보자.

제4강

다중격변과 화석의 증거

"지면의 모든 생물을 쓸어버리시니 곧 사람과 가축과 기는 것과 공중의 새까지라 …"(창 7:23)

우리 주변에서 지구가 격변의 역사를 거쳤음을 보여주는 가장 분명한 증거는 화석이라고 할 수 있다. 화석이란 지층 속에 남아있는 과거에 살았던 생물들의 유해(體化石)나 자취(痕迹化石 혹은 生痕化石)를 말하며 대체로 석화(石化)된 것을 말하지만, 때로는 동토에서 발견되는 매머드 시체나 동굴 등에서 발견되는 고대 인류의 유골과 같이 석화되지 않은 것도 화석으로 분류하기도 한다.

생물의 유해나 자취가 화석으로 보존되기 위해서는 퇴적작용과 속성작용(續成作用, diagenesis)을 거쳐야 한다. 퇴적작용이 가능하기 위해서는 먼저 생물의 유해나 흔적이 다른 생물들에 의해 파괴나 분해되지 않아야 하고, 바람이나 파도 등에 의해 마멸되지 않아야 하며, 화학적으로 용해되기 전에 퇴적되어야 한다. 속성작용이란 퇴적된 후 단단한 암석으로 굳어지기까지 겪게 되는 물리, 화학적 과정을 말하며, 퇴적작용과 속성작용을 합쳐서 화석생성론(taphonomy)이라고 한다.

화석생성론 연구에 의하면, 죽은 동물들은 급속도로 부패하고 썩어버리기 때문에 화석이 형성되려면 화석을 포함하고 있는 암석들이 급속히 형성되어야 한다. 실제로 물고기가 죽었을 때 얼마나 빨리 부패하는지에 대해서는 여러 연구 결과들이 보고되고 있다.[1] 연구 결과에 의하면, 죽은 물고기들은 사후 수 일 또는 수 주 안에 부패하기 때문에 부패의 흔적 없이 완벽하게 보존된 물고기 화석은 매우 빠르게 매몰되어야 한다. 오늘날 발굴되는 화석들 중에는 일부 부패의 흔적을 보여주는 화석들도 있지만, 그런 화석들조차 부패가 시작된 후 오래지 않아 매몰되었음을 보여준다.

1. 화석의 형성과 격변

대홍수를 포함한 대격변들은 어떻게 해서 이 지구상에서 그렇게 많은 화석이 발견될 수 있는지를 잘 설명해 준다. 전 세계적으로 석탄, 석유를 포함하여 화석이 발굴되지 않는 곳은 없다. 이러한 모든 화석들은 퇴적암에서 발견된다. 화석들이 퇴적암에서 발견되는 것은 이상한 일이 아니다. 만일 화석이 대홍수를 포함한 대격변들에 의해 생성되었다면, 전 세계적인 화석의 분포는 대격변의 직접적인 증거가 된다.

물고기가 화석이 되려면 몇 가지 조건이 필요하다. 물속에서 노닐던 물고기에게 갑자기 침전물이 덮쳐서 물고기가 묻히게 되고, 다음에 침전물을 덮고 있던 물이 빠지고, 그 침전물이 빠른 속도로 굳어야 된다. 특히 작고 연질 부위가 많은 물고기들의 화석은 죽은 직후 곧 바로, 혹은 산 채로 매몰되지 않으면 화석이 되지 않는다. 세계 곳곳에는 죽은 지 얼마 지나지 않아서 매몰되었거나 아예 매몰로 인해 급작스럽게 죽은 물고기들의 화석이 많이 출토된다. 이처럼 급격한 화석화의 과정을 보여주는 화석들이 오늘날 세계 도처에서 발견되고 있다.

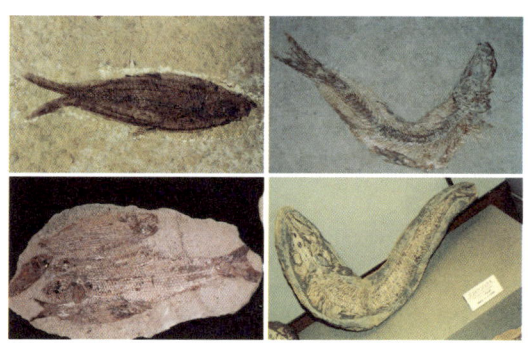

그림 4-1 전 세계적으로 출토되는 다양한 물고기 화석들. ⓒ양승훈

화석의 형성 과정을 고려한다면, 많은 화석들의 존재, 특히 생생한 화석들의 존재는 그 자체가 어떤 형태로든 급격한 퇴적, 즉 격변적 과정이 있었음을 주장하는 격변설의 근거가 된다.

2. 생생한 화석들

화석 중에서도 격변을 통해 갑작스럽게 매몰되었음을 보여주는 몇 가지 생생한 화석들의 예를 살펴보자.

첫째로는 싸움을 하다가 갑작스럽게 동시에 화석이 된 공룡의 화석이다. 8천만 년 전, 즉 백악기 후기의 화석으로 추정되는 이 공룡 화석은 전 세계적으로 몽골에서 발견된 것이 유일하다. 1971년 몽고와 폴란드 합동 탐사팀이 남부 고비사막의 투그레긴 쉬레(Tugregiin Shiree)에서 발견한 이 화석은 두 마리의 공룡(Velociraptor mongoliensis & Protoceratops andrewsi)이 싸우는 도중에 갑작스럽게 화석화되었다. 이

그림 4-2 서로 뒤엉겨 싸우다가 갑자기 화석이 된 두 마리의 공룡(서로 다른 각도에서 촬영). 위에 있는 프로토세라톱스(Protoceratops andrewsi)가 아래 있는 밸로시랩터(Velociraptor mongoliensis)를 공격하고 있다. 1971년 남부 고비사막의 남 투그레긴 쉬레(Tugregiin Shiree)에서 발굴되었다. 후기 백악기인 8,000만 년 전의 것으로 몽골자연사박물관이 소장하고 있다(몽골국제대학교(MIU) 고재형 박사 제공).

화석은 현재 몽골자연사박물관(The Mongolian Museum of Natural History)에 소장되어 있다. 이 화석을 보면, 두 마리의 공룡이 수 초 후에 일어날 엄청난 재앙을 전혀 예측하지 못한 채로 서로 먹고 먹히는 치열한 싸움을 벌이고 있다가 갑자기 화석이 되었다.

둘째로는 다른 물고기를 먹고 있는 중에 화석이 된 물고기 화석을 들 수 있다. 시카고 자연사박물관(Field Museum of Natural History)에 소장된 화석들 중에는 한 큰 물고기가 작은 물고기를 입에 물고 있던 중에 화석이 된 것들이 있다. 큰 물고기가 작은 물고기를 잡아먹는 데는 결코 오랜 시간이 걸리지 않음을 고려한다면, 이러한 화석은 홍수와 같은 격변에 의해 갑작스럽게 형성되었다고 설명할 수밖에 없다.

그림 4-3 다른 물고기를 먹는 도중에 매몰된 물고기들. (상) 미국 와이오밍 화석호수(Fossil Lake)에서 발견된 물고기(Mioplosus labracoides) 화석. 5,200만 년 전, 제3기 시신세(Eocene, 5,480만~3,370만 년 전)의 화석이다; (하) 잡아먹는 물고기(predator)와 잡아먹히는 물고기(prey)(둘 다 Diplomystus dentatus). 격변에 의해서가 아니라면 어떻게 이처럼 급하게 매몰될 수 있었을까? (시카고 자연사박물관소장)

셋째, 큰 물고기가 작은 물고기를 잡아먹은 후에 아직 완전히 소화되기 전에 화석이 된 것을 들 수 있다. 큰 물고기의 배 속에 든 작은 물고기가 아직 골격이 선명한 상태에서 갑작스럽게 매몰이 된 것이다. 이것 역시 시카고 자연사박물관에 소장되어 있다.

넷째, 작은 물고기의 골격이 그대로 보존된 화석을 들 수 있다. 섬세

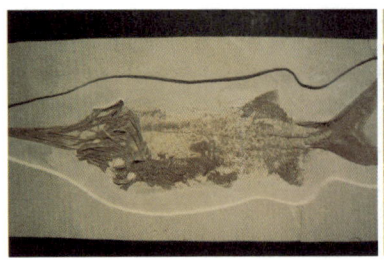

그림 4-4 작은 물고기(perch-like fish)가 큰 물고기(Paddlefish)에게 먹힌 후 아직 소화되지 않은 상태에서 큰 물고기와 더불어 화석이 된 것. 와이오밍 화석호수(Fossil Lake)에서 출토된 제3기 시신세(Eocene) 화석. (시카고 자연사박물관 소장)

한 물고기의 화석들 중에는 뼈는 물론 비늘이나 지느러미의 미세한 무늬들이 그대로 보존된 채 발견되는 화석들이 많이 있다. 이처럼 미세한 신체의 부위들은 죽은 후에 빠른 속도로 부패하기 때문에 화석에 이런 정교한 형태의 무늬들이 존재하기 위해서는 매우 빠른 속도로 매몰되어야 한다.

그림 4-5 뼈는 물론 지느러미와 비늘의 무늬까지도 선명하게 보존된 물고기 화석들. 오랜 기간 동안 천천히 묻혔다고 해서는 작은 물고기들의 골격의 모양이 그대로 화석으로 남는 것을 설명할 수 없다. ⓒ양승훈

다섯째, 생생하게 보존되고 있는 식물 화석들을 들 수 있다. 생물이 죽은 후 오래 지나지 않아 매몰, 화석화 되었다는 것은 동물들의 화석에만 국한된 현상이 아니다. 고생대 지층에서 많이 발굴되는 고사리 화석들도 대부분 매우 싱싱한 형태로 화석이 된 것을 쉽게 볼 수 있다. 만일 고사리가 죽고 난 후 단 하루라도 경과된 후에 매몰, 화석이 되었다면 분명히

화석은 시든 흔적을 분명히 보여줄 것이다. 다른 식물 화석들도 잎이 시든 후에 화석이 된 경우는 많지 않다. 이런 것들은 식물들 역시 급격한 격변으로 인해 산채로 매몰되었음을 시사한다.

그림 4-6 싱싱한 채 화석이 된 식물화석들. 대부분의 화석화 된 나뭇잎들은 시든 흔적이 없다. 이는 급격한 화석화를 보여주는 좋은 증거이다. ⓒ양승훈

3. 뒤틀린 화석들

다음으로 격변을 증언하는 화석으로는 뒤틀린 화석을 생각해 볼 수 있다.

첫째, 진화론에서 흔히 어류로부터 양서류로 진화하는 중간형태라고 추정하는 실라칸트(Coelacanth) 화석을 들 수 있다. 실라칸트 화석들 중에는 몸체 가운데가 뒤틀린 채 화석이 된 것들이 있다. 이것은 실라칸트가 죽은 후 묻히고 난 뒤 지각의 변동에 의해 그렇게 되었다고 설명을 할 수도 있으나, 화석의 모양으로 미루어 물 속에 다니다가 방향을 바꾼다든지, 진흙에 묻힌 후 꿈틀거리다가 화석이 된 듯하다. 이것 역시 천천히 퇴적되는 물질에 의해 화석화가 되었다기보다 대홍수 등의 격변에 의해 갑자기 매몰되어 화석이 되었다는 설명이 더 타당하다고 할 수 있다.

그림 4-7 몸체가 뒤틀진 채 발견되는 실라칸트의 화석. 매몰된 후 국부적인 심한 습곡작용으로 뒤틀렸을 가능성이 있다.

둘째, 브라질에서 발견되는 물고기 화석으로서 천천히 퇴적되었다고 생각해서는 설명할 수 없는 물고기 화석들이 많이 있다. 그림이 보여주는 화석 물고기는 마치 살아있는 듯한 생동감이 느껴질 정도이며, 물고기가 토사 더미 속에서 꿈틀거리다가 화석이 된 듯이 보인다.

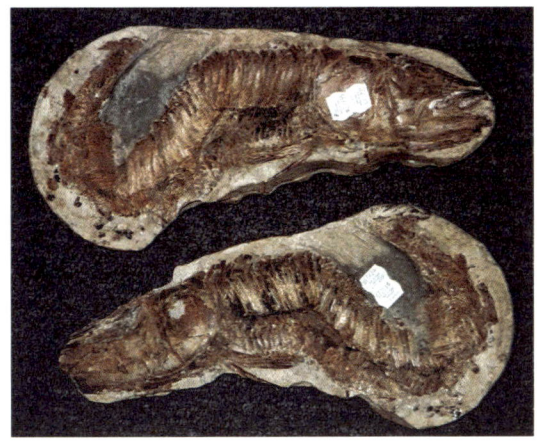

그림 4-8 브라질에서 발견된 물고기 화석들. 살아서 꿈틀거리다가 화석이 된 듯이 보인다. ⓒ양승훈

셋째, 삼엽충(三葉蟲, trilobite) 화석들 중에는 죽은 후에 그 화석들을 포함하고 있는 지층이 늘어나서 화석까지도 함께 늘어난 것들이 있다. 암석들도 오랜 기간 동안 압력을 받게 되면 미세하게 변형되는 경우가

그림 4-9 미국 매사추세츠에서 발견된 늘어난 삼엽충 화석들: 변형되지 않은 화석(왼쪽), 변형되어 늘어난 화석. 늘어난 정도가 크면서도 균열이 보이지 않는 것으로 미루어 화석은 암석화가 일어나기 전에 변형된 것으로 보인다.

있다. 하지만 늘어난 삼엽충 화석에 아무런 금이 간 흔적이 없이 균일하게 늘어난 것으로 미루어 이 화석들을 포함하고 있었던 지층이 삼엽충을 매몰한 직후에 변형된 것으로 보인다. 이것은 삼엽충이 홍수와 같은 격변에 의해 매몰되었고, 이 화석을 포함하고 있는 지층이 굳어지기 전에 어떤 형태의 힘을 받았던 것으로 보인다.

4. 다지층 나무화석

갑작스런 격변에 의한 화석형성은 동물 화석에만 국한된 것이 아니다. 격변에 의한 갑작스런 화석형성을 보여주는 또 다른 증거로는 여러 지층을 관통하여 화석화 된 다지층 나무화석(polystratic tree fossil)을 들 수 있다. 다지층 나무화석은 전 세계적으로 발견되고 있다. 석탄층 속에 수 m에 이르는 다지층 나무화석이 거의 수직으로 들어 있다는 것은 석탄층이 틀림없이 급격하게 형성되었음을 말해준다. 만일 천천히 나무가 묻혔다고 한다면 이 나무는 완전히 묻히기까지 수십만 년 내지 수백만 년을 수직

그림 4-10 세계 도처에서 발견되는 다지층 나무화석. 여러 개의 지층을 뚫고 우뚝 서 있는 다지층 나무화석은 천천히 일어나는 퇴적 과정으로는 도저히 설명할 수 없다.

으로 서있어야 한다. 그러나 나무에 관한 오늘날의 상식으로 미루어 나무가 그토록 오랫동안 서있었다는(산 상태로든, 죽은 상태로든) 것은 매우 이해하기 어렵다. 현재 살아있는 나무로서는 아무리 오래된 나무라고 해도 나이가 일만 년 이내임을 고려한다면 다지층 나무화석은 거대한 홍수 등의 격변에 의해 급격히 형성된 것이라고 보아야 할 것이다.

5. 화석 공동묘지

세계 도처에서 발견되는 화석 공동묘지도 격변의 증거라고 할 수 있다. 화석 공동묘지에서는 각종 생물의 화석이 집단으로 발굴된다. 흔히 진화론에서는 어류가 양서류로, 양서류가 파충류로, 파충류가 조류나 포유류로 진화되었다고 생각한다. 그러므로 동일과정설로 진화를 설명하는데 가장 중요한 요지는 이들 진화계열에서 오래된 생물일수록 아래 지층에서 출토된다는 것이다. 그런데 화석 공동묘지에서는 온갖 종류의 화석이 한꺼번에 출토됨으로 진화론의 예측과는 충돌한다. 하지만 격변설로는 이러한 증거들이 당연하게 예기된다. 즉, 격변으로 인해 죽은 각종 생물들의 시체들이 부패하기 전에 산사태나 대홍수 등에 의해 한꺼번에

그림 4-11 많은 화석들이 한꺼번에 출토되는 화석 공동묘지들. 때로는 식물, 어류, 파충류, 포유류 등의 화석들이 한꺼번에 대량으로 출토되는 경우도 있다. 즉 화석 공동묘지는 거대한 홍수 때 죽은 시체들이 한 곳에 모여 매몰됨으로 형성되었다고 설명하는 것이 자연스럽다.

묻혔다고 생각할 수 있는 것이다.

　동일한 많은 화석들이 떼를 이루어 발견되는 것도 흔한 일이며, 이것 역시 격변의 증거들 중의 하나이다. 미국 남서부에 있는 스플릿 산맥 주립공원(Split Mountains State Park)에서 발견되는 조개들의 화석은 격변을 보여주는 좋은 예이다. 이곳은 현재는 건조한 사막이지만 조개 화석들이 더미를 이루어 발견되고 있다. 이것은 과거에 이곳에 물이 침범한 적이 있음을 보여주는 분명한 한 예이다. 조개화석이 가장 보편적이기는 하지만, 곳곳에서 고사리와 같은 식물화석이 대량으로 출토되는 경우도 있다. 이처럼 같은 종류의 화석들이 살아있을 때의 모습을 그대로 간직한 채 떼를 지어 발견되는 것은 대격변의 증거라고 볼 수 있다.

그림 4-12 스플릿 산맥 주립공원에서 발견되는 조개들의 화석(왼쪽)과 고사리 화석. 이처럼 떼를 이루어 화석이 된 것은 흔히 볼 수 있다. ⓒ양승훈

　특별히 물고기를 비롯한 바다 생물들의 경우 일반적인 상황에서는 화석이 되기 극히 힘들다. 왜냐하면 물고기는 죽으면 물위에 떠 있다가 다른 물고기에게 잡혀 먹히거나 부패되어 분해되기 때문이다. 그런데 미국의 크로마이티와 오크니 고지대에서는 뒤틀리고 구부러진 수억 마리의 물고기 화석이 발견된다. 물고기가 화석이 되려면 격변적 조건이 필요하

다. 즉, 물속에서 노닐던 물고기가 갑자기 침전물에 파묻히게 되고, 다음에 침전물을 덮고 있던 물이 빠진 후, 침전물이 급격히 굳어야 한다. 이처럼 격변에 의한 급격한 화석화의 과정을 보여주는 화석들이 오늘날 세계 도처에서 발견되고 있다.

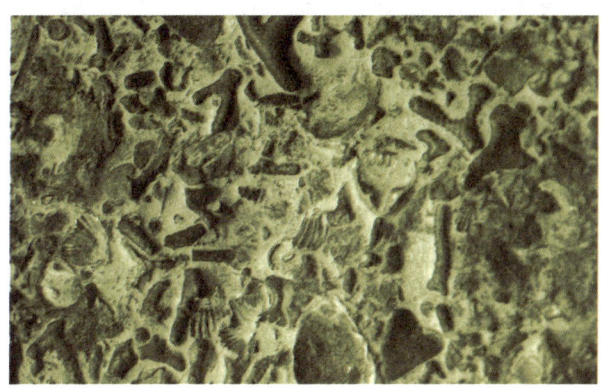

그림 4-13 수많은 바다 생물들이 떼를 지어 화석으로 출토된다. 이처럼 선명하게 화석이 된 것으로 보아 대홍수 등의 격변에 의해 갑작스럽게 매몰되어 화석이 된 것으로 보인다.

격변적 화석화가 집단적으로 일어난 것은 식물에서도 관찰된다. 드물기는 하지만 한 곳에 뿌리를 박은 채 많은 식물들이 고스란히 화석이 된 경우도 보고되고 있다. 근래 미국 일리노이주 버밀리온 카운티(Vermillion County)의 한 광산에서는 후기 석탄기에 속하는 숲이 고스란히 화석이 된 채 발견되었다.[2] 3억 700만 년 전, 100km^2 이상의 방대한 고생대 숲이 고스란히 보존된 것으로 미루어 매우 급격히 매몰된 것으로 보인다. 이 화석숲(fossil forest)은 고생대 생태계와 기후를 연구하는 데 귀중한 자료가 되고 있다. 존슨(Kirk R. Johnson)은 이를 식물 폼페이(Plant Pompeiis)라고 불렀을 만큼 매몰 당시의 격변적 상황이 고스란히 보존되어있다.[3]

비록 버밀리온 카운티의 화석숲의 규모에 미치지는 못하지만, 많은 화

그림 4-14 미국 일리노이주 석탄광산에서 발견된 고사리 화석. 이 화석숲은 넓이가 100km²에 이르는 세계 최대규모이다.[4]

석숲이 전 세계적으로 발견되고 있다. 화석숲은 급격한 매몰, 다시 말해 격변을 가정하지 않고는 설명할 수 없는 분명한 증거라고 할 수 있다.

6. 석탄과 석유의 형성

가장 흔히 볼 수 있는 화석으로서는 석탄과 석유를 들 수 있을 것이다. 뉴코멘(Thomas Newcomen)이 증기기관을 발명한 1705년 이래 석탄은 주요한 에너지원이 되었다. 하지만 1900년대 초, 석유가 석탄을 추월하면서 석유 시대가 열렸다. 에너지원으로 중요한 석탄과 석유는 대격변으로 인한 갑작스런 화석화를 보여주는 중요한 증거라고 할 수 있다. 지금도 미국의 경우 에너지 예산에서 석유가 70%, 석탄이 20%, 우라늄이 5%를 차지하고 있다.[5]

석탄은 대량의 나무가 산소가 적고 미생물 활동이 활발하지 않은 환경에서 탄화될 때 형성된다. 석탄 광맥은 작은 관목으로 이루어진 숲이 묻했다고 가정해서는 설명할 수 없다. 거대한 정글이 급속히 묻혀야 석탄 광맥을 형성할 수 있다. 그러므로 시베리아나 알래스카는 물론 심지어 남극 대륙에서까지 전 세계적으로 석탄이 나오지 않는 대륙이 없으며, 그 매장량도 엄청난 것으로 미루어 과거 언젠가 무성한 숲이 극지방까지 포함해 전 세계적으로 우거져 있다가 갑자기 매몰되었음을 알 수 있다.

석탄을 형성할 수 있는 거대한 숲이 남극에 있었는데 어떤 격변에 의해 지금은 그렇게 추운 대륙이 되었을까? 남극 대륙을 포함하여 전 지구상에 엄청난 양의 석탄이 매장되어 있다는 것은 과거에는 지구 전체가 아열대성 기후여서 풍부한 아열대 식물이 자랐음을 보여주는 가장 중요한 증거이다. 이 모든 증거들이 동일과정의 가설과는 맞지 않는다.

또한 석탄층은 물에 의한 대규모 격변에 의해서 형성되었다는 증거가 있다. 곧, 석탄층에서는 가끔 바다생물의 화석들도 발견된다는 것이다. 미국 창조과학연구소 오스틴(S.A. Austin)이 이 이론을 주장하는 대표적인 지질학자이다. 지난 100여 년 동안 지질학자들은 석탄의 기원으로 소위 토탄(土炭)늪모델(peat swamp model)을 받아들였지만, 오스틴은 석탄덩어리가 미세한 구조를 갖지 않고 나무껍질과 같이 거친 구조를 갖고 있

그림 4-15 석탄 광맥이 형성되기 위해서는 엄청난 정글이 매몰되어야 한다.

는 것에 착안하여 "부유성매트모델"(floating mat model)을 제시했다. 즉, 그는 과거에 물에 의한 대격변으로 수백만 에이커의 숲의 나무껍질들이 벗겨졌고 이 껍질들이 거대한 매트를 이루어 매몰, 탄화되어 석탄층이 형성되었다고 주장했다. 그는 이 모델로 펜실베니아 주립대학에서 박사학위를 받았으며, 이것으로 켄터키의 석탄 광맥을 설명할 수 있었다.[6]

석탄과 더불어 격변을 증언하는 또 다른 화석연료는 바로 석유이다. 석탄이 식물들의 화석이라면, 대표적인 화석연료의 하나인 석유는 해양 생물들의 화석이라고 할 수 있다. 이들이 사암이나 석회암과 같은 공극율(孔隙率, porosity)과 투수율(透水率, permeability)이 높은 암석 속에 갇힌 후 혈암(頁岩, shale)과 같은 덮개암(帽岩, cap rock)으로 밀폐되면 탄화되어 석유와 천연가스가 형성된다. 오늘날 가장 널리 인정받는 석유생성 이론에 의하면, 석유는 유공충(有孔蟲, foraminif era)과 같은 미생물들이 바다에 떼를 지어 살다가 어느 날 지각의 갑작스런 변동에 의해 짧은 시간 동안 지층의 방향이 위로 볼록한 배사구조(背斜構造, anticlinal trap)를 가진 지층 속에 매장되어 오랜 시간 동안 탄화된 잔존물이라고 한다. 대규모의 유공충 군거지역이 매몰되는 것도 동일과정설보다는 대격변에 의해 갑작스럽게 매몰되었다고 설명하는 게 더 자연스럽다.[7]

7. 화석의 증언

우리는 지금까지 격변을 생생하게 증언하는 몇몇 화석들을 제시하였다. 오늘날 전 지구적으로 널리 분포하는 퇴적암들 속에는 수많은 화석들이 들어있으며, 이처럼 화석이 존재한다는 것 자체가 급속한 매몰, 나아가 격변의 증거라고 할 수 있다. 만약 생물들이 빠르게 매몰되지 않았다면 화석은 형성되지 않았을 것이다. 특히 골격의 상세한 부분들까지 보존된 화석들은 급격한 매몰을 보여준다고 할 수 있다.

또한 화석을 포함하는 퇴적층들이 전 지구적으로 존재한다는 사실도 전 지구적인 규모로 대격변들이 일어났음을 보여준다. 퇴적암은 지구 육지의 75%를 덮고 있다. 이처럼 퇴적암이 전 세계적으로 편만하게 존재한다는 것 자체가 거대한 격변의 증거라고 할 수 있다. 광범위하고 엄청난 파괴력을 가진 홍수와 같은 대격변들이 일어나게 되면 급속한 침식으로 인한 엄청난 양의 퇴적물이 발생하고, 동시에 이들 퇴적물들이 다른 곳에 퇴적되는 일이 일어난다. 이의 대표적인 증거가 바로 그랜드 캐년이라고 할 수 있다. 우리는 그랜드 캐년을 포함한 미국 남서부의 캐년 지역에서 수많은 격변들로 인해 퇴적된 층들을 생생하게 볼 수 있다.

본 강에서는 지구 내부에서 일어난 격변에 대해서 살펴보았다. 이러한 격변들은 까마득한 옛날에만 일어난 것이 아니다. 비록 전 지구적인 격변은 드물게 일어나지만, 전 지구적 격변을 연상할 수 있는 국부적 격변들은 인류 역사에서 드물지 않게 일어났다. 그런데 전 지구적 격변에는 지구 내적 원인으로 일어난 것만 있는 것이 아니다. 사실 지구에서 일어난 격변들 중에서 가장 분명하게 그 흔적을 남긴 경우는 대형 운석이나 소행성, 혜성들이 지구 표면에 충돌한, 지구 외적 원인에 의한 격변들이다. 이들이 충돌한 흔적들에 대해 이전에는 여러 가지 구구한 억측들이 있었지만, 근래에 와서는 비교적 분명하게 밝혀져 있다. 지금도 운석공으로 의심되는 많은 구조들이 연구되고 있으며, 그래서 해마다 운석공임이 확정된 구조들이 늘어가고 있다. 다음에는 지구 외적 원인으로 인한 격변에 대해서 살펴볼 것이다.

토의와 질문

1. 일반적으로 화석은 격변적 환경이 아니면 형성되지 않는다. 그렇다면 전 세계적으로 발굴되는 수많은 화석들을 동일과정설에서는 어떻게 설명하는가?

2. 전 세계 어디서라도 가장 흔히 볼 수 있는 화석이라고 한다면 석탄과 석유 등 화석연료를 들 수 있으며, 이들은 격변이 아니면 형성될 수 없다. 석탄과 석유가 동시에 형성되었다는 단일격변설의 주장과 서로 다른 시기에 형성되었다는 다중격변설을 비교해 보자. 무엇이 같고 무엇이 다른가?

3. 인간이 공룡과 더불어 살았던 때가 있었다는 대홍수론자들의 주장에 대하여 어떻게 생각하는가? 만일 그것이 사실이라면 다른 화석들에 대한 해석은 어떻게 달라져야 한다고 생각하는가?

4. 근래 일부 젊은지구/대홍수론자들은 노아의 대홍수로 인한 석유 형성 이론을 포기하고 석유 형성을 초자연적 창조주의 섭리라고 주장한다. 그 배경이 무엇이라 생각되는가?

(John D. Matthews의 "The Origin of Oil – A Creationist Answer," *Answers Research Journal* 1: 145-168(2008) 논문과 이에 대한 비판 논문 G.R. Morton, "An Analysis of John Matthews' The Origin of Oil?A Creationist Answer," http://home.entouch.net/dmd/ matthewsoil.htm을 기초로 말해 보자. 참고로 Matthews의 논문은 인터넷을 통해 http://www.answersingenesis.org/articles/arj/v1/n1/origin-of-oil에서도 읽을 수 있다.)

제5강

다중격변과 소행성 충돌

"그가 땅을 보신즉 땅이 진동하며 산들을 만지신 즉 연기가 나는도다."(시 104:32)

지구 역사에서 여러 차례의 대격변이 있었다는 증거들 중에서 대형 운석공들, 즉 지구가 소행성과 충돌한 흔적이 무엇보다 중요한 증거라고 할 수 있다. 대부분의 소행성들은 지구와 충돌하지 않고 움직이지만, 극히 드물게 큰 소행성이 지구와 충돌하게 되면 엄청난 재앙이 일어나게 된다. 사실 지구가 소행성과 충돌하는 시나리오는 비단 근래에 등장한 것은 아니다. 막연한 추측이긴 했지만, 19세기에도 그런 생각을 한 사람들이 있었다.

그림 5-1 소행성과 지구가 충돌하는 19세기 만화. 그 때에도 그런 생각을 한 사람들이 있었다.

그러나 20세기 후반, 본격적인 소행성 충돌 가능성에 대한 연구가 진행되기 전까지 소행성 충돌설은 단순한 공상과학 소설의 수준을 벗어나지 못했다. 지구가 소행성과 충돌하는 것에 대한 본격적인 관심은 비교적 근래의 일이었다. 관측 장비가 발달하고 연구 인력이 늘어나면서 인류는 과거 어느 때보다도 지구 주변을 지나가는 많은 소행성들을 관측할 수 있게 되었다. 이러한 소행성 연구의 가장 직접적인 계기는 바로 레비(David Levy)와 슈메이커 부부(Carolyn and Eugene Schoemaker)가 발견한 슈메이커-레비 혜성(Comet Shoemaker-Levy 9) 혹은 S-L9이 목성과 충돌한 사건이었다.[1]

1. 슈메이커-레비 혜성

S-L9은 근래에 발견된 혜성들 중 가장 독특한 혜성이었다. 이 혜성은 이미 수십 년 전에 목성의 중력권에 붙잡혀 목성 주위를 공전하고 있었다. 그러다가 1992년에 목성 가까이를 지나면서 목성의 강한 중력(tidal force)으로 인해 약 21개의 조각으로 부서지게 되었다. 그리고 1994년에 이 조각들이 충돌 경로(collision course)에 들어서게 되었으며, 그해 7월 16-22일 사이에 일렬로 줄을 서서 목성에 충돌하였다.

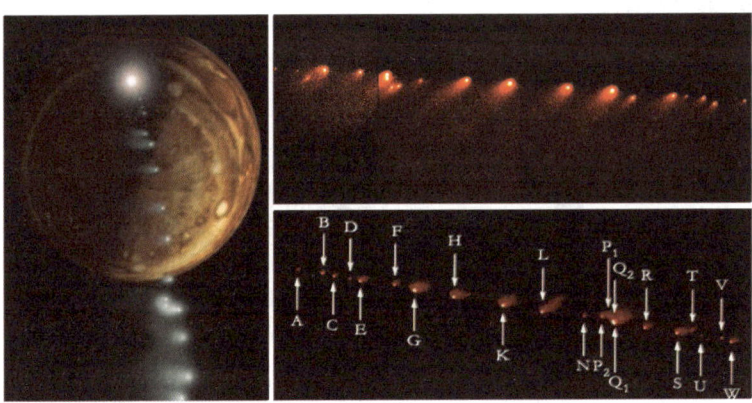

그림 5-2 슈메이커-레비 혜성 충돌 상상도와 NASA에서 촬영한 충돌 흔적 및 110만 km의 길이로 늘어선 혜성 조각들. 사진을 찍은 날짜에 따라 배열과 숫자가 조금씩 달라진다.

S-L9의 조각들에는 알파벳 이름이 붙여졌는데, 몇몇 알파벳은 빠졌고, P와 Q 조각은 이름을 붙인 후에 다시 둘로 쪼개져서 P1, P2, Q1, Q2 등의 이름을 갖게 되었다. 이 조각들 중 몇몇은 직경이 2km 정도 되는 것들도 있었다.

약 1주일 동안에 걸쳐 S-L9 조각들이 목성에 충돌하면서 방출한 에너지는 엄청났다. 전체 혜성 조각들이 방출한 총 에너지는 약 TNT 4,000

만 메가톤에 해당하는 에너지를 방출했으며, 큰 조각들은 각각 600만 메가톤에 해당하는 에너지를 방출했다. 히로시마 원자탄이 TNT 0.02 메가톤에 불과했던 것과 지상에서 폭발한(실험으로) 가장 큰 수소폭탄이 TNT 60메가톤 정도였음을 생각한다면, S-L9이 목성에 충돌하면서 방출한 에너지는 그야말로 상상을 초월한 크기였다. 만일 이런 크기의 소행성이 음속의 100배 가까운 속도로 자전하는 지구와 부딪쳤다면, 엄청난 전 지구적 멸종이 일어났을 것임이 분명하다.[2]

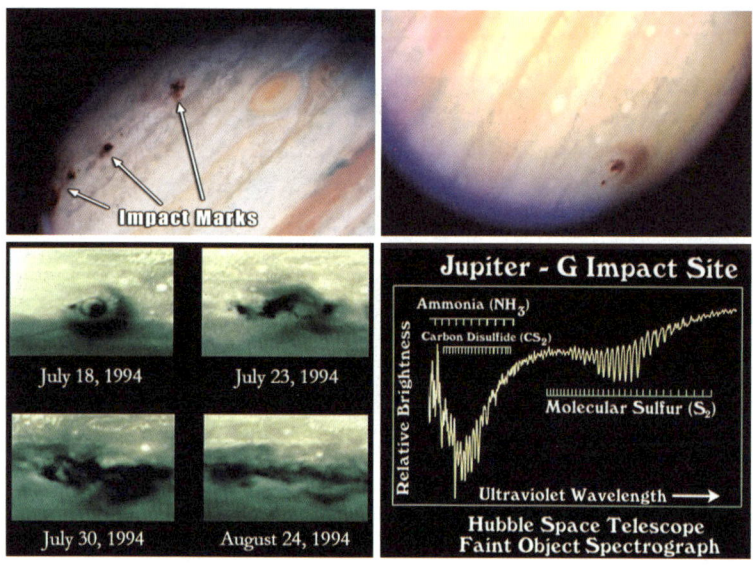

그림 5-3 왼쪽 위 그림에서 시계 방향으로 (1) 목성 표면에 생긴 충돌 흔적; (2) S-L9의 조각 G가 충돌하면서 생긴 "G-spot"; (3) G-spot에 대한 분광분석 결과; (4) 충돌한 직후부터 몇 주간에 걸친 G-spot의 변화[3]

S-L9이 목성에 충돌하면서 생긴 충돌 흔적은 허블 망원경으로 생생하게 촬영되었다. S-L9 조각들 중 가장 큰 조각의 하나인 G가 충돌하면서 만든 "G-스폿"(G-Spot) 사진을 보면, 거의 지구의 크기에 이르는 것을 볼 수 있다. G-스폿은 시간의 경과에 따라 모양이 계속 변했는데, 이로

부터 목성 대기의 흐름과 순환에 대한 정보를 얻을 수 있었다. 또한 G-스폿에 대한 분광분석 스펙트럼으로부터 암모니아(NH_3)와 이황화탄소(CS_2), 분자 황(S_2), 그 외 충돌 시 목성 표면으로부터 분출된 물질들의 흔적을 볼 수 있었다. 위성을 보내지 않고도 목성 내부에 대한 중요한 정보를 얻은 셈이었다.

2. 가속화 되는 소행성 연구

S-L9 사건은 비슷한 사건이 지구에서도 얼마든지 일어날 수 있음을 보여주었다. 특히 이것은 다음 강에서 좀 더 자세히 살펴보겠지만, 비슷한 시기에 지구물리학자 펜필드(Glen Penfield)가 멕시코 유카탄 반도 끝자락에 있는 칙술룹(Chicxulub)에서 중생대를 마감하게 한 대형 소행성의 충돌흔적을 발견한 것과 더불어 사람들로 하여금 소행성과 충돌하는 것에 대한 경각심을 높이는 데 크게 기여했다. 당연히 주요 매스컴에서도 소행성 충돌 가능성에 대한 기사를 보도했다.

그림 5-4 혜성 충돌로 인한 지구의 종말 가능성은 종종 대중 매체에 의해 부풀려 지곤 했다.

주요 매스컴의 보도는 실제 연구에 필수적인 연구비라는 추진력을 제공했다. 대형 소행성이 지구에 충돌할 경우 인류가 전멸할 수 있다는 주장은 천문학자들에게도 중요했지만, 특히 대중들과 정치가들에게 어필했다. 그래서 소행성 충돌에 대한 많은 연구비가 배정되었고, 언젠가 지구와 충돌할 가능성이 있는 소행성들에 대한 연구가 본격적으로 이루어지게 되었다. 한 예로, 미국 팔로마산천문대에 설치된 직경 1.2m의 오신-슈미트 망원경(Oschin Schmidt Telescope)에 대형 CCD 카메라를 장착하여 카이퍼 벨트(Kuiper Belt) 등에 있는 여러 소행성들을 추적하는 근지소행성추적(NEAT: Near-Earth Astroid Tracking) 프로젝트나 2006년에 2004XP14 소행성을 발견한 링컨연구소 근지소행성연구(LINEAR: Lincoln Lab Near-Earth Astroid Research) 프로젝트 등이 대표적인 연구라고 할 수 있다.

이런 집중적인 연구 결과 지구와 공전궤도가 교차하는 소행성들에 대한 사실들이 많이 알려지게 되었다. 실제로 길이가 4.6km에 이르는 투타티스(Toutatis)라는 소행성은 2004년에 지구로부터 불과 150만 km 떨어진 곳을 지나갔다. 또한 2006년 7월 3일, 아폴로 소행성군에 속한 2004XP14 소행성은 지구에서 432,000km까지 접근했는데, 이는 지구-달 거리의 1.1배에 불과한 거리였다. 이런 소행성들은 지구와 충돌하는

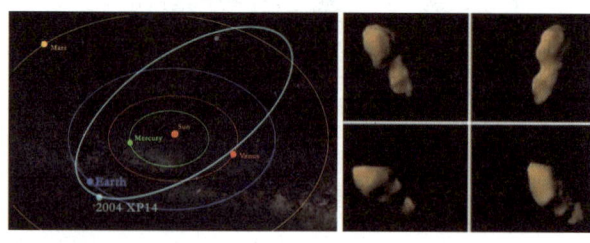

그림 5-5 근래 지구를 지나간 대형 운석들 : 2004XP14와 길쭉한 모양의 투타티스 소행성

경우 엄청난 대규모 멸종을 일으킬 수 있는 크기를 갖고 있다.

이들보다는 작지만 훨씬 더 지구 가까이를 지나가는 소행성들도 계속 관측되고 있다. 근래에 지구에 가장 근접한 소행성은 지난 2004년에 발견된 "2004 FU162"라는 이름의 소행성이었다. 당시 이 소행성은 지구에 6,400km까지 접근했었다! 2008년에는 "2008 TC3"이라는 소행성이 발견된 지 불과 19시간 만에 아프리카 상공에서 소멸했다. 하지만 오는 2029년에는 270m 크기의 소행성이 32,000km까지 다가올 것으로 추정되기 때문에 감시가 필요하다.[5]

지난 2009년 2월 2일에도 10층 건물 크기의 소행성이 지구를 아슬아슬하게 비켜 지나갔다. 미항공우주국(NASA)에 소속된 제트추진연구소(Jet Propulsion Laboratory, JPL)는 소행성 "2009 DD45"가 2009년 2월 2일 오후 1시쯤(그리니치 표준시) 지구를 78,500km거리에서 스쳐 지나갔다고 발표했다. 이는 불과 지구에서 달까지 거리의 1/5정도에 해당하는 거리로서 우주에서는 거의 스치는 정도의 가까운 거리라고 할 수 있다. 이 소행성의 지름은 21-47m로, 지난 1908년 시베리아 퉁구스카 지역의 삼림 2천여 km^2를 잿더미로 만든 소행성과 비슷한 크기로 추정되고 있다.

2010년 1월 13일 오후 9시 48분경에도 정체를 알 수 없는 우주 물체 "2010 AL30"이 지구를 스쳐갔다. 제트추진연구소(JPL)가 밝힌 바에 따르면, "2010 AL30"과 지구의 거리는 약 13만 km였다. 지구와 달의 거리에 비하면 1/3에 불과해 "근접 거리"라 할 수 있지만, 지구와의 충돌 가능성은 크지 않았다. 하지만 지나가기 이틀 전에야 비로소 그 존재가 알려졌기 때문에 지구와 충돌한다고 해도 별다른 방도를 취할 수 있는 시간적인 여유가 없었다. "2010 AL30"의 정체는 아직까지도 명확하지 않다. 운석일 수도 있고 우주 쓰레기일 가능성도 있는데, 현재로서는 운석일 가능성이 더 높다고 한다. "2010 AL30"의 너비는 최대 15m로, 지구와 충돌했다면 직경 200m 이상 되는 운석공이 만들어졌을 것으로 생각된다.

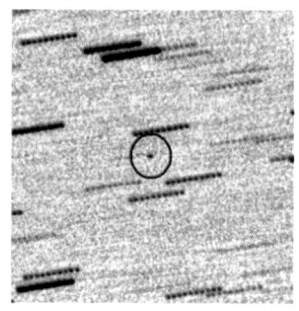

그림 5-6 직경 15m 내외의 '2010 AL30' 운석. 가장 최근에 가장 가까이 지구를 지나간 운석이다.

한편 "2010 AL30"이 지나간 이틀 뒤인 1월 15일에는 운석 "2010 AG30"이 지구에 접근했다. 너비는 13m 정도인데, 지구로부터 1백만 km의 거리를 두고 지나갔다. 이 정도 크기의 운석이라면 충돌 시 지구에 대규모 피해는 주지 않겠지만, 사람들이 밀집된 도시 지역에 충돌하게 되면 여전히 큰 피해를 일으킬 수 있다.

1990년대 중반부서 본격화 된 소행성 연구에 대한 관심은 새로운 소행성 발견으로 이어졌다. 충돌할 경우 대규모 피해를 일으킬 수 있는 대형(직경 1km 이상 되는) 소행성들은 이미 거의 다 발견되었다. 그래서 근래에 와서는 대형 소행성들이 새로 발견되는 경우는 별로 많지 않다. 반면에 직경 1km 이하 되는 소행성들은 지금도 계속 새로 발견되고 있다. 현재 직경 100m보다 큰 소행성들은 10만 개 이상 발견되었다. 직경 100-1,000m 정도의 소행성들이라도 지구와 충돌할 경우 대규모 멸종은 일으키지 않더라도 농업, 산업, 무역 등에서 엄청난 영향을 미칠 것이다.

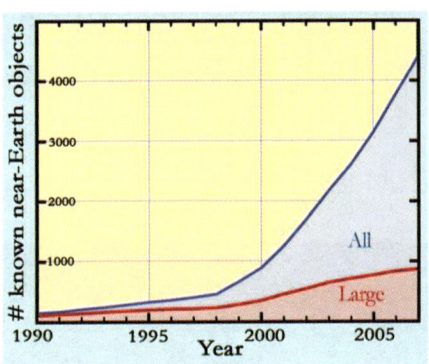

그림 5-7 직경 1Km 이상 되는 대형 소행성과 직경 100m 이상 되는 모든 소행성들의 발견 속도. 대형 소행성들은 새로 발견되는 경우가 별로 없다.[6]

3. 목성과 또 다른 소행성의 충돌

슈메이커-레비 혜성이 목성에 충돌한 후 꼭 15년 후인 2009년 7월 19일에도 목성에 또 하나의 거대한 소행성이 충돌한 것으로 보인다. 슈메이커-레비 혜성의 충돌은 충분히 예측된 사건이었지만, 이번의 경우는 전혀 예상치 못한 충돌로서 우연히 관찰된 것이었다. 이 충돌 현상을 처음 발견한 사람은 호주 머럼바터티만(Murrumbateman)에 사는 아마추어 천문가 웨슬리(Anthony Wesley)였다. 그는 7월 17일 이른 새벽에 하늘을 관찰하다가 갑자기 목성의 남극 근처(서경 305도, 남위 57도) 표면에 검은 반점(scar)이 생겼음을 발견했다.

그는 처음에는 일상적으로 목성의 극지방에서 볼 수 있는 폭풍 정도로 생각했다. 하지만 좀 더 자세히 관찰하면서 극지방의 폭풍과는 달리 완전히 검은 반점임을 알았다. 그렇다고 검은 반점이 목성의 위성이라고 보기에는 움직이는 속도가 너무 늦었다. 그래서 그는 이 사실을 미항공

우주국(NASA)에 연락하였고, 미항공우주국에서는 적외선 망원경으로 그 사실을 확인했다. 충돌한 것이 구체적으로 어떤 것인지는 확실하지 않지만 웨슬리가 목성의 남극 지방에서 확인한 검은 반점은 그 크기로 봐서 엄청난 격변임이 분명하였다.[7]

그림 5-8 슈메이커-레비 혜성이 충돌한 후 정확히 15년 뒤에 다시 목성에 소행성으로 추정되는 물체가 충돌한 것으로 보인다.[8]

캘리포니아 대학 버클리 분교의 천문학자 마이크 웡(Mike Wong)은 촬영한 이 반점의 영상을 근거로 계산한 결과 충격 범위가 1억 9,000만 km^2에 달할 것이라는 결론을 얻었다고 밝혔다. 이는 태평양 면적과 비슷한 크기다. 그리고 반점의 크기나 밝기, 숫자로 보아서 이번 충돌은 슈메이커-레비 혜성처럼 산산조각 난 파편이 떨어진 것이 아니라 단 한 개의 소행성이 충돌한 것으로 보인다고 했다.

4. 소행성군과 충돌빈도

그러면 지구에 큰 피해를 줄 수 있는 직경 1km 이상 되는 근지 소행성(Near-Earth Astroids)은 얼마나 될까? 현재까지 약 800개 정도가 알려

져 있으며, 총 1,100개 정도가 있으리라 본다.[9]

소행성들은 그룹을 이루고 있는 경우가 많은데 지구의 공전궤도와 겹치는 대표적인 소행성군의 하나는 아폴로 소행성군(Apollo Astroids)이다. 아폴로 소행성의 이름을 딴 이 소행성군은 실제로 지구의 공전궤도와 겹치기 때문에 지구와 충돌할 가능성이 항상 존재한다.

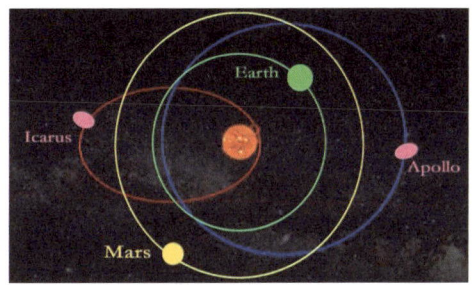

그림 5-9 아폴로 소행성군의 궤도

이 소행성군에 속하는 이카루스(Icarus) 소행성은 수성보다도 더 태양에 가까이 접근한다. 1949년 바드(Walter Baade)가 발견한 이카루스는 양초 날개를 달고 태양에 너무 가까이 날아가서 양초가 녹아서 떨어져 죽었다는 그리스 신화에 나오는 인물의 이름이다. 이카루스는 태양에 이어 수성, 금성, 화성에도 접근하며, 지구에는 9, 19, 38년의 간격으로 가까이 접근한다. 드물지만 1968년 6월 14일에는 지구-달 거리의 약 16배인 640만 km까지 접근하기도 하고, 1996년에는 지구-달 거리의 40배인 1,510만 km 까지 접근했다. 천문학자들은 다음 2015년 6월 16일에는 이카루스가 지구에 810만 km까지 접근할 것으로 본다.[10]

아폴로 소행성군에는 지구와 충돌했을 때 큰 피해를 입힐 수 있는 직경, 100m 이상 되는 소행성들이 약 2,000개가 존재하는 것으로 알려져 있다. 대부분의 경우에는 이들이 지구와 서로 다른 위치에 있지만, 드물게 이들이 지구와 같은 곳에 있게 되면 재난이 일어날 가능성이 높아진다. 지구의 긴 역사를 생각한다면 무수히 많은 운석들이 지구와 충돌했을 것임이 분명하다. 이러한 운석들은 충돌 각도나 크기에 따라 지구에 미치는 충격이 다르지만, 속도가 음속의 수십 내지 100배에 이르기 때문에 그 파괴력은 상상을 초월한다.

물론 지구에 큰 피해를 줄 수 있는 대규모 소행성들의 충돌은 드물게 일어난다. 하지만 지구의 역사를 생각한다면 소행성이 지구와 충돌하는 것은 우리가 생각하는 것보다 빈도가 높다. 미군의 조기경보 위성이 1977년부터 1994년 12월까지 관측한 바에 의하면, 대기권 상층부에서 연평균 11.5개의 폭발이 확인되었다. 슈메이커-레비 혜성의 공동 발견자인 슈메이커(Eugene M. Shoemaker)에 의하면, TNT 2만 톤 크기의 공중 폭발이 매년 한 차례씩 일어난다고 한다. 또한 애리조나 대학의 망원경으로 실시하고 있는 스페이스 워치(Space Watch)에 의하면, 같은

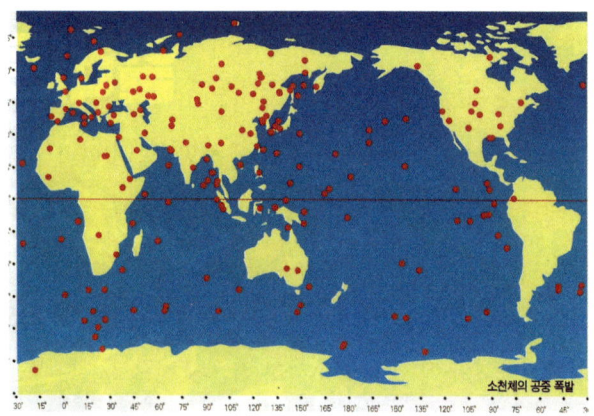

그림 5-10 소천체가 지구 대기권에 돌입하면서 대기와의 마찰로 공중폭발을 일으킨 지점을 보여주는 그림. 이것은 미국의 조기경보위성이 1977년 6월–1994년 12월 사이에 고도 약 36,000 km 정지궤도에서 관측한 것이다. 관측범위를 고려한다면 실제로는 이보다 10여 배 이상의 공중 폭발이 일어났으리라고 예상된다. 지금도 크고 작은 수많은 별똥별이 지구 대기권으로 떨어지고 있다.[11]

크기의 공중 폭발이 매달 한 차례씩 일어난다.[12]

이런 점들을 고려한다면 우리는 쉽게 지구 역사상 크고 작은 수많은 운석들이 지구에 떨어졌을 것이라 생각할 수 있다. 다만 풍화와 침식 등으로 인해 알아볼 수 없을 정도로 희미해졌을 뿐이다. 그러므로 운석에 의한 중생대 말기의 대격변은 상당한 설득력을 가진다.[13]

5. 다른 천체들의 증거

과거에 많은 운석이나 혜성이 지표면에 떨어졌다는 점과 이들로 인한 충격이 얼마나 큰지는 달은 물론 지구 이외의 행성들에 남아있는 운석공 흔적으로도 알 수 있다. 사실 운석이 지구만이 아니라 다른 행성들에도 동일하게 충돌했다는 사실은 우주선을 통해 행성 표면을 정밀 촬영한 후에야 비로소 알려지게 되었다.

수성, 금성, 화성, 목성 및 이의 위성들[대표적으로는 가니메데(Ganymede), 유로파(Europa) 등], 토성 및 이의 위성들[예를 들면, 타이탄(Titan), 피비(Phoebe), 엔켈라두스(Enceladus), 테티스(Tethys), 미마스(Mimas), 레아(Rhea), 이아페투스(Iapetus) 등], 천왕성 및 이의 위성인 아리엘(Ariel) 등 표면이 단단하고 관측할 수 있는 태양계 내 행성들이나 위성들은 하나 같이 표면에 수많은 크고 작은 운석공들을 갖고 있다.[14]

먼저 가장 가까이에 있는 달을 생각해 보자. 1975년 6월 말, 아폴로 탐사선이 달 표면에 설치한 지진계에서 관측한 바에 의하면, 설치 이후 달 표면에 1톤 정도의 몇몇 소천체들이 충돌했다. 이들은 황소자리 유성군 복합체에서 나온 것으로 생각된다. 달은 지구보다 중력이 1/6에 지나지 않지만 바람에 의한 풍화작용이나 물에 의한 침식작용이 없다. 달에는 공기가 없기 때문에 충돌 흔적이 잘 사라지지 않으며, 따라서 달 표면은 운석공들로 가득 차 있다고 해도 과언이 아니다. 그렇다면 당연히 지구에도 비슷하거나 더 많은 운석들이 충돌했을 것임을 짐작할 수 있다.[15]

그림 5-11 달 표면은 수많은 운석공들로 덮여있다. 달의 중력은 지구보다 훨씬 작기 때문에 큰 별똥별이 떨어질 가능성이 더 적지만 풍화와 침식이 없기 때문에 그 흔적이 그대로 보존되고 있다[16]

다음에는 수성을 생각해 보자. 인공위성을 이용한 행성에 대한 최초의 근접 촬영은 1974년 3월, 미국의 수성 탐사선 마리나 10호에 의해 이루어졌다. 마리나 10호는 1억 km의 먼 거리를 날아가서 수성 표면 사진 촬영에 성공했다. 당시까지 과학자들이 볼 수 있었던 희미한 망원경 사진에 비해 8,000여 장에 이르는 고해상도 근접 촬영 사진은 온통 운석공으로 뒤덮인 수성의 표면을 생생하게 보여주었다. 특히 수성은 달과 같이 대기가 없기 때문에 한 번 운석공이 형성되면, 풍화나 침식에 의해 사라지지 않기 때문에 더욱 뚜렷하게 볼 수 있었다.

근래에는 토성과 그 주변의 위성들을 조사하기 위해 유럽우주국(European Space Agency, ESA)에서 발사한 카시니(Cassini) 탐사선이 보내온 자료들도 이를 잘 보여주고 있다. 카시니는 2004년 6월 30일 토성에 도착한 이후 토성에 대한 자료는 물론 그 주변 위성들에 대한 귀중한 자료들을 계속 보내오고 있다. 이 자료들을 보면, 직경 960km의 위성 테티스에는 직경 140km에 이르는 운석공을 위시하여 수많은 운석공들이 선명하게 보이고 있으며, 때로는 운석공 위에 다시 운석이 떨어져서 운석공이 형성된 경우도 있다. 미마스는 직경이 396km에 불과한 위성인데 직경이 무려 130km에 이르는 허셀 운석공(Herschel crater)을 비롯하여 역시 많은 운석공들이 관찰되고 있다. 그 외에 레아와 이아페투스에도 크고 작은 많은 운석공들이 표면을 뒤덮고 있다.[17]

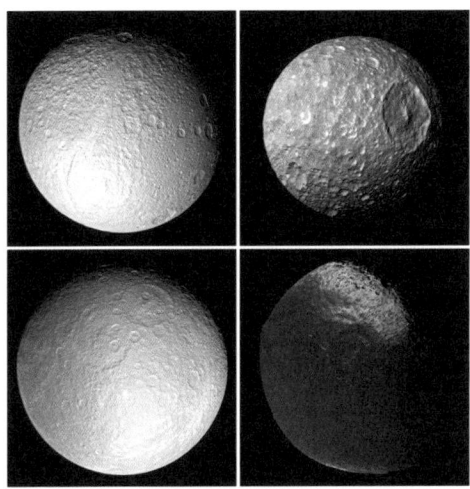

그림 5-12 운석공으로 뒤덮인 토성 위성들: (위 왼쪽) 직경 960km의 테티스, (위 오른쪽) 거대한 운석공 허셀이 보이는 미마스, (아래 왼쪽) 흰색 줄무늬들이 보이는 레아, (아래 오른쪽) 적도 부근에 높이 13km의 산맥이 1,300km나 뻗어있는 이아페투스(NASA).

태양계 내 행성에서 거대 운석이 충돌한 가장 최근의 예로는 앞에서 언급한 슈메이커-레비 혜성이다. 여러 개의 조각으로 분해된 후 목성 표면에 떨어진 슈메이커-레비 혜성의 목성 충돌은 비슷한 충돌이 지구에도 일어날 가능성이 있으므로 전 세계적으로 비상한 관심을 모았으며, 충분히 예측된 사건이었기 때문에 매우 생생한 사진 촬영이 이루어졌다.

또한 슈메이커-레비 혜성의 목성충돌은 새로운 운석 충돌의 예를 제시하기도 했다. 실제로 1979년, 보이저 우주선은 목성 위성인 칼리스토(Callisto)의 표면에도 일련의 충돌 흔적들을 발견했으나, 과학자들은 어떻게 그런 형태의 운석공이 만들어질 수 있는지를 이해하지 못했다. 그러다가 슈메이커-레비 혜성이 목성에 충돌하는 것을 보고 비로소 그 생성 메커니즘을 이해하게 되었다.[18]

6. 지구의 운석공들과 충돌구조 판별

달이나 태양계 내 다른 행성 또는 위성에 남아있는 분명한 소행성 충돌의 흔적들은 당연히 지구에도 그와 비슷한 충돌구조가 존재할 것이라 예측하게 한다. 실제로 지구 역사에서 다중격변을 가장 분명하게 보여주는 증거는 지구 곳곳에서 발견되는 크고 작은 충돌구조들(impact structures), 좀 더 일반적인 용어로 운석공들(隕石孔, meteor craters)이라고 할 수 있다. 달이나 수성, 금성과는 달리 지구표면은 기상 현상으로 인해 운석 충돌 자국들이 쉽게 풍화, 침식될 수 있음에도 불구하고 현재까지 지구상에서 확인된 운석공은 본장 끝 부분에 첨부한 것과 같이 176개에 이른다(2010년 11월 4일 기준).[19] 운석공들은 캐나다, 미국, 호주, 시베리아 등 전 세계적으로 발견되고 있으며, 직경이 수십 km이상 되는 운석공들도 많다.

지금까지 지구에서 발견된 운석공들 중에서 가장 큰 것은 남아프리카에서 발견된 브레데포르트(Vredefort) 운석공으로서(22억 2,300만 년 전) 직경이 무려 300km에 이른다. 가장 오래된 것으로는 러시아에 있는

 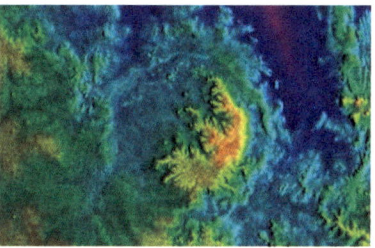

그림 5-13 브레데포르트 운석공(위)과 수아브자르비 운석공

수아브자르비(Suavjarvi) 운석공(직경 16km)으로서 무려 24억 년 전에 떨어진 것으로 알려져 있다.

현재 전 세계적으로 가장 탁월한 운석공 데이터베이스(Earth Impact Database, EID)는 1955년 캐나다 오타와에 있는 도미니언 천문대(Dominion Observatory)의 빌스(Carlyle S. Beals) 박사에 의해 시작되었다. 빌스는 캐나다 전 국토의 근 절반에 해당하는 캐나다 순상지(楯狀地, Canadian shield)를 찍은 20,000여 장의 공중사진을 면밀히 분석하여 충돌구조들을 확인했다.[20] 1980년대 후반에 도미니언 천문대 충돌구조 탐사팀이 캐나다 지질조사국(Geological Survey of Canada)으로 이동하면서 좀 더 조직적인 충돌구조 탐사가 이루어졌다. 그러다가 2001년에는 캐나다 지질조사국이 충돌구조 연구를 종료함에 따라 그 때까지 작성된 충돌구조 데이터베이스는 현재의 뉴브룬스윅대학(University of New Brunswick)의 행성 및 우주과학센터(Planetary and Space Science Centre)로 이관되어 관리되고 있다.[21]

충돌구조 판별

그러면 특별한 지표상의 구조가 운석이나 소행성, 혹은 혜성들의 충돌로 인해 형성된 것인지, 자연적으로 형성된 것인지 어떻게 판별할 수 있는가? 소행성들의 충돌을 통해 만들어진 구조들은 대체로 항공사진이나 인공위성 사진 등으로 확인할 수 있는 거대 특성(megascopic features), 맨눈으로 확인할 수 있는 거시 특성(macroscopic feature), 현미경 등으로 확인할 수 있는 미시 특성(microscopic feature) 등을 통해 충돌구조 여부를 판별한다.[22]

(1) 정점에서 방사상으로 줄무늬가 있는 샤터콘(shatter cone, 혹은 충격원추암)이라 불리는 거시 특성이 있는지를 살펴본다. 샤터콘은 운석공에서 발견되는 수 cm 내지 수 m에 이르는 원추형 암편인데 원추형 꼭지의 각은 90-120도 이상이며, 원추의 꼭지에서 방사상으로 수많은 주름 모양의 능선(稜線)이 뻗혀있다. 흔히 석회암에 생성되는 경우가 많지만, 사암, 혈암, 규암에서도 발견된다.[23]

(2) 형태학적으로 충돌구조일 가능성이 큰 경우는 시추를 해서 확인한다. 시추로 얻은 시료들에 대하여 X-선 암석학(in situ X-ray lithology) 연구 등을 통해 원지암석(原地岩石)의 광물질에 다중평면변형구조(multiple planar deformation feature)가 있는지를 확인한다.

(3) 원지암석의 광물질에 초고압이 가해져서 광물질이 다형(多形, polymorph)으로 변형되었는지 X-선 회절실험(X-ray diffraction)을 통해 살펴본다. 다형이란 동일 물질이 압력이나 온도 등 외부 조건에 따라 결정구조를 달리하는 현상을 말하며, 서로 다른 결정구조의 수에 따라 이형(二形), 삼형(三形) 등으로 부른다.

(4) 맨눈으로 봐서 확인하기 어려운 1km 이상 되는 거대 구조들의 경우에는 형태측정(morphometric) 연구를 통해 확인한다. 일단 육

안으로 반구형 지형이라면, 운석공일 가능성을 염두에 두고 원격탐사나 항공사진, 위성사진 등을 합성하여 충돌구조 여부를 결정한다. 그러나 지구상에서 형태학적 판별은 대기가 없는 달이나 다른 작은 행성들과는 달리 풍화, 침식, 매몰, 지각판의 이동 등에 의해 충돌구조가 사라지거나 그대로 보존되지 못하는 경우가 많아서 쉽지 않다. 또한 화산폭발이나 암염 돌출구조(salt diapir), 빙하가 물러간 자국 등도 충돌구조와 비슷한 반구 형태의 구조를 만드는 경우가 있기 때문에 혼동을 일으킬 수 있다.[24] 어떤 충돌구조들은 아예 땅속에 완전히 묻혀버린 경우도 있다. 그러므로 원형구조라고 해서 반드시 충돌구조라고는 할 수 없으며, 최종적으로는 시추를 통해 확증되어야 한다.

(5) 거시 증거로는 초고속으로 움직이는 물체와 충돌할 때 형성되는 충돌 용융층(impact melt sheet)이나 암맥(岩脈, dike), 충돌로 인해 만들어진 충돌 용융 각력암(impact melt breccia) 등의 존재도 충돌구조를 확인하는 기준이 된다.[25] 이렇게 용융된 암석들은 대부분 지각 성분으로 이루어져 있으며, 외계로부터 날아든 충돌체도 일부 섞인다. 하지만 마그마가 응고된 것과 같은 지하 깊은 곳의 맨틀로부터 비롯되는 것은 없다. 충돌체가 거대한 경우에는 충돌로 인한 파편이 넓게, 때로는 전 지구적으로 분포되기 때문에 파편들이 발견되는 곳의 지도를 그리거나 채취한 암석 시료들을 현미경 분석이나 지구화학적 분석을 통해 확인할 수 있다.

(6) 구조물이나 인근에 의사유리질화산암(pseudotachylite)이나 각력암이 있는지를 확인한다.[26] 화산 활동에 의해 형성되는 유리질 화산암과는 달리 의사유리질화산암은 미시적, 혹은 거시적 규모의

단층(斷層)에 의해 생성된 암석이다. 그러나 의사유리질화산암은 또한 내인성 과정[endogenic process, 지각평형 반동(isostatic rebound)과 판구조(plate tectonics)에 의해 발생하는 지진 등]에 의해 생성된 단층에서도 발견되기 때문에 반드시 충돌에 의해서만 생겼다고 단정지을 수 없다. 그러나 위의 몇 가지 증거들과 결합하여 충돌구조를 확인하는 것을 도와주는 증거가 될 수는 있다. 일반적으로 충돌과 관련된 의사유리질화산암은 방사상형과 동심원형 단층계에서 발견된다.

그림 5-14 남아프리카 공화공 오타비 채석장(Otavi Quarry)의 브레데포르트 의사유리질화산암

의사유리질화산암은 모가 난 자갈이 모래나 점토와 굳어진 암석인 각력암으로 분류된다. 충돌구조 속에는 매우 다양한 형태의 각력암이 만들어진다. (5)에서 언급한 충돌 용융 각력암도 한 예이다. 그러나 각력암 역시 내인성 과정에 의해서도 생성될 수 있으므로 각력암의 기원을 설명하려고 할 때는 주의가 필요하다. 각력암은 충돌구조를 예단하는 증거로서가 아니라 부가적인 증거로 사용되어야 한다.

위에서 (1)-(3)의 증거는 암석을 통해 충격파가 지나감으로 변형된 증거들이기 때문에 결정적인 증거라고 할 수 있지만, (4)-(6)의 증거는 원형 구조물이 중력에 의해 변형된, 말하자면 2차적 효과에 의해 만들어진 증거들이므로 보조적인 증거로 사용하는 것이 바람직하다. 땅속에 묻혀 있어서 직접 접근할 수는 없지만 큰 손상 없이 보존된 구조의 경우에는 지진 데이터와 같은 지구물리학적 방법으로 확인할 수 있다. 어떤 학자들은 충돌구조의 기원을 연구하는 좋은 증거로서 선호하기도 한다. 일반적으로 매몰되어 있는 구조의 경우에는 시추를 통해 시료를 채취하고, 위 (1)-(3)의 기준을 사용하여 확증한다.

위의 여러 방법들이나 기준, 혹은 일부의 기준을 근거로 확인된 몇몇 운석공들의 예를 살펴보자.

7. 수많은 운석공들

많은 운석공들 중에서 전 세계적으로 가장 널리 알려진, 그리고 가장 분명하게 남아있는 운석공은 미국 애리조나주 윈슬로 인근의 배링거 운석공(Barringer Meteor Crater)이라 할 수 있다. 처음에 이 지역을 탐사했던 사람들은 이것을 얕은 물속에서 분출한 화산의 분화구라고 생각했다. 그리고 주변에서 운석 조각들이 발견되는 것은 우연의 일치라고 생각하고 무시했다.

그러다가 1900년대 초, 광산 기술자 배링거(Daniel Barringer)는 인근에서 용융되었다가 식은 많은 쇠 조각들에 대한 보고를 듣고, 이것이 운석공이라는 확신을 가졌다. 그리고 그는 지하에 묻혔을지도 모르는 거대한 운석을 발굴하기 위해 그곳에 갔다. 비록 그는 운석이 떨어지면서 용융, 증발하여 산산조각이 났기 때문에 운석 본체를 찾는 데는 실패했지만, 이것이 화산 분화구가 아니라 운석공이었음을 밝히는 데 결정적인 역할을 하였다.

철을 많이 함유한 배링거 운석은 지금부터 약 5만 년 전, 직경 50-100m 크기의 운석이 초속 20km(시속 7만 km) 정도의 속도로 충돌한 것으로 추정된다.[27] 애리조나의 건조한 사막 기후로 인해 침식이 느리게 일어났기 때문에 5만 년이나 지났지만 운석공은 분명하게 남게 되었고, 충돌과 관련된 데이터들을 비교적 정확하게 얻을 수 있었다. 이 충돌로 인해 3억 톤의 암석과 침전물들이 튀어나왔으며, 운석 조각들은 10km 밖에까지 흩어졌다. 당시 이 지역은 많은 동식물이 서식하던 넓은 평야였을 것으로 추정되며, 운석의 충돌은 반경 150km 이내에 있는 모든 동식물들을 멸종시켰다. 이로 인해 만들어진 운석공은 깊이 175m, 지름 1,250m에 이르는 반구형 구조이며, 대략 메가톤급 수소폭탄 50개가 일시에 폭발한 위력이 있었을 것으로 본다.

배링거 운석공 외에도 지구 역사에서 여러 차례의 거대 운석이 떨어졌다는 증거들을 가장 잘 볼 수 있는 곳 중 하나는 캐나다 순상지라고 알려진 북미주 북동부(퀘벡주 북서부) 지역이다. 이 지역은 총 15개의 운석공들이 존재하며, 과학자들은 이들이 지구 생성과 역사의 단서를 제공해줄 것으로 기대하고 있다. 침엽수 지대가 끝나고 툰드라가 시작되는 이곳은 지난 수백만 년 동안 지질학적으로 안정되어 있었기 때문에 떨어진 운석들의 흔적을 비교적 잘 보존하고 있다.

이곳에 남아있는 거대 운석공의 예로는 직경 100km에 이르는 마니쿠아간 충돌구조(Manicouagan impact structure)를 들 수 있다. 이 운석공의 중앙에는 대규모 운석공에서 흔히 보이는 작은 봉우리가 선명하게 남아있다. 지구에 남아있는 운석공들 중에서 가장 큰 운석공의 하나인 마니쿠아간 운석공(Manicouagan crater)의 중심에는 높이 500m에 이르는 바위산이 형성되어 있다. 이 바위산의 암석은 부분적으로 붉은 색을 띠고 있으며, 이는 이들 암석이 용융되었다가 굳었다는 증거이다. 이 산의 기슭에 있는 암석들은 화산이 분출할 때 마그마가 굳어서 된 용암과 흡사하다. 하지만 이곳은 화산활동이 전무한 곳이며 또한 암석의 구성 성분도 용암과는 거리가 멀다.[28] 그러므로 이 암석들은 소행성이 충돌할 때 녹았다가 굳은 것으로 해석하는 것이 타당하다. 순식간에 500m 높이의 바위산이 형성될 정도라면 대형 운석의 충돌 위력을 짐작할 수 있다.[29]

또 뉴펀들랜드의 미스타스틴 호수 운석공(Mistastin Lake crater)은 빙하가 운석공의 흔적을 많이 침식시켰음에도 불구하고 여전히 직경 28km에 이르는 운석공 흔적이 남아 있다. 하지만 미스타스틴 호수 운석공과

그림 5-15 (상) 미국 애리조나에 있는 배링거 운석공은 직경 1,200m이며 지금부터 2,500~4,900만 년 전에 충돌하였다; (좌하) 미항공우주국(NASA)의 우주왕복선(Space Shuttle)에서 찍은 캐나다 퀘벡에 있는 마니쿠아간 충돌구조, 직경이 100km 이상 된다; (우하) 직경이 875m에 이르는 서부 호주 울프 크릭 운석공(약 30만 년 전 낙하).

마니쿠아간 운석공은 운석들이 떨어진지 오래 되어 주변에서 운석 조각들이 발견되지 않는다.[30] 또한 클리어워터 호수(Clearwater Lakes)는 직경이 각각 32km, 22km인 두개의 인접한 운석공으로 이루어진 것인데, 이것은 쌍소행성(binary asteroid)이 떨어져서 형성된 것으로 알려져 있다. 이 호수 가운데는 일련의 섬들이 이어져 있어서 언뜻 보기에는 운석공처럼 보이지 않는다. 그러나 인공위성 사진을 보면 영락없는 운석공임을 알 수 있다. 이 외에도 캐나다 순상지에는 직경 3.44km의 뉴퀘벡 운석공(New Quebec crater)을 비롯한 여러 개의 운석공들이 있으며, 사스카체완주의 딥베이(Deep Bay)에서도 직경이 13km에 이르는 운석공이 발견되었다.[31]

이 외에도 서부 호주에 있는 울프 크릭 운석공(Wolfe Creek crater)은 직경은 약 900m, 주변 언덕의 높이는 25m의 운석공으로서 철질운석이 떨어진 흔적으로 아직까지 주변에서 운석 조각들이 발견되고 있다. 근래에는 미국 동부의 체사피크만(Chesapeake Bay) 해저에서도 직경이 90km에 이르는 운석공이 발견되었고, 타지키스탄의 카라쿨 운석공(Kara-kul crater)은 직경이 52km에 이른다. 또한 남아프리카에서 발견된 브레데포르트 구조는 칙술룹보다도 훨씬 더 큰 운석공으로 알려져 있다.

요약하면, 지금까지 알려진 모든 운석공들의 숫자는 176개에 이른다(2010년 4월 12일 기준). 이의 가장 최근 목록은 화이트헤드(James Whitehead)가 관리하는 웹사이트에 실려 있으며, 전체 운석공들의 리스트는 책 끝에 부록으로 첨부하였다. 표 5-1은 화이트헤드의 목록에서 직경이 30km를 넘는 27개의 운석공들을 정리한 것이다.[32]

이 도표에서 제시한 것들 외에도 (부록에 제시한 것처럼) 현재 지구상에서 확인된 총 176개의 운석공들 중에 지구에 엄청난 재앙을 가져다줄

Crater Name	Location	Diameter (km)	Age(백만년)*	Exposed	Drilled
Keurusselka	Finland	30	<1,800	Y	N
Shoemaker (formerly Teague)	Western Australia, Australia	30	1,630 ± 5	Y	N
Slate Islands	Ontario, Canada	30	~450	Y	N
Yarrabubba	Western Australia	30	~2,000	Y	N
Manson	Iowa, U.S.A.	35	73.8 ± 0.3	N	Y
Clearwater West	Quebec, Canada	36	290 ± 20	Y	Y
Carswell	Saskatchewan, Canada	39	115 ± 10	Y	Y
Saint Martin	Manitoba, Canada	40	220 ± 32	N	Y
Mjølnir	Norway	40	142.0 ± 2.6	N	Y
Woodleigh	Australia	40	364 ± 8	N	Y
Araguainha	Brazil	40	244.40 ± 3.25	Y	Y
Montagnais	Nova Scotia, Canada	45	50.50 ± 0.76	N	Y
Kara-Kul	Tajikistan	52	< 5	Y	N
Siljan	Sweden	52	361.0 ± 1.1	Y	Y
Charlevoix	Quebec, Canada	54	342 ± 15*	Y	Y
Tookoonooka	Queensland, Australia	55	128 ± 5	N	Y
Beaverhead	Montana, U.S.A.	60	~600	Y	N
Kara	Russia	65	70.3 ± 2.2	N	Y
Morokweng	South Africa	70	145.0 ± 0.8	N	Y
Puchezh-Katunki	Russia	80	167 ± 3	N	Y
Chesapeake Bay	Virginia, U.S.A.	90	35.5 ± 0.3	N	Y
Acraman	South Australia, Australia	90	~590	Y	N
Manicouagan	Quebec, Canada	100	214 ± 1	Y	Y
Popigai	Russia	100	35.7 ± 0.2	Y	Y
Chicxulub	Yucatan, Mexico	170	64.98 ± 0.05	N	Y
Sudbury	Ontario, Canada	250	1,850 ± 3	Y	Y
Vredefort	South Africa	300	2,023 ± 4	Y	Y

*1977년 이전에 계산된 K-Ar, Ar-Ar, Rb-Sr 연대는 Steiger와 Jager (1977)가 제시한 반감기로 다시 계산

표 5-1 현재 확인된 직경 30km 이상 되는 27개의 운석공

수 있는 직경 2km 이상인 것들은 140여 개에 이른다. 이 숫자는 대부분 육지에 남아있는 운석공들만을 헤아린 것이므로 바다에 떨어진 것들과 풍화나 침식, 지구 표면에 있는 판들의 섭입(攝入, subduction), 그 외 숲이 우거짐으로 인해 발견하지 못하는 것들까지 합친다면 이보다 3배 이

상 많아질수 있다. 이런 운석공 숫자는 지구연대에 대해서도 시사하는 바가 크다.

지난 4천 년의 인류 역사를 돌아볼 때도 화산폭발이나 지진 등의 자연재해, 일식이나 월식, 행성들의 합(合, conjunction), 초신성 탄생 등의 천문 현상 등의 기록은 많이 남아있지만 운석이 지구에 충돌하여 한 문명이나 지역이 황폐되었다는 기록은 존재하지 않는다. 결국 이 말은 현재 남아있는 수많은 운석공들은 현재의 인류 역사보다 훨씬 이전에 일어났다는 말이다. 이는 개별 운석공의 연대를 받아들이지 않더라도 운석공들의 숫자만으로도 지구 역사를 6천 년 운운하는 것은 말이 되질 않음을 의미한다.

8. 퉁구스카 운석 충돌

지난 6천 년 동안 거대 운석의 충돌로 인해 전 지구적 재앙이 일어난 기록은 없다. 하지만 크고 작은 국지적 재앙은 많이 일어났다. 그 중에서도 운석 충돌로 인한 재앙은 100여 년 전에도 일어났다. 시베리아 퉁구스카(Tunguska)의 타이가(taiga, 침엽수 대삼림) 한 가운데 있는 바나바라(Vanavara)에 떨어진 퉁구스카 운석이 그것이다. 윈슬로에 있는 배링거 운석은 떨어진 연대가 정확하게 알려져 있지 않지만(약 5만 년 정도로 추정), 퉁구스카 운석의 경우는 그렇지 않다.[33]

퉁구스카 운석은 1908년 6월 30일 오전 7시 17분, 동시베리아 퉁구스카 지방에 떨어졌다. 지구 표면에 낮은 각도로 진입한 이 소천체는 초속 25-40km의 속도로 바이칼호(Lake Baikal) 북안 상공에서 포드카멘나야 퉁구스카강(Podkamennaya Tunguska River)의 북쪽을 향해 약 640km를 비행한 후 퉁구스카 상공 6-8km 지점에서 폭발하였다.[34]

다행스러웠던 것은 이 운석이 석철질운석(石鐵質隕石, stony-iron meteorite)이었고, 고공에서 폭발했기 때문에 산산조각이 나서 땅위에 떨어졌다는 점이다. 철질운석(鐵質隕石, iron meteorite)에 비해 석철질운석은 대기권에 진입할 때 가열되면 쉽게 부서질(폭발할) 수 있다. 즉, 석철질운석은 열전도율이 낮기 때문에 대기권 진입 시 표면이 공기와의 마찰로 백열상태가 되더라도 내부는 우주공간의 온도와 같이 극저온을 유지하기 때문에 표면과 내부의 열팽창의 차이로 인해 부서질 수 있다. 퉁구스카 운석은 산산조각이 나서 떨어졌기 때문에 운석공이 만들어지지 않았으며, 다만 거대한 폭풍으로 수십 km 반경의 나무들(약 2,000km²)만 쓰러졌을 뿐이다. 만일 이 운석이 공중에서 폭발하지 않고 그대로 떨어졌다면 훨씬 더 큰 재앙이 지구에 닥쳤을 것이다.

퉁구스카 운석이 공중에서 폭발하여 산산조각으로 떨어졌다고 해도 그 충격은 상상 외로 엄청났다. 이 운석의 충격이 얼마나 굉장했는가는 몇몇 기록들로부터 짐작할 수 있다. 운석 낙하지점으로부터 남동쪽으로 320km 떨어진 니주네 카렐린스크 마을에서는 운석의 충격 진동으로 천장의 물건들이 떨어졌고, 사람들은 굉장한 굉음과 진동으로 인해 지구 최후의 심판의 날이 왔다고 생각하여 무릎을 꿇고 기도했다. 먼 곳에 있는 건물들의 유리창이 깨어지고, 사람들이 넘어졌으며, 인근에 있는 커다란 나무들이 마치 성냥개비처럼 방사상형으로 쓰러졌다. 낙하지점으로부터 1,300km 떨어진 곳을 지나던 시베리아 횡단열차 기관사는 탈선을 염려하여 급정거를 했다. 당시의 신문 기사에 따르면, 대지가 입을 벌리고 연기와 거대한 불기둥을 뿜어 올렸으며, 태양보다 더 밝게 탔다고 한다. 멀리 떨어진 통나무집이 무너졌고 밭에서 일하고 있던 농부는 셔츠가 타는 듯한 느낌을 받았으며, 많은 사람들이 폭발음으로 인해 한 때 귀머거리가 되었다고 하였다.[35]

그림 5-16 구 소련의 지도와 대폭발이 일어난 퉁구스카 지역. 소천체는 바이칼호 북안에서 북서쪽으로 날아와 퉁구스카 8km 상공에서 폭발한 것으로 보인다. 폭발한 바로 아래의 나무들은 거의 불탔고 폭발의 충격이 동심원 모양으로 퍼지면서 폭발 중심으로부터 나무들이 방사상형으로 쓰러졌다.[36]

한밤중이었던 런던에서는 뉴욕 타임지의 작은 활자까지 완전히 읽을 수 있을 만큼 밝았으며, 스톡홀름에서는 새벽 한시에 그 때의 대낮 같은 빛으로 찍은 사진이 남아 있다. 이때의 충격파는 가라앉을 때까지 지구를 두 바퀴나 돌았다. 그러나 천만 다행으로 이 엄청난 재난은 사람들이 살지 않는 시베리아 삼림지대에서 일어났다. 그래서 사람들의 기억에서 쉽게 잊혀졌으며, 운석에 대한 본격적인 조사는 그 후 13년이 지난 1921년 9월에야 이루어지게 되었다.

볼셰비키 혁명으로 탄생한 신생 소련을 세계 과학의 제1선으로 끌어올린 레닌(Nikolai Lenin)의 종합과학정책의 일환으로 소련 과학아카데미는 이 운석 낙하의 조사를 레오니드 크리크(Leonid Crick)에게 맡겼다. 그 후 크리크는 여러 해에 걸쳐 이 지역을 네 차례나 자세히 조사하였는데, 이 조사에 의하면 이때 쓰러진 삼림의 면적이 2,600km²나 되었다고 한다.

이 퉁구스카 운석의 폭발이 일어난 1908년 6월 30일은 베타 토리드(Beta Taurid)라는 유성우(流星雨, meteor shower)의 궤도와 지구의 궤도가 교차하는 날로서 유성우가 쏟아졌다. "황소자리 유성군 복합체"(Taurid Complex)라고도 불리는 이 소천체들의 모임은 태양을 초점으로 타원 궤도를 돌고 있으며, 매년 6-8월, 10-11월에 절정을 이루는데, 특히 매년 6월 말부터 7월 초에 걸쳐서 지구 궤도와 만나는 것으로 알려져 있다. 이 유성들 중 하나가 유달리 커서 대기권을 통과하면서 다 연소하지 못하고 남은 부분이 지구 표면에 낙하하여 일어난 것이 바로 퉁구스카에 떨어진 것으로 생각된다.

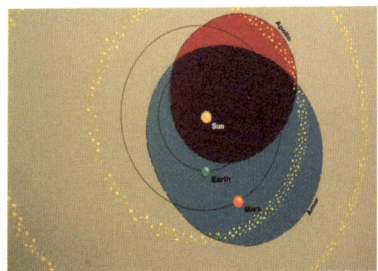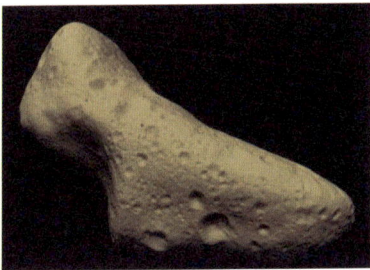

그림 5-17 소행성대와 소행성 중의 하나인 에로스(NASA). 화성과 목성 사이에는 무수한 소행성으로 이루어진 소행성대(astroid belt)가 형성되어 있으며 지구가 이 근처를 지날 때 큰 운석들이 지구 중력에 끌려서 떨어질 가능성이 있다. 소행성대는 크게 두개의 그룹, 즉 아폴로 그룹과 아모르 그룹으로 나뉘어져 있다. 소행성대에는 현재 800m 이상 되는 소행성 75만 개가 태양 주위를 공전하고 있는 것으로 알려져 있다. S자 형태의 에로스는 크기가 34.4×11.2×11.2 km³이며 칙술럽 운석보다 크다.

모의실험에 의하면, 이 때 낙하된 운석은 질량 10만 톤 정도의 석철질 운석으로서 지름은 40-100m 정도(밀도 3g/cm³으로 가정했을 때)되었던 것으로 추정된다. 폭발 당시의 에너지를 TNT로 환산하면, 15-20메가톤으로 히로시마에 투하된 원자폭탄의 0.02메가톤에 비해 750-1,000배에 이른다.[37]

이 외에도 가장 최근에 떨어진 큰 운석을 든다면, 동시베리아에 있는 식호테-알린 운석공(Sikhote-Alin crater)을 만든 운석이라고 할 수 있다. 1947년 가을에 떨어진 이 운석은 무게 23톤의 철질운석으로서 직경 28m의 운석공 흔적을 남겼다. 그러나 이 운석은 지구의 생태계 변화를 일으킬 정도로 큰 것은 아니었다.[38]

9. 운석 충돌의 충격

그러면 거대 운석이 지구에 충돌하면 어떤 결과가 초래되는가? 1960년대 후반, 미항공우주국(NASA)은 아폴로 11호가 달 착륙에 성공한 이래 달 표면에 있는 운석공들에 대한 연구를 시작으로 지구 표면에 널려 있는 운석공 연구를 본격적으로 시작하였다. 물론 운석이나 소행성이 지구에 충돌할 때의 충격과 피해는 실제 상황을 통해 연구할 수가 없기 때문에 이들은 운석이 지구에 충돌하는 것을 모의실험 하였다. 우선 알루미늄 탄환을 초속 8km(음속의 25배)의 초고속으로 발사할 수 있는 특수한 "총"을 제작하였다. 그리고 알루미늄 탄환을 미세한 모래 더미 위에 발사하고 이를 초고속 카메라로 찍어서 운석공 형성 과정과 충격의 크기를 연구했다.[39]

흥미로운 것은 알루미늄 탄환을 발사해서 생긴 흔적이 운석공들과 크기는 달라도 모양은 완전히 일치한다는 사실이었다. 그리고 탄환을 진공 중에서 발사했을 때와 공기 중에서 발사했을 때는 전혀 다른 결과가 생긴다는 것도 밝혀졌다. 진공 중에서 발사할 때는 모래 먼지가 부채꼴 모양으로 퍼지면서 운석공과 같이 가운데가 솟아오르는 웅덩이가 만들어졌다. 그러나 공기 중에서 탄환을 발사했을 때는 알루미늄 탄환이 공기와의 마찰로 태양보다 밝은 불덩어리가 되어 날아갔다. 그리고 탄환의 충돌에너지가 열에너지로 바뀌면서 운석과 피격당하는 암석이 동시에 기화되는 엄청난 폭발이 일어났다.[40]

표 5-2는 이러한 연구를 바탕으로 지표면에 떨어지는 운석 및 소행성의 크기에 따른 피해를 예측한 것이다. 지구에 충돌한 운석 및 소행성의 실제 크기는 운석공 직경의 대략 1/10 - 1/30 정도임을 감안한다면, 운석공 데이터베이스(EID)가 제시하는 총 176개의 운석공들 중에 "국부적 문명 파괴"를 가져올 수 있는, 즉 직경 20km를 넘는 운석공들은 41개, "일부 생명체가 생존하는 전 지구적 피해"를 가져올 수 있는, 즉 직경 50km를 넘는 운석공들이 15개, "생명체가 대부분 멸종하는 전 지구적 피해"를 가져올 수 있는, 즉 직경 100km를 넘는 운석공들이 5개에 이른다.[41] 아래 표에서 볼 수 있는 흥미로운 것은 지구에 충돌한 소행성의 직경이 충돌빈도와 어떤 상관관계가 있다는 사실이다.

아마 어떤 사람은 표 5-2에서 제시한 소행성들의 크기에 비해 이들의 충돌 예상 피해가 너무 과장된 것이 아닌가 생각할지 모른다. 그러나 소행성들의 충돌 피해는 이들의 크기에 더하여 이들이 지구와 충돌하는 속도를 감안해야 한다. 일반적으로 소행성들의 충돌 속도는 초속 20km, 즉 음속의 60여 배, 총알 속도의 20배에 이른다는 점을 생각한다면, 왜 소행성의 충돌이 그처럼 큰 피해를 내는지 이해할 수 있다.

실제로 소행성들의 충돌 에너지가 얼마나 엄청난지는 미국 창조과학연구소(ICR) 지질학자 오스틴(S. Austin)이 계산한 결과로부터 짐작할 수 있다. 그는 지구상에서 관측된 가장 큰 규모의 지진(리히터 지진계로 8.9)의 에너지가 6×10^{17}J인데 비해, 직경 100km인 포피가이 운석공

소행성 직경 (운석공 직경)	충돌에너지 (TNT 메가톤)	충돌에너지 (히로시마 원폭)	충돌 빈도 (년/회)	충돌 예상 피해
10,000m (150km)	1억	50억개	1억	생명체가 대부분 멸종하는 전 지구적 피해
2,000m (30km)	1백만	5천만개	100만	일부 생명체가 생존하는 전 지구적 피해
200m (3km)	1천	5만개	1만	문명 파괴
100m (1.5Km)	50	2,500개	1천	국부적인 문명 파괴
30m (0.45km)	2	100개	1백	대규모 피해
15m (0.2km)	0.2	10개	1십	지역적 대규모 피해
6m (100m)	0.01	0.5개	1	소규모 피해
3m (50m)	0.001	0.05개	1달	지역적 소규모 피해

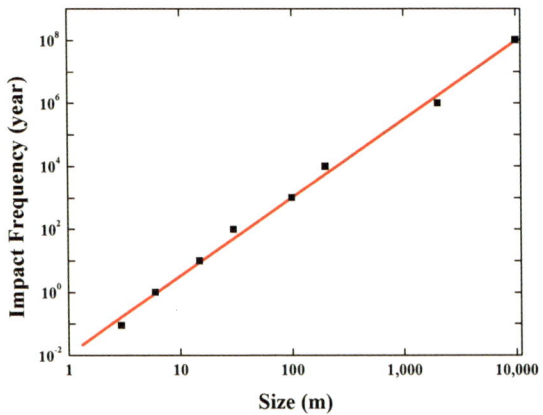

표 5-2 지표면에 떨어지는 소행성 크기에 따른 피해 예측. Tyson 교수의 강의에서 제시한 표를 기초로 필자가 보완, 재구성한 것[42])과 소행성 직경과 충돌빈도의 상관관계 그림. 흥미로운 관련을 볼 수 있다.

(Popigai crater)의 충돌에너지(6.7×10^{22}J)는 이보다 10만배나 크다고 발표했다.

이름(위치)	운석공 직경(km)	충격 에너지(J)	운석추정 직경(km)
Ishim(Kazakh)	350	4.7×10^{24}	20.8
Vredefort(South Africa)	140	2.1×10^{23}	7.4
Sudbury(Ontario, Canada)	140	2.1×10^{23}	7.4
Popigai(Taymyr, Russia)	100	6.7×10^{22}	5.0
Puchezh-Katunki(Russian SFSR)	80	3.1×10^{22}	3.9
Manicouagan(Quebec, Canada)	70	2.0×10^{22}	3.4
Siljan(Sweden)	52	7.2×10^{21}	2.4
Kara(Yamal-Nets, Russia)	50	6.3×10^{21}	2.3
Charlevotix(Quebec, Canada)	46	4.7×10^{21}	2.1
Araguainha Dome(Brazil)	40	3.0×10^{21}	1.8

표 5-3 오스틴이 계산한 지구와 충돌한 몇몇 거대 운석들의 충격 에너지[13]

10. 운석 충돌과 2차 충격

그러면 많은 운석들이 충돌했다고 해서 운석의 충돌만으로 지구의 모든 대격변을 모두 설명할 수 있을까? 과연 중생대와 신생대 경계, 즉 K-T 경계면에 존재하는, 이리듐(Ir)을 함유하는 얇은 지층이 운석의 충돌에 의해서만 형성된 것일까? 이리듐은 운석이나 혜성에만 풍부하게 들어있을까?

이리듐은 운석과 더불어 지구 중심부에도 많이 포함되어 있으며, 화산폭발이 일어날 때 화산재 등에도 많이 포함되어 분출되는 것으로 알려져 있다. 운석의 충돌로 인해 일어난 전 지구적인 화산폭발, 급격한 이산화탄소 농도의 증가로 인한 온실효과, 그리고 이어 일어난 전 지구적인 대홍수에 의해 지구 생물의 대멸종이 일어난 것으로 보는 것이 자연스럽다. 그러면 구체적으로 운석의 충돌, 화산의 폭발, 전 지구적인 대홍수 등이 어떻게 지구의 대격변을 일으켰을까?

화산 폭발과 이리듐

이리듐을 풍부하게 포함하고 있는 K-T 경계면의 존재는 단순한 운석 충돌 이상을 시사하고 있다. 운석이 충돌하는 충격으로 인해 지구상의 수많은 화산들이 동시에 폭발했을 것이다. 운석의 낙하 속도는 초속 20km 이상에 이르므로 지표면을 향하여 돌진하는 운석의 크기가 어느 정도 크기 이상이 되면 지표면에 엄청난 충격을 줄 수 있다. 운석 충돌로 인한 엄청난 지진의 예는 앞에서 언급한 시베리아 퉁구스카에 충돌한 운석을 통해(비록 산산조각으로 부서진 채 떨어졌다고는 하지만) 잘 알려져 있다.

거대한 운석이 지구에 떨어지게 되면, 오늘날 지진계로는 측정할 수조차 없는 강한 지진이 전 지구적으로 일어난다. 그리고 그 지진의 여파로 전 지구적으로 화산 폭발과 지하수 분출을 일으킬 수 있다. 지표면에 도달하는 운석이 얼마나 큰 충격을 줄 수 있는지에 대해서는 많은 컴퓨터 모의실험들을 통해 비교적 자세히 알려져 있다. 컴퓨터 모의실험에 의하면, 직경 수 km의 소천체 하나가 지구에 충돌할 경우, 지구에는 소위 핵겨울(nuclear winter)과 같은 대격변이 일어난다. 실제로 환태평양 조산대에 속한 수많은 해저화산들이 비슷한 시기에 동시에 폭발했다는 증거가 있는데, 이것은 바로 동시다발적인 화산 폭발을 일으킨 어떤 요인이 있었을 것을 시사한다. 이의 가장 유력한 후보가 바로 대형 운석 충돌이다.

거대한 운석 충돌로 인해 수많은 화산들이 동시다발적으로 폭발했다면, 이리듐을 포함하고 있는 엄청난 양의 운석 먼지와 화산 먼지가 뜨거운 상승기류를 타고 대기권 상층으로 올라갔을 것이다. 그리고 이들은 대기권 상층에 있으면서 지구를 아열대성 기후로 유지시켜주고 있었던 (온실효과를 통해) 수증기층들을 응결시켜 엄청난 강우와 대규모 홍수를 일으켰을 것이다. 대규모 강우를 통해, 혹은 화산에서 분출된 뜨거운 상승기류가 식으면서 지구의 중력에 의해 운석 먼지와 화산 먼지들이 지표면에 떨어져서 K-T 경계면을 형성했을 것이다. 이렇게 한다면 세계 도처에 흩어져 있는 많은 거대 운석공들과 K-T 경계면, 그 외 전 지구적인 격변 흔적을 자연스럽게 설명할 수 있다.

그림 5-18 거대 운석이 충돌하면 마치 거대한 핵폭탄이 투하되어 일어나는 "핵겨울"과 비슷한 현상이 일어나 공룡과 같은 거대 파충류들은 생존하기 어렵게 된다.[44]

중생대 말기의 생물의 대규모 멸종도 운석이 떨어지는 충격과 더불어 이에 의해 전 지구적으로 일어난 엄청난 규모의 지진이나 화산 폭발 같은 2차, 3차 재앙 등이 합쳐진 결과로 보는 것이 더 설득력이 있는 것으로 보인다. 특히 운석에만 있는 것으로 알려졌던 이리듐이 화산재 속에도 다량 함유되어 있음이 확인되면서 그 신빙성이 더욱 커졌다. 지구 역사에는 운석 충돌로 인한 격변과 이로 인한 지진이나 화산폭발, 해일 등 2차 격변들, 혹은 운석과는 무관한 많은 격변들이 일어났을 수도 있을 것이다. 이 모든 것들은 "현재는 과거의 열쇠"라는 현대 지질학의 동일과정설 가정과는 상반된다.

노아의 홍수와 소행성 충돌

그러면 노아의 홍수가 소행성의 충돌로 인해 일어났다는 증거가 있는가? 여기에 대해서는 본서 마지막에 첨부한 운석공 표로부터 노아가 살았다고 생각되는 유프라테스강 하류 지역을 중심으로, 혹은 노아의 홍수가 일어났다고 생각되는 연대와 가장 가까운 운석공들을 후보로 생각해 볼 수 있다.

우선 지리적으로는 카자흐스탄 비각(Bigach), 슈낙(Shunak), 자만신(Zhamanshin), 칠리(Chiyli), 사우디아라비아에 있는 와바르(Wabar), 인도에 있는 로나(Lonar), 타지키스탄에 떨어진 카라쿨 운석공을 생각할 수 있고, 연대기적으로는 아르헨티나의 캄포델치엘로(Campo del Cielo), 호주의 헨베리(Henbury), 에스토니아의 칼리재르프(Kaalijarv), 러시아의 마차(Macha) 등을 들 수 있다.

여기서 비각은 크기와 연대가(직경 8km, 연대 500만 년), 슈낙도 크기와 연대가(직경 2.8km, 4,500만 년), 자만신도 크기와 연대가(직경 14km, 90만 년), 칠리는 직경은 55km로 충분하지만 연대(4,600만 년)가 맞지 않는다. 와바르 역시 크기와 연도(직경 116m, 1,400년)가 맞지 않고, 로나도 크기와 연대가(직경 1.83km, 52,000년) 맞지 않는다. 연대 기적으로 노아의 홍수와 비슷한 캄포델치엘로(50m), 헨베리(157m), 칼리재르프(110m), 마차(300m) 등은 모두 전 지구적인 홍수를 일으키기에는 규모가 너무 작다. 이들 중 가능성이 있는 것은 카라쿨 운석공이다. 비록 이 운석공은 시추 조사를 하지 않았고 연대도 500만 년 미만이라는 정도만 알려져 있지만, 운석공의 크기(직경 52km)나 위치(북위 39도 1분, 동경 73도 27분)는 전 지구적인 멸망을 가져올 수 있는 크기이다.

그림 5-19 타지키스탄의 카라쿨(Kara-kul) 운석공

결론적으로 현재 발견된 운석공들 중에는 카라쿨이 그나마 가능성이 있지만, 확실하게 노아의 홍수가 소행성의 충돌과 직접적인 관련이 있다는 결정적인 증거는 없다. 하지만 소행성이 바다에 떨어졌다거나 또는 육지에 떨어졌지만 아직 발견되지 않은 운석공들 중 하나가 노아의 홍수와 관련이 있을 가능성이 있다. 아마 노아가 살았던 곳에서 멀지 않은 곳에 소행성이 떨어졌다면, 그리고 그 지역이 홍수로 인한 퇴적과 침식이 매우 강하게 일어났다면, 노아의 홍수를 일으켰던 운석공의 흔적은 지상에서 완전히 사라졌을 가능성도 있다.

쓰나미, 운석 충돌의 2차 충격?

운석이나 혜성이 지구와 충돌하게 되면 다른 여러 2차 충격들도 발생한다. 엄청난 먼지가 피어올라서 태양광을 차단하게 됨으로써 지표면의 기온이 급강하하게 되어 단기적이나마 빙하기가 도래하는 것이나 충격으로 인한 엄청난 지진, 그리고 그 지진으로 인한 산사태나 화산폭발, 대규모 화재, 이산화탄소 농도의 급격한 증가로 인한 온실효과 등이 대표적인 충돌의 2차 충격이라고 할 수 있다.

그러나 이러한 충격들은 육지에서 일어나는 것들이고, 거대한 운석이 바다에 떨어졌을 때는 쓰나미(tsunami)라는 새로운 2차 충격이 생길 수 있다. 흔히 쓰나미가 발생하는 대표적인 원인 몇 가지를 든다면, 해저 지진, 해저 화산폭발, 해저 산사태(submarine landslide), 그리고 마지막으로 대규모 운석이 해양에 떨어지는 경우 등이다. 이 중에서 화산폭발로 인한 예는 인도네시아 순다 해협에 위치한 크라카타우 화산의 폭발로 생긴 쓰나미가 유일하고, 대부분의 쓰나미는 해저 지진으로 인해 발생하는

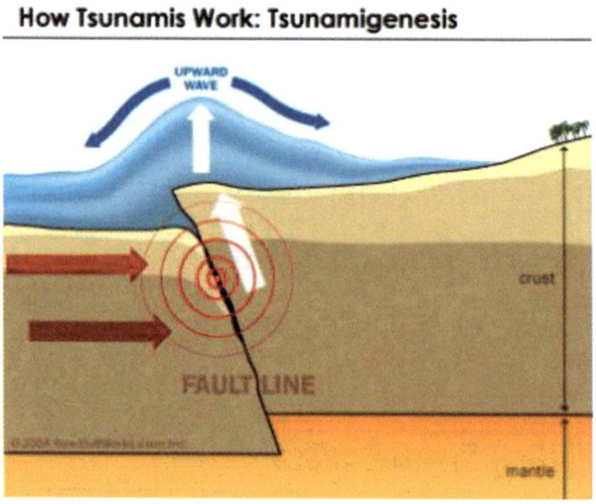

그림 5-20 지진에 의한 단층작용이 일으키는 일반적인 쓰나미의 기원.

것으로 알려져 있다.

그런데 호주의 브라이언트(Ted Bryant)는 쓰나미의 규모와 위치를 고려할 때 해저 지진, 화산 폭발, 해저 산사태 등으로 설명할 수 없는 경우도 많이 있는데, 이것을 설명할 수 있는 유일한 가능성은 바로 운석 충돌로 인한 쓰나미라고 주장하고 있다. 그는 호주 해안에 있는 증거들을 제시하면서 운석 충돌로 인한 흔적이라고 설명하는 것이 가장 타당하다고 주장한다.[45]

대규모 운석충돌로 인한 쓰나미의 흔적을 가장 선명하게 볼 수 있는 곳 중 하나가 바로 카리브 해안이다. 중생대 공룡 시대를 끝내게 한 칙술룹 운석은 직경이 근 10km에 이르는 초대형 운석이었는데, 이 운석의 절반은 육지에, 절반은 바다에 떨어졌다. 그래서 이로 인해 180km에 이르는 대규모 운석공이 만들어졌고, 또한 엄청난 쓰나미가 카리브해 일대를 강타했다. 칙술룹 운석으로 인한 대규모 쓰나미의 흔적은 카리브 연안 일대 곳곳에서 발견되고 있다.[46]

11. 운석 충돌과 지질시대

학자들은 지층 연구와 더불어 지구에 떨어진 거대 운석의 숫자와 이들의 운석공의 풍화(風化, weathering) 정도를 계산한다. 그리고 이것을 태양계 내의 수성, 금성, 달, 화성, 그리고 목성 위성들이나 토성 위성 위에 떨어진 운석공들과 비교한 연구 결과를 통해서 거대 운석들은 특정한 시기에 한꺼번에 충돌한 것이 아니고 전 지구 역사에 걸쳐서 충돌했다는 결론을 내렸다. 호주 중부 헨베리에 있는 일련의 운석공들과 같이 불과 4천 년 전에 만들어진 것이 있는가 하면, 남아프리카의 브레데포르트 운석공처럼 20억 년 전에 형성된 것들도 있다. 이것은 결국 지구 역사에서 반복적으로 대규모 격변이 일어났음을 보여주는 것이라고 할 수 있다.[47] 아래 도표들은 각 지질 시대가 시작될 즈음에 낙하한 운석공들을 보여준다.

지질시대	기	세	연대 (백만년)	운석공 이름	운석공 직경 (km)	운석공 형성 시기 (백만년)
고생대	캄브리아기		570	Beaverhead	60	~600
				Acraman	90	~590
	실루리아기		438	Slate Islands	30	450
				Woodleigh	40	364±8
	미시시피기		360	Siljan	52	361.0±1.1
	펜실베니아기		326	Charlevoix	54	342±15
	페름기		286	Clearwater East	26	290±20
				Clearwater West	36	
중생대	삼첩기		245	Araguainha	40	244.40±3.25
	주라기		208	Manicouagan	100	214±1
	백악기		144	Morokweng	70	145.0±0.8
				Tookoonooka	55	128±5
				Mj©™lnir	40	142.0±2.6
				Chicxulub	170	64.98±0.05
신생대	제3기	시신세	54	Montagnais	45	50.50±0.76
		점신세	38	Popigai	100	35.7

표 5-4 각 지질 시대의 시작과 비슷한 시기에 형성된 운석공들. 전 지구적 재앙을 불러올 수 있는 직경 30km 이상 되는 운석공들만 모은 것이다.[48]

실제로 근래에 몇몇 사람들은 지질 시대의 구분과 운석의 충돌을 관련 짓기 위한 시도들을 하고 있다.[49] 그러나 위 그림에서 볼 수 있는 바와 같이 지질학적으로 모든 멸종을 운석과 결부시키기는 곤란하다. 즉, 지층이나 화석의 연대와 운석 낙하의 연대가 항상 정확하게 일치하지는 않는

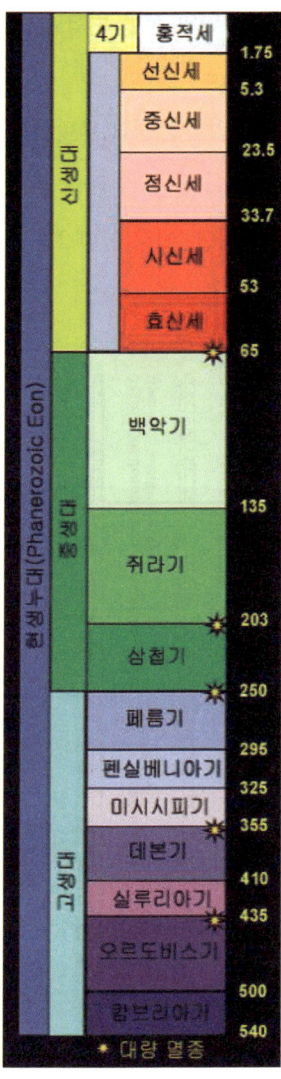

그림 5-21 모든 지질시대의 구분을 운석공과 연관 지을 수는 없지만 적어도 지금까지 다섯 개의 멸종과 지질시대 구분은 운석과 관련이 있다는 증거가 제시되고 있다.

다.[50] 맥클레오드(Normal MacLeod)는 이 데이터와 판구조론적 요인을 고려하여 지난 6억 년 동안 대격변과 대규모 생물 멸종의 관계를 요약하면서 14차례의 해수면 변화들 중 7차례가, 지난 2억 5,000만 년 동안 10차례의 대륙의 대규모 현무암 분출(continental flood basalt eruptions) 모두가, 17차례의 소행성 충돌 중 1차례가 대규모 멸종과 관련되어 있다고 제시했다. 그러면서 대규모 현무암 화산활동(flood-basalt volcanism)과 해수면의 변화는 생물의 대규모 멸종과 크게 관련되어 있지만, 운석 충돌은 대규모 멸종과 크게 관련되어 있지 않다고 주장했다.[51]

해수면의 변화와 전 지구적 멸절

그러면 맥클레오드의 주장은 어떻게 설명할 수 있을까? 즉, 왜 운석 충돌보다 화산 폭발이나 해수면의 변화가 생물 멸종과 더 관련성이 많은가?

먼저 생각해 볼 수 있는 것은 지구 역사에는 운석과 무관한 격변들도 일어났다는 점이다. 운석과 무관한 빙하기의 도래도 해수면의 심한 변화를 설명하는 한 가지 이론이 될 수 있다.

둘째, 운석 충돌보다 화산 폭발이나 해수면 변화가 훨씬 더 광범위하고 쉽게 그리고 분명하게 검출될 수 있음을 들 수도 있다. 운석 충돌은 (아주 크지 않다면) 대부분 국부적 흔적만을 남기지만, 이로 인한 2차적

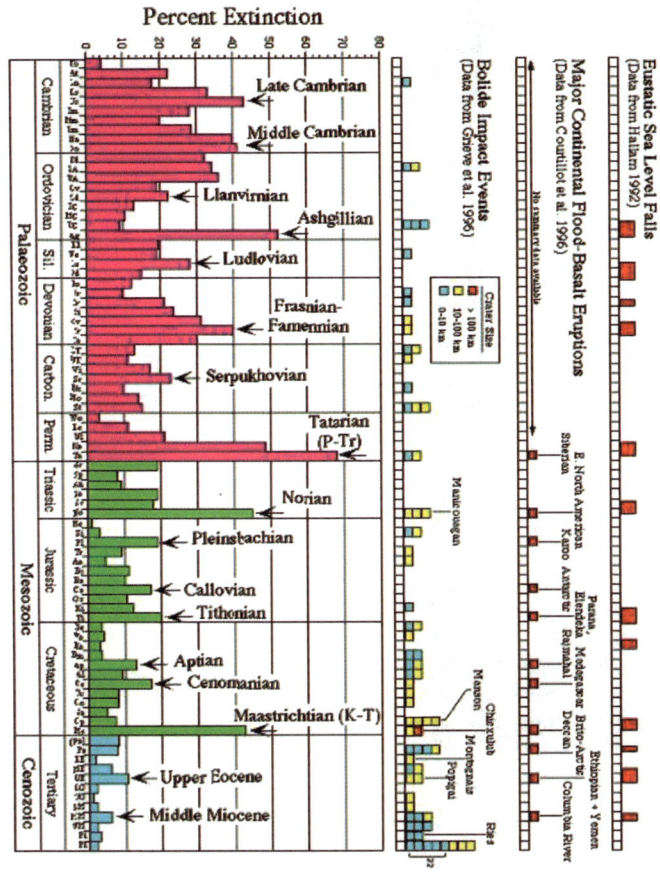

그림 5-22 셉코스키(J.J. Sepkoski)의 데이터를 근거로 맥클레오드(N. MacLeod)가 운석의 충돌과 멸종한 생물학적 종의 숫자를 고생대로부터 현대에 이르기까지의 지질학적 시대에 따라 그린 것이다.[52]

격변들, 즉 대규모 지진이나 화산 폭발, 그리고 이어지는 해수면 강하 등은 쉽게 전 지구적 흔적을 남길 수 있다. 운석이 충돌하게 되면 대규모 지진과 더불어 많은 화산들이 동시에 폭발할 것이며, 이 때 분출된 화산재로 인해 태양광이 차단되고, 지표면의 온도가 급강하한다. 지표면의 온도가 급강하하면 남북극의 빙산이 급격히 두꺼워지고 일부 저위도 지방을 제외한 대부분의 지역이 빙하로 뒤덮일 것이다. 그리고 이것은 급격한 해수면의 강하로 이어지게 될 것이다.

셋째, 바다에 떨어진 대규모 운석으로 인한 직접적인 해수면의 변화를 생각해 볼 수 있다. 앞에서 지적한 바와 같이, 바다에 떨어져서 발견되지 않은 운석공들까지 다 고려한다면 지구 역사에서 훨씬 더 많은 운석들이 지구에 떨어졌을 것이다. 거대한 운석이 떨어지게 되면, 상상할 수 없는 쓰나미가 일어나서 육지 생물들을 멸종시켰을 것으로 생각된다. 과학자들은 유카탄 반도의 칙술룹에 떨어져서 중생대를 종결시킨 직경 10km 정도의 운석은 6-700m 높이의 파도를 만들어서 주변 지역을 휩쓸었을 것으로 생각한다. 공상과학 영화이기는 하지만 "딥 임팩트"(Deep Impact)라는 영화에 등장하는 대규모 해일이 뉴욕의 마천루들을 성냥개비 부수듯 허물어버리는 것을 생각해 본다면, 대형 운석이 바다에 떨어졌을 때의 피해를 어느 정도 상상할 수 있을 것이다.

그림 5-22에서 보여주는 바와 같이 K-T 경계면을 비롯한 몇몇 운석 충돌은 대규모 생물 멸종과 직접 연관지을 수 있지만, 대부분의 멸종들은 정확하게 연대가 일치하지 않는다. 하지만 앞에서 언급한 것처럼, 지구 전체에서 바다는 육지에 비해 두 배 이상 넓고, 따라서 육지에 비해 운석이 바다에 떨어질 가능성이 두 배 이상 높다는 점을 감안한다면, 현재 알려진 육지 운석공들은 실제로 지구에 떨어진 운석들의 일부만을 나

타낸다고 할 수 있다. 게다가 육지에 분포된 운석공이라도 운석 충돌 후 오랜 시간이 지나면서 침식, 풍화와 더불어 숲의 형성 등에 의해 발견되지 못한 것들이 많음을 고려한다면, 운석 충돌과 지질학적 시대를 관련짓는 연구는 꾸준히 이루어져야 할 것이다.[53]

12. 결론

지금까지 논의를 종합한다면, 지구 역사에는 수많은 거대 운석들이 충돌했으며, 이들의 크기에 따라 전 지구적인 규모로부터 국부적인 규모에 이르기까지 다양한 격변들이 지구에서 일어났다고 할 수 있다.

창조 이래 지구는 수많은 크고 작은 격변들을 겪었다. 그 중 주요 격변들은 바로 지구와 충돌한 크고 작은 운석들의 충돌로 인한, 혹은 운석 충돌로 인해 발생한 2차적인 격변으로 인한 것임을 살펴보았다. 운석 충돌이 과거에 일어난 대표적인 격변들이었다는 점은 지구에 남아있는 수많은 운석공들은 물론 태양계 내에 있는 많은 행성들과 위성들에 남아있는 운석공들로부터 유추할 수 있다.

이러한 수많은 운석 충돌 중에서 가장 대표적인, 그리고 근래에 와서 가장 많은 연구가 이루어진 운석은 바로 중생대를 마감하고 신생대를 열었던 칙술룹 운석이라고 할 수 있다. 이 운석으로 인해 K-T 경계멸종이라 부르는 대규모 멸종이 일어났고, 지구는 파충류가 지배하던 중생대를 마감했고, 포유류가 지배하는 새로운 생명의 시대, 즉 신생대를 맞게 되었기 때문이다. 이미 앞에서 몇 차례 언급을 했지만, 다음 강에서 좀 더 자세히 살펴볼 것이다.

토의와 질문

1. 본 장에서는 지구 역사에서 일어난 수많은 격변들을 소개하였다. 혹 주변에서 운석공과 같은 격변의 흔적으로 보이는 현상들은 없었는가? 격변의 지구 역사는 동일과정설에 기초한 현대 지질학에서 어떻게 설명하는지 말해 보자.

2. 지구에서 일어난 수많은 격변들이 자신의 사고나 지질학이 아닌 다른 학문 분야에 미칠 수 있는 영향을 논의해 보라. 특히 생물학이나 인류학, 천문학 등에서의 영향을 말해보자.

3. 근래에 들어 운석충돌보다는 화산폭발로 인한 대멸종에 무게를 두는 학자들이 늘어가고 있다. 이에 대해 내가 운석충돌로 인한 2차적인 화산폭발이라는 모델을 제안했다. 이러한 모델이 갖는 장단점은 무엇인가?

제6강

다중격변과 K-T 경계멸종

"내가 산들을 본즉 다 진동하며 작은 산들도 요동하며"(렘 4:24)

지구 역사상 수많은 운석이나 소행성들이 지구에 충돌했지만, 역시 가장 유명한 운석은 중생대 말기에 멕시코 유카탄 반도(Yucatan Peninsula)의 칙술룹(Chicxulub)에 떨어진 운석이라고 할 수 있다. 이 때 일어난 대격변은 지금도 K-T 경계면에 그 흔적이 선명하게 남아 있다. 이 경계면은 중생대 백악기(독일어로 Kreide)와 신생대 제3기(독일어로 Tertiary)의 경계면으로서 파충류 시대와 포유류 시대를 구분하는 경계면이기도 하다. 이 경계면을 중심으로 양쪽에서 발굴되는 화석의 모습이 완전히 달라지는 것을 안 것은 불과 100여 년 전의 일이었다. 더욱이 이 경계면이 어떻게 생성되었으며, 이 경계면을 중심으로 어떻게 지구 역사의 새로운 장이 열렸는지를 구체적으로 이해하게 된 것은 불과 지난 30여 년 전의 일이다.

칙술룹 운석에 대해 처음에는 몇몇 개인들이 탐사를 시작했으나, 결국에는 미항공우주국(NASA)의 도움으로 육지에 나머지 반원이 존재한다는 사실이 밝혀졌다. 그리고 탐사팀은 칙술룹에 있는 직경 180km의 운석공(隕石孔)이 중생대를 마감시켰던 가장 유력한 후보임을 발견하였다.[1] 해저 시추를 통해 운석 속에 포함된 이리듐(Ir)이 발견되는 지층의 생성연도가 6,498만 년 전임이 밝혀지면서 이 운석공이 바로 중생대 말기의 대멸종을 초래한 원인임이 최종적으로 확인되었다. 아래에서는 K-T 경계면을 형성했던 격변이 어떻게 소행성(직경이 100m가 넘는 운석을 지칭) 충돌에 의한 것임을 발견했는지 그 과정을 살펴볼 것이다.

1. 버클리팀의 발견

중생대와 신생대의 경계면은 화석 연구를 통해 오래 전부터 알려졌지만, 이 경계면에 대한 격변적 해석은 비교적 최근인 1970년대 후반에 이루어졌다. 백악기와 제3기 지층을 나누고 있는 K-T 지층은 그림에서 보여주는 것과 같이 전 세계적으로 곳곳에서 볼 수 있는 두께 1cm 정도의 얇은 진흙층이며, 지질학자인 캘리포니아 대학 버클리 분교(UC Berkeley)의 월터 알바레즈(Walter Alvarez)와 그의 아버지이자 노벨 물리학상 수상자인 루이스 알바레즈(Luis W. Alvarez), 핵화학자인 아사로(Frank Asaro), 그리고 미쉘(Helen V. Michel) 등 네 명의 과학자들이 1978년에 처음 발견하였다.[2]

그림 6-1 1978년, 처음으로 K-T 경계면을 발견한 버클리팀. 왼쪽으로부터 루이스 알바레즈(Luis W. Alvarez), 월터 알바레즈(Walter Alvarez), 아사로(Frank Asaro), 미쉘(Helen V. Michel). 이들의 발견으로 지구 역사를 해석하는 패러다임이 바뀌었다.

덴마크, 이탈리아, 뉴질랜드 등지의 고대 지층을 조사하고 있었던 버클리팀은 이탈리아 골라 델 보타지오네에 있는 구비오(Gubbio)에서 지각에서는 희귀광물이지만 운석에서는 많이 발견되는 이리듐을 풍부하게 함유하고 있는, 연필 두께의 얇은 진흙층을 발견하였다.[3]

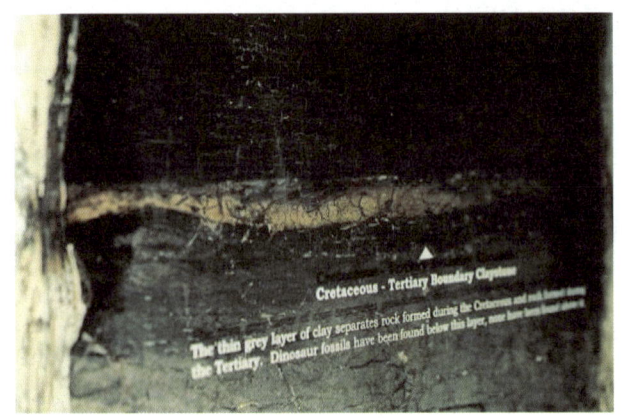

그림 6-2 왼쪽 사진에서는 중간의 하얀 띠가 이리듐을 많이 포함하고 있는 K-T 경계면이다.

소행성 충돌 가설의 가장 중요한 증거는 바로 이 K-T 경계면에 존재하는 얇은 진흙층에 이리듐의 밀도가 유난히 높다는 것이었다. 이리듐과 더불어 석영 알갱이를 포함하는 소구체들(小球體, spherules)과 미세 다이아몬드와 충격을 받은 광물질들(shocked minerals), 니켈이 풍부한 첨정석(尖晶石, spinel), 그리고 아미노산 등도 발견되었는데, 이들은 대부분 운석과만 관련된 것들이었다.[4] 특히 K-T 경계면 진흙에서는 지구에서는 발견되지 않고, 탄소질 콘드라이트 운석(carbonaceous chondrite meteorite)에서만 발견되는 18종의 아미노산들의 존재도 확인되었다.[5]

일반적으로 이리듐은 지구에 있는 암석에서는 아주 적은 양이 존재하는 희귀 원소이다. 처음 지구가 형성될 때 지구는 거대한 마그마 바다였으며, 이 때 이리듐이나 철 같은 무거운 금속원소들은 지구 중심으로 대부분 가라앉았기 때문이다. 하지만 운석이나 소행성, 혜성 등에는 아주 풍부하게 함유되어 있는 것으로 알려져 있다. K-T 경계면에는 이리듐이 무게비로 6ppb(10억분의 6)가 포함되어 있었는데, 이는 지표면 전체 평균치인 0.4ppb(100억분의 3)보다 훨씬 높다.[6] 그런데 구비오에서 발견된 진흙층에서는 지표면의 평균치보다 수십 배 이상의 높은 이리듐 밀도가 확인된 것이었다! 참고로 운석 속에는 이리듐이 470ppb가 존재한다.[7] 이러한 결과들을 근거로 버클리팀은 소행성이 충돌할 때 대기와의 마찰로 기화되면서 이리듐이 대기 중으로 널리 퍼졌고, 전 지구적으로 다른 물질들과 더불어 낙하해서 이리듐이 많이 함유된 K-T 경계면이 만들어졌다고 가정했다.[8]

 알바레즈는 이 결과를 확인하기 위해 코펜하겐에 있는 비슷한 K-T경계면의 진흙층을 조사하였다. 그런데 놀랍게도 그곳 K-T 경계면에서는 주변 지층에 비해 무려 160배나 많은 이리듐을 함유하고 있었다. 이리듐이 풍부한 지층은 그 후에도 많이 발견되었다. 1994년에 출간된 글렌(William Glen)의 『대멸종 논쟁』(*The Mass-extinction Debates*)에 의

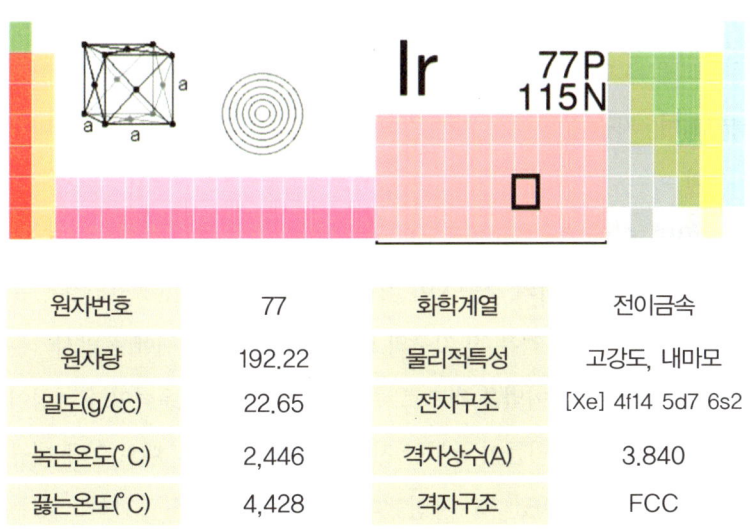

그림 6-3 이리듐(Iridium, Ir). 은백색의 전이금속인 이리듐은 매우 단단하고 밀도가 높으며, 부식과 마모에 강하고 녹는 온도가 매우 높은 희귀 원소이다.

하면 100여 곳의 육상 퇴적층과 해양 퇴적층에서,[9] 슐트(Peter Schulte) 등에 의하면 전 세계적으로 350여 곳 이상에서 K-T 경계면이 확인되고 있다.[10]

K-T 경계면에서는 이리듐(Ir)과 더불어 오스뮴(Os), 금(Au), 백금(Pt), 니켈(Ni), 코발트(Co), 팔라듐(Pd), 크롬(Cr), 비소(As), 안티몬(Sb), 셀레늄(Se) 등도 풍부하게 함유되어 있었다. 이러한 K-T 경계면의 화학적 조성은 지상의 다른 어떤 곳에서도 찾아볼 수 없다. 특히 이리듐은 지구 중심을 제외한 다른 곳에서는 거의 발견되지 않으며, 석질운석의 한 종류인 제1형 탄소질 콘드라이트 운석에서 비교적 많이 발견된다.

이런 화학적 조성의 유사성은 K-T 경계면 진흙에 포함된 백금(Pt)/이리듐(Ir) 비율, 금(Au)/이리듐(Ir) 비율[11], 루테늄(Ru)/로듐(Rh) 비율, 오스뮴(Os)-186/오스뮴(Os)-187 비율[12], 크롬(Cr)-53/크롬(Cr)-52의 비율[13] 등 여러 원소들의 상대적 비율을 분석함으로써 확인되었다. 이 모든 결과들은 탄소질 콘드라이트 운석에서의 비율과 놀랄 만큼 잘 일치하였으며, 지구나 달에서 가져온 암석들의 조성과는 날카롭게 대비가 되었다.

1980년, 이런 연구결과들로부터 버클리팀은 6,500만 년 전, 중생대가 끝날 때 엄청난 크기의 소행성이 지구에 충돌했다는 결론을 내렸다. 운석이 충돌할 때의 충격은 전 지구의 모든 핵무기들을 일시에 폭발시키는 것보다 1만 배 이상이었을 것으로 추산하였다. 그들은 운석이나 혜성이 지구에 충돌하여 이리듐이 풍부한 지층이 형성되었으며, 이로 인해 대규모 생물 멸종이 일어났다고 제안했다. 그리고 이리듐을 포함하고 있는 K-T 경계면이 전 세계적으로 발견되고 있기 때문에 중생대와 신생대의 경계 시대에 전 지구적으로 공룡을 비롯한 대규모 생물 멸종이 일어났다고 주장했다. 1980년, 루이스 알바레즈는 미국 *Science*지와의 역사적인 인터뷰에서 이렇게 말했다:

"(저는) 제 동료와 이곳 지층을 연구하다가 아주 흥미로운 것을 발견했습니다. 그것은 바로 공룡들이 살았던 시기의 암석에 이리듐의 함량이 갑자기 높아졌다는 사실입니다. 여기에 손상되지 않도록 캡슐에 넣은 얇은 퇴적층 견본이 있습니다. 구비오 지역에서 발견된 것입니다. 이 지층에서 수백 m 아래까지는 퇴적물이 보이는데, 마지막 1.5m는 무슨 영문인지 모르겠지만 색깔이 달라집니다. 그리고 여기 보이는 1cm (두께의 지층)는 5,000년을 나타내는데, 여기에는 위와 아래의 다른 지층에서 발견되는 작은 동물들이 더 이상 보이지 않습니다. 실제로 현미경으로 아래 부분을 들여다보면, 그 곳에는 지름이 1mm 되는 작은 조개들이 있습니다. 위로 몇 m까지는 (조개들을) 볼 수가 없습니다. 그리고는 이들이 다시 나타나는데, 살아남아서 다시 퍼지게 된 다른 종들입니다. 우리는 여러 가지 이유에서 이리듐이 땅에서 발생된 것이 아니라 외계로부터 유입된 것이라고 생각하고 있습니다."[14]

루이스 알바레즈가 처음 이 주장을 한 이래, 전 세계적으로 K-T 경계면의 이리듐 지층이 수백 개나 보고되었다. 캐나다 알버타주 레드 디어 리버 계곡(Red Deer River Valley-Huxley Area)과 캘거리 인근에서도 발견되고, 미국 뉴멕시코의 레이튼(Raton)에서도 발견되었다. 이것은 중생대를 마감하게 한 대격변의 규모가 전 지구적이었음을 보여주는 것이다.

버클리팀의 발견으로 인해 사람들의 관심은 백악기 말로 집중되게 하

그림 6-4 다양한 곳에서 발견되는 K-T 경계면.

였다. 지구물리학자이자 과학사가인 글렌에 의하면, 이 발견과 관련된 논의를 추적하면서 1993년까지 무려 2,500편 이상의 논문과 책들이 출간되었다. 글렌은 소행성 충돌 가설은 지구과학에서 1960년대의 판구조론 혁명(plate tectonics revolution) 이상의 충격을 주었다고 평가했다.[15]

실제로 소행성 충돌 가설은 과학자들에게 소행성 충돌과 같은 충격을 주었다. 소행성 충돌로 인한 대격변은 지질학이나 진화생물학의 가장 핵심 신조인 동일과정설에 대한 도전이었기 때문이다. 동일과정설에서는 지구의 역사를 오늘날 일어나고 있는 느린 변화들이 장구한 세월동안 진행되었다고 가정한다. 그러면서 과거에 일어났을지 모르는 엄청난 크기의 격변을 주장하는 격변설을 추방하였다. 하지만 버클리팀의 발견으로 인해 추방되었던 격변설을 다시 생각하지 않을 수 없게 되었다. 그리고 이것은 크고도 놀라운 새로운 발견으로 이어졌다.

2. 칙술룹 운석공

버클리팀에 의해 K-T 경계면이 운석 충돌로 인해 형성된 것임이 발표된 후 많은 학자들은 도대체 그 큰 운석이 어디에 떨어졌을까를 궁금해하였다. 그리고 실제로 버클리팀의 제안으로 인해 7명의 학자들이 중생대 말기에 대규모 멸종을 일으켰던 운석공을 찾아 나섰다. 하지만 넓고 넓은 지구에서, 그것도 바다가 지구 표면의 70%를 차지하는 지구 표면에서 운석공을 찾는 작업은 그야말로 넓은 사막에서 바늘을 찾는 것과 같았다. 그러나 두드리는 자에게 문은 열리는 법. 1991년 멕시코의 유카탄 반도를 촬영한 한 장의 위성사진은 이 운석공 연구에 결정적인 증거가 되었다. 이 사진에 큰 반원형의 운석공 흔적이 나타나면서 학자들은 본격적인 탐사를 시작한 것이다. 칙술룹 운석공의 발견과정을 좀 더 자세히 살펴보자.[16]

마야의 전설

칙술룹은 고대 마야 언어로 "야수의 불덩어리"(the fire of beast) 혹은 "악마의 꼬리"(the tail of the devil)라는 의미를 갖고 있다. 두 가지 의미 모두 백열상태의 소행성과 그 뒤를 잇는 불의 꼬리를 나타내는 말이다. 칙술룹이라는 지명과 같이 마야의 고대 언어 속에 소행성 충돌의 흔적을 보여주는 단어가 존재하는 것은 매우 흥미로운 일이다.

BC 2500년경부터 시작된 것으로 추정되는 마야 문명은 현재 중앙아메리카의 멕시코 남부 치아파스주에서 과테말라, 유카탄 반도의 전역과 온두라스 일부에 퍼져있으며, 과테말라 북부 페텐 지역을 중심으로 번성한 고대 문명이다. 300-900년까지 황금기를 구가한 마야문명은 10세기에 이민족의 침략으로 인해 멸망하였으며, 그 후 일부 마야 유민들이 유카탄 반도로 이동하여 아즈텍 문명을 세웠다. 그러나 유카탄의 마야문명도 15세기에 멸망하였으며, 1510년 스페인 정복자들이 이곳에 들어왔을 때는 이미 이전의 화려했던 문명은 밀림 속에 함께 매몰되어 있었다.

그림 6-5 마야문명. 최초의 마야는 1,500여 년 전 오늘날의 멕시코 유카탄 반도와 과테말라, 온두라스와 벨리즈 일부에 해당하는 오지에 "갑자기" 등장했다. 동시대의 다른 문화권과는 달리 마야인들은 이미 안정된 기술을 '가지고' 나타난 듯이 보이며, 이것은 지금까지도 풀리지 않는 수수께끼이다.

그러면 여기서 흥미로운 질문이 제기된다. 이 모든 마야의 역사는 불과 지난 몇 천 년 전에 일어난 일들인데, 어떻게 이들이 6,500만 년 전 중생대를 멸망시켰던 칙술룹 소행성 충돌에 대해 알 수 있었을까? 물론 우리는 마야인들의 천문학이 매우 발달했다는 것을 알고 있다. 그들은 1년이 365.2420 일임을 알고 있었는데, 이는 오늘날 알려진 365.2422 일과 불과 17.28초의 차이가 있을 뿐이다. 또한 마야인들은 금성에 대한 많은 지식을 갖고 있어서 584일 주기의 금성력(金星曆)까지 만들었다. 그들은 태양력의 8년 동안에 금성력이 꼭 0.4일 어긋난다는 것도 알고 있었다.

이런 마야인들의 과학 수준을 감안한다고 해도 "야수의 불덩어리"나 "악마의 꼬리"를 의미하는 칙술룹의 존재는 설명하기가 곤란하다. 칙술룹이라는 이름은 운석과는 무관한 우연의 일치였을까? 대규모 소행성의 충돌을 목격한 사람은 한 사람도 살아남을 수 없고, 또한 지하 수천 미터 깊이에 묻힌 운석은 물론 그 운석공이 소행성 충돌로 형성된 것임을 알아내는 것은 첨단 장비 없이는 불가능한 것임을 고려할 때, 고대 마야 언어에 소행성 충돌의 흔적이 남아있는 것은 설명할 수 없는 신비이다.

펜필드의 우연한 발견

과학사의 많은 발견들이 그렇듯이 칙술룹 운석공 역시 우연히, 아주 우연히 발견되었다. 사실 칙술룹 운석공이 처음 발견된 것은 운석공 연구와는 아무런 관계가 없는 한 지구물리학자의 연구 때문이었다. 1978년 지구물리학자 펜필드(Glen Penfield)는 멕시코 국영석유회사인 페멕스(Petroleos Mexicanos, PEMEX) 직원으로 유전탐사를 하고 있었다.

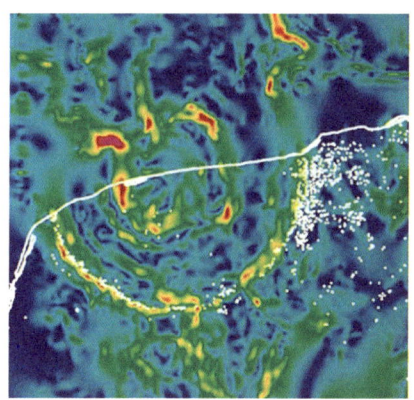

그림 6-6 칙술룹을 중심으로 한 반원형의 중력 분포

그는 비행기에 자기장 측정기를 싣고 유카탄 반도 북쪽, 멕시코만 상공을 비행하면서 유전 시추 장소를 찾고 있었다. 조사를 하던 중 펜필드는 우연히 반원 모양의 "특별한 대칭"(extraordinary symmetry)을 이루고 있는 직경 70km 정도의 자기장 구조가 있음을 발견했다.[18]

그 후 그는 1960년대에 만들어진 이 지역의 중력지도를 구했는데, 이 지도에도 동일한 반원형의 중력 구조가 선명하게 나타났다. 이어 그는 멕시코만에 인접한 유카탄 반도의 북쪽 끝에도 멕시코만을 향해 북쪽으로 열려진 또 다른 반원이 있음을 발견하였다. 그런데 놀랍게도 이 반원을 바다의 반원과 연결하면 직경 180km에 이르는 완전한 원이 만들어진다는 것을 발견했다. 그리고 그 원의 중심에는 유카탄 반도 끝에 있는 작은 마을 칙술룹이 있었다. 그는 이 거대한 원 구조가 지질학적인 대격변에 의해 만들어졌을 것이라고 확신했다.

흥분한 펜필드는 소속회사 페멕스(PEMEX)가 허락하지 않았지만 회사간부 카마르고(Antonio Camargo)와 더불어 1981년 탐사지구물리학자협회(Society of Exploration Geophysicists) 학회에서 이 데이터를 발표했다.[19] 하지만 아쉽게도 그 학회에 참석한 사람들이 많지 않아 이들의 논문은 별다른 주의를 끌지 못했다. 펜필드가 지구물리학적 데이터는 많이 갖고 있었지만, 소행성 충돌의 직접적인 증거가 될 수 있는 시추샘플이 없었다는 것도 주목을 받지 못한 원인이 되었다.

하지만 펜필드는 회사의 과거 자료를 조사하던 중 이미 1951년에 이 지역에 페멕스(PEMEX)가 시추공을 뚫은 적이 있다는 사실을 알았다. 그 때 뚫은 시추공은 두꺼운 안산암(安山岩, andesite) 지층을 뚫고 1,300m 깊이까지 시추했다. 어두운 색의 화산 분출암인 안산암층은 소행성이 지구에 충돌할 때 강한 압력과 높은 열 때문에 생긴 것이었지만,

시추당시에는 (이 지역이 화산지역이 아님에도 불구하고) 용암돔(lava dome)이라고 생각하며 무시했다. 펜필드는 이 시추샘플을 구하려고 백방으로 노력했으나 회사로부터는 이미 폐기되었다는 말만 들었다. 시추현장까지 가서 시추샘플을 구하려고 했지만 좌절되자 펜필드는 그 때까지 자신의 연구결과들을 발표하고 본연의 회사일로 돌아가고 말았다!

힐데브란드의 후속 연구

하지만 다행스럽게도 연구는 펜필드에서 끝나지 않았다. 1981년에는 펜필드의 발견을 까마득히 몰랐던 애리조나대학(University of Arizona)의 대학원생인 힐데브란드(Alan R. Hildebrand)와 그의 지도교수 보인톤(William V. Boynton)은 버클리팀의 소행성 충돌 가설에 자극을 받아 해당 운석공을 찾고 있었다.[20] 이들 역시 K-T 경계면에 이리듐이 풍부한 갈색 진흙층 속에 압축된 석영 알갱이들과 텍타이트(tektite)처럼 보이는 작은 풍화된 유리구슬이 들어있다는 사실로부터 K-T 경계면은 소행성 충돌로 인한 것임을 확신하고 있었다.[21]

애리조나대학팀은 버클리팀의 연구결과에만 의존하지 않았다. 이들이 조사한 K-T 퇴적층 속에는 거친 암석조각들도 있었는데, 이들은 소행성 충돌로 인해 생긴 수백 m 높이의 쓰나미에 의해 밀려온 것으로 생각되었다. 그러한 퇴적층들은 다른 곳에서도 많이 발견되었지만, 특히 K-T 경계면이 있는 카리브 분지에 집중되어 있었다. 그래서 아이티(Haiti)의 모라스(Florentine Moras)가 아이티의 고대 화산 폭발의 증거라고 생각되는 것을 제시했을 때, 힐데브란드는 그게 바로 소행성 충돌의 증거라고 제안했다. 실제로 이들은 K-T 경계면에서 가져온 샘플들을 조사해보고 소행성이 충돌하거나 핵폭탄이 폭발할 때 강력한 열로만 생성되는 텍타이트 유리가 많음을 발견하였다.

하지만 힐데브란드의 연구는 곧장 펜필드와 연결되지 않은 채 여러 해가 지났다. 그런데 1990년, 「휴스턴 크로니클」(*Houston Chronicle*)의 기자 바이어스(Carlos Byars)가 힐데브란드에게 펜필드가 오래 전에 발견한 것이 바로 그 충돌구조가 아니겠느냐고 제안했다.[22] 이 말을 듣자 힐데브란드는 1990년 4월, 부랴부랴 펜필드에게 연락하였고, 이들은 곧 뉴올리언즈에 보관하고 있었던 페멕스(PEMEX)사의 시추샘플을 얻게 되었다.[23] 이전에 펜필드가 그렇게 구하려고 했던 시추샘플을 구한 것이었다!

샘플들을 조사해본 힐데브란드팀은 선명하게 충격에 의해 변형된 (shock-metamorphic) 물질들을 발견했다. 아르곤-아르곤(Ar-40/Ar-39) 방사능연대측정법으로 연대를 측정해 보니 중생대가 끝났던 6,500만 년과 완전히 일치했다. 또 샘플에는 충격을 받은 석영(shocked quartz) 알갱이 등 소행성 충돌이 아니면 설명할 수 없는 증거들이 발견되었다. 후에는 중력 이상(gravity anomaly)과 주변에 흩어진 텍타이트 등 충돌의 다른 증거들까지 더해져서 이 구조가 운석공임이 확인되었다.

그 후 1996년, 해당 지역에 대한 인공위성 사진을 조사하던 포프 등 (Kevin Pope, Adriana Ocampo, Charles Duller) 캘리포니아 연구팀은 오래 전에 펜필드가 보았던, 칙술룹에 중심을 둔 원형모양의 용식함몰지 (溶蝕陷沒地, sinkhole) 혹은 수직동굴(垂直洞窟, cenote)을 발견했다.[24] 이 용식함몰지는 운석공 양안의 지표면이 내려앉는 침강(沈降, subsidence)에 의해 만들어졌다.[25] 근래 연구는 실제 운석공의 직경은 300km이고 지금까지 알려진 직경 180km의 원은 그 내부에 있는 작은

운석공일 가능성이 있다고 제안하였다.[26]

확정된 운석공

버클리팀의 제안과 펜필드-힐데브란드 연구는 본격적인 시추 연구를 통해 확정되었다. 드디어 1997년 1월, 칙술룹에 떨어진 소행성의 영향을 조사하기 위해 미국 스미스소니언 박물관(Smithsonian Institution)에서는 유카탄반도의 매몰된 운석공에서 1,920km 떨어진 곳에 시추선 "조이데스 레졸루션"(JOIDES Resolution)을 파견하였다. 시추선은 수면으로부터 2,658m까지, 바다 밑바닥에서 128m 깊이까지 시추하여 샘플을 채취하였다.

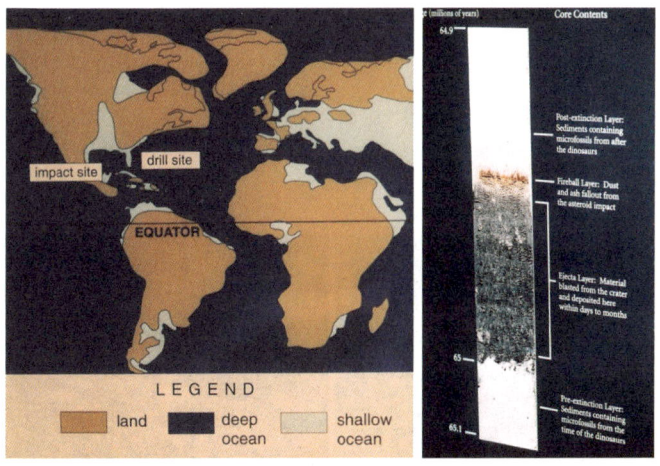

그림 6-7 칙술룹 운석의 낙하 지점. 이 운석으로 인해 중생대가 종결되고 신생대가 열렸다. 그리고 그 흔적이 아직까지 K-T 경계면으로 남아있다. 운석이 떨어졌다고 생각하는 6,500만 년 전 지구의 모습과 시추 지점과 시추로 채취한 원통형의 샘플

시추 샘플을 보면 가장 아래 부분에는 멸종 직전 지층, 즉 중생대 지층에도 미시화석이 포함되어 있었다. 중간에는 운석이 충돌함으로 튀어나

온 물질들이 만든 퇴적층(ejecta layer)이 있었다. 아마 이 층은 수일간이나 수개월간에 걸쳐 급격하게 퇴적된 것으로 보인다. 그 위 지층에는 운석 조각이나 운석이 충돌함으로써 일어난 먼지나 재 등이 떨어져서 만든 지층이 있다. 가장 위 부분에는 멸종이 끝난 후에 형성된 지층을 보여주고 있으며, 그 속에도 미시화석들이 포함되어 있다. 이런 결과들을 종합하여 많은 과학자들은 바로 이 유카탄반도에 떨어진 운석이 공룡과 중생대 말기 대부분의 동물들을 멸절시킨 대격변의 원인이었을 것이라고 믿게 된 것이다.

칙술럽 운석 충돌로 인해 백악기 말기에 일어난 일련의 사건을 통틀어 마스트리히트 사건(Maastrichtian Event)이라고도 부른다. 백악계 최상부의 시대층서 단위인 마스트리히시안(Maastrichtian)은 네덜란드 남부 마스트리히트(Maastricht) 부근에 모식지가 있다고 해서 붙여진 이름이다. 마스트리히트는 1992년 유럽 공동체 가입국이 서명하고 1993년부터 발효한 유럽연합의 기초가 된 마스트리히트 조약이 체결된 곳으로도 유명하다.

그림 6-8 (좌) 멕시코 유카탄 반도 ; (우) 아이티 벨록(Beloc, Haiti)에서 발견된 K-T 경계면 암석. 이 암석에 포함된 지층의 두께와 표면의 조성, 크기 등으로 미루어 볼 때 이것은 그곳으로부터 1,000km 정도 떨어진 유카탄반도의 칙술룹에 운석이 떨어질 때 형성되어 튀어나온 것으로 보인다.

그렇다면 칙술룹에서 마스트리히트 사건을 보여주는 직접적인 증거는 무엇일까? 칙술룹 인근 바다에는 실제로 갑자기 바닷물이 사라진 것을 보여주는 지층이 발견되고 있다.[27] 캘리포니아 대학 버클리 분교(UC Berkeley) 만타나리(A. Mantanari)에 의하면, 칙술룹 운석의 충돌로 인해 멕시코만에는 600-700m 높이의 물기둥이 일어났고, 해저지진과 더불어 엄청난 물질이 대기 중으로 상승했다. 이로 인해 아이티를 비롯한 미국 남동 해안의 여러 섬들에는 순식간에 두꺼운 지층이 형성되었다. 운석이 충돌한 지점으로부터 800km 정도 떨어진 곳에서는 그 때 순식간에 퇴적된 2m 정도의 지층이 지금도 확인되고 있다. 그리고 이렇게 급격히 형성된 지층 속에는 충돌 당시 엄청난 열과 압력으로 인해 만들어진 작은 다이아몬드 알갱이들이 발견되기도 한다.[28] 이 충돌로 인해 지표면 아래 수 km 깊이의 암석들이 튀겨 나와 직경 180km에 이르는 사발 모양의 운석공이 만들어진 것이다.[29]

3. 소행성의 크기와 충돌위력

그러면 칙술룹 소행성의 크기는 어느 정도였으며, 이들의 충돌에너지는 얼마나 되었을까? 소행성의 실제 모습을 볼 수 없기 때문에 현재로서는 이것이 얼마나 큰지를 알 수 없다. 하지만 운석공에 대한 탐사와 컴퓨터 모의실험 등을 근거로 학자들은 칙술룹 소행성의 크기는 직경 약 10km, 무게 1조 톤 정도였을 것으로 추정한다. 이러한 소행성이 시속 10만 km의 속도로 지구에 충돌할 때 방출된 에너지는 TNT 1-20억 메가톤에 해당하는 $4-80 \times 10^{23}$J로 추정한다.

지금까지 인간이 만들었던 가장 강력한 폭탄인 러시아의 황제폭탄(Tsar Bomba)이 50메가톤에 불과(?)하다는 것을 생각할 때, 칙술룹 충돌은 이보다 2백만－4천만 배 이상 더 강력했다는 말이 된다. 지금까지 가장 큰 폭렬성(爆烈性) 화산으로 알려진 콜로라도주의 산후안(San Juan) 화산이 폭발할 때 분출된 에너지가 대략 1×10^{21} J인 점을 생각하더라도, 칙술룹 소행성 충돌은 이 보다 400-8,000배나 더 강했던 것이다. 이것은 전 세계 각국이 갖고 있는 핵무기의 500-1만 배, 히로시마 원자탄의 50억-1,000억 배의 위력이며, 1980년에 폭발한 세인트 헬렌스 화산 위력의 50만-1,000만 배에 해당한다. 이러한 에너지가 넓은 면적이 아니라 칙술룹의 좁은 영역에 집중되었기 때문에 그 위력은 더 엄청났을 것이다.

충돌 시 방출된 엄청난 에너지는 실제로 지구상에 대격변으로 이어졌다. 소행성 충돌은 지구 역사상 최대의 쓰나미를 일으켰을 것이다. 새빨갛게 가열된 소행성이 음속의 100배 가까운 속도로 지하 깊은 곳에 파고들면서 초고온으로 가열된 먼지와 재와 수증기가 운석공으로부터 솟구쳐 올랐을 것이다.[30] 소행성 조각들과 더불어 소행성이 충돌하면서 하늘로 솟구친 물질들이 백열상태로 대기권에 재진입함은 물론, 지구 표면이 엄청나게 뜨거워지면서 전 지구적으로 산불이 번졌을 것이다. 처음 운석이 떨어진 후 뜨거운 기체 구름이 빠른 속도로 북상하여 수분 내에 북미주 대륙은 불바다가 되었을 것이다. 그리고 불덩어리 별똥별과 그 뒤에 이어진 암흑으로 인해 대부분의 식물들이 죽고, 이로 인해 모든 공룡들과 다른 거대 포유동물들이 멸종하게 되었을 것이다.

1차적인 충돌 효과에 더하여 2차적인 격변 역시 엄청났을 것이다. 직경 10km의 물체가 지표면에 시속 10만 km(초속 20-40km)의 속도로 충돌함으로써 지구 역사상 최대의 지진이 일어났을 것이다. 엄청난 충격파가 전 지구적으로 퍼지면서 거대한 지진과 더불어 화산폭발이 일어났을 것이다.[31] 발생한 먼지와 미세 입자들이 수 년 혹은 10여 년 동안 전 지구를 뒤덮어 생물들이 살아남기에 힘든 환경이 되었을 것이다. 석회암이 부서지면서 생성된 이산화탄소의 분출로 인해 갑작스런 온실효과가 일어났을 것이다.[32] 대기 중에 떠 있는 먼지와 미세입자들에 의해 오랜 기간 동안 태양광이 차단되어 지표면의 온도는 곤두박질 쳤고, 식물의 광합성작용은 중단되어 전 지구적인 먹이사슬이 끊어졌을 것이다.[33]

컴퓨터 모의실험은 칙술룹 운석이 칙술룹에 있는 탄산염과 황산염이 풍부한 암석과 충돌하게 될 경우, 장기간의 암흑, 전 지구적 냉각, 엄청난 산성비 등과 같은 환경적으로 치명적인 재앙이 일어날 수 있음을 보여주고 있다.[34] 이러한 환경 재앙은 광범위하면서도 선택적인 종들의 갑작스런 멸종을 일으킬 수 있다.[35]

2008년 2월, 텍사스대학(The Jackson School of Geosciences at The University of Texas at Austin)의 걸릭(Sean Gulick)이 이끄는 팀은 소행성이 육지가 아니라 바다에 떨어질 때의 충격에 대해 연구했다. 이들의 연구에 의하면, 소행성이 바다에 떨어지게 될 경우, 대기 중 황산염 부유분진(浮游粉塵, sulfate aerosol)이 증가하게 되는데, 이것은 두 가지 면에서 더 치명적일 수 있다. 첫째는 기후를 변화시키기 때문이고(대기권 상층에서 황산염 부유 분진은 냉각효과를 가질 수 있다), 둘째는 산성비를 만들기 때문이다(수증기는 황산염 부유분진의 낮은 고도의 대기를 씻어서 산성비를 만든다).[36]

4. K-T 경계면과 대멸종

마스트리히트 사건으로 지구 역사에서 육상생물이든 해양생물이든 적어도 75% 이상의 생물들이 대규모로 멸종하였을 것이다. 이 때 멸종한 대표적인 예가 바로 거대 파충류의 일종인 공룡이었다.[37] 그러나 거대한 공룡의 멸종은 다른 동식물들의 멸종의 작은 부분에 불과하다. 백악기 말기 2,000만 년 동안 살았던 전체 해양 생물 중 대략 65-70%가 갑자기 화석기록으로부터 사라졌다.[38] 바다에서는 이리듐이 풍부하게 함유된 바로 그 지층으로부터 갑자기 플랑크톤의 90% 이상이 사라졌으며, 이것은 불가피하게 해양 생태계 먹이사슬의 붕괴로 이어졌을 것이다.

그림 6-9 왼쪽 사진에서 중간의 검은 띠가 K-T 경계면이다. K-T 경계면 아래에서 출토되는 유공충들의 다양한 화석들. K-T 경계면 위에서는 유공충과 더불어 플랑크톤 종류의 다른 화석들이 출토된다.

그 외에도 K-T 경계면으로부터 위 지층에서는 암모나이트(ammonite), 거대 바다 도마뱀인 모사사우루스(Mosasaur), 현존하는 돌고래와 비슷한 어룡목의 익티오사우루스(Ichthyosaur), 긴 목과 작은 두

개골을 가진 플레시오사우루스(Plesiosaurus) 등 많은 동물들이 갑자기 사라졌다. K-T 경계면을 중심으로 육지 동물의 가장 큰 변화라고 한다면 날지 못하는 모든 공룡들은 물론 날아다니는 익룡류(Pterosaurus)까지 갑자기 멸종한 것이었다. 물론 어떤 동물들은 이미 K-T 경계면 이전에 이미 쇠퇴하고 있었지만, 많은 동물들이 번성하고 있다가 갑자기 멸종하였다.

물론 모든 동물들이 다 멸종한 것은 아니었다. 어떤 동물군들은 완전히 멸종하지는 않았지만, K-T 경계면을 기점으로 갑자기 줄어들었다. 예를 들면, 두족강(頭足綱)의 벨렘나이트류(belemnites), 완족류(腕足類, brachiopod), 원생동물에 속하는 유공충(有孔蟲, foraminifera), 상어류, 몇몇 골질어류(骨質魚類, bony fish) 등이 그 예이다. 또한 그 원인은 분명하지 않지만, 진수류(眞獸類)에 속하는 포유동물(eutherian mammal), 조류, 거북, 양서류 등은 별로 영향을 받지 않았다.

식물의 경우도 엄청난 피해가 있었다. 특히 식물의 경우는 북아메리카 대륙에서 그 피해가 가장 컸다. 캐나다에서 뉴멕시코에 이르는 K-T 경계면 아래 퇴적층에서는 씨들이 씨방에 들어있는 속씨식물(被子植物, angiosperm) 화분이 지배적이나, 경계면에서는 거의, 혹은 전혀 없으며 대신 고사리와 같은 양치식물(fern)이 지배적이다. 양치식물의 포자(胞子, spore)가 이리듐층과 정확하게 일치하여 갑자기 나타났다가 갑자기 사라지는 것으로부터 이를 다시 확인할 수 있다. 그러다가 경계면 바로 위로 가면 다시 정상적으로 화분이 나타난다.

현재에도 대격변 혹은 대멸종이 있은 후에 최초로 나타나는 식물이 바로 고사리류라는 것은 잘 알려져 있다. 1883년에 폭발한 크라카타우(Krakatau) 화산에서도 모든 식물이 멸종한 후 가장 먼저 나타난 것이 바로 고사리였다. 록키산맥과 대평원(Great Plains)의 200여 곳에서 25,000여 종의 식물 화석을 조사한 히키와 존슨의 연구에 의하면, 백악기 식물의 70-90%가 K-T 경계면을 중심으로 멸종하였다.[39]

5. 운석 충돌의 다른 증거들

K-T 경계면이 대규모 운석의 충돌로 만들어진 것이라는 증거는 이 외에도 많다.

첫째, K-T 경계면의 진흙에 존재하는 운석 충격으로 인해 생긴 여러 구조들을 들 수 있다. 예를 들면, 미세 텍타이트(microtektite), 충격 유리(impact glass), 충격 석영(shocked quartz), 지르콘 결정(zircon crystal), 미세 다이아몬드(micro-diamond) 등이다.[40] 텍타이트는 강한 열과 압력 하에서 증발된 석영 알갱이들로서 결정구조를 갖지 않으며, 냉각되어 작은 유리구슬이 된다. 충격 석영도 석영이 극히 높은 압력을 받을 때 형성된다. 충격 석영은 평행 평면으로 갈라질 수 있다. 충격 석영은 핵실험을 한 곳에서도 발견된다. 이런 것들은 운석공들(충돌구조들)과 더불어 나타나며, K-T 경계면에서 매우 많이 나타난다. 일단 충돌 구조로 추측되는 지점에서 다중평면단구(多重平面斷口, multiple planar fracture)를 가진 충격 석영이 발견되면 충격 구조일 가능성이 높아진다. 충격 석영의 다중평면단구는 화산폭발이나 국부적 변성작용에 의해서는 생성되지 않기 때문이다.[41]

둘째, K-T 경계면에 대한 연대측정 결과들이 장소에 관계없이 일관성 있게 일치하고 있음을 들 수 있다. 몇 가지 예를 들어보자. K-T 경계면의

그림 6-10 충격 유리 미소구의 현미경 사진(왼쪽)과 충격 석영[42]

텍타이트를 연대 측정한 결과는 6,450만 년±10만 년과 6,475만 년이었다.[43] 미국 몬타나주 헬크릭(Hell Creek, MT)의 K-T 경계면의 장석(長石, feldspar)에 대한 연대측정은 6,460만 년±20만 년이었으며,[44] 중생대를 끝낸 바로 그 칙술룹 운석공의 용융된 암석은 6,498만 년±5만 년과 6,520만 년±40만 년이었다!![45] 이런 결과들은 흔히 중생대가 끝났다고 하는 종래의 6,500만년과 놀랄 정도로 일치하며, 실제로 중생대 말기에 전 지구적 대격변이 일어났음을 강력히 시사한다.

셋째, K-T 경계면에서 발견되는 지르콘(Zircon) 알갱이들이 단일 기원을 갖는다는 점을 들 수 있다. 방사성 동위원소 분석과 화학적 분석 등의 결과에 의하면, 전 세계의 K-T 경계면 인근에 있는 유리 알갱이들(glass spherules)이 칙술룹 운석공 지역에 있는 원암(原巖, source rock)으로부터 유래했음이 밝혀지고 있다. 실제로 칙술룹 용암과 아이티의 래톤 분지(Raton Basin, Haitian Beloc Formation), 캐나다 사스카체완(Saskatchewan) 주에서 출토된 43개의 지르콘 시료를 방사성 동위원소법으로 측정한 결과 흥미 있는 현상이 관찰되었다. 지르콘 알갱이들은 심하게 손상된(heavily fractured) 것으로부터 아무런 손상이 없는 것들까지 다양했는데, 우라늄-납(U-Pb) 연대측정법으로 조사한 결과 손상이 없는 지르콘들은 공통적으로 5억 4,500만 년±5백만 년의 연대가 나왔지만, 심하게 손상된 지르콘 알갱이들은 6,500만 년±3백만 년의 연대가 나왔다. 놀라운 현상이 아닐 수 없다! 이것은 전 세계적으로 흩어져 있는 K-T 경계면의 지르콘들이 원래는 고생대 캄브리아기에 결정화된 단일 화성암괴에서 기원하였으며, 이들 중 일부가 6,500만 년 전에 일어난 운석 충돌로 인해 손상되었음을 의미한다!![46] 이러한 놀라운 결과에 대해 『백악기에 밤이 오다』(Night Comes to the Cretaceous)의 저자 포웰(J.L. Powell)은 이를 이렇게 설명한다:

"크로(Krogh)와 그의 동료들은 총 43개의 K-T 경계면 지르콘을 조사했다. 몇몇 시료들은 모암(parent rock)에 대해 4억 1800만 년의 연대를 보여주는 듯 했지만, 여러 시료들은 콩코디아 다이아그램(Concordia Diagram)을 그릴 때 임의적으로 흩어진 연대를 보여준다.[47] 이는 이 시료들이 복잡한 역사를 가진 것을 보여주는데, 아마 납을 두 번 잃어버린 것이 아닌가 생각된다. 그러나 … 네 곳에서 가져온 43개 지르콘 시료 중에서 30개는 정확하게 직선에 위치한다. … 이들 30개의 지르콘들은 수천 킬로미터나 떨어진 네 곳에서 가져왔기 때문에 - 칙술룹 각력암, 아이티 텍타이트, 유카탄으로부터 3,500km나 떨어진 두 지역으로부터 가져온 K-T 경계면 진흙 - 전혀 다른 지질학적 배경을 보여주며, 상관계수가 0.998인 단일 직선 위에 그려진다. 분명히 더 복잡한 역사를 가진 43개의 모든 지르콘을 다 포함할 때라도 상관계수는 여전히 0.985라는 놀라운 값을 보여준다."[48]

"이 점은 매우 중요하다: (이들이) 6,500만 년 전에 화산 폭발로 인해 생겨난 지르콘들이라면 그 때 결정화가 되었을 것이다. 그들은 5억 5,000만 년이 아니라 6,500만 년이라는 원래의 나이를 가졌을 것으로 드러났을 것이다. 이어 납이 소실되었다는 것은 6,500만 년보다 더 젊었거나 적어도 더 오래되지는 않았음을 보여준다."[49]

이 외에도 K-T 경계면의 충격이 매우 격렬했음을 보여주는 다른 증거들은 많다. 예를 들면, 칙술룹 운석공으로부터 100km 떨어진 곳에 900m 두께의 충격 각력암(impact breccia)층이 있다는 것이 좋은 예이다.[50] 또한 칙술룹으로부터 약 360km 떨어진 알비온섬(Albion Island)의 K-T 경계면에는 얇고 넓게 분포하는(두께와 넓이의 비가 1:1,000-5,000 정도의) 15m 두께의 산란물 퇴적층(散亂物, ejecta blanket)이 존재하는데,[51] 이 산란물 조각들 중에는 자동차 크기의 것들도 있다. 텍사스와 멕시코 북부 대륙붕(continental shelf)에서 발견되는 수십 cm 크기의 입자들로 이루어진 쓰나미 퇴적물들도 운석 충돌의 격렬함을 보여준다.[52] 그 외에도 쿠바[53], 치아파스(Chiapas)[54], 벨리제(Belize)[55]에 있는 K-T 경계면에서는 중력으로 흘러내린 퇴적물들이 있으며, 아이티[56], 캄페체 해저절벽(Campeche Escarpment) 아래에 있는 심해굴착 프로젝트(Deep Sea Drilling Project, DSDP) 사이트[57]에서는 변형된 K-T 경계면에 대한 증거가 발견되고 있다.

이런 많은 증거들 중에서 특히 흥미로운 것은 칙술룹 운석공으로부터 서쪽으로 9,000km나 떨어진 태평양 상의 시추 사이트에 있는 K-T 퇴적층에서도 2.5mm 굵기의 작은 운석 쇄설물들이 발견된다는 사실이다. 이 물질들은 매몰된 이후 부분적으로 변화하기는 했지만, 여전히 1g당

이리듐이 690ng(690ppb)이나 함유되어 있다.[58] 이 정도의 이리듐이라면 풍화된 여러(CV, CO, CR) 타입의 탄소질 콘드라이트(carbonaceous chondrite) 운석에 함유되어 있는 이리듐의 농도와 비슷하다.[59]

6. 다른 가능성들

이처럼 버클리팀의 가설과 칙술룹 운석공의 발견이 중생대를 마감한 대격변으로 널리 받아들여지고 있기는 하지만, 모두가 받아들이는 것은 아니다. 근래에는 다른 가능성을 제시하는 사람들도 있다.

첫째, 칙술룹 소행성은 비슷한 시기에 지구에 충돌한 여러 소행성들 중 하나라는 주장이다. 칙술룹 소행성은 1억 6천만년 이전에 먼 우주공간에서 충돌로 부서진 훨씬 더 큰 소행성의 일부였다는 증거도 제시되고 있다. 2007년, 봇케(William F. Bottke) 등은 「네이쳐」(Nature)를 통해 칙술룹 소행성은 1억 6,000만 년 전에 직경 170km에 이르는 거대한 소행성이 부서져서 만들어진 밥티스티나 소행성군(Baptistina family)의 하나라고 주장했다. 이들은 이의 근거로 칙술룹 운석이 밥티스티나 소행성군과 동일한 탄소질 콘드라이트를 포함하고 있음[60]과 크롬의 밀도를 제시했다.[61]

둘째, 소행성 충돌만으로는 중생대 말기의 대멸종을 설명하기가 어렵다는 주장이 제기되고 있다.[62] 지구 역사에 나타나는 대멸종을 혜성이나 소행성 충돌만으로 설명하는 것은 부족하며, 대규모 화산폭발과 같이 통제할 수 없는 장기적 후유증을 낳는 큰 사건이 동반되어야 한다는 연구가 발표되었다. 다시 말해 중생대 말기의 공룡들은 이미 위기에 처해 있지 않았더라면 소행성 충돌만으로는 멸종하지 않았을 것이며, 대멸종의 가능성은 "충격적 사건"(pulses)과 "지속적 압력"(presses) 등 두 가지 유형의 요인이 결합할수록 높아진다는 것이다.

미국 호바트 앤 윌리엄 스미스 대학(Hobart and William Smith Colleges) 연구진은 지난 3억 년 간의 지질학 자료를 분석하여 운석이나 소행성 등의 충돌을 보여주는 운석공들과 대폭발, 기후변화 기록들을 찾아낸 뒤 이를 생물 대멸종 기록과 비교한 결과 이런 결론을 얻었다고 밝혔다. 이들은 충격적 사건과 지속적 압력이 100만년 범위 안에서 일어났을 때 멸종사건이 일어날 확률이 극적으로 높아진다는 사실을 발견했다.[63] 이 가설은 6,500만 년 전 공룡 멸종과 꼭 들어맞는데, 이 당시는 멕시코 유카탄 반도에 혜성이 충돌하고 오늘날 인도의 데칸 고원에서 거대한 화산이 폭발한 시기였다. 이 화산 활동은 공룡이 절멸한 백악기 말에 시작하여 신생대 초까지 거의 백만 년 동안이나 지속되었다!

데칸 트랩과 K-T 경계면

소행성 충돌을 지지하는 증거들이 많이 있음에도 불구하고, 멕시코만이나 칙술룹 운석공에서 얻은 층서학과 고미생물학의 증거로부터 K-T 경계면보다 소행성 충돌이 수십만 년 먼저 일어났고, 그래서 대규모 멸종은 운석 충돌에 의한 것이 아니라고 주장하는 이들도 있다.[64]

시기적으로 K-T 경계면은 두 가지 중요한 격변과 관련된다. 하나는 멕시코 유카탄 반도의 칙술룹에 대형 운석이 떨어져서 직경 180km에 이르는 대형 운석공이 만들어진 사건이고, 다른 하나는 약 200만 km^2의 용암을 분출한 인도 데칸 트랩(Deccan Traps)의 방대한 화산활동이다. 일부 학자들은 인도 데칸 지역의 대규모 현무암 지대가 형성된 100만 년의 기간은 K-T 경계를 포함하고 있다고 제시하며, 대규모 마그마와 더불어 분출된 엄청난 황과 이산화탄소가 환경재앙을 불러와 대규모 멸종을 일으켰을 것이라고 주장한다.[65] 대한민국 넓이의 20여 배에 달하는 거대 용암 지역 데칸 트랩은 지리적으로 멕시코 칙술룹과 멀리 떨어져 있지만, 몇 가지 흥미로운 사실이 보고되고 있다.

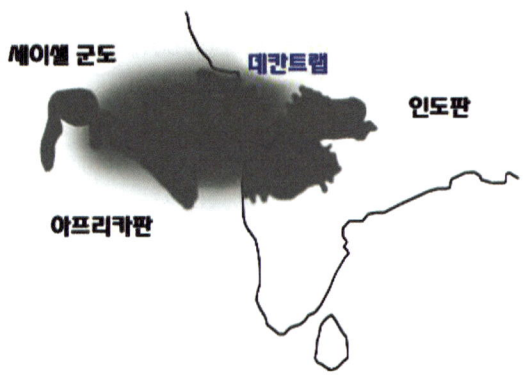

그림 6-11 데칸 트랩(Deccan Traps)은 인도가 세이셸(Seychelles)로부터 분리되면서 막대한 양의 용암이 흘러나와 형성한 대규모 용암지역이다.[66]

첫째, 데칸 트랩의 세 번째 현무암층과 네 번째 현무암층 사이에 있는 중간 퇴적층에서도 이리듐이 많이 함유되어 있다는 사실이다!! 중간 퇴적층의 이리듐 함유량은 1.3ppb에 이르지만, 다른 퇴적층이나 현무암층들은 "배경" 이리듐 함량인 0.01ppb에 불과하다.[67] 세 번째 현무암층을 포함하여 아래에 있는 첫 번째, 두 번째 현무암층들은 정상적인 자화도(magnetization)를 보여주며, 후기 백악기 지층의 특징을 보여주지만, 네 번째 현무암층은 자화도의 방향이 역전되어 있다!

둘째, 데칸 트랩의 현무암층 연대가 대체로 K-T 경계에 해당한다는 사실이다. 방사성 연대 측정(Ar-40/Ar-39) 결과 세 번째 현무암층은 6,550만 년±70만 년, 네 번째 현무암층은 6,540만 년±70만 년으로 나왔다. 이것은 이리듐이 많이 함유된 중간 퇴적층은 세 번째 현무암층이 만들어진 후, 네 번째 현무암층이 만들어지기 전에 형성된 것임을 의미한다. 이런 결과들은 종래 기존의 여러 보고들을 통해 알려진 K-T 경계면의 연대와 대체로 일치한다.[68]

셋째, 현무암층 사이에 있는 퇴적암층에서 출토되는 화석은 이 지층을 전후하여 공룡이 멸종하였음을 명확하게 보여준다는 사실이다. 이리듐이 풍부한 중간 퇴적층 바로 아래 지층에서는 공룡 화석은 물론 소형 갑각류(crustacea)인 개형충류(介形蟲類, ostracod) 화석도 발견된다. 이것은 K-T 경계면 직전까지 공룡들이 살았음을 보여주는 것이다. 이것은 처음 세 차례의 용암이 흘러내렸을 때는 아직 생물들이 멸종하지 않았으며, 이 현무암층들은 K-T 경계면과 정확하게 동시에 형성되지는 않았음을 보여준다. 현무암층들과 K-T 경계면이 비슷한 시기에 일어난 별개의 사건으로 형성되었는지, 아니면 같은 사건에 의해 형성되었지만 시차를 두고 형성되었는지는 분명하지 않다.

화산이 폭발하게 되면 화산재나 먼지뿐만 아니라 황산 알갱이로 된 미립질의 연무(aerosols)를 생성한다. 이것은 아주 가벼워서 공기 중에 오래 머무를 수 있기 때문에 오랫동안 기후에 영향을 미친다. 태양 빛을 차단하여 지구의 기온을 떨어뜨리거나 산성비를 내리게 할 수도 있고, 화산 폭발로 생긴 망간, 코발트와 같은 미량 원소들은 생식 계통에 질병을 일으킬 가능성도 있다. 게다가 데칸 트랩이 형성될 당시 분출된 용암의 양은 해저 용암 대지를 포함하여 적어도 지금 남아있는 양의 2배 이상이었을 것으로 추정하기 때문에 데칸 트랩이 형성될 당시 분출된 연무와 화산재가 성층권에 도달했으리라는 데는 의심의 여지가 없다.

하지만 여기에도 문제가 없는 것은 아니다. 우선 모든 운석에 다량으로 함유되어 있는 이리듐이 화산활동에서 흔하게 나타나는 것은 아니라는 점이다. 한 예로, 미국 하와이의 킬라우에아(Kilauea) 화산의 가스에서는 이리듐이 검출되지만, 다른 경우에는 이리듐이 산출되지 않는 경우가 많다. 게다가 화산 활동으로는 충격에 의해 생성되는 유리질의 텍타이트(tektite)라든지, 순간적인 고압에서만 형성되는 충격 석영 결정(shocked quartz crystals) 등의 존재를 설명할 수가 없다. 또한 세계 도처의 화재로 발생하는 그을음의 존재도 지역적 화재만 일으키는 화산 활동으로는 설명하기가 곤란하다.[69]

그 외의 이론들

또한 근래에 다른 여러 운석공들이 칙술룹 운석공과 비슷한 시기에 생성되었고, 이들이 모두 북위 20도와 70도 사이에 존재한다는 사실로 인해 칙술룹 운석이 같은 시기에 충돌한 여러 운석들 중의 하나가 아닐까 하는 추측도 제기되고 있다. 예를 들어, 영국 북해에 있는 실버핏 운석공(Silverpit crater),[70] 우크라이나에 있는 볼티쉬 운석공(Boltysh crater)[71] 등은 둘 다 직경이 수십 km 정도로 칙술룹 운석공보다는 작지만, 이들이 거의 동시에 지구에 충돌했던 것으로 보인다. 운석공인지 여부를 조사하고 있는 시바 운석공(Shiva crater)도 같은 시기에 형성된 것으로 보인다. 인도 서부 뭄바이 앞바다 대륙붕 분지에서 발견된 시바 운석공은 측정하기에 따라 직경이 500km에 이른다는 주장도 있다.[72]

1994년, 슈메이커-레비 혜성(Comet Shoemaker-Levy9)이 목성과 충

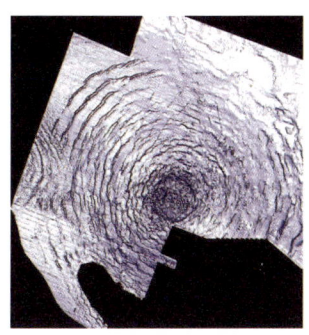 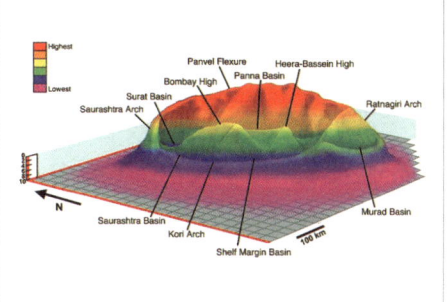

그림 6-12 실버핏 운석공(왼쪽)[73]과 해저에 있는 시바 운석공의 3차원 재구성 영상[74]

돌할 때 목성의 강한 중력으로 인해 혜성이 여러 개로 부서져서 수일동안 목성과 충돌한 적이 있다.[75] 이런 것을 고려한다면 6,500만 년 전 지구에서도 비슷한 시나리오를 적용할 수 있지 않을까 추측하기도 한다.[76]

고생물학자 배커(Robert Bakker)는 그렇게 엄청난 소행성 충돌이 일어났다면, 왜 공룡만 멸종하고 개구리는 죽지 않았는가라고 반문한다. 프린스턴대학의 켈러(Gerta Keller)는 칙술룹에서 채취한 최근 시추 샘플을 조사해본 후 소행성 충돌은 대멸종이 일어나기 30만 년 전에 일어났기 때문에 이 둘 사이에는 인과관계가 없다고 주장한다.[77]

하지만 여러 가지 반론에도 불구하고 K-T 경계면을 중심으로 전지구적인 멸종이 일어난 것은 분명해 보인다. 개구리나 어류, 작은 포유류 등은 칙술룹 운석의 직접적인 충격으로부터 피할 수 있었을 것으로 보인다. 실제로 지난 2010년 10월 13일 소행성 충돌과 관련하여 EBS에서 방영한 다큐 "소행성 충돌, 그 후 24시간"은 K-T 경계멸종을 피하고 살아남은 생물들에 대한 연구 결과들을 소개하고 있다.[78]

K-T 경계멸종은 단일 소행성 충돌이라고 주장하는 연구결과들은 근래에도 계속 발표되고 있다. 2006년, 미주리대학(University of

Missouri, Columbia) 지질학과 맥클레오드(Ken MacLeod)는 해저 침전물들의 흐름을 분석한 결과로 단일 충돌설을 지지했다. 그는 칙술룹 운석공으로부터 4,500km 떨어진 곳까지 해저 침전물들을 분석했다. 그리고 충돌 지점에서의 토양 성분이 운석공에서 멀어지면서 어떻게 변하는가를 조사했다. 이 조사 결과 퇴적층에는 충돌 쇄설물들이 단 한층 밖에 존재하지 않으며, 이것은 단일 충돌이었음을 증명하는 것이라고 결론지었다.[79]

7. K-T 경계멸종과 칙술룹 소행성

K-T 경계멸종을 설명하기 위해 몇 가지 이론들이 제시되고 있지만, 여전히 칙술룹 소행성 충돌이 가장 유력한 이론이다. 근래 전 세계적으로 흩어져 있는 K-T 경계면 물질들에 대한 최근의 층서학, 고미생물학, 암석학, 지구화학 연구결과들을 종합한 연구에서는 K-T 경계멸종에 대한 다양한 해석들을 평가하였다. 그리고 이러한 연구를 기초로 멸종 원인으로 제시되고 있는 소행성 충돌과 화산 활동을 이들의 환경적 영향과 궁극적으로는 K-T 경계면을 전후한 지구상의 생물 분포 등을 기초로 평가한다. 소행성 충돌과 K-T 경계를 관련지을 수 있는 증거는 무엇인가?[80]

K-T 경계면을 둘러싸고 있는 백악기 상부 지층과 신생대 제3기(Paleogene) 하층의 지층이 가장 널리 조사되었다. 350여 개 이상의 K-T 경계면이 알려져 있는데, 이들은 칙술룹 운석공으로부터 떨어진 거리에 따라 일정하게 변화하는 분출물 분포를 보여주고 있다.[81] K-T 경계면에

대한 연구는 칙술룹 운석공으로부터 떨어진 거리에 따라 다음과 같이 네 그룹으로 나누어질 수 있다.

첫째는 칙술룹으로부터 500km까지의 영역으로 충격 퇴적물이 가장 두꺼운 곳이다. 칙술룹 운석공 내부에는 100m 가까운 충돌 각력암(impact breccia) 층이 있고, 주변 중앙아메리카 지역에는 1-80m 두께의 충돌 퇴적물들이 포함된 지층이 존재한다.[82]

둘째는 칙술룹으로부터 500-1,000km 떨어진 멕시코만 북서쪽 지역이다. 이곳에는 1-100cm 두께의 K-T 경계면이 형성되어 있으며, 지층 속에는 쓰나미나 중력식 유동(gravity flow)과 같이 급속한 고에너지 퇴적이 이루어졌음을 의미하는 미소구체(spherule)나 쇄설성 지층(clastic bed)이 들어있다.[83]

셋째는 칙술룹으로부터 1,000-5,000km 정도 떨어진 지역이다. 이곳의 K-T 경계면은 미소구체가 포함된 2-10cm 두께의 지층과 충격으로 형성된 광물질들, 화강암질 쇄설물, 니켈을 많이 함유한 첨정석(尖晶石, spinel) 등을 포함하는 0.2-0.5cm 두께의 지층이 있다.[84]

넷째는 칙술룹으로부터 5,000km 이상 떨어진 가장 멀리 떨어진 영역이다. 이 지역의 K-T 경계면에는 일반적으로 충격 분출물을 포함하는 2-5mm 두께의 붉은 진흙층이 존재한다.[85] 충격 분출물이 많이 포함된 붉은 진흙층과 그 아래에 있는 백악기 이회토(泥灰土, marl) 사이의 성층면은 갑작스런 생물 멸종 경계면과 일치한다.[86]

이러한 연구를 요약하면 다음과 같다.

첫째, 칙술룹으로부터 멀어질수록 충격으로 형성된 지층이 점차 감소하는 것은 K-T 경계면에 있는 독특한 퇴적물의 근원이 바로 칙술룹 소행성 충돌이었다는 사실과 일치한다. 증거는 이것뿐이 아니다. 충격 분출물의 분포나 성분, 퇴적 형태도 이것을 지지한다. 미소구체나 압축 석영 알갱이 등은 주변 환경에 따라 쉽게 변화하는 물질이 아닌데도 이들의 크기나 분포가 칙술룹으로부터 거리가 멀어질수록 줄어든다.[87]

둘째, 규질 미소구체, 충격 석회암, 백운암(苦灰石, dolomite), 화강암질 쇄설물과 같은 물질들의 비율이나 충격 분출물들의 연대 분포가 소행성이 충돌한 칙술룹 암석과 일치한다.

셋째, K-T 경계면 가까이에 있는 고에너지 쇄설물이 존재한다는 것은 칙술룹 충격이 유카탄 반도의 석회암 탁상지(platform)의 붕괴를 일으켰으며, 멕시코만과 인근 지역에서의 물질이동과 거대한 쓰나미를 일으켰음을 시사한다.[88] 그러므로 K-T 경계면의 80m 두께의 지층은 굵은 미소구체를 포함하는 물질이 먼저 형성되고, 이어 가는 미소구체를 포함하는 장기간 퇴적 사이에서 매우 짧은 시간 동안 급속히 퇴적되었다고 할 수 있다.[89]

지금까지의 논의로부터 우리는 다음과 같은 결론을 내릴 수 있다.

1980년대 초 버클리팀이 제안한 소행성 충돌설과 펜필드-힐데브란트 등이 발견한 칙술룹 운석공을 통해 중생대가 소행성 충돌로 마감되었다는 것은 의심의 여지가 없는 것으로 보인다. 지구 역사상 일어난 전 지구적 여러 대격변의 하나인 K-T 경계멸종은 중생대와 신생대를 경계 짓는 가장 분명한 사건임이 분명하다. 다만 소행성 충돌만이 유일한 K-T 경계멸종의 원인이었는지, 아니면 칙술룹 소행성과 더불어 다른 운석들도 충돌했는지, 아니면 칙술룹 소행성 충돌과 더불어 화산 폭발 등 다른 격변들이 동시에 일어났는지 등은 더 많은 연구가 필요하다고 생각된다.[90]

일부에서는 여전히 수많은 충격구조들이 운석공이 아니라고 주장하지만, 이러한 주장은 더 이상은 발붙일 곳이 없는 것으로 보인다. 충격 석영의 다중평면단구 등은 다른 국부적 변성작용에 의해서는 생성되지 않기 때문이다. 운석공이 아니라고 주장하는 사람들이 대안으로 제시하는 것은 화산폭발인데, 이들은 운석공은 화산의 분화구라고 주장한다. 그러나 이것은 근래의 화산 연구와 정면으로 배치된다. 화산은 아무데서나 발생하는 것이 아니라, 북미주 서부 지역과 같은 섭입대(subduction zone), 옐로우스톤 국립공원과 같은 열점(熱點, hot spot), 아이슬란드와 같은 해저산맥 확장 등이 있는 곳에서 생긴다. 그런데 운석공이 발견되는 많은 지역은 화산과는 무관하다.

예를 들어, 캐나다 허드슨만(Hudson Bay)을 중심으로 있는 800만 km^2의 방대한 캐나다 순상지(Canadian Shield)는 선캄브리아기 변성암 지대로서 수십억 년 동안 매우 안정된 지형을 갖고 있다. 하지만 이곳에는 전 세계적으로 가장 많은 운석공들이 발견되고 있는데, 직경 100km에 이르는 마니쿠아간 운석공(Manicouagan crater)이나 직경이 각각 26, 36km인 동, 서 클리어워터 운석공(Clearwater craters)은 대표적인 예들이다. 이런 증거들은 지구의 전 역사에 걸쳐 의심할 수 없는 대격변들이 일어났음을 웅변적으로 보여주고 있다.

그러면 소행성이나 혜성 등 외계 물체의 충돌만이 대격변의 원인일까? 사실 우리에게 가장 가까이 있으면서 그 흔적이 가장 선명하게 남아 있는 대격변은 빙하기라고 할 수 있다. 빙하기의 개념이 출현한지는 아직 1세기가 채 되지 않았지만, 이의 흔적은 전 세계적으로 발견되고 있으며, 이는 격변과 멸종에 대한 또 하나의 중요한 증거가 된다. 다음 제7강에서는 빙하기가 무엇이며, 그것이 어떻게 지구에 영향을 미쳤으며, 지금까지 빙하에 대한 연구가 앞으로 지구의 미래를 어떻게 예측하는지에 대해 살펴볼 것이다.

> 토의와 질문

1. 근래 매스컴 등이 동일과정설이나 대격변설을 다룬 기사를 스크랩하여 발표해 보자. 주변에서 발견할 수 있는 전 지구적 대격변의 증거가 있다면 말해보라.

2. 버클리팀이 제기한 소행성 충돌 가설과 펜필드-힐데브란드 등이 칙술룹 운석공 발견을 예로 지질학적 이론이나 가설이 검증되는 과정을 설명해 보자.

3. K-T 경계멸종을 다르게 해석하려는 여러 시도들을 살펴보라. 이를 노아의 홍수와 연관 지으려는 시도에 대해 어떻게 생각하는가?

제7강

다중격변과 빙하기 논쟁

"하나님의 입김이 얼음을 얼게하고 물의 너비를 줄어들게 하느니라."(욥 37:10)

빙하기(ice age 혹은 glacial age)란 지구 표면과 대기의 온도가 감소하면서 대륙 및 극지방 빙상(氷床, ice sheet)과 산악 빙하가 확장되던 시기를 말한다. 긴 빙하기 내에서도 짧은 기간 동안 여러 차례 특히 추웠던 기후가 반복되면서 빙하의 진퇴가 이루어졌던 것을 빙하작용(glaciation)이라고 부른다.

빙하기에는 캐나다 대부분과 미국 북부, 유럽의 많은 부분 등 고위도 지방의 대부분이 얼음으로 덮여있었다. 여름에 눈이 녹는 속도보다 겨울에 쌓이는 속도가 빨라서 눈이 점점 쌓이게 되면 빙하가 형성된다. 눈이 압착되어 만들어진 빙하는 얼음처럼 단단하지만, 동시에 마치 점도가 높은 액체처럼 매우 천천히 낮은 곳으로 흘러간다. 빙하의 움직임은 아직까지 부분적으로 남아있는 세계 도처의 빙하들로부터 쉽게 확인해 볼 수 있다.

빙하기학적으로 본다면, 빙하기란 남북반구에 거대한 빙상이 존재하던 시기를 말하기 때문에 그린란드와 남극에 거대한 빙상이 존재하는 현재도 빙하기의 일부라고 할 수 있다. 일반적으로 빙하기라고 한다면, 2만 년 전에 정점에 이르렀던 마지막 빙하기를 지칭하지만, 빙하기학적으로는 여러 빙하기들 중 좀 더 추운 기간을 빙하시대라고 하고, 좀 더 따듯했던 기간을 간빙기(間氷期, interglacial stage)라고 부른다.

빙하기는 지구 역사에서 여러 차례 일어난 매우 중요한 격변이라고 할 수 있다. 비록 홍수나 화산폭발 혹은 소행성 충돌과 같이 일순간에 일어난 현상은 아니지만, 지구 전체의 긴 역사를 생각해 본다면, 빙하기와 간빙기의 반복은 비교적 짧은 시간 동안에 여러 차례 일어난 대격변이라고 할 수 있다.

1. 빙하기

빙하기는 지질학에서 비교적 최근의 개념이다. 사실 과거에 빙하가 지금보다 훨씬 광범위하게 존재하던 시기가 있었다는 생각은 한 사람의 아이디어가 아니었다. 특히 빙하와 가까운 스위스 알프스에 살던 사람들 중에는 빙하기에 대한 생각을 가진 사람들이 여럿 있었다. 그러나 스위스의 젊은 지질학자 애거시스(Louis Agassiz)가 1840년 『빙하에 관한 연구』(Etudes sur les Glaciers)라는 책을 발표하기까지 사람들은 빙하기에 관한 생각을 하지 못했다.[1] 그는 현재의 빙하는 과거 빙하시대의 흔적이라고 주장하면서 과거에 지구의 대부분이 얼음으로 덮였던 시기가 있었다고 주장했다. 물론 애거시즈가 연구한 것도 현재를 포함하여 지난 몇 십만 년 동안의 빙하기였으며, 그도 그보다 훨씬 이전에 있었던 고대의 빙하기는 몰랐다.

그러면 빙하시대가 존재했음을 보여주는 구체적인 증거는 무엇인가? 바디만(Larry Vardiman)이나 오르드(Michael J. Oard) 등과 같은 창조 과학자들이 주장하는 것처럼, 빙하시대란 존재하지 않았으며 다만 노아 홍수 후기나 직후에 일어난 짧은 기간의 현상에 불과한 것인가?[2] 빙하기의 존재에 대한 증거는 크게 세 분야로 나누어 생각해 볼 수 있다.

지질학적 증거

첫째는 지질학적 증거이다. 빙하시대를 가장 쉽게 판별할 수 있는 가장 손쉬운 지질학적 증거로는 먼저 빙퇴석(氷堆石, moraine)을 들 수 있다. 이는 빙하에 의해 옮겨진 암석이나 토사 따위의 더미를 말하는데, 빙하의 진퇴가 반복되었던 것에는 반드시 존재한다. 빙퇴석과 더불어 빙하 침전물로 형성된 타원형 언덕인 빙퇴구(氷堆丘, drumlin), 표석점토(漂石粘土, till)나 표력암(漂礫岩, tillite), 빙하표석(氷河漂石, glacial erratics) 등이 퇴적된 것 등도 명백한 빙하의 흔적이라고 할 수 있다.

그림 7-1 캐나다 록키산맥에 있는 빙퇴석 호수. 얼어붙은 호수 좌측에는 엄청난 규모의 측면빙퇴석(lateral moraine)이 보인다(위). 작은 자동차 크기의 돌들로 이루어진 종점빙퇴석은 빙하의 힘이 얼마나 굉장했는지를 보여준다(아래). ⓒ양승훈

빙하는 다만 빙하계곡이나 빙하호수 주변에만 존재하는 것이 아니라 때로는 멀리까지 암석들을 운반하여 빙퇴석의 더미를 만든다. 예를 들면, 미국 북동부의 뉴잉글랜드의 빙하는 그 지방의 기반암을 1m 정도 마모시켰고, 그래서 깎인 암석들은 빙하에 실려 남쪽으로 이동하여 현재 뉴욕 롱아일랜드에 쌓였다. 현재 롱아일랜드의 암석들이 뉴잉글랜드의 암석이라는 것이 이를 증명한다. 롱아일랜드는 빙하가 물러가면서 남긴 토양과 돌, 다른 잔해들이 모인 빙퇴석으로 이루어져 있으며, 후에 해수면이 상승하면서 섬이 되었다. 섬이 된 후에는 바다에서 밀려온 다른 퇴적물로 인해 더 넓어져 현재와 같은 섬이 되었다.

둘째, 빙하가 지나간 명백한 흔적은 빙하가 긁고 지나간 자국(rock scouring, rock scratching)이다. 빙하는 천천히 움직이지만 그 속에 모래나 다양한 크기의 돌들이 들어있다. 이러한 단단한 돌들이 수백 m 높이의 빙하 바닥에 박힌 채 빙하와 더불어 움직이게 되면 지면에 있는 기반암이 닳게 된다. 빙하의 무게가 워낙 무겁기 때문에 아무리 단단한 암석이라도 닳게 된다. 빙하가 물러가면서 기반암을 마모시킨 흔적들은 곳곳에 선명하게 남아있다.

그림 7-2 캐나다 록키산맥의 컬럼비아 빙원에 있는 빙하마찰작용(glacial scour) 자국. 무거운 빙하가 물러가면서 지면과의 심한 마찰을 하였기 때문에 단단한 돌까지도 닳아버렸다. 빙하의 무게와 힘을 보여준다. ⓒ양승훈

물론 빙하는 밑에 있는 기반암을 닳게도 하지만, 빙하가 좁은 계곡을 지나갈 때는 좌우에 있는 암벽들을 긁어서 닳게 하기도 한다. 빙하가 덮여있었던 지역에 있는 암벽 계곡들 좌우를 자세히 살펴보면 지금도 어렵

그림 7-3 빙하는 아래 기반암만이 아니라 좁은 계곡을 지나갈 때는 좌우의 암벽까지 마모시킨다. 캐나다 오소유스(Osoyoos) 인근(위) 및 록키 빙퇴석 호수 암벽의 마모 흔적(아래). ⓒ양승훈

지 않게 빙하가 지나가면서 암벽을 마모시킨 흔적들을 볼 수 있다.

셋째, 지구를 덮고 있던 빙하들이 물러갔다는 또 다른 증거는 빙하계곡이다. 침식으로 인해 형성되는 V-자형 계곡과는 달리 빙하가 만드는 U-자형 계곡이 곳곳에 남아있는데, 노르웨이 북서부 대서양 해안이나 캐나다 서부 태평양 해안에는 빙하가 물러가면서 남긴 피요르드(Fijord) 해안이 그 예이다. 캐나다 록키산맥의 대부분의 크고 작은 계곡들 역시 전형적인 빙하계곡이며, 미국 미시건주, 위스콘신주, 미네소타주 등에도 빙하가 물러가면서 만들어진 수만 개의 호수와 언덕들이 남아있다.

그림 7-4 밴쿠버 인근 딥코브(Deep Cove) 피요르드(상)와 전형적인 록키산맥의 빙하계곡(하). 빙하기 말기에 빙하가 물러가면서 만든 깊은 협곡이나 U-자형 계곡들은 전 세계 곳곳에 남아있다.
ⓒ양승훈

동위원소 비의 변화

이런 지형학적 증거 외에도 빙하기의 증거는 많다. 화학적 증거의 하나로는 침전물이나 퇴적암 속에 존재하는 화석들이나 해양 퇴적물, 가장 최근의 빙하기를 보여주는 빙하 천공(穿孔) 기둥 속에 존재하는 동위원소의 비의 변화 등을 들 수 있다. 더 무거운 동위원소들을 포함하고 있는 물은 더 높은 기화열을 갖기 때문에 날씨가 추워질수록 무거운 동위원소를 포함하는 물(얼음, 눈, 빙하)의 비율은 줄어든다. 그래서 물속에 포함된 동위원소의 비율을 조사해 보면, 그 시대의 온도 변화를 추적할 수 있다.[3] 하지만 동위원소의 비가 변하는 것은 다른 원인에 의해서도 가능하기 때문에 동위원소의 비를 가지고 당시의 기후를 연구할 때는 생물 멸종과 같은 다른 요소들을 고려해야 한다.

고생물학적 증거

화석들의 지리적 분포가 변하는 것으로부터도 빙하시대를 연구할 수 있다. 빙하기 동안에는 추위에 적응한 생물들은 고위도 지방으로부터 저위도 지방에 이르는 넓은 영역에서 서식할 수 있는데 비해, 따뜻한 기후를 선호하는 생물들은 멸종하거나 상대적으로 좁은 저위도 지방에만 국한되어 서식할 수밖에 없게 된다.

하지만 이 연구를 위해서는 적어도 세 가지 조건이 만족되어야 한다. 우선 오랜 시간에 걸쳐 저위도에서 고위도에 이르는 넓은 지역의 퇴적물을 관찰함으로써 서로 상관관계를 연구할 수 있어야 한다. 또한 이 연구 결과가 타당성을 얻기 위해서는 수백만 년 동안 아무런 변화 없이 살아온 생물들의 온도 선호를 파악할 수 있어야 한다. 마지막으로 이런 조건들을 만족하는 적절한 화석을 발견할 수 있어야 한다. 하지만 이들 중 어느 하나라도 쉽지 않은 일이다.

이런 난점들이 있음에도 불구하고 빙하나 해양 퇴적층에 대한 시추 연구는 지난 수백만 년 동안 빙하기와 간빙기가 반복되었음을 확인해 주고 있다. 또한 이 연구 결과는 빙퇴석이나 빙퇴구, 빙하 표석 등 여러 지각의 증거들과 일치한다. 이런 지각의 증거들은 빙하나 해양 퇴적층에 대한 시추를 통해 연구할 수 없는, 훨씬 오래 전 빙하들이 만든 층에서도 발견된다.

2. 빙하기는 몇 번이나 있었을까?

지구 역사를 연구하던 초기에는 지구는 처음 창조될 때가 가장 뜨거웠으며 시간이 지나면서 점차 냉각되었다고 생각했다. 그러나 지구에 대한 연구가 진행되면서 지구는 따뜻한 시기와 추운 시기가 반복되었음이 알려지고 있다. 오늘날 남극대륙은 수천 미터 빙하로 덮여 있지만 따뜻한 시기에는 울창한 숲으로 덮여 있었으며, 그 증거로 남극대륙에서 발견되는 식물 화석들을 들 수 있다. 지구 역사에서 지난 10억 년 동안의 대부분은 따뜻한 기후였으며, "짧은" 빙하기와 긴 간빙기가 반복되었다.

그렇다면 지구 역사에서 빙하기는 몇 차례나 있었을까? 지구 역사에서 노아의 홍수라는 격변만 있었다고 주장하는 창조과학(단일격변설 혹은 대홍수설)에서는 단 한 차례의 극히 짧은 빙하기만 있었다고 주장하지만, 이는 자연의 증거와는 거리가 먼 얘기이다.

단일 빙하기

단일격변설에서는 현대 지질학에서 빙하기가 여러 차례 있었다는 것을 부정한다. 하지만 현대 지질학에서는 홍적세(洪績世, Pleistocene) 기간에만도 적어도 네 차례, 많게는 수십 차례의 빙하기가 있었으며, 마지막 빙하는 수천 년 전에 물러갔다고 한다. 그리고 이러한 다중 빙하에 대한 증거로 미국 5대호에서 오하이오 강 계곡(Ohio River Valley)까지 여러 빙하퇴적물들(glacial deposits)이 있음을 지적한다.

여기에 대해 단일격변설에서는 이 빙하퇴적물들은 양이 적을 뿐 아니라 하나의 빙하가 전진과 후퇴를 반복한 결과로 이해하는 것이 더 적합하다고 주장한다. 빙하기의 흔적을 조사해 보면 마지막 빙하의 흔적만이 뚜렷하며 또한 넓은 지역을 덮고 있을 뿐, 그 이전의 빙하들의 흔적은 뚜렷하지 않고 따라서 해석도 다양하다는 것이다.

빙하기가 몇 번인가에 대해 학자들 간에 의견이 분분한 이유는 빙하작용이 강하게 일어났던 한 시기가 있으면, 그 이전의 모든 빙하작용의 흔적은 거의 지워지기 때문이다. 이전의 빙하작용보다 더 약한 빙하작용이 후에 일어나게 되었을 때는 그 이전의 빙하작용 흔적이 남지만, 반대가 되었을 때는 전혀 흔적이 남지 않게 된다. 선캄브리아 빙하기에 대한 연구가 어려운 것이 바로 이 때문이다.

또한 현대 지질학에서 다중 빙하의 근거로 제시하는 것은 빙하점토층들 사이에 따뜻한 지방의 동물군 또는 식물군을 포함하고 있는 지층이다. 이 지층은 빙하기와 빙하기 사이의 오랜 간빙기가 있었음을 보여준다고 말한다.[4]

그러나 단일격변론에서는 우선 빙하점토층들 사이의 간빙기가 길었다고 가정할만한 근거가 별로 없다고 주장한다. 이것은 빙하가 일시적으로 잠시 퇴각했거나, 아니면 빙하 근처의 흐르는 물이나 호수로부터 흘러든 수성퇴적물로 이루어진 지층이라고 해석할 수도 있다는 것이다. 혹은 흔히 알려진 것처럼, 빙하기가 두 번 내지 네 번 정도 있었다 하더라도 이들 빙하기들 간의 간빙기가 오랜 시간이라고 가정할 필요가 없다고 주장한다. 간빙기는 대홍수 기간 동안 지역에 따라 국부적으로 홍수가 밀려왔다가 물러간 것이 반복된 흔적이거나 또는 홍수 초기에 전 지구적 화산 폭발이 몇 번의 커다란 주기로 이루어진 흔적이라고 볼 수 있다고 한다. 말 할 필요도 없이, 이것은 빙하에 대한 연구결과라기보다는 6천 년 지구 연대에 지구 역사를 맞추기 위한 주장이다.[5]

빙하기가 몇 번 있었는가에 대해서는 사람들마다 의견이 분분하지만, 빙하학자들은 빙하기가 노아의 대홍수 기간이나 대홍수를 전후한 짧은 기간에 일어난 현상이라는 주장에 대해서는 단호하게 틀렸다고 주장한다. 빙하기의 원인이나 강도는 빙하기마다 다르지만, 빙하기는 여러 차례 있었던 것이 분명한 것으로 보인다.

여러 차례의 빙하기

학자들마다 약간의 이견은 있지만, 대체로 지구 역사에서 크게 5회의 빙하기가 있었다고 본다.

첫째는 원생대(Proterozoic era) 빙하기이다. 남아프리카의 암석을 연구한 일단의 지질학자들은 22억 년 전, 즉 지구의 원생대에는 극지방으로부터 적도지방에 이르기까지 얼음이 덮여있었다는 증거들을 발견했다. 미국 캘리포니아 공과대학(California Institute of Technology)의 에반스(David A. Evans)와 그의 동료들은 남아프리카에서 빙하 퇴적물들을 연구하여 고대 빙하기의 범위를 결정하였다. 이 퇴적층 바로 위에는 빙하기나 빙하기 직후에 분출한 화산의 용암이 있었다. 그들은 용암 입자들의 자기 모멘트(magnetic moment)의 방향을 연구하여 이 지역이 원생대 빙하기(Proterozoic ice age) 동안에는 적도에 근접해 있었음을 발견하였다.

둘째는 8억 5,000만 년부터 6억 3,000만 년까지 지속되었던 빙설기(Cryogenian period)이다. 가장 초기이면서 혹독했던 그리고 가장 많은 연구가 이루어진 이 빙하기에는 눈덩이 지구(snowball Earth)라고 부를 수 있을 정도로 만년설이 전 지구를 뒤덮고 있었는데, 그 후 강력한 화산

활동으로 배출된 이산화탄소와 같은 온실가스가 축적되면서 끝이 난 것으로 보인다.

셋째는 4억 6,000만 년부터 4억 3,000만 년까지 지속된 안데스-사하라기(Andean-Saharan glaciation)이다. 이 시기는 후기 오르도비스기로부터 실루리아기까지 지속된 소빙하기였다.

넷째는 3억 5,000만 년부터 2억 6,000만 년까지 지속된 캐루빙하기(Karoo Ice Age)이다. 석탄기와 페름기 초기까지 지속된 이 빙하기 동안에는 방대한 극지방 빙하가 발달했다. 2억 9,000만 년 전에는 현재의 남미와 인도, 남극, 호주, 그리고 아라비아 반도에까지 빙하기가 시작되었다.

다섯째는 180만 년 전부터 시작하여 1만 년 전, 현세(現世, Holocene)가 시작되기까지의 홍적세(洪績世, Pleistocene) 빙하기이다. 남극 빙상은 이미 약 2,000만 년 전부터 확장되기 시작했으며, 신생대 제3기의 선신세(鮮新世, Pliocene) 후기부터는 북반구에 빙상이 확장되기 시작했다. 하지만 본격적인 빙하기는 신생대 제4기 홍적세 때 시작되었다. 그 이래로 지구에는 빙하기 전진(빙하기)과 후퇴(간빙기)가 4만 년, 10만 년 주기로 반복되었다. 현재 볼 수 있는 대륙 빙상은 그린란드와 남극 빙상이다.

마지막 홍적세 빙하기는 장소와 시기에 따라 좀 더 자세히 나누어진다. 알프스 북편 경사면에서 처음 알려진 리스 빙기(-氷期, Riss Glacial Stage)는 18-13만 년 전까지를 말하며, 홍적세 빙하기 중 가장 늦게 일어난 뷔름 빙기(-氷期, Wurm Glacial Stage)는 7-1만 년 전까지를 말한다. 뷔름 빙기는 북미의 위스칸신 빙기(Wisconsin Glacial Stage)에 대응되는 시기이다.[6] 그리고 리스와 뷔름 빙기 사이를 리스-뷔름 간빙기

(Riss-Wurm Interglacial Stage)라 부른다. 따라서 지금 우리는 뷔름 빙기 이후의 간빙기를 살고 있다고 할 수 있다.

미국 중부	미국 중부	미국 중부
Wisconsin	Würm	Vistulian(Weichselian)
Sangamon	R/W	Eemian
Illinoian	Riss	Saalian
Yarmouthian	M/R	Holsteinian
Kansan	Mindelian	Elsterian
Aftonian	G/M	Cromerian
Nebraska	Gunz	Menapian

표 7-1 북미주와 서유럽에서의 전통적인 빙하기와 간빙기들. 유럽과 북미주 빙하기는 일리노이기 위쪽(최근) 빙하기만 동일하고 그 아래(오래된) 빙하기는 일치하지 않는다.[7]

여러 빙하기들 중에서도 홍적세 빙하기는 우리들에게 지금까지 영향을 미치고 있으므로 좀 더 자세히 살펴보자.

홍적세 빙하기

홍적세(洪績世)는 말 그대로 홍수에 의해 퇴적된 지층을 의미한다. 180만 년 전부터 1만 년 전에 이르는 이 시기는 빙하기(氷河期, glacial ages)와 간빙기(間氷期, interglacial ages)가 여러 차례 반복되면서 해수면의 높이가 엄청나게 변한 시기였다. 홍적세 기간 중에는 4회 또는 6회의 빙하기와 이들 사이에 간빙기가 있었으며, 따라서 홍적세를 대빙하기라고도 한다.

해수면의 변화는 빙하기와 간빙기를 직접적으로 보여준다. 빙하기에는 남·북반구의 고위도 지방이나 저위도 지방의 높은 산악지대에 많은 얼음층이 쌓였기 때문에 해수면이 하강하였으며, 반대로 간빙기에는 빙하가 녹아서 해수면이 상승하는 현상이 일어났다. 그 때문에 지구상의 동식물계에 많은 영향을 주었다. 이 시대에는 화산활동이 뚜렷하게 나타났으며, 첫 인류의 흔적이 나타나기도 했다. 한국의 각처에 강을 따라 계단형태로 발달된 하안단구층(河岸段丘層)은 이 시기의 지층에 해당되며, 제주도의 사구층(砂丘層)이나 고산지층도 이에 해당된다.[8]

 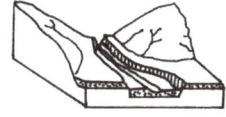 

그림 7-5 하안단구의 형성 단계

한반도 주변의 해수면 변화에 대해서도 알려지고 있다. 약 15,000년 전, 제4 빙하기 말에 한반도 주변의 해수면은 지금보다 약 135m 낮았던 것으로 밝혀지고 있다. 이때의 해안선은 현재 동해의 대륙붕 붕단(대륙붕의 끝)에 해당된다. 제4 빙하기는 약 10,000여 년 전에 끝났으므로 빙하가 녹으면서 서서히 해수면이 상승하여 현재와 같이 되었다. 따라서 빙하기에는 현재의 서해와 남해의 상당 부분이 육지였으므로 중국, 일본과의 왕래가 용이하였으며, 서해와 남해의 저지대는 선사시대 사람들의 생활 터전이었을 것으로 보인다.

3. 빙하기 이론

그러면 지금도 선명하게 그 증거들이 남아있는 빙하시대는 어떻게 도래하게 되었으며, 또 어떻게 물러가게 되었는가? 과거에 여러 차례의 빙하기가 존재했다는 사실은 지구에 대격변이 있었음을 증명하는 좋은 증거라고 할 수 있다. 빙하시대는 현재와 같은 자연 조건으로서는 설명하기 어렵기 때문에 지금과는 전혀 다른 어떤 시대가 있었다고 가정해야 한다.

빙하기의 원인

일반적으로 빙하기가 도래하기 위해서는 (1) 대양으로부터 많은 수분이 증발되어야 하고, (2) 눈이 많이 와야 하고, (3) 그리고 눈이 적게 녹아야 한다. 이러한 조건이 만족되기 위해서는 먼저 대양은 화산 폭발 등으로 인해 지금의 대양보다 수온이 높아서 대규모 수증기 증발이 일어나야 한다. 그리고 화산재가 태양열을 차폐함으로 인해 지표면의 온도가 급속히 내려가고, 그 결과 대양과 육지 사이의 큰 온도 차이로 인해 강력한 폭풍우와 더불어 많은 눈이 내려야 한다. 그렇게 내린 눈이 녹지 않음으로 인해 빙하기가 도래했다고 본다.

빙하기가 도래하기 위해서는 특히 여름이 중요하다. 겨울은 어차피 추워서 빙하가 녹지 않을 것이므로, 내린 눈이 적게 녹기 위해서는 여름이 서늘해야 한다. 오늘날 시베리아 지방에 눈이 쌓이지 않는 원인도 겨울

그림 7-6 아르헨티나 페리토 모레노 빙하(Glaciar Perito Moreno)(위)와 캐나다 록키산맥의 컬럼비아 빙원(Columbia Icefield)의 아타바스카(Athabasca) 빙하 ⓒ양승훈

은 충분히 추운데 여름이 너무 따뜻해서 눈이 다 녹아버리기 때문이다.[9] 빙하기가 오려면 오늘날에 비해 여름이 더 서늘하고 눈이 훨씬 더 많이 와야 한다.[10]

그러면 많은 강설과 낮은 기온은 왜 일어나는 것일까? 빙하기나 대규모 빙하기 중 짧은 빙하기와 간빙기의 반복이 왜 일어나는지에 대해서는 의견이 다양하다. 하지만 대체적인 의견은 빙하기는 단일 요인에 의해 발생하는 것이 아니라 여러 가지 요소들이 복합적으로 작용하여 발생한다는 것이다.

첫째 요소는 대기 조성의 변화이다. 가장 중요한 영향을 미칠 수 있는 기체는 역시 이산화탄소와 같은 온실가스이다. 이산화탄소는 태양광에 대해 투명하며, 열선 혹은 원적외선을 강력하게 흡수하기 때문에 대기 중에서 조금만 증가하거나(온실효과) 감소하게 되면 대기 온도가 민감하게 변한다. 근래 지구에서 온실가스의 증가는 인위적인 원인에 의한 것이지만, 지구 온난화의 주범이라는 것이 밝혀지면서 이 이론은 많은 사람들의 지지를 받고 있다. 대기 중의 온실가스 변화는 기후에 영향을 미치며, 동시에 기후의 변화가 온실가스의 양을 변화시킬 수도 있다.

하지만 이 이론에도 문제가 없는 것은 아니다. 빙하기에 왜 대기 중의 이산화탄소의 양이 감소했는지 그 이유를 밝히기가 어렵다는 것이다. 물론 자연에는 화산폭발을 통한 이산화탄소의 배출, 광합성 작용의 변화를 통한 이산화탄소의 변화, 규산염 풍화작용 등을 통한 대기 중의 이산화탄소나 메탄가스와 같은 온실가스의 양의 변화를 생각해 볼 수 있다.[11] 하지만 지구 역사에서 200만 년 전부터 1만 년 전까지의 홍적세 기간 동안에만 특별히 화산활동이 활발했다는 뚜렷한 증거가 없다는 것이 문제이다.

온실가스와는 별도로 화산폭발이 대기 중에 먼지를 증가시켜 빙하기가 도래했다는 주장도 있다. 한 예로 어떤 사람은 1883년 자바와 수마트라 사이에 있는 크라카타우(Krakatau) 화산이 폭발하였을 때 그 화산재가 지구를 덮어 약 3년간 지구 전체의 기온이 하강한 것을 제시하기도 한다. 화산재에 의한 기온 변화는 단기간에 끝나지만 이것이 시초가 되어 빙하 시대가 시작될 수도 있다. 그러나 이 주장도 위 온실가스와 같이 홍적세 기간 중 대규모 화산폭발이 있었음을 증명할 수 있는 증거가 있어야 한다.

둘째는 판구조론적 원인이다. 판구조론에 의하면 지각은 여러 개의 대륙 및 해양판으로 이루어져 있으며, 이 판들은 끊임없이 움직이고 있다. 대륙이 이동하여 다른 위도대에 위치하게 되면 바람과 해류가 달라지며, 태양열의 양도 달라지는 등 기후가 변한다. 오늘날 아프리카, 오스트레일리아, 남아메리카, 인도 등의 열대 지방에서 빙하 퇴적물이 발견되는데, 이는 현재 위치로 이동하기 전에 빙하기를 맞았던 것으로 해석된다.

하지만 이 이론은 홍적세 이전의 고생대나 선캄브리아기의 빙하기, 즉 대륙의 분포가 지금과는 판이하게 달랐을 때의 빙하기는 설명할 수 있을지 모르지만, 홍적세의 빙하기는 설명할 수 없다. 현재와 같은 대륙의 분포는 홍적세보다 훨씬 이전에 이미 결정되어 있었기 때문이다. 대륙이동과는 좀 다르기는 하지만, 일부에서는 남극빙하가 기초하고 있는 지각으로부터 분리되어 대양으로 확장되고, 이로 인해 지구의 태양광 반사율이 증가하여 빙하기가 도래했다고 주장하기도 한다.[12] 하지만 남반구에서의 약간의 태양광 반사율의 변화가 어떻게 북반구에서 빙하기를 일으켰을까 하는 데는 의문의 여지가 있다.

셋째는 천문학적 원인이다. 천문학적 원인의 한 예로 지구와 태양의 거리가 달라지면 지구에 도달하는 태양열의 양이 달라지는 것을 들 수 있다. 흔히 밀란코비치 주기(Milankovitch cycle)로 알려져 있는(아래에서 좀 더 자세히 살펴볼 것인데), 태양 주변을 공전하는 지구의 궤도 변화도 그 한 예일 수 있으며, 가능성이 높지는 않지만 은하 주위를 공전하는 태양의 궤도 변화로 인한 지구 온도의 변화도 생각해 볼 수 있다.

천문학적 원인의 또 한 예는 은하 먼지 구름 이론(galactic dust cloud theory)이다. 이 이론에서는 빙하기란 지구가 은하계 내에서 우주진의 밀도가 높은 곳을 지날 때 그 먼지로 인해 지표면에 도달하는 태양광이 줄어들어 빙하기가 도래했다고 하는 주장이다. 하지만 천문학적 원인들 중에서 은하 먼지 구름 이론은 은하계에 많은 은하 먼지가 있는 지역이 있다는 것은 알려져 있지만, 정말 지구가 그곳을 통과했는가에 대해서는 근거가 없다는 문제가 있다. 도리어 다량의 우주진이 대기권에 들어와 타버리면서 기온이 올라갈 가능성도 염두에 두어야 한다.

이 외에도 지구–달 시스템의 궤도가 달라지는 것이나 큰 소행성의 충돌과 이로 인해 촉발되는 화산활동, 초신성의 폭발 등도 빙하기가 도래하는 것에 영향을 미칠 수 있다는 주장도 있다. 또 지구상의 대기 순환, 기압 분포, 기온 변화 등이 태양의 흑점주기와 같은 11년을 주기로 나타나고 있다. 하지만 이들의 주기가 동일하다는 것은 알려져 있지만, 더 이상 어떻게 구체적으로 관계되는지는 잘 모른다.

이러한 원인들 중 단독으로 지구상에 빙하기를 일으킬 수 있는 경우도 있지만, 아마 여러 가지 원인이 복합적으로 작용하여 빙하기를 일으켰을 가능성이 높다고 할 수 있다. 아니면 어느 한 원인에 의해 다른 원인들이 따라 작동할 수도 있었을 것이다. 가장 가능성이 높은 한 가지 예를 들면, 지구가 상당한 크기의 소행성과 충돌할 경우 엄청난 지진과 더불어 활발한 화산활동을 유도할 것이며, 이것은 다시 대륙이동을 활성화시켜서 열대우림 지역을 극지방으로 이동시켜서 빙하가 대륙을 덮게 할 수도 있었을 것이다. 여러 가지 가능한 빙하의 원인들 중에서 밀란코비치 주기는 좀 더 자세히 살펴볼 가치가 있다.

밀란코비치 주기

1920년대와 30년대, 유고슬라비아 과학자 밀란코비치(Milutin Milankovitch)는 우주 공간에서 지구의 움직임과 관련하여 기후를 변화시키는 세 가지 주요한 원인이 있다고 주장했다.[13] 이 세 원인들은 주기적으로 반복되지만 발생하는 주기는 서로 다르다. 이 이론은 밀란코비치가 1938년에 제시했기 때문에 밀란코비치 주기라고 부르는데 여기에는 세 가지 주기가 있다.[14]

첫째는 지구 공전 궤도의 이심률(eccentricity)이 10만 년을 주기로 변하는 것이다. 지구의 공전 궤도는 매년 조금씩 변한다. 즉, 원에 가까운

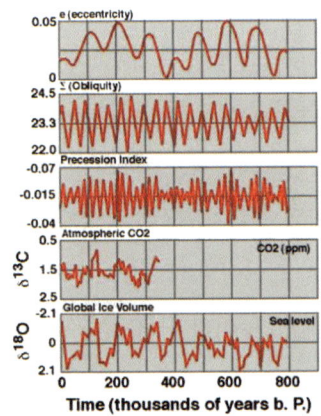

그림 7-7 밀란코비치 주기와 고기후 변화의 상관성

공전 궤도로부터 이심률이 큰 타원 궤도까지를 주기적으로 반복한다. 공전 궤도가 원에 가까울 때는 계절마다 태양광을 받는 양이 비슷하지만, 공전 궤도가 타원이 되면 계절마다 태양광을 받는 양이 크게 차이가 난다. 현재는 지구의 궤도가 거의 원에 가까우므로 여름과 겨울의 일사량 차이가 약 7%에 불과하지만, 최대 이심률이 되어 그 차이가 약 30%에 이르면 여름은 지금보다 더 더워지고, 겨울은 더 추워지게 된다. 이 주기는 밀란코비치 이론의 세 주기 중에서 빙하기-간빙기 반복의 가장 중요한 원인으로 간주된다.

둘째는 지구 자전축의 기울기(obliquity)가 주기적으로 변화하는 것이다. 현재 지구 자전축의 기울기는 23.5도지만, 이 경사각은 약 42,000년을 주기로 21.5-24.5도 사이로 변하고 있다. 이 경사각이 커질수록 여름과 겨울의 기온 차, 즉 연교차가 커지고 극과 적도의 기온차가 뚜렷해진다. 즉, 자전축의 기울기가 달라지면, 지구 표면에서 지역마다 태양열을 받는 양이 달라진다.

셋째는 우주 공간에서 지구 자전축의 세차운동(precession) 혹은 축머리 운동이다. 즉, 지구는 자전축이 팽이처럼 세차운동을 하는데, 지금과 같은 세차운동을 하게 되면, 10,000-13,000년 후에는 지구 자전축의 기울어진 방향이 반대가 되어 북반구의 6월이 겨울이 되고 12월이 여름이 된다. 이것은 다른 두 가지 주기에 비해 정확하지 않으며, 대체로 19,000년에서 23,000년 사이의 주기를 갖는다.

밀란코비치의 이론에 의하면, 이 세 개의 주기에서 태양광을 가장 적게 받는 시기가 겹치게 되면 빙하기가 되고, 태양광을 가장 많이 받는 시기가 겹치게 되면 간빙기를 지나게 된다. 이 세 주기가 결합하여 가장 적게 태양열이 지구에 도달할 때는 빙하가 북미주와 유럽 전체를 덮었으며, 빙상은 안데스 산맥과 아시아 및 다른 지역의 고지대까지 이르렀다고 본다. 흔히 빙하기(ice age)라고 말하는 가장 최근의 빙하기조차 밀란코비치 주기와 일치한다. 즉, 2만 년 전에 절정에 달했던 빙하기는 1만 년 전에 끝났다는 것이 천문학적으로 계산한 것(밀란코비치 주기)과 해저 퇴적층을 시추해서 확인한 지질학적 증거와 일치한다.

밀란코비치의 주기와 지질학적 증거가 일치한다는 주장의 증거로는 지구의 궤도가 변화하는 것과 대양의 바닥에 서식하는 조개(planktonic shell)의 산소 동위원소 조성이 변화하는 주기가 일치한다는 연구 결과를 들 수 있다.[15] 이 연구에 의하면, 지난 200만 년 전에 시작된 홍적세 빙하기 동안에는 빙하가 20-30회 전진과 퇴각을 반복해 왔다고 하는데, 이 주기들이 대체로 밀란코비치 주기와 일치한다는 것이 이 이론의 지지자들의 주장이다.[16] 이런 연구로 인해 이제는 빙하기의 신비가 풀렸다고 주장하는 학자들도 있다.[17]

하지만 이 이론에 대해서도 비판의 목소리가 없는 것은 아니다. 우선 앞의 그림에서 보여주는 것처럼, 밀란코비치 주기가 정확하게 고기후학의 결과와 일치하지 않는다는 사실이다. 실제로 창조과학자 오르드는 이 이론은 구체적으로 빙하기의 빙상이 어떻게 형성되었는가를 설명하지 못한다고 비판한다. 즉, 이 이론은 빙하기 그 자체의 원인보다는 빙하기와 간빙기가 어떻게 반복되었는지를 설명할 뿐이다. 또한 해저 산소 동위원소의 변화는 빙하기가 대체로 10만 년을 주기로 반복되었는데, 이는 위에서 언급한 지구 공전궤도의 이심률의 변화와 일치한다. 그런데 오르드는 이심률의 변화로 생길 수 있는 지면의 태양 복사광의 변화는 불과 0.17%에 불과하다고 한다.[18] 오르드는 이 정도의 복사광 변화로는 빙하기가 도래할 수 없다고 주장한다.[19]

4. 최후 빙하 연구

2만 년 전에 최고에 달했던 빙하기는 현대와 가장 가깝기도 하고 또한 오늘날 가장 많은 증거들을 남기고 있기 때문에 가장 많은 연구가 이루어지고 있다. 빙하에 대한 연구는 아무래도 빙하와 가까이 있는 지역의 연구 기관에서 많이 참여하고 있다. 예를 들어, 스웨덴 스톡홀름 대학이나 미국 메인주립대학, 캐나다 대학 등에서는 지금도 활발하게 빙하 연구를 진행하고 있다. 그래서 빙하를 연구하는 방법이나 빙하로부터 얻을 수 있는 정보도 매우 다양하다. 몇 가지 연구들을 살펴보자.

눈이 쌓여 압축되게 되면 얼음과 같이 변하면서 얼음 층 사이에 있는 공기가 빙하 속에 갇히게 된다. 과학자들은 이 공기를 분석함으로써 과거 지구의 대기와 기후에 대한 정보를 얻을 수 있다. 또한 얼음이 만들어진 환경과 기후에 따라 얼음의 구조도 변한다. 그러므로 얼음의 구조를

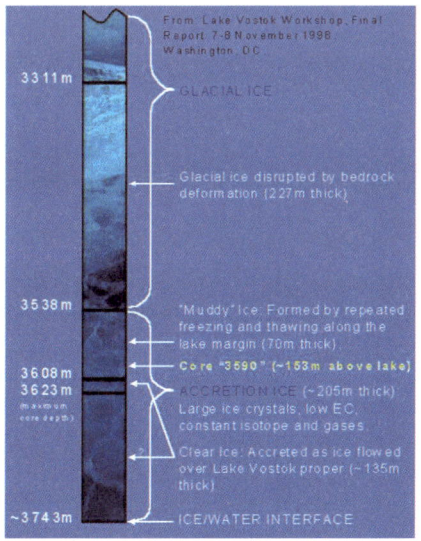

그림 7-8 3,000m 이상 시추한 보스톡 호수(Lake Vostok)의 얼음 기둥

연구함으로써 빙하시대를 연구하기도 한다.

또한 1990년대 초 이래 과학자들은 그린란드의 얼음을 3,000m 이상 시추하여 잘라낸 얼음 기둥(ice core)을 조사함으로써 지구 기후의 역사를 연구하고 있다. 빙하 시추를 통해 얻는 원통형의 시추 샘플들을 분석해 보면 해마다 분명하게 구분되는 층이 있는데, 이를 통해 과학자들은 그린란드의 만년설이 만들어진 이래 40만 년에 걸친 빙하의 역사를 조사할 수 있었다. 이 얼음 기둥은 빙하시대의 역사를 고스란히 간직하고 있는 도서관과 같다. 과학자들은 이 기둥을 통해 전기전도도를 포함하여 시대에 따른 빙하의 여러 특성들을 조사했다.

미국 메인주립대학(The University of Maine)의 패스툭(James Fastooks)은 이 얼음 기둥을 조사하여 지난 13만 5천 년 동안의 북미주와 유럽의 기온과 강설량을 조사했다. 처음에 빙상이 어떻게 생성되기 시작했는가에는 학자들 간에 논란의 여지가 있지만, 그는 그 동안의 연구결과들을 기초로 컴퓨터 시뮬레이션을 한 결과 당시 온도는 5-20℃ 사이를 오가면서 빙상이 전진, 퇴각을 반복했다고 밝혔다.[20]

패스툭의 연구에 의하면, 빙하시대는 지난 258만 년 동안 지속되었으며, 빙하가 북미주 대륙과 스칸디나비아 등 북유럽을 덮기 시작한 것은 지난 10만 년 전부터였다. 가장 혹독한 추위는 25,000년 전에 시작되었다. 그 후 수천 년 동안 눈이 내렸으며, 이 눈은 여름에도 완전히 녹지 않았다. 육지의 물은 모두 얼어붙었고, 북극의 영구 동토층은 땅 속 깊은 곳으로 가라앉았다. 빙하가 움직이기 시작했고 가장 혹독한 빙하시대가 시작되었다. 17,000년에서 21,000년 전 사이에 대륙의 빙상은 최대에 이르렀다.

유럽에서 빙하는 오늘날의 런던까지 내려왔고, 동쪽으로는 폴란드와

발트해 국가들과 러시아까지 확장되었다. 남유럽까지 미치지는 못했지만, 알프스는 완전히 빙하로 덮였다. 멕시코 만류는 스페인까지만 흐르고 있었기 때문에 북대서양은 얼음으로 가득 차 있었다. 남쪽으로는 빙산이 지브랄타 해협(Straight of Gibraltar)까지 밀려 내려갔다. 북아메리카에서는 빙상이 두 배로 자라나 유럽을 덮을 정도의 크기가 되었다. 캐나다에서는 세 개의 독립된 빙상이 형성되기 시작하여 남쪽으로 밀려 내려가기 시작했으며, 돔형의 빙하는 두께가 3,000m에 이르렀다. 빙하의 끝단은 확장되면서 오늘날의 오대호를 형성하였다.

최후의 빙하기 동안 지구상의 대부분의 물은 얼음이었다. 해수면은 지금보다 120m 정도 낮았기 때문에 영국과 유럽은 걸어서 건널 수 있었고, 북해는 완전히 말랐다. 그래서 과학자들은 초기 인류의 주거지가 지금보다 훨씬 저지대에 있었다고 보고 과학자들은 이들의 주거지를 찾기 위해 바다 속을 조사하였다. 빙하기가 끝나면서 해수면이 높아졌고, 이로 인해 저지대에 살던 사람들의 주거지가 수몰되었다고 생각했기 때문이다. 결국 오랜 연구 끝에 과학자들은 실제로 인류가 거주했던 해저 동굴 주거지를 발견하였다. 해저 동굴 벽화에는 지금은 멸종된 동물들도 있었다.

약 13만 년에서 11만 5천 년 전, 최악의 빙하기가 시작되기 전 지구는 오늘날보다 훨씬 더 따뜻했다. 당시 여름 기온은 지금보다 2°C 정도 높았다. 빙하가 오기 전에는 온화한 기후가 유럽의 빙하를 녹이고 스코틀랜드까지 아열대성 기후였으며, 템즈강에서는 하마가 수영하고 있었고, 숲에는 코끼리, 코뿔소가 서식하고 있었으리라 생각한다. 거대한 동물들이 숲을 거닐고 있었고, 북미주 대륙에 서식하던 동물들은 지금과는 완전히 달랐다. 코끼리보다 훨씬 더 큰 매머드, 치타, 곰 등의 포식자들도 번성했다. 아마 이곳이 바로 인간이 등장하기 전의 에덴동산이 아니었을까 생각된다. 그리고 10여 만 년이 지난 후 인류가 평원에 등장하여 에덴동산을 변화시키기 시작했다. 20,000년 전을 고비로 빙하는 조금씩 물러가기 시작하면서 간빙기가 시작되었다. 즉, 인간이 경험한 지난 10,000년 간의 기후는 간빙기라 할 수 있다.

그림 7-9 매머드 ⓒ양승훈

5. 빙하 홍수와 노아 홍수

빙하기가 끝날 무렵 지구에서 일어난 격변들 중 하나는 빙하 홍수였다. 빙하 홍수는 빙하기가 끝나는, 다시 말해 빙하가 물러가고 있는 기간에 발생한 것으로 보인다. 기후가 따뜻해지면 빙하가 녹게 되는데 이 때 융빙수(融氷水)가 흘러갈 수 있는 수로가 있는 경우에는 문제가 되지 않지만, 융빙수가 흘러가다가 아직 녹지 않은 빙하가 가로막고 있으면 그

빙하가 댐이 되어 내려오는 융빙수를 저장하게 된다. 그리고 빙하 댐에 갇혀 있던 융빙수의 수위가 높아지게 되면 어느 날 갑자기 빙하 댐이 붕괴하면서 한꺼번에 쏟아지게 되어 엄청난 홍수가 발생할 수 있다. 이것이 바로 빙하 홍수이다.

여기서 한 가지 대담한 가설을 생각해 보자. 그것은 홍적세 말기의 빙하 홍수와 창세기 6-8장에 나오는 노아의 홍수가 관련되어 있을지도 모른다는 가설이다. 이 가설은 다른 사람들에 의해서도 제기된 바 있다. 매니토바 대학의 텔러(James T. Teller)와 스미스소니언 박물관의 레버링톤(David W. Leverington)은 북미주에서 빙하가 후퇴하면서 만들었던 애거시즈 호수가 터지면서 일으켰던 홍수가 노아의 홍수였을 가능성이 있다는 주장을 제기했다.

텔러와 레버링톤의 연구에 의하면, 애거시즈 호수는 최후의 빙하후퇴기 동안 지구상에 존재했던 호수들 중 가장 큰 호수였다. 빙하 말단의 얼음이 녹으면서 흘러내린 물로 만들어진 애거시즈 호수는 가장 넓었던 지금부터 8,200년 전에는 캐나다 매니토바로부터 퀘벡에 이르는 84만 km^2 이상 되는 호수였다. 캐나다 대부분과 미국 북부까지 덮었던 로렌타이드 빙상(Laurentide ice sheet)은 오대호 중의 하나인 수피리어 호수 열다섯 개에 해당하는 크기였다.[21]

텔러와 레버링톤은 녹아내리는 빙하의 물이 일정 수준 이상이 되었을 때, 애거시즈 호수의 물을 가두고 있는 빙하댐이 터지게 되었고, 그 때 4,600-163,000km^{3}의 물이 한꺼번에 오대호와 로렌스강, 북극해 등을 통해 북대서양으로 유입되면서 해수면이 높아지게 되고 곳곳의 저지대가 침수되는 대홍수를 일으켰을 것으로 본다. 물론 이 때 높아진 해수면은 불과 50cm 정도에 불과하지만, 빙하기 말기에 이미 해수면이 높아진 상태에서 일어난 홍수이기 때문에 약간의 일시적 해수면 상승조차 큰 홍수로 이어졌을 것이다.

흥미 있는 것은 이러한 해수면의 일시적 상승은 같은 얕은 대륙붕과 바다분지로 이루어진 페르시아만(Persian Gulf)과 같은 곳에서는 더 크게 영향을 미쳤을 것이라는 점이다. 예를 들면, 163,000km³의 물이 한꺼번에 쏟아질 경우 경사가 1/2000로 완만한 페르시아만 대륙붕에서는 바다가 내륙으로 1km까지 확장되며, 거의 평평한 페르시아만에서는 내륙으로 10km까지 확장된다. 흥미롭게도 텔러는 중동 지방에서 전해지고 있는 『길가메시 서사시』에 나오는 홍수나 노아의 홍수와 같은 대규모 홍수가 바로 이러한 해수 침입의 하나일 수 있다고 제시한다. 특히 텔러는 지금부터 8,200년 전에 일어난 애거시즈 호수의 최대 수량 방출로 인한 대규모 해수 침입이 노아의 홍수일 가능성이 있다고 주장한다.

홍적세 말기와 근세 초기에 빙하댐의 붕괴로 인한 대규모 홍수는 전 세계적으로 곳곳에서 보고되고 있다. 러시아의 루도이(Alexei N. Rudoy)는 알타이(Altai)와 투바(Tuva) 지방의 산맥에서도 빙하댐의 붕괴로 인한 대규모 홍수의 흔적을 보고한다.[22] 루도이팀은 빙하댐으로 만들어진 호수의 수량을 생각한다면, 빙하댐이 무너졌을 때 초당 100만 m³의 물이 방출된 것으로 추산했다. 약 13,000년 전에 일어난 츄야-쿠라이 홍수(Chuya-Kurai floodstream) 때는 초당 180만 m³가 방출된 것으로 추산된다.[23]

빙하의 크기와 녹는 속도 등을 고려한다면, 이러한 대규모 홍수는 100여 년을 주기로 일어난 것으로 추측된다. 이러한 대규모 홍수가 여러 차례 일어남으로 인해 심한 침식과 퇴적이 반복되었으며, 물이 지나간 인근의 지형은 엄청나게 많이 변했다. 이로 인해 인근 워싱턴주에 있는 소위

"수로화된 용암 암반"(Channeled Scabland)이 러시아에서도 관찰된다. 이러한 빙하댐의 붕괴로 인한 초대형 홍수(superflood)는 빙하기 후기에 북아메리카나 아시아 등 곳곳에서 일어났던 것으로 알려지고 있다.[24]

6. 창조과학과 빙하기

그러면 이러한 빙하기를 단일격변설을 주장하는 창조과학에서는 어떻게 설명하는가? 빙하기에 대한 첫 창조과학자들의 반응이라고 한다면 20세기 후반, 창조과학의 부흥의 방아쇠를 당겼던 모리스(H.M. Morris)와 윗콤(John C. Whitcomb, Jr.)의 『창세기 대홍수』라고 할 수 있다.[25] 성경이 탁월한 지질학 교과서가 될 수 있다고 믿었던 모리스와 윗콤이 제시하는 빙하기에 의하면, 노아의 대홍수가 있기 전 지표면은 평평했고 지구의 기후는 온화했으나, 홍수가 나면서 높은 산들이 융기하고 물순환(hydraulic cycle)이 시작되었으며, 처음으로 눈이 내리기 시작했다고 한다

그림 7-10 구약학자 윗콤과 토목공학자 모리스가 공저한 『창세기 대홍수』는 1961년에 초판이 출간된 이후 지금까지 스테디 셀러로(한 번도 개정하지 않았는데도) 팔리고 있다. 한국어로도 번역된 이 책은 20세기 창조과학 혹은 단일격변설의 부흥을 알리는데 가장 중요한 역할을 했다.

그들은 기존의 지질학자들이 제시하는 빙하기 원인들은 새로운 이론이 나타나면 폐기처분 되지만, "그러나 성경의 대홍수는 탁월하게 만족스러운 설명을 제공한다"고 했다. 그들은 "일반적으로 지질학자들이 주장하는 빙하기나 홍적세 지질학은 우리가 성경 기록으로부터 유추한 것과 잘 조화를 이룬다"고 했다. 물론 그들은 빙하기나 간빙기가 오랜 기간 동안, 여러 차례 반복되었다는 것을 부정한다. 이들은 빙하기는 노아 홍수를 전후하여 급격히 시작되었으며, 대홍수 이후 얼마동안만 지속되었고, 급격히 종결되었다고 한다.[26]

모리스와 윗콤의 뒤를 이어 성경적 관점에서 빙하기를 설명하겠다고 나선 사람은 패턴(Donald W. Patten)이었다. 빙하국립공원(Glacier National Park)이 있는 몬태나주 작은 마을에서 태어난 패턴은 워싱턴주립대학(University of Washington)에서 지리학으로 학사 및 석사학위를 받았다. 하지만 그는 고대사, 고대문헌, 기후학, 유전학, 지리학, 지형학, 수학, 철학 등 다방면에 걸쳐 흥미를 갖고 있었다. 젊을 때 자기 고향에서 설교자로 봉사하기도 했던 패턴은 『성경의 대홍수와 빙하기』라는 책에서 지구의 빙하기는 우주에서 날아온 얼음에 의해 생겼다는 황당한 주장을 제시했다. 그러면서 그 증거로 다른 행성이나 위성들에 존재하는 엄청난 얼음을 예로 들었다.[27]

하지만 토목공학자였던 모리스와 구약학자인 윗콤, 패턴은 빙하기 연구와는 무관한 사람들이었다. 이들은 노아 홍수에 대한 자신들의 성경 해석에서 출발하여 자신들이 세운 빙하기 가설을 주장하기 위해 문맥과 어긋나게 여러 전문적 문헌들을 인용했다. 성경을 지질학 교과서로 사용한 이들의 주장은 해당 분야 전문학자들에게는 별 영향을 끼치지도, 인정받지도 못했다. 그러나 이들의 주장은 근본주의자들의 전투적 특성과 선명성으로 인해 20세기 후반 대중적 캠페인을 통해 일반인들에게 널리 전달되기 시작했다.

성경을 과학적으로 설명하려고 노력했던 이들의 노력을 이어받은 사람으로서는 대기과학을 전공한 미국 창조과학연구소(ICR)의 바디만과 오르드를 들 수 있다. 열렬한 창조과학자인 두 사람 중에서 특히 오르드는 빙하기와 관련한 대중적인 문헌들을 여럿 발표했다. 워싱턴대학에서 대기과학을 전공하여 이학석사를 받은 오르드는 몬태나주 그레이트 폴스(Great Falls)에서 미국기상청(National Weather Service) 직원으로 18년 간 근무한 후 은퇴했다. 하지만 이미 1990년에 『창세기 홍수에 의해 일어난 빙하기』(*An ice age caused by the Genesis Flood*)란 보고서(monograph)를 출간했고, 2001년부터 창조과학연구협회(Creation Research Society) 이사회 멤버로 활동했기 때문에, 그의 주장이 빙하기에 대한 창조과학자들의 생각을 대변한다고 할 수 있다.[28]

오르드는 빙하기가 노아의 홍수 후의 기후 변화로 인해 일어났다고 한다. 그의 주장에 의하면, 노아의 홍수로 인해 높은 산들이 생겨났으며, 홍수 말부터 고지대는 이미 상당히 추워졌다. 하지만 그 추위는 현재의 추위와 비슷했으며, 대륙빙상의 형성을 설명할 수 있을 정도로 심하지는 않았다고 한다. 하지만 그는 기후에 관해서는 식견이 있었는지 몰라도 지질학이나 지사학에 대해서는 문외한이어서, 1년 미만의 노아의 홍수 기간 동안 전 세계적으로 해발 수천 미터의 산들이 급격하게 형성되었다면 반드시 남아 있어야 할 여러 증거들에 대해서는 침묵한다. 만일 현재 지구상에 존재하는 모든 산들이 1년 미만의 조산운동으로 형성되었다면, 이것은 노아의 홍수보다 더 큰 전 지구적 격변이라고 할 수 있으며, 지질학에서 수많은 증거들을 제시할 수 있어야 한다. 하지만 그런 증거는 없다.

7. 지구온난화와 신빙하기

빙하 홍수가 아니더라도 빙하기의 도래 자체가 지구 역사에서 엄청난 격변이라고 할 수 있다. 이러한 격변으로서의 빙하기가 이제는 다시 오지 않을 것인가? 많은 사람들이 이 문제를 연구하고 있는데, 안타깝게도 인류는 또 다른 엄청난 기후 재난을 향해 나아가고 있다.

지난 한 세대 동안 전 세계적으로 가장 큰 이슈가 되었던 것은 지구온난화였다. 과연 지구는 따뜻해지고 있는가? 그리고 따뜻해진다면 그것이 어떤 결과를 초래할 것인가? 한 때는 지구가 따뜻해지고 있다는 것을 부인하는 사람들도 있었다. 어떤 사람들은 지구온난화가 일어나면 더 살기 좋아지지 않을까 생각하는 사람들도 있었다. 심지어 전문가들 사이에서도 온난화가 지구의 기후를 안정시킬 것이라는 주장도 있었다.

하지만 이제는 지난 한 세대 동안의 연구 결과가 명백하게 보여주는 것처럼, 지구는 따뜻해지고 있고, 이로 인한 결과는 재앙적임이 의심의 여지가 없게 되었다. 컴퓨터 모의실험 결과도 온난화가 지구 기후의 안정을 깨뜨릴 것임을 분명히 보여준다. 이제는 온실가스로 인한 지구온난화 자체를 의심하는 사람들은 거의 없다. 그래서 이를 위해 수많은 국제 회의들이 모였고, 교토의정서(Kyoto Protocol)와 같은 국제적 협약들도 만들어졌다.

실제로 기후온난화가 진행되고 그린란드의 얼음이 녹기 시작하면 북대서양에서 강우량과 강설량이 증가할 것이다. 이것은 기후 변화의 스위치가 켜졌음을 의미한다. 지난 몇 년간 전 세계적으로 유래 없는 호우와 태풍, 살인적 더위와 폭설 등이 이어지면서 혹시나 하던 낙관론은 꼬리를 완전히 내렸다. 근래의 기상이변들이 지구온난화의 결과라는 것을 알게 되면서 지구온난화가 지구 생명체들에게 유익할 수도 있다는 낙관론은 거의 사라진 것이다. 그럼에도 불구하고 아직도 지구온난화에 대한 오해들이 많다. 그 중 하나가 바로 지구온난화와 빙하기의 관계이다.

그러면 왜 지구온난화가 그렇게 큰 문제가 되는가? 전문가들은 지금과 같은 온난화가 계속 되면, 얼마 지나지 않아 지구는 새로운 빙하기를 맞게 될 것이라고 경고한다. 지구가 따뜻해지는데 어떻게 빙하기가 도래하는가? 이에 대해 많은 사람들이 의아해한다. 이를 이해하려면 먼저 해류의 순환을 이해하는 것이 필요하다.

해류는 적도 근처에서 데워져서 극지방으로 이동하여 열을 방출한 후 다시 적도 지방으로 돌아와 데워지는 순환을 한다. 한 예로, 카리브해에서 태양광에 의해 따뜻하게 된 멕시코 만류는 북극해로 흐르면서 차가운 극지방을 "따뜻하게" 만든 후 방향을 바꾼다. 즉, 북극해에서 차가워 진 멕시코 만류는 밀도가 증가하면서 해저 2,000m 깊이로 가라앉은 채 적도로 이동한다. 이 때 해류를 움직이는 두 개의 커다란 엔진은 해수의 온도차와 물의 부피 변화에 따른 밀도의 변화이다. 적도 지방으로 이동하여 다시 태양열에 의해 따뜻해진 난류는 밀도가 감소하므로 수면으로 떠올라 다시 극지방으로 이동하여 열을 전달하는 순환을 하게 된다. 해류는 마치 적도 지방의 태양에너지를 극지방으로 이동하는 컨베이어 벨트와 같은 역할을 하는 것이다.

그러면 지금과 같이 온실가스 배출이 지속되고, 지구의 온도가 계속 증가한다면 어떤 일이 일어날 것인가? 독일 포츠담대학(Potsdam University) 해양물리학 교수이자 포츠담기후연구소(Potsdam Institute for Climate Impact Research, PIK) 연구원인 람스토르프(Stefan Rahmstorf) 같은 학자들은 수많은 기후 관련 데이터와 해류에 관한 지식, 지구 기상 시스템 등을 이용하여 앞으로 일어나게 될 지구 기후 변화에 대한 가상 시나리오를 제시하고 있다.[29]

람스토르프의 연구에 의하면, 처음에 북극지방과 북반구 중위도 지방의 온도는 온실효과로 인해 짧은 기간 동안에 현재보다 상승할 것이다. 이어 남극이나 남반구 중위도 지방의 온도가 상승할 것이다. 학자들은 지구의 온도는 2,200년까지 2-3도 정도 기온이 더 상승하리라고 본다. 그러면 남북극의 빙산이나 고산 지대에 존재하는 빙하가 녹을 것이며, 이 때 빙하가 녹은 융빙수가 바다로 유입될 것이다. 이렇게 바다로 유입된 차가운 융빙수는 해류의 순환에 타격을 줄 것이며, 해류의 순환속도는 20-30%가 더 늦어질 것으로 본다. 그렇게 되면 카리브해에서 더워진 해류는 극지방에 열에너지를 효과적으로 전달하지 못하게 되는데, 이로써 지구의 빙하기 스위치가 켜지게 되는 것이다.

대규모 발전소 100만 개의 위력을 갖는 대서양 난류의 순환속도가 늦어지거나 정지되면, 스칸디나비아와 북유럽 지방은 현재의 그린란드나 캐나다 북부처럼 얼어붙어 새로운 빙하시대로 돌입할 것이다. 람스토르

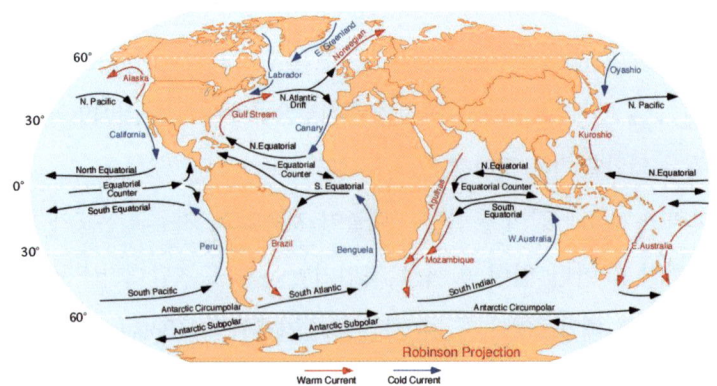

그림 7-11 북태평양과 북대서양 해류의 흐름[30]

프에 의하면, 2,200년을 시작으로 그린란드, 아이슬란드 동쪽 바다로부터 국부적 한냉대가 발달하기 시작할 것이다. 구체적으로 그는 2,200년을 기점으로 아이슬란드를 중심으로 온도가 내려가기 시작할 것이라고 예측하고 있다. 북반구의 온도는 급속도로 내려갈 것이고, 이로 인해 빙하가 커지고 신빙하시대가 올 것이다. 그러면 대서양 난류에 기대어 발달해 온 유럽 문명은 종말을 맞을 것이다.

지금부터 12,000년 전, 영거 드라이아스기(Younger Dryas)에도 이와 비슷한 일이 발생하였다.[31] 빙하기가 끝나고 기후가 따듯해지기 시작한 지구에 갑자기 다시 추위가 닥치고 신빙하기가 시작된 것이다. 이전에도 영거 드라이아스기와 같은 한냉기가 있었을 것으로 생각되는데, 이 역시 북대서양 해류의 흐름이 멈추었기 때문이다. 이는 북미주와 스칸디나비아 반도로부터 흘러내린 융빙수로 인한 것이었다. 해류의 흐름이 멈추자 그 지역은 추워지기 시작한 반면, 남반구의 온도는 올라갔다.

그렇다면 실제로 남북극의 빙하가 녹고 있다는 증거가 있는가? 이미 미항공우주국(NASA) 고다드우주비행센터(Goddard Space Flight Center)를 비롯한 많은 연구기관들은 극지방의 온도가 상승하고 있음을 보고하고 있다. 미항공우주국(NASA)에서 남부 그린란드 지방을 항공 레이더를 이용해 조사한 후 작성한 3차원 지도에 의하면, 동부해안의 빙상(氷床, ice sheet)은 빠른 속도로 얇아지고 있다. 빙상의 두께가 얇아지는 것은 강설량이 감소하거나 빙하 융해 속도가 빨라졌기 때문이라고 볼 수 있는데, 이제 남북극의 빙하가 급속히 녹고 있음을 부정하는 사람들은 없다. 그린란드 빙상이 지구 기후의 급격한 변화를 방지해주는 역할을 하는 것으로 생각할 경우, 그러한 그린란드 얼음이 사라지는 것은 우리의 일상생활에 많은 영향을 끼치게 될 것이다.[32]

아직 해류의 순환속도가 느려지고 있는 뚜렷한 징후는 보이지 않는다. 그리고 어디에서 해류 방향이 바뀔 것인지를 예측하는 것도 어렵다. 하지만 이미 해수면이 상승하고 있는 것은 구체적인 수치로 보고되고 있다. 그리고 지난 수년 전부터 북미주와 스칸디나비아에서는 최악의 눈보라가 닥치고 있다. 시간이 지나면서 눈보라는 겨울철만의 현상이 아니라 한 여름에도, 아니 일 년 내내 볼 수 있는 현상이 될 수도 있다. 눈이 완전히 녹지 않은 채 여름이 지나가고, 또 겨울이 되면 더 많은 눈이 내려서 얼어붙을 것이다. 서울이나 런던, 뉴욕, 시카고 등 중위도 지방의 도시들은 얼음으로 덮이게 될 것이고, 사람들은 도시를 포기하고 남으로, 남으로 이주하게 될 것이다. 2010년 봄의 이상저온이 이런 불길한 미래의 전조는 아닐지….

그러면 신빙하의 격변이 일어나지 않게 하는 방법은 없을까? 지금까지의 연구 결과로 볼 때, 전문가들은 새로운 빙하시대의 도래는 멈출 수 없는 것으로 본다. 하지만 지금이라도 인류가 국경과 종족, 이념을 초월해서 온실가스 배출을 줄이기 위해 최선을 다해 협력한다면, 그 시기를 늦출 수는 있을 것이라고 본다.

8. 반복되는 격변들

지금까지 우리는 지구 역사에서 반복되었던 여러 차례의 빙하기에 대해 살펴보았다. 특히 가장 증거가 분명하게 남아있는 홍적세 대빙하기에 대한 논의를 위해 많은 지면을 할애했다. 빙하기는 다만 홍적세에만 일어난 것이 아니다. 대부분의 빙하들이 홍적세에 일어난 것으로 생각되지만, 고생대에도 빙하기가 있었던 흔적들이 분명히 남아 있다.

빙하기의 원인은 여러 가지가 있을 수 있지만, 직접적인 원인은 기후의 변화라고 할 수 있다. 그리고 그 기후의 변화의 핵심은 온실가스라고 할 수 있다. 실제로 하버드대학의 카우프만(Alan J. Kaufman)은 빙하기에는 이산화탄소의 부족으로 인해 지구는 더욱 더 얼어붙었을 것이라고 하였다. 온실가스의 대기 중 함량이 감소하게 되면, 지표면의 온도는 곤두박질하여 전 지구적인 빙하기가 도래하게 된다.

문제는 그러한 기후의 변화 혹은 온실가스의 누적을 야기한 직접적인 원인이 무엇인가 하는 점이다. 뿐만 아니라 그러한 전 지구적인 엄청난 빙하를 종결지은 것은 무엇인가라는 질문도 중요하다. 빙하기의 시작이나 빙하기의 종결이 일어나려면 엄청난 대격변이 있어야 한다. 카우프만은 거대한 화산 폭발, 혜성이나 운석의 충돌, 해저에 저장되어있는 얼어붙은 매탄가스들이 갑자기 분출되는 것 등의 대격변이 빙하기를 종결지었을 가능성이 있다고 했다.[33] 카우프만은 그런 대격변으로 인해 대기 중에 이산화탄소의 함량이 갑자기 증가했으며, 그로 인해 지표면이 더워져서 빙하기가 끝났을 것이라고 가정한다.[34]

이처럼 빙하기가 도래한 원인이나 종결된 메커니즘에 대해서는 학자들마다 의견이 분분하지만, 지구 역사에서 빙하기가 있었으며 그것도 한 차례가 아니라 여러 차례 있다는 점은 분명한 것으로 보인다. 홍적세 빙하기에 대해 성경은 구체적인 언급을 하지 않는다. 성경은 지질학 교과서가 아니라 사람의 구원을 위한 책이기 때문이다. 그러나 대홍수설에서 대홍수를 빙하기와 연결시키려는 구체적인 모델들을 제시하고 있음을 생각한다면, 홍적세 말기와 현세 초기의 빙하 대홍수를 노아의 홍수로 보지 못할 이유는 없다.

끝으로 빙하기는 지구상에서 일어났던 수많은 격변들 중의 하나라고 볼 수 있다. 지구 역사를 살펴보면, 이 외에도 많은 격변들이 일어난 것을 보여주는 증거들이 있다. 멀리 갈 것도 없이 내가 살고 있는 캐나다 밴쿠버 인근을 위시하여 북미주 서부와 서북부 지방에 가면 얼마든지 볼 수 있다. 캐나다 록키산맥이나 워싱턴주의 컬럼비아 계곡, 옐로우스톤, 요세미티, 그랜드 캐년, 배링거 운석공 등은 모두 격변들의 기념비라고 할 수 있다.

토의와 질문

1. 빙하기의 특징들을 요약해 보고, 혹 빙하나 빙하의 흔적들을 본 적이 있다면 나누어보자.

2. 지구 역사에서 빙하기가 왜 그렇게 중요한지에 대해 말해 보자. 특별히 빙하기가 그리스도인들에게 어떤 의미가 있는지 말해보자.

3. 지구온난화 문제가 전 지구적인 이슈가 되고 있다. 하지만 지구온난화에 대해서는 학자들마다 조금씩 의견이 다르다. 과연 현재의 지구온난화를 빙하기의 초기 징조라고 말할 수 있는가?

제8강

다중격변과 북미주 증거들

"그로 말미암아 산들이 진동하며 작은 산들이 녹고 그 앞에서는 땅 곧 세계와 그 가운데에 있는 모든 것들이 솟아오르는도다."(나1:5)

격변의 흔적은 전 지구적으로 찾아볼 수 있지만, 내가 거주하고 있는 캐나다 서부 지방과 미국 북서부와 서부 지방은 특히 이러한 흔적을 매우 쉽게 볼 수 있는 지역 중 하나이다. 구체적으로 태평양판과 북아메리카판이 만나서 이루어진 캐나다 록키산맥, 앨버타사우루스(Albertasaurus) 등 수많은 공룡들의 화석이 집중적으로 발견되고 있는 앨버타주(Alberta)에 있는 드럼헬러(Drumheller)는 수많은 격변들의 흔적을 볼 수 있는 캐나다의 창조론 성지이다.

격변들의 생생한 증거는 밴쿠버 아래 미국에서도 그대로 이어진다. 빙하기 말기에 수많은 빙하홍수(Missoula Floods)로 만들어진 미국 워싱턴주의 컬럼비아 계곡, 컬럼비아 강으로 인해 드러난 현무암 계곡(flood basalt), 수로화된 용암암반(Channeled Scabland), 폭발을 통해 격변의 증거를 가장 생생하게 보여주는 워싱턴주 남부의 세인트 헬렌스 화산, 지표면에 드러난 단일 화강암괴로서는 가장 장대한 캘리포니아주의 요세미티 계곡, 홍수의 흔적이 뚜렷이 남아 있는 남캘리포니아주의 스플릿 산맥 등은 격변의 흔적을 볼 수 있는 대표적인 장소이기도 하다. 먼저 록키와 캐나다 서부를 살펴보자.

1. 얌너스카산의 트러스트

여러 지질학적 증거들 중에서 트러스트(thrust) 구조는 격변을 보여주는 가장 직접적인 증거라고 할 수 있다. 오래된 지각이 젊은 지각 위로 올라가는 트러스트 구조는 전 세계적으로 발견되고 있는데, 여기서는 캐나다 록키의 동쪽 자락에 있는 얌너스카산(Yamnuska Mountain)을 소개하겠다.

그림 8-1 얌너스카산. 위쪽의 가파른 절벽은 고생대 캄브리아기 석회암인데 비해 아래쪽의 기슭은 중생대 백악기 지층이다.[1] ⓒ양승훈

얌너스카산의 위쪽 절벽과 아래 기슭은 시대적으로 역전되어 있다. "가파른 절벽" 혹은 "깎아지른 듯한 절벽의 암석"이란 의미의 얌나스카 절벽은 5억 2,500만 년이나 된 고생대 캄브리아기의 석회암 지층(Cambrian Eldon Formation)이라고 한다. 그런데 놀랍게도 얌나스카 절벽의 아래 경사 부분은 7,500만 년 된 중생대 백악기 지층(Belly River Formation)이며, 이 두 지층 사이에는 트러스트(McConnell Thrust)가 있다.[2]

도대체 어떻게 먼저 형성된 지층이 위쪽에 위치하고, 나중에 형성된

지층이 아래쪽에 위치하게 되었을까? 윗 지층이 아래 지층보다 훨씬 더 오래되었다는 것은 무엇을 의미하는가? 거대한 얌너스카산을 뒤집어놓았던 엄청난 지각의 격변을 생각하지 않고는 지금의 구조를 이해할 수 없다. 그렇다면 어디 이 산 뿐이었으랴! 해발 수천 미터를 넘는 수많은 록키의 고봉들 전체가 격변들의 살아있는 증거라고 할 수 있다.

그러면 이 격변들이 오늘날 우리에게 어떤 의미가 있는가? 이 격변들로 인해 바로 오늘날 우리 인간이 기대어 살아가고 있는 대부분의 화석연료와 광물자원 등이 형성되었음은 물론, 그 형성된 자원들이 지표면으로 부상하여 우리들이 사용할 수 있게 되었다. 인간이 창조되기 오래 전에 인간의 필요를 아시고 모든 것들을 미리 예비하신 창조주를 생각한다면, 록키는 다만 창조주의 위대하심만을 드러내는 것이 아니라 우리를 향하신 창조주의 사랑을 드러낸다고도 할 수 있다. 그리고 얌너스카는 이 놀라운 사랑의 증표들 중에서도 가장 드라마틱한 산이라고 할 수 있다.

눈앞에 우뚝 버티고 서있는 듯하지만, 얌너스카에 걸어서 접근하려면 많은 시간이 필요하다. 공기가 맑아서 가까운 듯이 보이지만, 생각보다 멀고 또 자동차로 접근하는 길도 여의치 않기 때문이다. 연구를 위해 특별히 산에 접근하는 것이 아니라 다만 사진만 찍을 양이면 구태여 가까이 가지 않아도 된다. 얌너스카는 1번 고속도로에서도 쉽게 볼 수 있지만, 좀 더 자세히 보려면 그리고 사진이라도 찍으려면, 고속도로에서 118번 출구로 나가서 인근 캠프장에 진을 쳐야 한다. 단 몇 분간이라도 우뚝 서서 말없이 창조주의 사랑을 증언하는 얌너스카를 바라보노라면 절로 옛 시인의 노래를 부르지 않을 수 없다: "내가 산을 향하여 눈을 들리라 나의 도움이 어디서 올꼬. 나의 도움이 천지를 지으신 여호와에게서로다."(시 121:1-2)

2. 하트산의 "순간 이동"

상하 지층이 연대기적으로 역전된 산은 얌너스카만이 아니다. 미국 와이오밍주 빅혼 분지(Bighorn Basin)에 있는 해발 2,476m의 하트산(Heart Mountain) 역시 또 다른 이유로 산 아래와 위 지층이 역전되어 있다. 옐로우스톤 국립공원에서 동쪽으로 100여km 정도 떨어져 있는 하트산의 정상부는 석회암과 백운암(dolomite) 등 탄산염암(carbonate rock)으로 된 고생대 오르도비스기와 미시시피기 암석(약 5억 년–3억 5천만 년 된)인 반면, 기저 부위는 5,500만 년 된 신생대 초기 암석(Willwood Formation)으로 이루어져 있다. 기저 부위에 비해 정상 부위가 근 3억 년이나 더 오래된 것이다. 이런 하트산의 이동 원인과 이동 거리는 지난 100년간 지질학계에서 신비였고 논란거리였다. 하우게(T.A. Hauge)는 "100년 이상의 연구에도 불구하고, 하트산의 분리는 전 세계에서 가장 알 수 없는 지질구조 중에 하나로 남아 있다"고 했다.[3]

하트산을 구성하고 있는 탄산염암은 25억 년 전 이 지역이 옅은 큰 바

그림 8-2 하트산 인근의 인공위성 사진.

다로 덮여있을 때, 화강암 위에 퇴적된 것이다. 5천만 년 전까지 이 암석들은 북서쪽으로 약 40km 뻗어서 지금의 앱사로카 산맥(Absaroka Range) 동쪽에 닿아있었다. 7,500만 년에서 5,000만 년 전, 라라미드 조산운동(Laramide Orogeny)으로 인해 베어투쓰 산맥(Beartooth Range)은 융기되고 빅혼 분지와 앱사로카 분지는 가라앉았다.[4] 이로 인해 베어투쓰 산맥 바로 남쪽에 낮은 평지가 조성되고, 빅호른 분지와 앱사로카 분지를 향해 완만한 경사가 생겼다. 이 조산운동에 이어 곧 화산활동이 시작되어 지금은 사화산이 된 앱사로카 산맥의 화산을 형성하였는데, 앱사로카 산맥은 베어투쓰 산맥 남쪽으로 누어 옐로우스톤 국립공원까지 뻗어있었다.

약 5,000만 년에서 4,800만 년 사이에 그 지역에 있던 두께 4-5km, 넓이 1,100km^{2}에 이르는 오르도스기와 미시시피기 탄산염암으로 구성된 오래된 지층이 베어투쓰 남쪽 고원지대로부터 떨어져 나와서 남쪽 및 남동쪽으로 60여 km를 이동하여 젊은 앱사로카 화산암 위에 놓여지게 된 것이다. 그 과정에서 지층은 500m 정도로 얇아지면서 3,400km^2 이상의 넓은 면적을 덮게 되었다. 말할 필요도 없이 이것은 육지에서 일어난 가장 격렬하고도 대규모 산사태였다. 여기까지는 지질학자들 사이에 별 이견이 없다.

문제는 베어투쓰 산맥으로부터 빅혼 분지에 이르는 60여 km의 지역이 불과 2도 미만의 완만한 기울기라는 사실이다. 도대체 무엇이 이렇게 완만한 경사지에서 그런 거대한 산사태를 일으켰는지, 그리고 어떻게 지층이 얇아지면서 그렇게 넓은 면적을 덮을 수 있었는지를 설명하기 위해 여러 가지 모델들이 제시되었다. 대부분의 지질학자들은 대규모 화산 폭발이나 수증기 폭발과 같은 앱사로카 화산활동이 원인이었다는데 동의

한다. 문제는 화산활동이 구체적으로 어떻게 그 엄청난 지층을 현재의 위치까지 옮겼을까 하는 점이었다.

어떤 사람들은 많은 화성암 암맥이 관입되어 암석 속에 들어있는 물을 가열하여 압력을 높였으며, 이로 인해 암상이 미끄러지게 되었다는 모델을 제시한다. 어떤 사람들은 몬태나주 쿡시(Cooke City) 북쪽에 있는 화산에서 나온 고온 고압의 물(hydrothermal fluids)이 암상이 이동할 수 있는 윤활작용을 했을 것이라고 생각한다. 또 일부에서는 일단 산사태가 시작되자 지층이 이동하는 경로의 석회암이 가열되어 산화칼슘(calcium oxide)으로 부서지면서 이산화탄소가 발생하고, 이 이산화탄소가 산사태 물질과 지표면 사이에 들어가(호버 크래프트처럼) 거의 마찰을 없앴기 때문에 완만한 경사에도 불구하고 거대한 지층의 순간적 이동이 가능했을 것이라고 제안하기도 한다. 일단 산사태를 일으킨 지층의 이동이 멈추자 이산화탄소가 냉각되어 산화칼슘과 결합하여 현재 단층면(fault zone)에서 볼 수 있는 시멘트와 같은 탄산염 암석을 형성했을 것이다. 그리고 산사태가 발생한 후 4,800만 년 동안 침식으로 인해 빅혼 분지로 이동했던 지층의 대부분은 침식되고, 하트산 정상에 거대한 탄산염암 덩어리만 남겼다.

대부분의 지질학적 사건들을 노아의 홍수와 관련지어야 하는 창조과학자들은 예상한 대로 하트산도 노아의 홍수 때 이루어졌다고 주장한다. 기상학을 전공한 오르드(M.J. Oard)는 하트산 탄산염암은 노아 홍수의 말기(대략 4,400년 전)에 물 아래에서 이동했다고 주장한다. 그는 화산 폭발이 산사태의 원인이 되었다는 지질학자들의 주장을 부분적으로 수용하면서도 암석층의 이동이 물 속에서 이동했다고 주장한다. 물 속에서 일어났기 때문에 미끄러질 때 마찰력은 감소되었을 것이고, 하트산의 이동은 물 또는 증기 쿠션에 의해서 쉽게 일어날 수 있었다고 본다. 물론 이 주장에 대해 해당 분야의 전문가들은 아무런 관심을 갖지 않는다.[5]

근래 이스라엘 와이즈먼연구소의 아하로노브(E. Aharonov)와 미국 컬럼비아대 앤더스(Mark H. Anders)는 하트산 형성과 관련된 흥미로운 연구 결과를 발표했다. 이들은 지금은 없어진 록키산맥 북부 앱사로카 산맥의 화산들이 형성된 5,000만 년 전의 활발한 화산활동을 컴퓨터 모델 실험을 통해 용암분출이 어떻게 산을 움직였는지 처음으로 밝혀냈다. 아하로노브는 "하트산 이동의 숨은 열쇠는 암반층에 갇혀 있는 대수층"이라며 "지하에 있던 다량의 용암이 짧은 시간에 물이 들어있는 대수층으로 몰려들었다"고 했다. 용암은 암석의 균열을 따라 이 층으로 흘러들면서 물과 바위가 동시에 뜨거워졌다. 물의 온도가 높아질수록 층 안의 압력도 커진다. 결국 압력을 견디지 못해 대수층이 폭발하면서 용암이 쏟아져 나왔는데, 이 때 하트산이 이 용암에 의해 30분 이내에 움직였다는 게 그의 설명이다.[6]

어떤 원인에 의해 이처럼 거대한 산의 이동이 일어났는지에 대해서는

그림 8-3 남쪽에서 바라본 하트산. 하트산 정상 부근에 보이는 밝은 색의 지층은 고생대 (2억 5,000만 년 전으로 추정)의 탄산염암인 석회암과 백운암이다. 그 암석들은 계곡을 가득 채운 퇴적물 위에 놓여 있다.(최종걸 교수 사진 제공)

의견이 분분하지만, 이 과정은 격변적이었으며 산사태가 일어났을 때 지층 전면이 거의 시속 160km의 속도로 움직였을 것이라는 데는 의견이 일치한다. 지금은 지구상 어디에서도 그런 현상을 볼 수 없다는 점에서 하트산은 과거는 현재의 열쇠가 될 수 없음을 보여주는 좋은 예가 된다.

끝으로 얌너스카산이나 하트산의 경우는 퇴적암 지층이 역전된 경우지만, 변성암 지층이 역전된 경우도 있다. 변성암은 변성작용(變成作用, metamorphism)이 일어나기 전의 원암(原岩)이 무엇인가에 따라 변성 화산암과 변성 퇴적암으로 나누며, 원암의 화학적 조성에 따라 이질(泥質, argillaceous), 석회질, 염기성, 사질(砂質, arenaceous), 기타 등으로 나눈다. 이 때 화산 변성암은 변성작용이 일어난 깊이에 따라 1.5-5km의 깊이에서 일어난 저준위 변성작용(low grade metamorphism), 5-10km의 깊이에서 일어난 중준위 변성작용(medium grade metamorphism), 10-16km의 깊이에서 일어난 고준위 변성작용(high grade metamorphism) 등으로 분류한다.

격변론자 실베스트루(E. Silvestru)에 의하면, 루마니아 북부, 브리스트리타–나소드(Bristrita-Nasaud) 지방에 있는 로드네이 산맥(Rodnei Mountains)에서 중준위 변성암이 저준위 변성암 위에 위치하고 있다. 수 km이나 다른 깊이에서 변성된 두 지층의 아래 위 순서가 바뀌었다면, 이것은 엄청난 격변을 가정하지 않고는 설명하기 어렵다.[7]

3. 유전과 석탄광산 그리고 공룡화석

록키를 넘어 동쪽으로 가면 또 다른 격변의 흔적들이 기다리고 있다. 캐나다 앨버타주 남부 드럼헬러 지역에는 석탄과 석유가 동시에 채굴된다. 비록 지금은 석탄 광산은 문을 닫았고 유전은 소규모로만 운영되지만, 석탄과 유전이 같은 지역에 있다는 것은 놀라운 다중격변의 증거이다.

석탄을 형성한 육지의 정글과 석유를 만든 바다의 유공충은 같은 시대, 같은 장소에서 서식할 수 있는 것들이 아니다. 석탄과 석유가 동시에 같은 지역의 다른 지층에서 발굴된다는 사실은 이들이 서로 다른 시대의 다른 격변에 의해 형성되었음을 의미한다. 특히 앨버타의 석탄과 석유가 같은 지역에서 동시에 생산되는 것은 어떤 방법으로도 노아의 홍수와 같은 단일 격변으로는 설명할 수 없다.

또한 드럼헬러 인근은 세계적으로 공룡화석들이 많이 발견되고 있는데, 이것도 지구역사에서 격변들의 증거라고 할 수 있다. 세계에서 가장

그림 8-4 캐나다 앨버타주 곳곳에서 볼 수 있는 유전들(위)과 석유를 품고 있는 암석과 폐광 기념비. 앨버타주 남부의 드럼헬러는 원래 석탄 광맥이 발견되어 탄광촌으로 시작되었으나 지금은 모두 폐광되었고 기념비만 남아있다. 하지만 이곳에서는 지금도 공룡 화석들과 석유가 채굴되고 있다. 대체로 600~800m 깊이에 유전이 존재하는 것과 수m내지 수십m 깊이에 석탄광산이 존재하는 것, 그리고 석탄과 석유, 공룡 화석이 같은 곳에서 발견되는 것은 어떤 방법으로도 단일격변(노아의 홍수만)으로는 설명할 수 없다. ⓒ양승훈

큰 공룡박물관인 왕립티렐공룡박물관(Royal Tyrrell Musuem)이 한적한 시골 드럼헬러에 세워진 것도 그곳에서 대량으로 발견된 공룡화석들 때문이다. 석탄과 석유가 발견된 같은 지역에서 공룡화석들이 발굴된다는 것은 무엇을 의미하는가? 공룡은 육지동물이기 때문에 석유를 형성한 격변과 동일한 격변에 의해서는 형성되었다고 볼 수 없다. 그렇다면 공룡화석은 석탄을 만드는 격변에 의해 만들어졌을까, 아니면 또 다른 격변에 의해 형성되었을까? 지층의 연대로 보면, 공룡은 석탄이 형성되던 시기와도 다른 시대에 살았던 것으로 보인다. 공룡화석을 포함하는 지층은 대부분 여러 층으로 이루어진 사암(sandstone)이며, 석탄은 더 미세한 입자로 이루어진 미사암(微砂巖, siltstone)에서 발굴되는 것으로

그림 8-5 앨버타주에 있는 드럼헬러의 티렐왕립공룡박물관 인근에서는 지금도 공룡 화석 발굴이 진행되고 있다. 인근에 있는 말발굽캐년(가운데)과 공룡주립공원(아래)의 독특한 침식 지형. 이 지층의 형성과 침식이 화석 형성과 동시에 일어났을까? ⓒ양승훈

미루어 석탄과 공룡화석을 만든 격변은 서로 달랐던 것으로 보인다.[8]

또 한 가지 생각할 수 있는 것은 앨버타 중부의 드럼헬러 인근 지역이나 앨버타 남동부에 위치한(드럼헬러에서 자동차로 한 시간 반 정도) 공룡주립공원(Dinosaur Provincial Park)의 후기 백악기 지층이다. 이 지역은 홍수에 의한 침식으로 만들어진 것이 분명한 수많은 작은 협곡들로 이루어져 있다. 물론 지금도 조금씩 침식이 이루어지고 있기는 하지만, 현재의 침식 속도로는 이곳의 지형을 설명하기가 곤란하다. 이곳은 과거 대홍수가 난 후 물이 빠질 때 수로로 사용된 지역들이 대규모 침식을 일으키면서 현재와 같은 캐년 지형을 만들었고, 또한 그로 인해 현재와 같이 공룡 화석들을 비롯한 많은 화석들을 노출시켰다고 해석할 수 있다.[9]

앨버타 남부 지역에서 발굴되는 화석들과 또한 이곳의 독특한 지층의 퇴적과 침식은 불과 수 개월 동안 일어난 노아의 홍수와 같은 단일 격변에 의해서는 어떤 방법으로도 설명할 수 없다.

4. 미졸라 빙하홍수

반복된 격변들의 흔적은 비단 퇴적층에서만 발견되는 것이 아니다. 국부적이기는 하지만, 반복된 대규모 격변을 보여주는 매우 뚜렷한 증거는 바로 미국 북서부 지역, 워싱턴 중부에서 아이다호, 몬태나주에 걸쳐있는 미졸라 빙하홍수의 흔적이다.

대규모 현무암 계곡

미국 워싱턴주에 있는 컬럼비아강 양안이나 수로화된 용암 암반 지대

(Channeled Scabland)인 워싱턴 동부에는 높이가 수백 m에 이르는 현무암 절벽이 수십 개의 지층을 형성하고 있으며, 이런 현무암 지대가 대한민국 국토의 절반에 가까운 41,000km²에 이른다. 말할 필요도 없이 이 현무암 지대는 용암이 분출하여 형성된 것이다. 그러면 이러한 현무암 지층들은 얼마나 오랜 기간 동안 쌓인 것일까?

그림 8-6 컬럼비아강 계곡의 현무암 절벽. 수십 개의 현무암 지층으로 이루어져 있다. ⓒ양승훈

이 현무암 지대가 형성되는 것은 짧은 기간 동안의 단일격변만으로는 설명할 수가 없다. 우선 각 지층들이 상당히 구분되어 있다는 점은 이 용암의 분출이 한꺼번에 연속적으로 이루어진 분출이 아니라 상당한 시간적 간격을 두고 분출되었음을 보여준다. 이것은 현무암 지층이 뚜렷하게 구분되어 있을 뿐 아니라 각 층의 현무암 주상절리의 크기나 광물질을 포함하고 있는 정도가 다르다는 사실로부터 확인할 수 있다. 현무암 주상절리의 크기가 다르고 그 속에 함유되어있는 광물질들이 다르다는 것은 각 지층마다 현무암의 냉각 속도가 달랐을 뿐 아니라, 서로 다른 환경 속에서 냉각되었음을 보여준다. 다시 말해 이전에 분출된 마그마가 완전히 혹은 어느 정도 냉각된 후에 다음 마그마가 분출되었음을 보여준다.

그렇다면 마그마가 냉각되어 하나의 용암 암반이 형성되기까지 시간이 얼마나 흘렀을까를 계산할 수 있으며, 전체 현무암 지층의 대략적인 형성 기간을 계산할 수 있다. 워싱턴 중부 지방의 깊은 용암 계곡의 형성은 아무리 빨리 용암이 식었다고 해도 수만 년 이상의 세월이 필요하다.

그림 8-7 컬럼비아 계곡에 있는, 직경이 수 m에 이르는 거대 현무암 주상절리. 이는 미국 워싱턴주 컬럼비아 계곡의 마그마가 천천히 식었음을 보여준다. ⓒ양승훈

혹자는 용암이 공기 중이나 얕은 지하가 아니라 물속에서 식는다면 훨씬 더 빠른 속도로 식었을 수도 있을 것이라고 말할 것이다(실제로 화산에서 분출된 용암이 바다로 곧 바로 떨어지는 것은 지금도 하와이 빅아일랜드의 킬라우에아(Kilauea) 화산에서 일어나고 있다). 하지만 용암이 물속에서 급속하게 식게 되면, 현재와 같은 현무암 주상절리가 만들어지지 않고 소위 베개 용암(pillow lava)이 만들어진다. 현재 컬럼비아강 계곡 인근에 있는 많은 현무암 주상절리들, 특히 워싱턴주의 은행나무 화석 숲 주립공원(Ginkgo Petrified Forest State Park) 인근에 있는 거대한 현무암 주상절리(Giant Basalt Column)는 매우 천천히 그리고 오랜 기간에 걸쳐서 현무암이 냉각될 때만 형성되는 것이다.

이 외에도 현무암 지층이 동시에 형성되지 않았음을 한눈에 볼 수 있

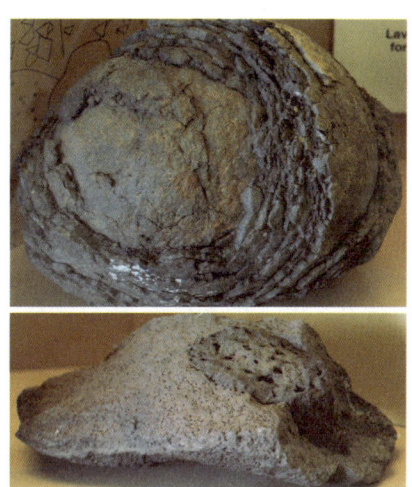

그림 8-8 마그마가 분출된 후 어떤 환경에서 굳는가에 따라 모양이 달라진다. 물속에서 급속히 식으면 베개 용암의 형태를 띠며(상), 기체가 많이 포함된 마그마가 식을 때는 기체가 터져 나오면서 스위스 치즈 형태의 다공질 현무암(Vesicular Basalt)이 된다 – 워싱턴주 은행나무화석숲공원 전시관(Interpretative Center). ⓒ양승훈

는 좋은 예로는 캐나다 브리티시 컬럼비아주에 있는 스파핫츠 폭포(Spahats Falls)나 미국 워싱턴주 남동부에 있는 팔로우스 폭포(Palouse Falls)를 들 수 있다. 이 두 폭포는 수량은 많지 않으나 거대한 현무암 계곡 끝 부분에 위치하고 있다는 점이 공통적이다. 그리고 좁은 현무암 계곡의 양 절벽은 수십 개의 분리된 현무암 지층으로 이루어져 있으며, 각 현무암 지층에는 아래 위가 서로 다른 크기의 주상절리로 이루어져 있다는 점도 동일하다. 이는 분출된 마그마가 다른 시대, 다른 환경에서 오랜

그림 8-9 캐나다 브리티시 컬럼비아주 내륙에 있는 스파핫츠 폭포와 양안의 현무암 지층들. ⓒ양승훈

기간에 걸쳐 다른 속도로 냉각되었음을 보여준다. 즉, 현재 미국 서북부 지방의 방대한 현무암 지대나 캐나다 서부의 현무암 지대는 여러 차례의 격변을 가정하지 않고는 설명하기가 어렵다.

현대적 격변설의 등장

현무암 지층은 형성되는 데만 오랜 시간이 소요되는 것은 아니다. 컬럼비아강 양안의 거대한 현무암 계곡과 용암 암반 지대의 깊은 현무암 수로들이 형성되기 위해서는 여러 차례의 엄청난 규모의 홍수가 필요하다. 19세기 말의 지질학자들은 동일과정설에 기초하여 이 방대한 용암 암반 지대의 수로들은 거대한 빙하들이 있었던 빙하기에 물의 흐름으로 천천히 오랫동안 침식되어 형성되었다고 가정하였다.

실제로 1885년, 챔벌린(T.C. Chamberlin)은 현재의 몬태나주 북서부가 이전에는 거대한 빙하호수였다고 주장하였다. 또한 그후 1910년, 파디(J.T. Pardee)는 몬태나주 미졸라 주변에 과거에 거대한 호수가 있었다는 증거들을 발견하였으며, 이를 미졸라호수(Lake Missoula)라고 불렀다. 그러면서도 그 후 50여 년 동안 지질학자들은 미졸라호수와 워싱턴주 동부의 용암 암반 지대의 수로들을 연관시키지 못하고, 이 수로들은 오랜 세월에 걸쳐 침식되었다는 설명을 믿고 있었다.[10]

그러다가 1923년, 워싱턴주 출신의 지질학자 브레츠(J. Harlen Bretz, 1882-1981)는 빙하홍수설(Missoula Flood Theory)을 제시하였다. 브레츠는 용암 암반 지대 수로들의 침식에 대해서, 특히 그 중에서도 가장 거대한 수로인 그랜드 쿨리(Grand Coulee)가 격변적인 홍수에 의해서 형성되었다는 격변적 홍수가설(Catastropic Flood Hypothesis)을 제시하였다. 그는 엄청난 홍수가 이 계곡을 여러 차례 지나가면서 복잡한 현무암 수로들을 형성하였다고 가정하였다. 후에 그는 몬태나주의 미졸라 빙하호수를 홍수의 수원으로 설명하였다.[11]

그림 8-10 워싱턴주 동부의 수로화된 용암 암반 지대를 격변적 빙하홍수로 설명한 브레츠[12]

브레츠의 격변 가설은 쉽게 동일과정설에 익숙한 지질학자들에게 받아들여지지 않았다. 하지만 브레츠는 끈기를 가지고 1923년부터 1969년까지 빙하홍수가설을 증거하는 논문들을 계속 발표하였다. 그는 나이아가라 폭포 규모(폭포단 넓이 1.6km, 폭포 높이 50m)보다 몇 배나 큰 거대한 건조폭포(Dry Falls, 폭포단 넓이 5.5km, 폭포 높이 120m), 무게가 200여 톤에 이르는 집채만 한 표석들(boulders)이 계곡 곳곳에 흩뿌려져 있는 모습, 높은 고도에서 현무암 계곡의 침식, 홍수에 의해 부서진 현무암 자갈들로 이루어진 자갈 퇴적층(gravel deposits) 등의 증거들을 제시하면서 기존의 동일과정설로는 독특한 용암 암반 지대의 수로들을 설명할 수 없다고 주장했다.

하지만 브레츠의 주장에 대한 반박도 만만치 않았다. 몇몇 저명한 빙하 지질학자들은 그의 이론에 대한 반박 논문을 발표하였으며, 격변적

그림 8-11 나이아가라 폭포의 몇 배(높이, 폭포단 길이 등)에 이르는 건조폭포와 홍적세 대홍수 때의 가상적 모습 ⓒ양승훈

홍수 모델은 "생각할 수 없는 이단"으로 여겨졌다. 그러나 수십 년간 지속된 브레츠의 외로운 싸움이 진행되면서 점점 더 많은 사람들이 워싱턴주 동부의 수로화된 용암 암반 지형은 기존의 동일과정설로는 설명할 수 없음을 깨닫게 되었다.

이 논쟁의 결정적 전환점은 "국제 신생대 제4기 연구 학회"(International Association for Quaternary Research)가 1965년 수로화된 용암

그림 8-12 미국 지질학자들을 격변설 지지자로 "개종"시키는데 지대한 공헌을 한 워싱턴주 팔로우스 폭포와 인근 현무암 절벽 ⓒ양승훈

암반 지대와 미졸라 호수 지역에 대한 광범위한 탐사여행을 실시한 것에서 비롯되었다. 특히 워싱턴주 남동부에 있는 팔로우스 폭포를 탐사한 후 탐사팀원들은 모두 격변설 지지자로 "개종"하였다. 병상에 누운 채 브레츠는 지질학자들을 가득 태운 버스로부터 한통의 전보를 받았는데, 그 전보에는 "안녕하십니까? … 우리들은 이제 모두 격변설 지지자들이 되었습니다"라고 적혀있었다. 결국 동일과정설 이론가들(theoreticians)의 아름다운 가설이 격변론 실험가들(empiricists)의 흉측한 사실에 의해 부정된 것이었다!

용암 암반 지대의 수로에 대한 해석과 다중격변

브레츠가 제시한 빙하홍수설은 1960년대 이후 지질학계의 정설로 받아들여지고 있다. 이 이론에 의하면, 홍적세 기간 동안 이 지역에서 반복적으로 일어난 빙하홍수에 의해 현재와 같은 엄청난 현무암 계곡이 형성되었다는 것이다. 그 때 빙하홍수의 규모가 어느 정도였는지에 대해서는 여러 가지 증거들에 의해 비교적 자세히 조사되어 있다.

이 이론에 의하면, 빙하기가 끝나면서 서부 캐나다 지역을 뒤덮고 있던 코딜러란 빙상(Cordilleran Ice Sheet)이 녹은 물이 현재의 클라크 포크강(Clark Fork River)에 있는 빙하댐에 의해 갇히게 되고 커다란 빙하호수인 미졸라 호수(Glacial Lake Missoula)를 형성하였다. 하지만 빙하호수의 수위가 임계점에 이르렀을 때 빙하댐이 무너지면서 엄청난 규모의 홍수가 클라크 포크강과 컬럼비아강으로 내달았다. 그리고 홍수는 워싱턴주 동부와 오래곤주 서부의 윌레맷 계곡(Willamette Valley)을 거쳐 태평양으로 흘러갔다. 이 때 홍수의 흐름(시간당 흐르는 수량)은 현재 전 세계 모든 강물 흐름의 10배에 달했던 것으로 추정된다. 이 빙하호수의 홍수는 거의 시속 100km의 속도로 태평양을 향해 내달았으며, 이 때 연마제 역할을 하는 각종 침전물들을 함유한 홍수가 단단한 현무암 암반을 침식시켜 현재와 같은 깊은 현무암 계곡을 형성했다.

그림 8-13 홍수의 크기를 보여주는 표석(漂石). 컬럼비아 계곡 곳곳에는 표석들이 흩어져 있으며, 이들 중 어떤 것은 집채 만한 표석도 있다. 이 정도의 바위 덩어리를 굴릴 정도의 홍수라면 엄청난 규모의 홍수이어야 한다. ⓒ양승훈

여기서 한 가지 분명히 짚고 넘어가야 할 점이 있다. 그것은 현재의 컬럼비아 현무암 계곡은 단 한 번의 빙하홍수로 형성된 것이 아니라는 점이다. 용암 암반 지대의 수로들은 창조과학자들의 주장과는 달리 단일 격변에 의해서가 아니라 여러 차례의 격변에 의해 형성된 것이 분명하다.[13] 퇴적암과는 달리 현무암은 매우 단단한 암석이기 때문에 아무리 대규모 홍수라도 단 한 차례의 홍수만으로는 현재의 규모로 침식시킬 수가 없다. 실제로 미졸라 홍수가 한 차례가 아니라 여러 차례 일어났다는 흔적이 곳곳에 남아있다. 지질학자들의 연구에 의하면, 약40-80여 회의 반복된 홍수에 의해 현재와 같은 수로화된 용암 암반 지대(Channeled Scabland)가 형성되었다.

그림 8-14 미국 몬태나주 미졸라 시 동쪽 산기슭에서 볼 수 있는, 희미하지만 거대한 물결 자국들(strandlines). 파디에 의하면 가장 높은 데서 발견되는 물결 자국은 미졸라 시에서부터 635m, 1,280m 고도에서 발견되기도 하였다.[14] ⓒ양승훈

결론적으로 1960년대 이후, 즉 브레츠가 미국 북서부의 수로화된 용암 암반지대를 빙하홍수 이론으로 설명한 것이 주류 지질학계에 의해 받아들여진 이후, 사람들은 격변설에 대해 많은 관심을 가지기 시작했다. 격변이라는 말만 나와도 거부감을 표시하던 기존의 지질학계가 변화하고 있음을 보여주는 것이다. 이것이 바로 오늘날 지질학계에서 일어나고 있는 신격변론(Neo-Catastrophism)의 시작이다.

5. 세인트 헬렌스 화산

컬럼비아 계곡에서 남서쪽, I-5 고속도로를 따라 내려오면 워싱턴과 오레곤의 경계 가까이에 또 다른 중요한 격변의 증거가 버티고 있다. 바로 세인트 헬렌스 화산(Mount St. Helens)이다. 1980년 5월 18일에 폭발한 미국 워싱턴주의 세인트 헬렌스 화산도 화산 폭발이 강수량의 변화 등 국부적인 기상 변화와 더불어 엄청난 격변을 일으킬 수 있음을 보여주는 좋은 예이다.

18세기 영국 외교관의 이름을 따라 이름이 지어진 세인트 헬렌스 화산은 미국 캘리포니아주에서 캐나다 브리티시 컬럼비아주까지 걸쳐있는 케스케이드 산맥(Cascade Range)의 15개 화산 중의 하나이다. 이 산은 밴쿠버에서 시애틀을 거쳐 포틀랜드로 내려가는 I-5 고속도로에서 504번 지방도로를 타고 동쪽으로 한 시간 정도 들어가면 그 웅장한 자태를 볼 수 있다.

세인트 헬렌스 화산은 캐스케이드 산맥의 여러 산들 중에서 가장 아름다운 산이었다. 눈 덮인 산정의 아름다운 모습과 탁월한 균형미로 인해 세인트 헬렌스는 북미주의 후지산(富士山)이라고까지 불렸던 산이었다. 화산이 폭발하기 전의 세인트 헬렌스는 해발 2,950m로서 한국의 백두산보다도 200m 이상 높은 산이었다.

이 산이 이상한 조짐을 나타내기 시작한 것은 1978년이었다. 두 명의 지질학자가 화산폭발을 예보한 것이다. 세인트 헬렌스의 폭발 징후는 폭발 59일 전인 1980년 3월 20일부터 나타났다. 그 날 오후 3시 37분, 시애틀에 있는 워싱턴주립대학(University of Washington)이 세인트 헬렌스에 설치한 리히터 지진계(Richter scale)에 진도 4.1의 지진과 여진(餘

그림 8-15 폭발하기 전의 세인트 헬렌스 화산

震)이 40여 차례 탐지된 것이다. 그런데 이 지진의 진앙지가 바로 세인트 헬렌스 정상의 북서쪽 얕은 지점이었다. 이 지진은 지금까지의 캐스케이드 산맥에서 일어난 다른 지진과는 달리 진앙지가 매우 얕았으며 또한 여진의 지속 시간이 길었다.[15]

그로부터 1주일 후인 3월 27일에는 산꼭대기 1,950m 지점에서 재와 증기를 뿜어 올리는 첫 폭발이 일어났다. 산꼭대기에 분화구와 얼음 갈라진 것이 관측되었으며, 처음으로 화산재도 분출되었다. 정오가 지난 12시 30분에는 처음으로 우르렁거리는 소리가 들렸으며, 오후 2시에는 워싱턴 주립대학 지진계에 진도 4.7의 지진이 기록되었다. 그리고 2,000m 이상 화산먼지가 솟아오르는 것도 관측되었으며, 직경 75m의 분기공(噴氣空, spiracle)도 나타났다. 미국지질조사국(United States Geological Survey, USGS)은 전국에 공식적으로 위험 경계경보를 내렸다.

화산활동이 본격적으로 시작되면서 미국지질조사국(USGS)에서는 워싱턴주 밴쿠버에 본부를 마련하고 각종 항공기를 동원하여 지상의 변화를 촬영하면서 분출된 가스 견본을 채취하고 계속 넓어지는 분화구를 주시했다. 산허리는 하루에 1.5m씩 부풀어 오르면서 마침내 90m 이상 튀어나왔다. 지질조사국에서는 지진계, 경사계, 온도계 등 각종 장비들을 동원하여 시시각각 세인트 헬렌스 화산의 변화를 감시하면서 관측 결과들을 발표했다.

마침내 아름다운 봄날 아침 오전 8시 32분, 리히터 지진계(Richter scale)로 5.1의 지진이 1857년 이래 잠자고 있던 세인트 헬렌스 화산을 깨웠다. 그 동안에도 가끔 꿈틀거리기는 했으나 큰 폭발은 없었던 세인트 헬렌스는 123년 동안 축적한 모든 힘을 이 청명한 주일 아침, 우렁찬 함성과 함께 쏟아놓았다. 한국 서남부의 거점 도시 광주에서 "대폭발"이 일어나던 바로 그 날, 히로시마 원자탄 500개에 해당하는 가공할 위력(TNT 1,000만 톤)으로 세인트 헬렌스 화산은 폭발했다.

천지를 뒤흔드는 이 폭발로 인해 화산재와 혼합된 연기 기둥이 20km 상공으로 치솟아 올랐다. 또한 깊이 600m, 남북 직경 1,600m, 동서 직경 3,200m에 이르는 말발굽형 분화구가 만들어졌다. 미국의 후지산이라고 불리던 세인트 헬렌스의 아름답던 산꼭대기 가운데 400m가 비대칭적으로 날아감으로 인해 2,950m에 이르던 원래의 산은 순식간에 2,549m로 낮아졌다. 아름다운 산정은 삽시간에 사라지고 산꼭대기에는 하늘을 향한 분화구가 무엇이든지 삼키겠다는 무시무시한 모습으로 그 큰 입을 벌렸다. 눈 덮인 산정의 아름다운 모습과 탁월한 균형미로 인해 미국의 후지산(富士山)이라고 불리던 세인트 헬렌스 화산은 순식간에 흉산(凶山)으로 변했다. 그 후에 분화구 속에는 300m 높이에 이르는 용암돔(lava dome)이 만들어졌다. 학자들은 현재와 같은 속도로는 250년 이상이 지나야 폭발 전의 모습을 되찾을 수 있을 것으로 예측한다.

화산 폭발로 인한 폭풍과 열은 상상을 초월했다. 산사태로 생긴 유동체와 파편들에 이어 불어온 폭풍은 시속 400km의 속도로 북쪽 27km 지점까지 휩쓸었다. 이 폭풍으로 인해 500km² 지역에서 약 600만 그루의 나무들이 뿌리째 뽑히거나 쓰러졌으며, 62명이 죽었다. 직경 18m의 표석(漂石)들이 8km를 날아갔고, 한 부부가 세인트 헬렌스 화산 북쪽 18km 지점에 주차해두었던 이동주택은 180m나 날아갔다. 또한 이 폭발로 인해 약 27km 길이의 부채꼴 모양의 지역 내 모든 생물들이 죽었다. 세인트 헬렌스 화산 북쪽 20km 지점에 세워둔 트럭에서는 플라스틱 부품 전체가 녹아 내렸다. 폭발 지점에서 26km 떨어진 그린강에서 고기를 잡고 있던 어부들은 급히 물속으로 뛰어들어 간신히 목숨은 건졌지만 심

그림 8-16 세인트 헬렌스 화산의 장대한 폭발.[16] 화산의 폭발. 화산이 폭발할 때는 엄청난 규모의 화산재가 분출되어 뜨거운 상승기류를 타고 수십 km까지 올라가게 된다. 일단 올라간 화산 먼지들은 대기 중의 포화 수증기들을 응결시키는 핵이 되었을 것이고 응결핵이 되지 않은 화산 먼지들은 매우 느린 속도로 지표면에 떨어졌을 것이다.

한 화상을 입었다.

　1980년 5월 18일에 일어난 폭발로 인해 북쪽에 있던 스피릿 호수(Spirit Lake)에는 90m 두께에 이르는 화산 분출물들이 쌓였다. 바깥으로 나가는 수로가 없는 스피릿 호수는 화산 폭발 후에 밀려드는 화산 분출물들로 인해 수면이 75m나 높아졌고, 호수의 면적도 거의 두 배로 늘어났다.

　이 날의 폭발은 무려 9시간 동안 지속되었으며, 그 동안 엄청난 규모의 뜨거운 화산 먼지가 분출되었다. 폭발 직후 15분간은 시속 350-1,100km의 초강풍이 인근 숲과 집들을 초토화시켰다. 화산 북쪽에 있던 삼림들은 5월 18일의 폭발로 완전히 사라졌다. 이 때 분출된 세인트 헬렌스의 화산 먼지는 520km²를 덮었고 20km 상공의 성층권 하늘로 치솟았다.

　이 폭발로 인하여 인근 지역은 유래 없는 호우로 고통을 겪었으며, 화산 먼지는 시애틀까지 뒤덮었고, 기온도 급강하하였다. 화산 폭발이 일어난 지 네 시간도 되지 않았을 때 화산으로부터 136km 지점에 위치한 당시 인구 51,000명의 야키마(Yakima)시를 비롯하여 동부 워싱턴주 도시들은 몰려온 화산 먼지로 인해 대낮이지만 한밤중보다도 더 어두운 암흑천지로 변했다. 세인트 헬렌스의 폭발을 시시각각 감시하던 미국지질조사국과 워싱턴주 정부의 노력으로 사전에 수백 명의 사람들이 미리 대피, 소개(疏開)되었고 수백 명이 구조되었지만, 여전히 피하지 못했던 57명의 사람들은 죽었거나 실종되었다.[17]

그림 8-17 비행기에서 본 세인트 헬렌스의 모습. 저 멀리 해발 4,392m에 이르는 레이니어산(Mt. Rainier)이 보인다(김도형 목사 사진 제공).

세인트 헬렌스 화산의 폭발은 지질학자들에게 새로운 지질학적 개념을 선사하기도 했다. 많은 학자들은 세인트 헬렌스 화산의 폭발을 통해 격변적 과정이 어떻게 일어나는지를 생생하게 보았다. 이 화산 폭발로 인해 120m이상 되는 두꺼운 지층이 수일 만에 형성되었는가 하면, 단 하루 만에 1mm 이내의 수많은 얇은 층리면으로 이루어진 7.5m 두께의 지층이 형성되기도 하였다. 또한 화산 폭발로 인해 뿌리가 잘리고 껍질이 벗겨진 통나무들이 화산에 인접한 스피릿 호수 바닥에 수직으로 세워져 묻혀있는 것도 관찰되었다.[18]

6. 트루먼과 인류 화석

　세인트 헬렌스 화산은 지질학적인 교훈은 물론 우리의 삶과 관련된 교훈도 준다. 화산의 폭발 조짐이 구체적으로 나타나자 워싱턴 주지사 딕시 리 레이(Dixy Lee Ray, 1914-1994) 여사는 산꼭대기를 중심으로 반경 8km를 출입금지 구역으로 선포한 후 주민들을 소개시키고 이곳으로 통하는 모든 도로들을 차단하였다. 이 명령에 따라 모든 사람들이 집을 비우거나 통행을 자제하였다. 그런데 이 명령에 유독 완강하게 저항한 사람이 있었는데, 바로 해리 트루먼(Harry Truman)이라는 83세의 노인이었다. 그는 호수와 산과 더불어 53년간을 그곳에서 살아온 사람이었다. 그처럼 오랫동안 그곳에 살면서 한 번도 화산 폭발이 없었는데 무슨 일이 있겠느냐면서 관청의 명령이나 자연의 위협 따위에 미동도 하지 않았다. 그는 미국의 트루먼 대통령과 이름은 같았지만, 미련하고 고집이 센 것은 달랐다. 그는 과학자들의 경고보다 자신의 경험을 더 신뢰하였다.

　그러나 운명의 날은 트루먼의 옹고집과 무관하게 시시각각 다가오고 있었다. 화산이 폭발하자 화산 바로 맞은 편 스피릿 호수 건너편에 막무가내로 버티고 서 있던 트루먼과 그의 집은 12m 높이의 벽이 되어 해일처럼 밀어닥친 뜨거운 진흙 속에 흔적도 없이 사라지고 말았다. 순식간에 90m에 지하에 매몰된 트루먼은 이 세상에서 가장 깊이 묻힌 사람이 되었다. 그의 미련함과 함께….

　세인트 헬렌스 화산의 폭발로 목숨을 잃은 많은 사람들은 인류의 연대와 관련하여 매우 중요한 한 가지 사실을 시사해 준다. 그것은 바로 화산 폭발로 급속한 매몰이 일어날 때 사람도 같이 매몰된다는 사실이다. 만일 화석으로 발견되는 모든 동식물들과 사람이 동시대에 살았다면, 사람들의 유골도 화석이 되어 출토되어야 한다. 하지만 공룡을 비롯하여 그렇게 많은 동식물들의 화석들이 출토되고 있지만, 고생 인류들은 대부분 유골로 출토될 뿐 화석화 되지 않은 채 발견된다.

 아직까지 다른 동물들에 비해 사람들은 높은 곳에 거주했기 때문에 나중에 묻혔다고 설명할 수 있을까? 하지만 오늘날 발견되는 고대인의 유적지들을 보면, 극히 일부를 제외하고는 산꼭대기에 집을 짓고 산 경우를 볼 수 없다. 사람들은 대부분 평지나 강변 등 격변이 일어날 때 다른 동식물들과 비슷하게 화석화될 수 있는 조건에서 살았다. 그러나 사람의 화석은 거의 출토되지 않는다. 이것은 화석화된 다른 동식물들과 인류가 동시대에 살았다고 해서는 도무지 설명할 수 없다.

 그러면 사람들은 다른 동물들에 비해 홍수가 났을 때 높은 곳으로 빨리 도망갈 수 있었기 때문에 높은 곳에 묻혔고 화석화도 되지 않았다고 할 수 있을까? 우리가 알다시피 이 세상에는 사람보다 훨씬 빨리 도망갈 수 있는 동물들이 얼마든지 있다. 하지만 그런 동물들의 화석은 무수히 많이 발견되는 데도 왜 사람의 화석은 발견되지 않는 것인가? 이것은 6천 년 전에 사람들과 동식물들이 동시에 창조되었다고 해서는 도무지 설명할 수 없다. 아마 세인트 헬렌스 화산 폭발로 갑작스럽게 매몰된 사람들 중 상당수는 오랜 시간이 지난 후에 화석으로 발견될 가능성이 있다.

7. 옐로우스톤

 세인트 헬렌스 화산과 더불어 북미주에서 격변의 가장 생생한 현장은 역시 옐로우스톤 국립공원이라고 할 수 있다. 1872년 3월 1일, 전 세계에서 첫 번째 국립공원으로 지정된 옐로우스톤은 역사적으로 북미주에서 가장 큰 화산 폭발이 일어난 곳이다. 그리고 옐로우스톤 칼데라(Yellowstone Caldera)는 북미주에서 가장 큰 칼데라이다.[19] 옐로우스톤에는 91분마다 분출하는 올드 페이스풀 분천(Old Faithful Geyser)을 비롯하여 300여개의 분천이 있다. 전 세계 분천의 2/3가 옐로우스톤에 있다.[20]

그림 8-18 옐로우스톤의 올드 페이스풀 분천 ⓒ양승훈

역사적으로 옐로우스톤에서는 크게 세 차례의 대규모 폭발이 있었다. 가장 최근의 폭발은 64만 년 전에 일어났다. 이 폭발로 인해 현재의 칼데라가 만들어졌으며, 이 때 1,000km³의 화산재, 암석, 화산쇄설물(pyroclastic material)이 분출되었다. 이것은 1980년에 폭발한 세인트 헬렌스 화산보다 1,000배나 많은 양이다!![21] 이 폭발로 인해 깊이 1km, 넓이가 84km×45km에 이르는 현재의 칼데라(Henry's Fork Caldera)와 라바 크릭 응회암층(Lava Creek Tuff)이 만들어졌다.[22]

64만 년 전의 폭발보다는 작았지만, 120만 년 전에도 대규모 폭발이 일어났다. 이로 인해 280km³의 화산 물질이 분출되었으며, 헨리스 포크 칼데라(Henry's Fork Caldera)와 메사 폴스 응회암층(Mesa Falls Tuff) 이 만들어졌다. 그러나 가장 강력한 폭발은 210만 년 전에 일어났다. 이로 인해 2,450km³의 화산 물질이 분출했으며, 이 때 헉클베리 리지 응회암층(Huckleberry Ridge Tuff)과 아일랜드 파크 칼데라(Island Park Caldera)가 만들어졌다.[23]

이 세 번의 폭발은 엄청난 물질을 대기 중에 분출했기 때문에 지구 기후와 생태계에 커다란 영향을 미쳤고, 북미주의 많은 생물들을 멸종시켰다.[24] 이 세 번의 폭발 시기를 보면, 첫 번째 폭발과 두 번째 폭발은 90만 년의 간격이고, 두 번째와 세 번째 폭발은 약 60만 년 간격이다. 그래서 세 번째 폭발 이후 60만 년이 지났기 때문에 다시 옐로우스톤이 대규모 폭발을 일으킬 시기가 되지 않았는가 염려하는 사람들이 있다.[25]

실제로 옐로우스톤에는 지금도 매년 수천 회의 지진이 일어나지만 대부분 사람들이 감지할 정도는 아니다. 역사적으로 옐로우스톤에서 진도 6 이상의 지진은 6회 발생했으며, 근래 지진으로는 1959년 북서 경계 지역에서 일어난 진도 7.5의 지진이었다. 이 지진으로 인해 거대한 산사태가 일어났고, 헵진 호수(Hebgen Lake)의 댐이 부분적으로 붕괴되었다. 28명이 생명을 잃었고, 많은 재산 피해를 냈다. 이 때 무너져 내린 흙이 강물을 막아 자연 호수가 만들어졌는데, 그게 바로 지진호수(earthquake lake)이다. 1975년 6월 30일에는 진도 6.1의 지진이 일어났으나 큰 피해는 없었다.[26] 1985년에는 3개월 동안 무려 3,000번의 작은 지진이 공원 북서 지역에서 일어났다. 2007년 4월 30일부터는 칼데라 내에서 수일간 진도 2.7 이하의 작은 지진이 16회 일어났다. 2008년 12월에도 나흘 동안 무려 250회 이상의 지진이 옐로우스톤 호수 아래서 일어났는데, 이 때 가장 큰 지진은 진도 3.9였다. 지금도 옐로우스톤 국립공원에서는 계속 지진이 일어나고 있으며, 일어나는 모든 지진은 매 시간마다 미국지질조사국(USGS)의 지진방제프로그램(Earthquake Hazards Program)에서 발표하고 있다.[27]

이 외에도 2004년 3월 10일에는 땅에서 올라온 유독 가스에 질식된 것으로 보이는 물소 다섯 마리가 노리스 분천분지(Norris Geyser Basin)에서 죽은 채 발견되기도 했다. 이어 2004년에는 지진 발생이 증가하기도 했다. 2006년에는 맬라드 레이크 돔(Mallard Lake Dome)과 사우어 크릭 돔(Sour Creek Dome)이 2004년 중반부터 2006년까지 매년 3.8-6.1cm 씩 융기하고 있다고 보고되었다. 2007년 말에는 융기 속도가 줄었다. 이로 인해 각종 매스컴에서는 옐로우스톤의 폭발이 임박한 것이 아니냐고 추측하고 있지만, 전문가들은 가까운 장래에는 폭발하지 않을 것이라고 말한다.[28]

그럼에도 불구하고 2001년 5월, 미국지질조사국(USGS)과 옐로우스톤 국립공원과 유타대학은 옐로우스톤 화산 관측소(Yellowstone Volcano Observatory)를 만들어 옐로우스톤 고원지대(Yellowstone Plateau volcanic field)의 지질활동을 감시하고 있다.[29]

끝으로 미국 삼나무(redwood) 화석도 옐로우스톤의 격변적 역사를 말해주고 있다. 삼나무 화석은 캘리포니아주에 현존하는 삼나무와 전혀 다르지 않다. 5,000만 년 전 신생대 시신세(Eocene) 때 여러 차례의 화산 폭발과 이로 인한 대규모 산사태로 인해 숲 전체가 화산재, 물, 모래 속에 매몰, 화석화되었다. 화산 분출물 속에 풍부하게 포함된 산화규소(silica) 성분이 나무가 썩기 전에 목질부를 치환함에 따라 현재와 같은 화석이 되었다. 이 외에도 스페시멘스 크릭(Specimens Creek)에서는 높이가 5m 이상 되는 나무가 수직으로 선 채 화석이 되어 발견되는 것이나 공원 내 호수에서 발견된 토탄층 등이 과거에 옐로우스톤에서 일어난 격변적 사건을 보여주고 있다.

그림 8-19 옐로우스톤의 삼나무 화석. 격변에 의해 매몰되었음이 분명하고, 삼나무 화석은 현존하는 삼나무와 다를 바가 없다. ⓒ양승훈

지금까지의 연구로부터 한 가지 분명한 것은 옐로우스톤이 가까운 장래에는 폭발하지 않을지 모르나 언젠가는 반드시 폭발할 것이라는 점이다. 그리고 그렇게 되면 국지적이기는 하지만 엄청난 격변이 예상된다. 옐로우스톤 화산과 같은 크기의 화산 폭발이 전 세계적으로 드물지 않음을 고려한다면, 지구의 역사를 격변의 역사로 보는 것은 자연스럽다고 할 수 있다.

8. 요세미티

우리 세대에 격변적 사건으로 기록된 세인트 헬렌스 화산이나 곧 폭발할 것 같이 꿈틀거리는 옐로우스톤과는 달리 지금은 조용하지만 과거의 엄청난 격변을 보여주는 흔적들이 북미주 서부 곳곳에 남아있다. 그 중 하나가 바로 캘리포니아주 요세미티 국립공원(Yosemite National Park)이다.

퇴적암으로 이루어진 그랜드 캐년과는 달리 길이가 11km에 이르는 요세미티 계곡은 거대한 화강암 계곡이다. 요세미티의 화강암은 지금부터 1억 년 전 쯤, 지하 깊은 곳의 마그마가 지하 8,000m 깊이까지 올라와서 거대한 마그마 챔버 혹은 열점(熱點, hot spot)을 이루었다가 수백만 년 동안 천천히 식으면서 결정화된 후 지표면으로 융기된 것이다. 지금은 지표면에 노출되어 오랜 세월을 지나면서 여러 조각으로 부서졌지만, 원래 지하에서 형성된 화강암괴의 크기는 길이가 560km, 넓이가 90km, 두께가 16km에 이른다. 물론 지금도 훨씬 더 많은 부분은 지하에 묻혀 있고 일부만 드러나 있다.

요세미티는 홍적세 빙하기 동안에는 1,200m 깊이의 빙하로 덮여있었다. 그리고 빙하가 물러가면서 화강암과 계곡 바닥을 긁고 지나갔기 때문에 전형적인 U자 형의 빙하계곡이 형성되어 있다. 빙하가 물러가면서 남긴 빙하 호수만도 3,200여 개에 이른다.

요세미티에는 불타는 단풍들이 어마어마한 화강암괴들과 절묘한 조화

그림 8-20 요세미티 화강암 계곡과 이를 형성한 마그마의 작용 ⓒ양승훈

를 이룬다. 나이아가라 폭포보다 13배(740m)나 높은 화강암 절벽의 요세미티 폭포(건기에는 마르지만), 910m 암벽을 가진 엘카피탄(El Capitan)이나 계곡 바닥에서 1,500m까지 우뚝 솟은 하프돔(Half Dome)은 현재 지표면에 드러난 단일 화강암괴로는 세계에서 가장 큰 것으로 알려져 있다. 요세미티의 거대한 화강암괴는 그 자체가 중요한 격변의 증거라고 할 수 있다. 지하 깊은 곳에서 엄청난 크기의 마그마 챔버가 형성되고, 이들이 수백만 년에 걸쳐 천천히 냉각된 후 엘카피탄이나 하프돔과 같은 거대 화강암괴로 융기하는 과정은 격변을 동반한다.

9. 스플릿 산맥

요세미티에서 남쪽으로 내려가면 다른 격변의 흔적들을 많이 볼 수 있는데, 특히 언급하지 않을 수 없는 지역이 캘리포니아주 남부 멕시코 국경 근처에 있는 스플릿 산맥 주립공원(Split Mountains State Park)이다.

스플릿 산맥은 양파껍질 모양의 암석(Onion-shaped Rock)을 비롯하여 대격변과 대홍수를 보여주는 많은 증거들이 모여 있는 곳이다. 이 암석은 홍수에 의해 이토(泥土, mud)들이 여러 층을 이루며 퇴적되었다가 국부적인 습곡작용이나 지각의 변동 등으로 인해 현재와 같이 양파껍질 모양이 되었다. 그리고 난 후에 강한 압력과 열 등으로 현재와 같이 암석이 되었으며, 다시 융기되어 지표면에 드러난 것으로 보인다. 대홍수 등에 의해 형성된 퇴적층이 굳은 후에는 현재와 같은 양파껍질 모양을 만들 수 없기 때문에, 퇴적된 직후에 양파껍질 모양으로 변형된 것으로 보인다. 어떤 지각변동으로 양파껍질 모양이 만들어졌는지 정확한 원인은 알 수 없으나, 분명한 것은 각 지층들이 오랜 세월동안 천천히 퇴적되었다면, 이러한 암석은 절대로 형성될 수 없다는 사실이다.

그림 8-21 스플릿 산맥 주립공원의 양파껍질 모양의 암석. 홍수에 의해 이토들이 여러 층을 이루며 퇴적되었다가 국부적인 습곡작용이나 지각의 변동 등으로 인해 현재와 같은 모양이 되었다. 각 지층들이 천천히 퇴적되었다면 이러한 암석은 형성될 수 없다. ⓒ양승훈

또한 스플릿 산맥 주립공원에서 흔히 발견되는 진흙 덩어리에 작은 화강암이나 퇴적암들이 많이 박혀 있는 것도 대격변과 대홍수의 증거가 된다. 동일과정설에서 가정하듯이 현재와 같이 천천히 퇴적되었다면, 어떻게 몇 십 kg이나 되는 암석들이, 그것도 금방 깨어진 것이 아니라 표면이 잘 마모된 암석들이 골고루 흩어져 진흙 덩어리에 박혀있는지를 설명할

그림 8-22 거대한 진흙 덩어리 속에 마모된 암석들이 골고루 흩어져 박혀있는 것은 거대한 홍수의 증거로 볼 수 있다. ⓒ양승훈

수 없다. 대홍수와 같은 격변 때 거대한 물결이 소용돌이치면서 암석들을 진흙 속에 골고루 박히게 하였다는 것이 어색하지 않은 설명이다.

10. 여러 퇴적층군들의 증거

컬럼비아 계곡이나 요세미티, 팔로우스 폭포 등과 같이 한 곳의 단일 지형만으로도 우리는 과거에 북미주를 휩쓸었던 수많은 격변들을 짐작해 볼 수 있다. 하지만 이보다 격변들의 증거를 더 선명하게 증거하는 것은 북미주 대륙의 중부와 서부, 서북부 지역에서 발견되는 여러 개의 대규모 지층들(formations)이다. 이들 중 대표적인 몇몇 지층들을 살펴보자.

먼저 산라파엘 층군(San Rafael Group)의 가장 꼭대기에 있는 갈멜층(Carmel Formation)부터 생각해 보자. 쥐라기 지층이라고 하는 갈멜층은 60-90m의 비교적 얇은 판으로 이루어져 있으며, 자이온 캐년이(Zion Canyon) 바로 그곳에 위치하고 있다. 갈멜층 위에 있는 화산재에 대한 방사능 연대는 1억 6,630만-1억 6,800만 년으로 측정되었다.[30]

산라파엘 층군에서 가장 큰 퇴적층으로는 모리슨층(Morrison Formation)이 있다. 모리슨층은 미국 콜로라도주를 중심으로 남쪽으로는 텍사스주로부터 뉴멕시코, 아리조나, 오클라호마주에 걸쳐 있고, 북쪽으로는 와이오밍, 아이다호, 사우스 다코타, 몬태나를 거쳐 캐나다 남부의 앨버타, 사스카체완주에까지 이르는 총 100만 km^2의 방대한 퇴적층이다. 넓은 면적에 비해 두께는 약 84-96m에 불과하며, 많은 육상 척추동물들의 화석이 대량으로 출토되고 있다. 모리슨층 위에 있는 화산재들의 방사능 연대는 1억 4,700만 년이다.[31] 특히 1877년 이곳에서 공룡

화석이 처음으로 발견된 이후 수많은 공룡화석들이 발견되고 있다.[32]

모리슨층의 기원이 육성(continental)일까, 수성(marine)일까에 대해서는 학자들마다 의견이 다르지만, 호상 침전물과 하상 퇴적물을 포함하는 육성 기원이라는 것이 일반적인 결론이다. 이 층에서는 해양 퇴적물의 흔적이 보이지 않으며, 실제로 발굴되는 화석들도 민물에서 서식하는 윤조식물(輪藻植物, Charophyte) 화석만 발견된다.[33] 이러한 모리슨층은 아래, 위에 있는 지층과 부정합적(unconformable)이기 때문에 단일 격변에 의해, 특히 바닷물이 침범하는 대홍수에 의해서 형성되었다고는 볼 수 없다.

또한 모리슨층 아래에는 백악기 사암층인 다코타 사암층(Dokota Sandstone Formation)이 있다. 두께 45m 정도의 다코다층은 콜로라도 고원지대의 중심에 위치하고 있으며, 하부에는 사암(砂巖, sandstone)이나 역암(礫岩, conglomerate), 중간에는 혈암(頁岩, shale)과 하도사암(河道砂岩, channeled sandstone), 상부에는 해양성 혈암(marine shale)과 사암층이 있다.[34] 다코타층은 백악기 지층의 해안선 암상(shoreline facies)으로 해석되며, 모리슨층과 같이 많은 발자국 화석들이 발견된다.

산라파엘 층군에 더하여 도쿰 층군(Dockum Group)에 속하는 치늘층(Chinle Formation)도 비슷하다. 북부 애리조나, 네바다, 유타, 서부 뉴멕시코, 서부 콜로라도주 등에 퍼져있는 지늘층은 넓이가 45만km^{2}에 이르는 거대한 퇴적층이지만, 두께는 최대 520m에 불과하다. 후기 삼첩기(Upper Triassic) 지층인 치늘층에는 많은 화석들, 특히 규화목들이 많은데, 이들은 전형적인 수성 퇴적암인 조립사암(粗立砂岩, coarse sandstone)으로 이루어져 있다. 치늘층은 그 아래에 있는 모엔코피층(Moenkopi Fromation)과 부정합을 이루고 있다.[35]

다음에는 치늘층의 기저층원(基底層員, basal member)인 쉬나럼프 (Shinarump) 역암을 생각해 보자.[36] 그랜드 캐년에서 동쪽으로 110km 지점에 있는 쉬나럼프 역암은 그 면적이 25만 km²에 이르지만, 평균 두께는 불과 27m 정도에 불과하다. 이 역암층은 육성이 아니라 하상이나 호상 퇴적물로 이루어져 있는데, 입자들의 굵기가 굵은 것으로 미루어 강물에 의한 퇴적층으로 생각된다. 그러나 아무리 큰 강이라고 하더라도 강에 의해서는 현재와 같은 남북한을 합친 것보다 넓은 역암층이 만들어질 수가 없다. 대규모 격변에 의해 형성된 것이라고 설명할 수밖에 없다.

이 외에도 쥐라기 글렌 캐년 층군(Glen Canyon Group)에 속하는 윙게이트층(Wingate Formation)은 캐년 랜드에서 90m 두께를 이루고 있으며, 그 위에 있는 치늘층과 정합(conformity)를 이루고 있다. 또한 60-180m 두께의 카엔타층(Kayenta Formation)은 약간 경사진 하성사암 (河成砂岩, fluvial sandstone)으로 이루어져 있다.[37]

위에서 언급한 여러 층들은 다양한 기원을 갖고 있다. 홍수나 국부적인 산사태 등으로는 설명할 수 없는 큰 지층들(formations)이 겹겹이 쌓여있는 것을 어떻게 설명할 수 있을까? 그랜드 캐년 지층에는 적어도 여섯 개의 해양 퇴적물로 이루어진 층들이 그렇지 않은 층들 사이에 샌드위치처럼 끼어서 존재한다. 어떤 것은 민물에 의해, 어떤 것은 바닷물에 의해, 어떤 것은 육상 퇴적물에 의해 만들어진 지층이 교대로 존재한다는 것은 결코 한 차례의 대규모 홍수로는 설명할 수 없다. 또한 오랜 세월에 걸친 점진적 퇴적에 의해서도 만들어질 수 없다. 미국 남서부의 캐년 랜드를 비롯한 서부, 서북부의 여러 층군들(groups)과 이들을 구성하고 있는 여러 층들, 그리고 층원들(members)은 여러 차례, 다양한 규모의 격변들이 북미주 대륙을 휩쓴 것을 보여준다.

11. 요약과 결론

지금까지 북미주, 특히 그 중에서도 북미주 서부와 서북부 지역을 중심으로 격변의 증거들을 살펴보았다. 대격변의 증거들이 선명하게 남아 있는 곳은 대부분 경관이 뛰어나기 때문에 관광지로 개발된 경우가 많다. 특히 격변의 증거들 중에서도 사람들이 쉽게 접근할 수 있는 곳은 국립공원이나 주립공원 등으로 지정된 경우가 많다.

아마 가장 대표적인 예가 바로 캐나다 록키산맥, 드럼헬러, 컬럼비아 계곡, 요세미티, 옐로우스톤, 세인트 헬렌스 화산, 스플릿 산맥, 그랜드 캐년, 배링거 운석공 등일 것이다.

이들 중 단일격변 지지자들이 "격변의 기념비"(monument to catastrophe)라고 부르는 그랜드 캐년은 관광지로는 물론 가장 중요한 격변의 흔적이라 할 수 있지만, 이에 대해서는 이미 다른 곳에서 다루었기 때문에 여기서는 생략한다.[38] 또한 배링거 운석공도 다른 거대한 운석공들에 비해 크기는 작지만 다른 대부분의 운석공들과는 달리 사람들이 쉽게 접근할 수 있는 곳에 있고, 또한 지구와 충돌한 연대도 오래지 않아 많이 훼손되지 않은 채 남아 있다. 하지만 제5강에서 다루었기 때문에 여기서는 다루지 않았다.

나머지 지역들도 매우 분명한 격변의 증거들을 보여주고 있다. 위에서 소개한 격변들은 비록 북미주에서 일어난 국지적 격변이었지만 그것의 영향은 전 지구적이었다. 그러므로 북미주에서의 격변은 전 지구적 격변, 나아가 전 지구적 멸종의 가능성을 예시해 주고 있다.

토의와 질문

1. 한국에서 격변의 흔적이라고 할 수 있는 곳을 말해 보자. 성산 일출봉, 도봉산의 인수봉, 설악산의 울산바위, 제주도나 울릉도와 같은 화산섬 등을 격변적 관점에서 설명해 보라.

2. 전 세계적으로 격변의 증거라고 할 수 있는 예를 들어보자. 그러한 증거들을 단일격변, 동일과정, 다중격변의 관점으로 설명해 보자. 각각의 관점들이 갖는 장점과 약점은 무엇인가?

3. 격변의 증거가 될 만한 곳은 일반적으로 유명 관광지인 경우가 많다. 혹 자신이 다녀온 곳들 중에 격변으로 설명할 수 있는 곳이 있는지 나누어보자.

제9강

다중격변과 성경해석

"땅이 혼돈하고 공허하며 흑암이 깊음 위에 있고 하나님의 영은 수면 위에 운행하시니라."(창1:2)

지금까지 우리는 다중격변의 관점에서 지구의 역사를 살펴보았다. 주로 지질학이나 천문학적 증거들을 중심으로 살펴보았다. 다중격변모델은 모든 것들을 완전하게 설명할 수는 없지만 적어도 종래의 대홍수설이나 국부홍수설 등의 모델들보다는 더 많은 과학적 증거들을 설명할 수 있음은 분명한 듯이 보인다.

그러면 이러한 다중격변모델의 성경적 근거는 있는가? 아니 성경적 근거를 찾으려는 시도가 정당한가? 다중격변모델의 성경적 함의는 무엇이며, 이 모델의 신학적, 혹은 성경해석학적 문제들은 없는가? 이러한 질문들은 그리스도인들에게 있어서 매우 중요한 관심사라고 할 수 있다. 이 질문에 대한 답이 곧 과학과 성경의 관계, 나아가 과학과 종교, 이성과 신앙의 관계라는 더 큰 주제의 출발점이 될 수 있기 때문이다.

아래에서는 먼저 성경의 문자적 해석에 근거한 대홍수설과 성경과 지질학의 조화를 시도했던 국부홍수론 등이 다중격변모델과 어떤 관계가 있는지에 대한 논의한다. 성경적 근거에 대한 논의 이전에 지금까지 지구역사에 대한 논쟁의 초점이 무엇이었는지를 과학적 측면에서 요약하는 것으로부터 시작한다.

1. 대홍수설과 국부홍수설의 보완

다중격변모델은 과학적 증거나 성경적 근거에 더하여 대홍수설이나 국부홍수설을 최소한으로 수정함으로써 받아들일 수 있다는 강점이 있다. 다중격변모델은 대홍수를 부정하는 것이 아니라 대홍수 이외에도 성경에 명시적으로 기록되지 않은 격변들이 있었음을 인정하는 것이다. 앞에서 언급한 것처럼, 10여 개월 동안의 대홍수만으로는 현재와 같이 두꺼운 지층이나 캐년들의 형성을 설명하기 어렵다.

국부홍수설이나 동일과정설 역시 캐년이나 지표면의 두꺼운 퇴적지층을 설명하기 어렵다. 이미 앞에서 언급한 바와 같이 어떻게 전 세계적으로 일정한 기준으로 분류할 수 있는 지층들이 존재하는 것을 국부적 홍수만으로 설명할 수 있는가? 국부홍수설이나 동일과정설이 그랜드 캐년의 형성을 설명할 때 직면하는 문제들은 창조과학연구소(ICR)의 오스틴(S.A. Austin) 등 대홍수 지지자들이 이미 충분히 지적하였다.[1]

또한 다중격변모델은 동일과정설이나 국부홍수설을 완전히 부정하는 것이 아니라 점진적 퇴적이나 국부홍수도 있었지만, 대부분의 지층들은 전 지구적인 대격변들에 의해 형성되었다는 것이다. 앞에서 언급했듯이 오늘날 세계 곳곳에는 국부적 격변만으로는 설명할 수 없는 분명한 증거들이 많다. 현대 지질학에서 말하는 중생대와 신생대 경계에서 일어난 대격변은 물론, 고생대 데본기의 대 한발(旱魃) 등도 다중격변모델로는 무리 없이 설명할 수 있다.

다중격변모델은 기존의 대홍수설이나 국부홍수설에 비해 지층의 퇴적과 침식 그리고 캐년의 형성을 설명하는 데 있어서 융통성이 있다. 전체적인 지층의 두께나 구성, 그랜드 캐년 지층이 대부분 수성층이지만, 부분적으로 풍성층이 포함되어 있는 것 등을 설명하는 데 어려움이 없다.

2. 홍적세 지층과 대홍수

먼저 대 홍수 지지자들은 전 지구적이고 파괴적인 대홍수로 인해 기껏 홍적세 정도의 지층만 만들어졌다는 것은 홍수의 위력을 너무 과소평가한 것이라고 비판할 수 있다. 즉, 대부분의 지층이 한 번의 대홍수에 의해 만들어졌다는 대홍수 모델에 비해 대홍수에 의해 홍적세 지층만 만들어졌다는 다중격변모델이 "대홍수의 효과를 너무 과소평가한 것이 아니냐?"라고 비판할 수 있을 것이다. 그러나 홍적세 지층 역시 전 지구적으로 분포되어 있다는 점을 감안한다면, 대홍수 모델의 핵심인 전 지구적이고 파괴적인 대홍수의 골격이 그대로 유지됨을 유의해야 할 것이다.

또한 홍적세와 대홍수의 연대가 정확히 일치하지 않는 것도 문제가 될 수 있다. 현대 지질학에서는 신생대 제4기 홍적세가 지금으로부터 약 180만 년 전에 시작되어 1만 년 전에 끝났다고 본다. 이에 비해 창세기 5장과 11장에 나오는 계보를 근거로 윗콤(J.C. Whitcomb)과 모리스(H.M. Morris), 대부분의 홍수설 지지자들은 대홍수가 단지 4,000-5,000년 전에 일어났다고 주장한다.[2] 홍적세의 연대가 불과 4,000-5,000년 전에 일어났다는 대홍수의 연대와 일치하지 않는 것은 어떻게 설명할 것인가?[3]

여기에 대해서는 성경에 빠진 계보 때문인지, 홍적세 지층의 연대 측정의 문제인지 좀 더 많은 연구가 필요하다. 하지만 이 문제는 고생대로부터 신생대에 이르는 대부분의 지층을 대홍수 시기와 동일시하던 기존의 대홍수설에 비해서는 훨씬 더 부담이 적다. 또한 대홍수 연대는 학자들에 따라 홍적세 연대와 부분적으로 겹친다고 주장하는 경우도 있음은 흥미로운 일이다. 예를 들면, 한 때 창조과학연구소(ICR)의 연대 측정실을 만들고 책임지고 있었던 아스마(Gerald Aardsma)는 C-14 연대측정법으로 조사해보면, 대홍수의 연대는 5,000년 전 내외가 아니라 최대 12,000년까지 거슬러 올라간다는 내용을 발표한 적이 있다. 아쉽게도 아스마는 본격적인 연대 측정 연구를 시작하기도 전에 창조과학연구소(ICR)를 떠났기 때문에 더 이상의 연구결과를 볼 수는 없지만, 그의 주장, 즉 대홍수가 1만 년 이전으로 거슬러 올라간다는 사실은 현대 지질학에서 최후의 빙하기가 끝난 것이 1만 년 전이라는 주장과 일치한다. 아스마 외에도 일부 대홍수 지지자들은 대홍수를 BC 12,000년 경으로 보기도 한다.[4]

3. 대홍수와 운석공들의 분포

홍적세 마지막에 일어난 대홍수를 노아의 홍수로 보는 것은 간접적이나마 운석공의 분포들로부터도 지지를 받는다. 아래 그림에서 볼 수 있는 바와 같이, 노아가 방주를 만들었으리라 생각되는 고대 메소포타미아 지역, 현재의 이라크 남부 바스라 인근 지역을 중심으로 반경 2,000km 이내에는 1만 년보다 더 오래 된 운석공들이 전혀 발견되지 않는다.

그러면 노아가 방주를 만들었다고 생각되는 지점으로부터 먼 곳에서만 운석공이 발견되는 것은 무엇을 의미하는가? 만일 노아홍수도 운석의 낙하로 인해 생긴 2차적인 격변이었다면, 그리고 그 운석이 노아가

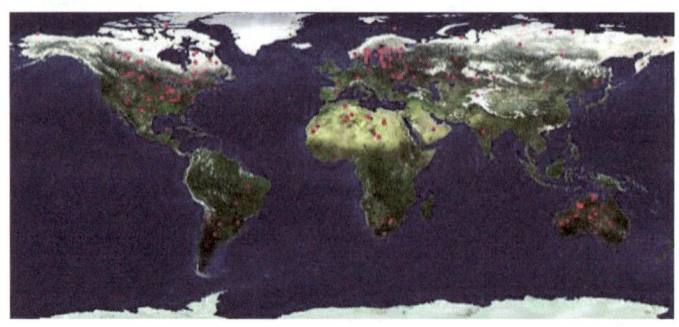

그림 9-1 운석공의 분포. 노아가 방주를 만들었으리라 생각되는 고대 메소포타미아 지역, 현재의 이라크 남부 바스라 인근 지역을 중심으로 반경 2,000km 이내에는 1만 년 이상 된 운석공이 발견되지 않는다.

살았던 유프라테스강 하류 평원지대(고대 메소포타미아 지방)나 페르시아만 어딘가에 낙하했다고 한다면, 우리는 다음 두 가지 가능성을 생각해 볼 수 있을 것이다.

첫째, 격변으로 인한 대홍수는 전 지구적인 파괴력을 가졌겠지만, 그 파괴력은 메소포타미아 지방 유프라테스강 하류 지역이 가장 컸을 것이다. 따라서 메소포타미아를 중심으로 퇴적된 홍적세 지층의 두께도 가장 두껍게 형성되었을 것이고, 그로 인해 홍수 전에 만들어졌던 운석공들이 사라졌을 것이다. 그리고 이 지역으로부터 멀리 떨어진 지역일수록 홍수로 인한 침식이나 퇴적 작용이 약하게 일어났을 것이며, 따라서 많은 운석공들이 남아있을 것이다. 이것은 실제로 다른 어떤 지역보다도 유프라테스 강 하류 인근에서 홍적세 지층이 가장 두껍게 발견되고 있는 것으로 증명되고 있다.

미국의 고고학자인 랭든(Stephen Herbert Langdon)은 1920년대에 바벨론 지역인 키쉬(Kish) 지역을 발굴하여 두꺼운 홍수 지층과 뚜렷한 홍수 유적을 발견하였다.[5] 그리고 영국의 고고학자 울리경(Sir C.L. Woolley)은 1922년부터 1934년까지 그보다 남쪽에 있는 갈대아 우르를 발굴하였는데, 여기서도 키쉬와 같은 많은 홍수의 흔적이 발견되었다. 일부 대홍수 지지자들의 주장과 같이 만일 노아의 홍수도 운석의 충돌과 같은 사건과 관련되어 있다면, 당연히 운석이 떨어진 인근의 피해가 가장 컸을 것이고, 그곳으로부터 멀리 떨어질수록 영향이 줄어들었으리라고 추리하는 것은 크게 어렵지 않을 것이다.

둘째, 만일 메소포타미아를 중심으로 한 중동 지역에서 가장 급격한 홍수 퇴적층이 형성되었다면, 중동 지역 인근에서는 노아홍수보다 오래된 어떤 운석공도 찾아보기 어려울 것이다. 실제로 화이트헤드(J. Whitehead)가 지난 2010년 4월 12일까지 업데이트 한 운석공 리스트를 보면 놀랍게도 중동지방에는 4,000년 이상 된 운석공이 단 하나도 없다. 화이트헤드는 무려 176개의 운석공들에 대한 목록을 제시하고 있는데, 이들의 대륙별 분포를 보면, 남북 아메리카, 호주, 유럽, 아시아, 러시아 등 전 지구적으로 비교적 골고루 분포되어 있지만, 중동지역에는 단 하나의 운석공도 발견되고 있지 않다. 유일하게 발견된 운석공은 바스라에서 불과 800km 정도 떨어진 사우디아라비아 와바르에서 발견된 와바르 운석공(Wabar crater)인데, 이것은 직경이 불과 116m에 불과하고, 낙하연대도 1,000년 미만으로서 노아의 홍수보다 훨씬 더 후에 형성된 것이다. 노아홍수 이전에 낙하했으면서도 그 흔적이 뚜렷하게 남아있는 운석공들은 대부분 메소포타미아 지방으로부터 멀리 떨어져 있다는 것은 흥미 있는 일이다.

물론 운석공이 발견되지 않는 것은 유프라테스강 하류 지역만이 아니다. 그림 9-1에서 볼 수 있는 바와 같이 남아메리카 북부지역이나 아프리카 중부지역, 중국을 비롯한 동남아 국가들에서도 운석공이 발견되지 않고 있다. 하지만 이것은 다른 이유로 부분적인 설명이 가능하다. 즉,

남아메리카 북부지역은 열대우림 지역으로서 거대한 아마존강과 이들의 지류, 오리노코강 등의 퇴적 및 침식 작용이 활발하게 일어나는 지역이어서 운석공들이 쉽게 사라질 수 있으며, 설사 남아있는 운석공의 흔적들도 울창한 정글로 인해 발견되는 것이 쉽지 않기 때문이다. 중국 역시 내륙지방 역시 풍화와 침식이 활발하게 일어나는 사막 지역이며, 남서부 내륙지방 역시 히말라야 산맥 등 고산지역이어서 운석공을 발견하기가 어려운 지역이다. 비슷한 이유로 사하라 사막이 있는 아프리카 북부의 사헬지역에서도 운석공을 발견하는 것이 쉽지 않다. 물론 현재 운석공이 가장 많이 발견되는 북아메리카, 서유럽, 호주 등은 과학자들, 특히 운석공들을 찾는 지질학자들이 가장 많다는 사실도 무시할 수는 없을 것이다.

4. 타락 이전 동식물의 죽음

신학적으로 볼 때, 다중격변들이 하나님의 심판과 신학적으로 어떻게 관련될 수 있는지도 좀 더 연구해야 할 과제라고 할 수 있다. 대홍수설에서는 죽음은 아담의 범죄 때까지 존재하지 않았으므로 모든 화석들은 아담의 범죄 이후, 특히 대부분의 화석들은 대홍수 기간 중에 만들어졌다고 본다. 즉, 아담의 범죄 이전에는 동식물의 죽음도 없었다고 본다.

그러나 만일 여기서 제시한 다중격변모델의 여러 격변들이 인간의 창조 이전에 일어난 것이었다면, 인간의 타락 이전에도 동식물 세계에는 죽음이 있었다는 의미가 된다. 인간의 타락 이전에도 동식물의 죽음이 있었음을 추론하는 것은 어려운 일이 아니다. 한 예로 타락하기 이전 에덴동산에도 무수히 많은 미생물들이나(비록 아담과 하와는 알지 못했다고 해도) 땅에 기어 다니며 눈에 잘 보이지 않는 작은 곤충들이 많이 있었을 것이다. 그리고 이들은 아담과 하와가 발자국을 떼어놓을 때마다 (본의 아니게) 엄청난 숫자가 밟혀서 죽지 않았을까? 그리고 타락 이전에는, 창세기 1장 28절의 말씀처럼, 모든 생물들이 생육, 번성만 하고 죽음이 없었다면, 이 세상은 어떻게 될 것이며, 먹이사슬은 어떻게 유지될 것인가?

인간의 타락 이전에는 동물 세계에서조차 아무런 죽음이 없었다고 한다면, 사자나 호랑이와 같은 육식동물들은 언제 창조되었을까라는 의문이 생긴다. 만일 그렇다면 육식동물들은 모두 인간의 타락 이후에 창조되었다고 가정하거나, 아니면 육식동물들도 인간의 타락 이전에는 초식동물들이었으나 타락 이후에 비로소 육식동물이 되었고, 펑퍼짐 하던 앞니와 송곳니, 발톱 따위가 갑자기 날카롭게 변했다는 어색한 가정을 해야 한다. 그러므로 우리는 타락 이전에도 미생물을 포함한 동식물 세계에는 죽음이 일상적으로 존재하고 있었으며, 그들의 죽음은 저주가 아니라 피조세계를 유지하기 위한 하나님의 섭리였다고 봐야 할 것이다.

타락 이전의 죽음과 관련해서 영(D.A. Young)은 흥미로운 주장을 한다. 영에 의하면, 노아가 방주를 짓기 위해 사용한 피치(pitch)는 홍수 전에 지구에 이미 대규모 격변과 죽음이 있었음을 시사한다. 만일 대홍수가 유일한 첫 격변이었다면, 피치는 대홍수 때까지 존재할 수가 없어야 한다. 피치는 동식물들의 유해로부터 만들어지는 유기물질임을 생각한다면, 노아 홍수 이전에도, 아마 인간이 타락하기 이전에도 대규모 격변과 죽음이 있었다고 가정해야 한다. 그리고 그런 동식물의 대규모 죽음을 피치와 같은 물질로 변환시키기 위한 충분한 시간적 여유가 있었을

것이다.[6]

그러면 인간의 타락 이전에 동식물들의 대규모 죽음이 있었다는 주장은 하나님이 "보시기에 좋도록 창조하셨다"는 성경의 기록과 어떻게 조화될 수 있을까? 이 질문에 대해서는 먼저 다중격변에 의해 동식물의 대규모 멸종들이 과연 하나님이 보시기에 나빴을까를 생각해 봐야 한다. 생물들의 세계에 죽음이 없이 오직 생육과 번성만 있었다면, 과연 에덴의 아름다움과 풍요로움이 지속될 수 있었을까? 여기에 대해서는 그렇지 않다고 말할 수 있다.

우선 만일 반복된 대규모 격변, 다시 말해 대규모 멸종이 아니었다면, 오늘 인류가 사용하는 엄청난 화석연료들이 전혀 생성될 수가 없었음을 지적할 수 있다. 우리가 잘 아는 바와 같이 석탄과 석유, 천연가스는 생물들의 유해들이 대규모로 매몰, 탄화되어 형성된 것이다. 다시 말해 엄청난 규모의 죽음과 지각 변동이 없었다면, 오늘날과 같이 인류를 "부양할" 수 있는 대규모 화석연료는 만들어질 수가 없었을 것이다.

둘째, 대규모 멸종이 없었다면, 오늘날 인류가 사용하고 있는 엄청난 광물자원들의 상당 부분도 존재할 수가 없었을 것이다. 마그마 속에는 많은 광물질들이 존재하고 있으며, 이들은 다양한 형태로 지각으로 관입된다. 하지만 이들이 지각의 대류현상 등을 통해 지표면이나 지표면 가까이로 드러나지 않는다면, 그리고 이러한 광물질들이 대홍수나 지진 등의 격변을 통해 대규모로 침전되지 않는다면, 오늘날 인류가 사용하는 광맥의 많은 부분은 형성될 수 없다. 현대 문명에서 화석연료가 없는 세상을 생각할 수 없듯이, 광물질들이 없는 세상도 상상하기가 어렵다.

셋째, 생육하고 번성하기에 최적의 조건을 갖춘 지구 생태계에서 아무런 죽음이 없었다면, 불과 얼마의 시간이 지나지 않아서 지구는 생지옥

이 될 것임이 분명하다. 지금도 볼 수 있는 바와 같이 생태계는 먹이사슬을 통해 예민하게 균형을 이루고 있다. 비록 인간의 타락이 생태계의 운행에 상당한 영향을 끼쳤을 것이라 생각해 볼 수도 있지만, 먹이사슬 그 자체가 인간의 타락의 결과로 생긴 것이라고 보는 것보다 생태계를 "보시기에 좋도록" 운행하시려는 하나님의 지혜의 한 부분이라고 보는 것이 더 낫지 않을까 생각된다.

그렇다면 이것은 생물들에게만 국한된 문제가 아니라 인간의 생육과 번성도 같은 결과를 가져올 수 있지 않는가라는 반론이 제기될 수 있다. 즉, 인간도 다른 동식물과 같이 죽음이 없이 무한히 생육하고 번성만 한다면 과연 에덴이 풍요로움을 유지할 수 있을 것인가 하는 점이다. 이 질문에 대해 조직신학자들은 에덴에서의 인간의 삶은 한시적이요, 일종의 "수습기간"이었다고 말한다. 만일 인간이 에덴동산에서 어느 일정 기간 동안 타락하지 않고 수습기간을 잘 마쳤다면, 다시 말해 선악과를 먹기 전에 생명나무 과일을 먹었다면, 영원한 생명을 얻게 되었을 것이라는 주장이다. 물론 이미 선악과를 먹고 돌이킬 수 없는 상태가 된 지금은 선악과를 먹지 않았다면, 인간에게 혹은 여타 피조세계에 어떤 일이 일어났을까에 대해서는 아무도 정확하게 알 수가 없다. 하지만 이것은 인간의 타락 후에 하나님께서 인간이 생명나무 실과를 먹고 영생할 것을 염려하는 성경의 기록을 볼 때, 개연성이 있다고 할 수 있다.

창세기 1장에서 말하는바 "보시기에 좋았더라"는 말은 인간의 죽음을 상정하고 있지는 않겠지만, 동식물의 죽음까지 없었음을 의미하는 바는 아니라고 해석할 수 있다. 오히려 인간의 타락 이전에 일어났던 대규모 격변이나 멸종은 인간의 생존을 위한 하나님의 은혜로운 배려라고도 해석할 수 있을 것이다. 물론 모든 생물들의 생존평등권을 주장하는 환경론자들은 위의 주장이 지나치게 인간중심적 사고라고 비판할 것이다. 그러나 성경은 사람들에게 다른 생명들을 존중할 것을 일관되게 가르치고 있지만, 여타 생물들의 생명을 인간의 생명과 동등하게 취급하는 것에 대해서는 일관되게 반대하고 있음을 유의해야 한다. 이 주장은 청지기로서 생태계에 대한 인간의 청지기적 의무를 가르치는 성경의 가르침과도 상치되지 않는 것으로 보인다. 이러한 논의로부터 우리는 결국 인간의 타락 이전에 대규모 격변과 멸종이 있었다는 것은 "보시기에 좋았더라"는 말씀과 상치되는 것이 아니라는 해석도 가능함을 알 수 있다.

5. 다중격변과 성경 해석

다중격변에 대한 여러 지질학적 증거들에 더하여 직접적인 성경의 증거는 있는가? 성경은 지질학 교과서가 아니며 인간을 중심으로 한 구원의 역사와 영적인 일들에 주된 관심을 갖고 기록된 책이므로 지질학에서와 같은 구체적인 증거는 존재하지 않는다. 그러나 성경을 자세히 조사하면 몇몇 곳에서 다중격변의 증거들을 볼 수 있다. 특히 창세기 1장에서는 중요한 몇몇 증거들을 찾아볼 수 있다.

간격 이론과 운석 충돌

창세기의 창조연대와 과학이 보여주는 지구의 연대를 처음으로 심각하게 생각한 사람은 스코틀랜드 수학자이자 스코틀랜드 자유교회(Free Church of Scotland) 목사였던 챠머스(Thomas Chalmers, 1780-1847)

였다. 그는 과학이 보여주는 오랜 연대와 창세기의 문자적 해석 사이에 거대한 간격이 있음을 발견하고, 창세기 1장 1절과 2절 사이에 긴 시간적인 간격이 있다는 간격이론(Gap Theory)을 제창하였다. 간격이론은 1814년 그가 퀴비에의 이론에 대한 해설을 쓰면서 널리 알려지게 되었으며, 그 후 반세기 동안 이것은 가장 널리 알려진 오랜 지구 이론이 되었다.[7] 1816년 이후에는 후에 캔터베리 대주교가 된 섬너(John Bird Sumner) 주교도 간격이론을 지지하였으며,[8] 옥스퍼드 대학 교수이자 영국 국교회 고(高) 교회파 구약학자인 퍼시(E.B. Pusey)도 창세기 1장을 해석하는데 간격이론을 받아들였다.[9]

하지만 간격이론을 널리 퍼지게 한 것은 미국 미시건 출신의 성경학자 스코필드(Cyrus I. Scofield)였다. 그는 흠정역(Authorized Version) 관

그림 9-2 미국 신학자 스코필드(1843-1921). 스코필드는 20세기 기독교 근본주의로 발전한 세대주의적 전천년설(dispensational premillenialism)의 지도자였다. 특히 그가 편찬한 『스코필드 관주성경』은 창조론의 하나인 간격이론(Gap Theory)의 근거를 제공하기도 했다.

주 성경의 하나인 『스코필드 관주성경』(The Scofield Reference Bible)에서 창세기 1장 1절을 "최초의 창조"(The Original Creation)로 보았다. 그리고 "이 최초의 창조행위는 오랜 시간 전에 이루어졌으며 모든 지질학적 시대를 위한 여지를 준다"고 하였다.[10] 그에 의하면 하나님은 최초의 창조에서 천사들을 만드셨지만 이들은 타락하였고, 결국 하나님은 이들을 심판하셨다. 스코필드는 2절에서 기술하는 바 "땅이 혼돈하고 공허하며 흑암이 깊음 위에 있고"는 바로 그 심판의 모습이라고 해석하였다. 그는 이러한 해석의 근거로 예레미야 4장 23-26절, 이사야 24장 1절, 45장 18절을 제시하면서 지구가 하나님의 심판의 결과로 격변적인 변화를 겪었던 것을 분명히 보여준다고 하였다. 그리고 지표면은 어디나 그런 격변의 흔적을 갖고 있다고 하였다. 이러한 스코필드의 해석을 근거로 후대의 사람들은 창세기 1절과 2절 사이에 엄청난 지질학적 시간 간격이 있었다는 소위 "간격이론"을 제시하였다.[11]

하지만 간격 이론은 처음 출발할 때부터 많은 비판을 받았다. 스코필드의 해석은 창조과정에서 언제 천사가 창조되었으며 또 사탄이 생겼는지를 설명할 수는 있지만, 오늘날 많은 복음주의 성경학자들은 물론 지질학자들도 간격 이론에 대해서 반대한다. 이들은 우선 창세기 1장 2절을 천사들에 대한 하나님의 심판의 모습이라고 한 것은 과도한 해석이라고 비판한다. 그러면서 이것은 하나님께서 질서 있는 지구를 만들기 전, 무질서한 지구의 모습일 뿐이라고 해석한다. 또한 2절 첫 단어인 "땅"(אֶרֶץ)이란 단어 앞에 접속사 "그리고"(WAW, וְ)가 붙어있는 것으로 봐서 1절과 2절 사이에 특별히 긴 시간적 간격을 삽입하는 것은 부적절하다는 점도 간격이론에 반대하는 하나의 이유가 된다.[12]

하지만 간격이론에서 창세기 1장 1절과 2절 사이에 긴 시간이 흘렀고,

2절이 지구상에서 일어난 대격변의 모습이라고 해석한 것은 지구 역사를 수많은 격변의 연속이라고 재해석하는 다중격변모델과 관련하여 주목할 만하다. 창세기 1장 2절을 현대 지질학이나 천문학의 연구 결과들과 관련하여 다음과 같은 두 가지 시나리오로 재구성해 보자. 이것은 현대 지질학이나 천문학에서 받아들여지고 있는 시나리오이다.

창조 시나리오 1

지구가 막 창조되던 시절, 수많은 운석과 소행성, 혜성들이 충돌하면서 지구는 연속적인 대격변을 겪었다. 지구는 이들의 충돌 에너지로 인해 1,500km 깊이의 마그마 바다를 이루었다. 이때는 혜성 및 소행성 충돌이 여전히 이어지고 있었기 때문에 지구에는 격심한 마그마 대류현상이 일어나고 있었고, 이를 통해 가벼운 암석 용융체들은 마그마 바다 위로 떠오르고, 무거운 금속 용융체들은 지구 중심 가까이로 가라앉기 시작했다. 이러한 상태를 가리켜 창세기 기자는 "땅이 혼돈하고 공허하며"라고 표현한다.

혜성이나 소행성들 중에는 그 속에 물(얼음)을 가진 것들도 있었는데 이들이 지구와 충돌하면서 물은 뜨거운 마그마로 인해 고온의 수증기 상태로 지구 대기권을 채우고 있었다. 동시에 이들이 지구와 충돌하면서 발생한 엄청난 먼지도 대기권으로 솟아올랐다. 이제 지구 표면에는 깊이를 알 수 없는 마그마의 바다가 소용돌이치고 있고, 대기는 짙은 먼지와 수증기가 뒤엉긴 채 칠흑 같은 어두움으로 이제 막 창조되는 지구를 감싸고 있었다. 이를 가리켜 창세기 기자는 "흑암이 깊음 위에 있고"라고 표현한다.[13]

그리고 얼마나 오랜 세월이 지났을까? 이제 혜성과 소행성의 충돌도 줄어들고, 뜨거운 지구는 점차 식어가면서 대홍수 지지자들이 "창조 암석"(creation rock)이라고 부르는 선캄브리아기 암석이 만들어지기 시작했다. 이것이 어느 정도 식게 되자 대기 중에 고온의 포화 수증기로 존재하던 물들은 먼지들을 응결핵으로 하여 엄청난 강우를 일으켰다. 수천 년에 걸친 호우로 지구 표면은 급속히 식게 되고, 이윽고 마그마의 바다는 깊은 물의 바다로 변했다. 엄청난 호우, 강력한 지진과 산더미 같은 해일이 밀려오면서 온 지면은 물로 덮였다. 그리고 그 엄청난 무질서(Chaos)로부터 질서(Cosmos)를 창조하시기 위해 삼위일체 하나님은 부지런히 일하고 계셨다. 이를 가리켜 창세기 기자는 "…하나님의 신은 수면 위에 운행하시니라"고 적는다.

짙은 수증기와 먼지가 사라진 태초의 지구 대기. 아무리 멀리 떨어진 작은 빛이라도 선명하게 보일 정도로 대기는 맑고 깨끗했다. 이제 그 혼돈과 공허, 그리고 칠흑 같은 어둠의 긴 시간은 지나고 창조의 새 날이 밝았다. 아무도 손대지 않은 처녀 지구가 생명과 질서를 만드실 창조주의 명령을 기다리고 있었다. 이윽고 창조주의 장엄한 음성이 온 우주를 울렸다. "빛이 있으라!" 창조주의 명령으로 빛은 지체 없이 존재하게 되었고, 이어 빛과 어두움이 나누어지고, 나아가 궁창 위의 물과 아래의 물이 나누어지는 질서가 창조되었다.

그 후 시간이 지나면서 땅은 점점 더 식어서 지각은 두꺼워졌고, 지구 표면에는 거대한 여러 개의 판들이 형성되었다. 하지만 땅 속에는 여전히 뜨거운 마그마 바다가 소용돌이치고 있었고, 깊은 물속에 잠겨있던 지각의 판들은 창조주의 명령을 기다리고 있었다. "천하의 물이 한 곳으로 모이고 뭍이 드러나라!" 창조주의 명령이 떨어지자 온 지구에는 조산운동과 조륙 운동이라는 엄청난 격변이 시작되었다. 지각을 구성하고 있던 거대한 판과 판이 부딪치면서 엄청난 육지와 바다 깊은 곳에서 지진과 화산활동이 이어졌다. 그리고 세월이 지나면서 어떤 곳은 더 깊은 바다가 되었고, 어떤 곳은 깊은 물속을 뚫고 올라와 거대한 육지가 되었다. 그러자 "하나님은 뭍을 땅이라 칭하시고 모인 물을 바다라" 부르셨다. 원래의 설계대로 지구에 생명체가 서식할 수 있는 완벽한 환경이 만들어져 가는 것을 보시고 창조주는 정말 기뻐하셨다.

이 외에도 창조주간에는 여러 차례의 격변들이 일어난 것으로 보인다. 오늘날 우리들이 사용하는 수많은 광물질들이나 화석연료라고 하는 석탄과 석유, 천연가스 등은 격변이 아니면 생성 과정을 설명하기가 어렵다. 이러한 지하자원들이 한 차례의 대격변으로 형성된 것이 아님이 분명하다면, 이들을 형성한 전 지구적 격변들이 여러 차례 있었음이 분명하며, 이것은 창조주간에 일어났다고 보는 것이 자연스럽다. 창조주는 인류가 화석연료를 본격적으로 사용하시기 오래 전에 이미 화석연료의 시대가 올 것을 미리 아시고 준비하셨다!

창조 시나리오 2

두 번째 가능한 시나리오의 무대는 지구가 아니라 우주 전체이다. 지금부터 약 140억 년 전인 태초에 대폭발이 일어났다. 창조주가 우주의 씨앗으로 준비한 아일렘(Ylem, 시간과 공간이 초고온, 초고밀도의 물질과 더불어 연속체를 이루고 있었던 것)이 창조주의 창조명령과 더불어 폭발을 일으키면서 우주는 시작되었다. 대폭발 후 팽창(inflation) 단계를 거치면서 우주는 급속히 식어가기 시작했다.

대폭발 이후 38만년이 될 때까지 모든 수소원자들은 전자가 없는 이온 상태, 즉 양성자 상태로 존재했다. 전자와 양성자가 혼합된 플라즈마 상태를 유지하고 있는 상태에서 우주는 어떤 빛도 통과할 수 없는 흑암 그 자체였다. 어떤 에너지 영역의 광자라도 자유전자의 운동에너지로 흡수, 산란되었다. 이런 상태에서는 양성자와 전자가 결합되기에는 너무 온도가 높아서 우주는 혼돈과 공허 상태를 벗어나지 못했고, 단 한 점의 빛도 통과할 수 없는 흑암이 깊음 위에 있었다.[14]

하지만 대폭발 이후 38만년을 전후하여 우주는 3,000K 정도까지 냉각되었다. 양성자와 전자들이 서로 결합할 수 있을 정도로 냉각된 것이다. 양성자와 전자는 이전에 한 번도 결합한 적이 없었지만, 현대 우주론자들은 이 과정을 "재결합"(recombination)이라 부른다. 비슷하게 헬륨 원자핵, 즉 알파입자도 전자와 결합하여 중성의 헬륨 원자를 형성하기 시작했다. 일단 원자핵과 전자가 결합하여 전기적으로 중성인 수소원자와 헬륨원자를 형성하면서 우주는 투명해지기 시작했다. 중성원자는 원자 내 전자 에너지 준위들 간의 차이에 해당하는 좁은 영역의 복사 에너지만을 흡수할 뿐이었다. 따라서 대부분의 복사 파장들은 아무런 방해를 받지 않고 우주 공간을 자유롭게 투과할 수 있게 된 것이다. 즉, 재결합 과정이 끝나자 불투명하던 우주가 투명하게 되었다.

만일 현재 지구의 모든 대기 분자들이 전자와 유리된 플라즈마 상태에 있다고 한다면, 우리는 바로 옆에 있는 사람의 얼굴도 볼 수 없을 것이다. 그의 얼굴에서 반사된 모든 광자들이 중간에서 산란, 흡수되어 우리 눈에까지 이르지 못할 것이기 때문이다. 우주 역사에서 원자핵과 전자들만이 존재하다가 처음 중성원자들이 형성되던 때, 즉 완전히 불투명하던 우주가 투명하여 찬란한 빛이 우주 공간으로 퍼져나가던 이 때를 가리켜 성경은 "빛이 있으라 하시니 빛이 있었고"라고 표현한 것은 아닐까?

하지만 이 시나리오 역시 앞의 시나리오 1과 같이 하나의 가설일 뿐이다. 우리가 알고 있는 현대 우주론 분야의 연구 결과를 기초로 상상해 볼 수 있는 하나의 추측이다. 우주는 시나리오 1과 같이 시작되었을 수도 있고, 시나리오 2와 같이 시작되었을 수도 있다. 아니면 지금은 우리가 알지 못하는 제3의 시나리오를 따라, 어쩌면 현대 과학의 방법으로 추적할 수 없는 방법으로 우주가 형성되었을 수도 있을 것이다. 어떤 과정을 따라 우주가 형성되었는지 잘 모르지만, 우리는 모든 가능성에 대해 마음을 열어두는 것이 필요하다. 하나님을 창조주로 인정하는 한 우주의 기원에 관한 어떤 이론이라도 검토해볼 가치가 있다.

문자적 해석의 한계

일반적으로 대홍수설을 지지하는 사람들은 창세기 전반부에 대한 문자적 해석을 선호한다. 그러나 많은 경우 문자적 해석은 정확한 성경의 의미를 전달하지만 반드시 그런 것은 아니다. 성경을 문자적으로 해석한다는 사람들은 흔히 성경의 "명백한 가르침"(plain teaching) 혹은 성경의 "분명한 가르침"(clear teaching)을 어떻게 다르게 해석할 수 있느냐고 말한다. 그러나 그러한 성경의 가르침이라도 그것을 문자적으로 받아들이는 것은 성경의 원래 메시지를 가감 없이 받아들이는 것이 아니다. 예를 들면, 성경은 명백하게 천동설을 말하고 있지만, 그것을 문자적으로 받아들이는 것은 명백하게 잘못된 것이다.

어떤 텍스트를 해석한다는 것은 몇몇 가정들을 세우고 그에 기초하여 텍스트를 이해한다는 의미이다. 그러므로 그 가정들을 얼마나 신뢰할 수 있느냐가 곧 그 해석의 신뢰도를 결정한다고 할 수 있다. 문자적으로 성경을 이해하는(받아들이는) 것은 성경의 가르침을 해석하지 않는 것이 아니라 다음과 같은 몇 가지 가정에 기초하여 해석하는 것이라고 할 수 있다: (1) 성경 텍스트가 기록되던 시대에 사용하는 용어는 오늘날 우리들이 사용하는 용어와 같은 의미를 갖는다; (2) 성경 텍스트가 기록되던 시대의 화자(話者)가 오늘날과 같은 문화적 배경에서 말하고 있다; (3) 성경의 텍스트를 받는 최초의 청자(聽者)가 오늘날의 청자와 같은 입장에서 있다. 이러한 가정들에 더하여 때로는 성경에 기록되지 않은 사건은 일어나지 않았다는 가정을 하기도 한다. 즉 지구 역사에는 성경에 기록된 사건들만 일어났다고 가정하는 것이다.[15]

하지만 이런 가정들은 신뢰하기가 어려우며, 항상 옳은 것이 아닐 수 있다. 특히 인간의 상태나 운명에 대한 질문이 아니라 주변 세계에 대한 이해와 관련된 것일 때는 시대에 따라 사람들의 생각은 전혀 달라질 수 있다. 다시 말해 인간의 근원적인 문제들, 예를 들면 인간의 죄와 구원의 문제, 부활과 영생의 문제 등은 시대가 바뀐다고 달라지지 않는다. 그러나 우주의 구조나 운행에 대한 이해, 세상과 자연에 대한 이해, 즉 주변의 물질세계에 대한 이해는 시대에 따라 많이 달라질 수 있다. 오늘 우리들이 상식적으로 알고 있는 많은 과학적 사실들은 불과 200년 전까지만 해도 거의 혹은 전혀 알려지지 않은 것들이었다. 예를 들면 인공위성, 비행기, 자동차, 컴퓨터, 휴대폰, 전자, 원자탄, 유전법칙, DNA, 먼 우주(deep space), 판구조론, 인터넷, 레이저, 트랜지스터 등등. 인류의 기술 문명의 대부분은 지난 200년 이내에 만들어진 것이다.

이런 것을 생각한다면, 200년 전 사람들과 현대인들이 이 세계를 동일하게 이해하지 않을 것이라는 것은 자명하다. 코페르니쿠스 시대 이전과 이후의 사람들이 우주를 이해하는 바는 같을 수가 없다. 해가 뜨는 바닷가에 앉아서 "해가 찬란하게 떠오른다"고 말할 때, 같은 현상을 같은 말로 표현할지라도 지동설을 모르는 사람과 아는 사람은 다르게 이해할 수밖에 없다. 마찬가지로 상대성 이론과 양자역학이 출현한 후에는 사람들이 세상을 기술하는 용어의 의미가 그 이전과는 다른 경우가 많다. 하물며 수천 년 전 사람들이 세상을 이해하는 것이 현대인들의 세상 이해와 다를 것임은 불문가지(不問可知)가 아닐까!

성경이 말하는 인간 구속의 메시지는 세월이 흐르고 시대가 변해도 달라지지 않지만 그 메시지를 담기 위해 사용되는 용어나 주변 사건들에 대한 기술, 자연을 보는 관점 등은 시대마다 얼마든지 달라질 수 있다. 세상과 자연 현상을 기술하면서 그 당시 사람들이 이해하고 있었던, 또한 이해할 수 있었던 용어나 방법을 사용한 것은 당연하다고 할 수 있다. 그러므로 자연에 관한 성경의 기록들을 오늘날의 용어나 방법으로 해석하는 것은 성경의 권위와 무오성을 믿는 사람들의 바른 자세라고 할 수 있다.

성경이 구속사적인 의미가 별로 없는, 단순한 지질학적, 천문학적 사건들을 자세히 기술하지 않은 것은 이상한 일이 아니다. 오히려 성경은 인간의 구속과 직접적으로 관련된 극소수의 자연적 사건들만을 기록하고 있고 나머지 대부분의 것들은 기록하지 않고 있다. 이런 관점에서 볼 때 성경이 구체적으로 지구 역사상 일어난 여러 격변들에 대해 언급하고 있지 않을지라도, 다중격변모델은 성경의 기록과 자연의 증거들을 설명하는 모델이 될 수 있다.[16]

6. 창조주간의 대격변

다중격변모델에서는 창조주간에 많은 격변들이 일어났다고 본다. 창조주간 동안 엄청난 지질학적 격변이 일어났다는 점에 대해서는 홍수설 지지자들도 동의한다. 미국 창조과학연구소(ICR)의 지질학자인 오스틴(S.A. Austin)은 창조주간의 첫 사흘 동안 지구 역사 최대의 지질학적 변화가 일어났으며, 두 번째로 큰 격변은 바로 노아의 홍수가 진행되는 동안 일어났다고 주장한다. 그리고 노아의 홍수 이후에 일어난 지질학적 과정은 지수적 감퇴(exponential decline)를 하고 있다고 주장한다. 오스틴은 다른 창조과학자들과 같이 창조주간의 하루하루를 현재와 같은 24시간으로 보고, 그 엄청난 지질학적 격변이 불과 72시간 내에 일어났다고 주장한다.[17]

그러나 과연 72시간 동안에 지구상에 일어난 대부분의 지질학적 격변들이 일어났다는 주장은 합당한가? 이것은 다른 격변들은 차치하고 500여 개 이상으로 추정되는 대규모 운석 충돌에 의한 격변들만을 생각해 볼 때도 받아들이기가 어렵다. 운석공들이 형성된 시기, 즉 운석들이 지구에 충돌한 연대가 모두 다르다는 사실이 잘 알려져 있는데 이 모든 격변들이 불과 72시간 내에 일어났다고 보는 것이 합당한가? 이것은 지질학적 자료들에 대한 바른 해석은 물론 바른 성경 해석과도 거리가 먼 것으로 보인다.

하지만 지구의 역사를 6천 년 프레임 속에 넣으려고 무리하게 시도하는 점을 제외한다면, 오스틴의 주장은 다중격변이론과 크게 다르지 않다고 볼 수 있다. 비록 추정이기는 하지만, 몇몇 사람들은 현재 태양계 내에서 지구의 공전궤도와 이에 인접한 여러 운석들의 공전궤도를 비교하여 지구가 대형 운석들과 충돌할 가능성을 계산하고 있다. 지표면에 존재한다고 추산되는 500여 개의 운석공들이 대부분 첫 "사흘" 동안에 형성된 것으로 보고, 이들을 형성한 운석들이 지구와 충돌하는 평균적인 시간 간격을 고려한다면 이들은 72시간보다 훨씬 더 긴 창조주간의 시간 동안 지구와 충돌한 것이라고 보는 것이 자연스럽다.

7. 평형파괴이론과 중간형태 화석

마지막으로 생물 진화론자들이 다중격변모델을 끌어다 쓸 가능성에 대한 것을 생각해 본다. 종래 진화론의 가장 큰 문제는 바로 화석 기록에서 진화하고 있는 중간형태가 존재하지 않는다는 점이었다. 이것은 이미 다윈 자신도 『종의 기원』에서 인정하고 있던 바였다. 진화가 수천만 년, 수억 년에 걸쳐서 점진적으로 진행되고, 지층이 천천히 퇴적되었다고 한다면 반드시 중간형태 화석들이 많이 출토되어야 하지만, 다윈의 『종의 기원』 발표 이후 지금까지 근 150여 년 간 엄청난 화석들이 발견되었는데도, 화석은 발견되면 될수록 "그 종류대로" 출토될 뿐이었다. 그래서 1970년대 초, 미국 고생물학자 엘드리지(Niles Eldridge)와 굴드(Stephen Jay Gould)가 이것을 설명하기 위해 제시한 이론이 바로 현대 생물학의 평형파괴이론(平衡破壞理論, Punctuated Equilibria Theory)이었다.

평형파괴이론은 진화는 다윈이 생각했던 것처럼, 일정한 속도로 서서히 진행하는 것이 아니라 짧은 기간의 급격한 변화에 의해 야기되며, 그 후는 상당히 긴 기간 동안 생물에는 변화가 생기지 않는 상태가 계속되다가, 다시 급격한 변화가 생긴다는 이론이다. 즉, 진화는 정지된 평형기와 급격하게 변화하는 평형 파괴기가 반복되면서 일어난다는 주장이다. 이 이론은 생물이 극히 미소한 변화를 조금씩 축적하면서 진화해간다는 다윈의 진화론을 부정하는 것이다. 하지만 이러한 평형파괴이론은 중간형태의 화석이 없는 것에 대해서는 어느 정도 설명이 가능하지만, 이를 지지할 수 있는 증거가 없다는 것이 가장 큰 문제이다. 쉽게 말하면, 이 이론은 수많은 파충류의 알들 중의 하나에서 갑자기 조류가 나온다는 주장인데, 이것은 실험실에서나 자연에서나 어디에서도 관찰된 적이 없으며, 관찰될 가능성도 없는 것이다.

그러나 만일 평형파괴이론가들이 다중격변모델을 끌어다 쓴다면, 훨씬 더 설득력 있는 이론을 만들 가능성이 있다. 곧, 이들은 돌연적 진화가 일어난다는 어색한 가정을 하지 않고도 중간형태 화석이 존재하지 않는 것을 설명할 수 있을 것이다. 가령, 어느 지질 시대 동안 작은 변이들이 축적되어 진화가 일어났다고 해도 격변을 통해 이들이 화석으로 만들어질 때까지는 아무런 화석의 흔적을 남기지 않을 수 있다고 주장할 수 있는 것이다. 유전자 풀(gene pool)의 평형이 깨어지고 갑자기 진화가 일어났다고 설명하는 것보다, 비록 진화는 연속적으로 일어났을지 몰라도 이를 화석으로 보여주는 격변이 불연속적으로 일어났다고 생각하는 것이 훨씬 더 설득력 있는 모델을 만들 가능성이 있다는 것이다. 나는 생물의 대진화를 받아들이지 않지만, 진화론자들 또한 평형파괴이론 대신 다중격변모델을 생물진화에 원용할 가능성이 있음을 지적하지 않을 수가 없다.

8. 진리에 대한 겸손

지금까지 지질학과 성경은 모순되지 않으며, 모순되는 듯이 보이는 것은 성경이나 과학에 대한 어느 한편 혹은 양편의 해석이 부정확하기 때문이라는 가정 위에서 얘기를 진행하였다. 그리고 지층과 화석 형성에 대한 새로운 해석으로서 다중격변모델을 제시하였다. 이 모델은 방사능 연대를 부정하며 젊은 지구를 주장하는 대홍수설과 오랜 지구연대를 주장하는 동일과정설, 특히 국부홍수설에서 설명할 수 없는 것들을 설명하기 위해 제시된 것이다. 이 모델은 200여 년 전에 프랑스의 한 창조론 과학자 퀴비에(G. Cuvier)가 제시한 것이지만, 오늘날 복음주의 진영 내에서 갈등을 빚고 있는 창조론의 핵심적인 문제들을 해결할 수 있는 온고지신(溫故知新)의 지혜를 제시하는 것으로 보인다. 본 장에서는 그 동안 알려진 여러 지질학적 증거와 성경 해석학적 증거들에 근거하여 퀴비에의 모델을 다듬어서 제시하였다.

본 장에서 제시한 다중격변모델에서는 지구 역사상 여러 차례의 대격변이 일어났으며, 이 대격변들은 주로 대규모 운석들이 지구에 충돌함으로써 일어났다고 본다. 지구 역사에서 운석의 충돌로 인해 대규모 격변

	대홍수설 (노아 홍수설)	다중격변설	국부홍수설 (균일론, 동일과정설)
전 지구적 격변	한 번만	여러 번	부정함
지구 창조 연대	젊음	오래됨	오래됨
지층과 화석형성	급격히	급격히	천천히
창조주간의 길이	168시간	긴 시대	긴 시대
대진화 인정 여부	부정	부정	긍정

표 9-1 대홍수설, 다중격변설, 국부홍수설의 비교

이 여러 차례 일어났음은 이전에도 이미 여러 사람들에 의해 제시해오던 바였다. 그러나 본 장에서는 그러한 다중격변을 통해 지구 역사를 재해석하는 모델을 제시하였다. 즉, 오늘날 지질학에서 제시하는 지층기둥은 흔히 생각하는 것처럼, 연속적인 지구의 역사를 보여주는 것이 아니라 지구 역사상 일어난 여러 격변들의 증거, 다시 말해 불연속적인 지구의 역사를 보여준다고 해석하였다. 그리고 지구 역사에서 일어난 최후의 전 지구적 격변은 노아의 홍수이며, 이는 신생대 제4기 홍적세 말기에 일어났다고 보았다.

그러나 다중격변모델이 동일과정설이나 대홍수설에서 설명할 수 없는 많은 자료들을 설명할 수 있다고 해도 모든 문제들을 완전히 해결할 수는 없다. 인간은 전지전능하지 않으므로 우리들이 최선을 다해 연구해도 알 수 없는 문제들은 항상 존재한다. 그러므로 그런 것들은 천지를 지으시고 운행하시는 하나님께서 맡겨드리고 우리는 겸손하게 서로의 의견을 존중하며 서로의 주장에 귀를 기울임이 마땅하다. 내 주장, 내 해석은 틀릴 수가 없다는 경직된 사고야말로 베이컨(Francis Bacon, 1561-1626)이 말 한 바 "동굴의 우상"(idola specus)에 해당하며, 사람들로 하여금 하나님의 진리에 이르지 못하게 하는 가장 큰 장벽이라고 할 수 있다. 옛 수도사가 말 한 것처럼, "모든 진리는 하나님의 진리"이며, 인간은 그 진리의 청지기일 뿐이다. 진리에 대한 열정보다 진리에 대한 겸손이 더 귀중한 이유가 바로 여기에 있다.

토의와 질문

1. 성경을 과학적 주장들의 근거로 사용하거나 과학적 증거들을 성경의 진리성에 대한 근거로 사용할 때의 문제점을 말해 보자.

2. 내가 본강에서 제시한 지구창조 시나리오를 두고 그것도 성경을 과학교과서로 사용하는 것이 아니냐고 반박하는 사람에게 어떻게 대답할 수 있을까?

3. 근대과학을 탄생시켰던 대부분의 과학자들은 그리스도인들이었다. 이들의 연구에서 성경이 차지하는 역할 혹은 비중은 어떤 것이었는지 특정한 인물을 설정해서 말해 보라.

4. 본 장에서 제시한 지질학적 대격변들이 사실이라면 현대 지질학이나 지리학, 고생물학, 그리고 이들의 인근 학문 분야에 어떤 영향을 미칠 것이라고 생각하는가?

부록

2010년 4월 12일까지 확인된 총 176개의 임팩트 구조를 이름의 알파벳 순서로 정리한 것[1]

CRATER NAME	LOCATION	LATI-TUDE	LONGI-TUD	DIAM-ETER (km)	Age (Ma)	EXP-OS-ED	DRI-LLED
Acraman	South Australia, Australia	S 32° 1′	E 135° 27′	90	~590	Y	N
Ames	Oklahoma, U.S.A.	N 36° 15′	W 98° 12′	16	470 ± 30	N	Y
Amelia Creek	Australia	S 20° 55′	E 134° 50′	~20	1640 - 600	Y	N
Amguid	Algeria	N 26° 5′	E 4° 23′	0.45	< 0.1	Y	N
Aorounga	Chad, Africa	N 19° 6′	E 19° 15′	12.6	< 345	Y	N
Aouelloul	Mauritania	S 32° 1′	W 12° 41′	0.39	3.0 ± 0.3	Y	N
Araguainha	Brazil	S 16° 47′	W 52° 59′	40	244.40 ± 3.25	Y	N
Avak	Alaska, U.S.A.	N 71°15′	W 156° 38′	12	> 95	N	Y
B.P. Structure	Libya	N 25° 19′	E 24° 20′	2	< 120	Y	N
Barringer	Arizona, U.S.A.	N 35° 2′	W 111° 1′	1.186	0.049 ± 0.003	Y	Y
Beaverhead	Montana, U.S.A.	N 44° 36′	W 113° 0′	60	~600	Y	N
Beyenchime-Salaatin	Russia	N 71° 0′	E 121° 40′	8	40 ± 20	N	N
Bigach	Kazakhstan	N 48° 34′	E 82° 1′	8	5 ± 3	Y	N
Boltysh	Ukraine	N 48° 45′	E 32° 10′	24	65.17 ± 0.64	N	Y
Bosumtwi	Ghana	N 6° 30′	W 1° 25′	10.5	1.07	Y	N
Boxhole	Northern Territory, Australia	S 22° 37′	E 135° 12′	0.17	0.540 ± 0.0015	Y	N
Brent	Ontario, Canada	N 46° 5′	W 78° 29′	3.8	396 ± 20*	N	Y
Calvin	Michigan, USA	N 41° 50′	W 85° 57′	8.5	450 ± 10	N	Y
Campo Del Cielo	Argentina	S 27° 38′	W 61° 42′	0.05	< 0.004	Y	Y
Carswell	Saskatchewan, Canada	N 58° 27′	W 109° 30′	39	115 ± 10	Y	Y
Charlevoix	Quebec, Canada	N 47° 32′	W 70° 18′	54	342 ± 15*	Y	N
Chesapeake Bay	Virginia, U.S.A.	N 37° 17′	W 76° 1′	90	35.5 ± 0.3	N	Y
Chicxulub	Yucatan, Mexico	N 21° 20′	W 89° 30′	170	64.98 ± 0.05	N	Y
Chiyli	Kazakhstan	N 49° 10′	E 57° 51′	5.5	46 ± 7	Y	N
Chukcha	Russia	N 75° 42′	E 97° 48′	6	< 70	Y	N
Clearwater East	Quebec, Canada	N 56° 5′	W 74° 7′	26	290 ± 20	N	Y
Clearwater West	Quebec, Canada	N 56° 13′	W 74° 30′	36	290 ± 20	N	Y
Cloud Creek	Wyoming, U.S.A.	N 43° 7′	W 106° 45′	7	190 ± 30	N	Y
Connolly Basin	Western Australia, Australia	S 23° 32′	E 124° 45′	9	< 60	Y	N
Couture	Quebec, Canada	N 60° 8′	W 75° 20′	8	430 ± 25	N	N
Crawford	Australia	S 34° 43′	E 139° 2′	8.5	> 35	N	N
Crooked Creek	Missouri, U.S.A.	N 37° 50′	W 91° 23′	7	320 ± 80	Y	N
Dalgaranga	Western Australia, Australia	S 27° 38′	E 117° 17′	0.024	~0.27	Y	N
Decaturville	Missouri, U.S.A.	N 37° 54′	W 92° 43′	6	< 300	Y	N
Deep Bay	Saskatchewan, Canada	N 56° 24′	W 102° 59′	13	99 ± 4	N	N
Dellen	Sweden	N 61° 48′	E 16° 48′	19	89.0 ± 2.7	N	N
Des Plaines	Illinois, U.S.A.	N 42° 3′	W 87° 52′	8	< 280	N	Y
Dhala	India	N 25° 18′	E 78° 8′	11	1,700-2,100	Y	N
Dobele	Latvia	N 56° 35′	E 23° 15′	4.5	290 ± 35	N	Y
Eagle Butte	Alberta, Canada	N 49° 42′	W 110° 30′	10	< 65	N	Y
Elbow	Saskatchewan, Canada	N 50° 59′	W 106° 43′	8	395 ± 25	N	Y

CRATER NAME	LOCATION	LATI-TUDE	LONGI-TUD	DIAM-ETER (km)	Age (Ma)	EXP-OS-ED	DRI-LLED
El'°'gygytgyn	Russia	N 67° 30'	E 172° 5'	18	3.5 ± 0.5	Y	N
Flaxman	Australia	S 34° 37'	E 139° 4'	10	> 35	Y	N
Foelsche	Northern Territory, Australia	S 16° 40'	E 136° 47'	6	> 545	N	N
Flynn Creek	Tennessee, U.S.A.	N 36° 17'	W 85° 40'	3.8	360 ± 20	Y	Y
Gardnos	Norway	N 60° 39'	E 9° 0'	5	500 ± 10	Y	N
Glasford	Illinois, U.S.A.	N 40° 36'	W 89° 47'	4	< 430	N	Y
Glikson	Australia	S 23° 59'	E 121° 34'	~ 19	< 508	Y	N
Glover Bluff	Wisconsin, U.S.A.	N 43° 58'	W 89° 32'	8	< 500	Y	Y
Goat Paddock	Western Australia, Australia	S 18° 20'	E 126° 40'	5.1	< 50	Y	N
Gosses Bluff	Northern Territory, Australia	S 23° 49'	E 132° 19'	22	142.5 ± 0.8	Y	Y
Gow	Saskatchewan, Canada	N 56° 27'	W 104° 29'	5	< 250	Y	N
Goyder	Northern Territory, Australia	S 13° 9'	E 135° 2'	3	< 1,400	Y	N
Granby	Sweden	N 58° 25'	E 14° 56'	3	~ 470	N	Y
Gusev	Russia	N 48° 26'	E 40° 32'	3	49.0 ± 0.2	N	Y
Gweni-Fada	Chad, Africa	N 17° 25'	E 21° 45'	14	< 345	Y	N
Haughton	Nunavut, Canada	N 75° 22'	W 89° 41'	24	23 ± 1	Y	N
Haviland	Kansas, U.S.A.	N 37° 35'	W 99° 10'	0.015	< 0.001	Y	N
Henbury	Northern Territory, Australia	S 24° 34'	E 133° 8'	0.157	0042 ±.0019	Y	N
Holleford	Ontario, Canada	N 44° 28'	W 76° 38'	2.35	550 ± 100	N	Y
Ile Rouleau	Quebec, Canada	N 50° 41'	W 73° 53'	4	< 300	Y	N
Ilumetsa	Estonia	N 57° 58'	E 27° 25'	0.08	> 0.002	Y	Y
Ilyinets	Ukraine	N 49° 7'	E 27° 9'	3	> 1,000	N	Y
Iso-Naakkima	Finland	N 62° 11'	W 89° 30'	170	64.98 ± 0.05	N	Y
Janisjarvi	Russia	N 61° 58'	E 30° 55'	14	700 ± 5	Y	N
Jebel Waqf as Suwwan	Jordan	N 31° 03'	E 36° 48'	5.5	56 - 37	Y	N
Kaalijarv	Estonia	N 58° 24'	E 22° 40'	0.11	0.004 ± 0.001	Y	N
Kalkkop	South Africa	S 32° 43'	E 24° 34'	0.64	< 1.8	Y	Y
Kaluga	Russia	N 54° 30'	E 36° 12'	15	380 ± 5	N	Y
Kamensk	Russia	N 48° 21'	E 40° 30'	25	49.0 ± 0.2	N	Y
Kara	Russia	N 69° 6'	E 64° 9'	65	70.3 ± 2.2	N	Y
Kara-Kul	Tajikistan	N 39° 1'	E 73° 27'	52	< 5	Y	N
Kardla	Estonia	N 59° 1'	E 22° 46'	7	~ 455	N	Y
Karikkoselka	Finland	N 62° 13'	E 25° 15'	1.5	< 1.88	Y	.
Karla	Russia	N 54° 55'	E 48° 2'	10	5 ± 1	Y	Y
Kelly West	Northern Territory, Australia	S 19° 56'	E 133° 57'	10	> 550	N	Y
Kentland	Indiana, U.S.A.	N 40° 45'	W 87° 24'	13	< 97	Y	Y
Keurusselka	Finland	N 62° 8'	E 24° 36'	30	< 1,800	Y	N
Kgagodi	Botswana	S 22° 29'	E 27° 35'	3.5	< 180	Y	Y
Kursk	Russia	N 51° 42'	E 36° 0'	6	250 ± 80	N	Y
La Moinerie	Quebec, Canada	N 57° 26'	W 66° 37'	8	400 ± 50	Y	N
Lappajarvi	Finland	N 63° 12'	E 23° 42'	23	73.3 ± 5.3	Y	Y

CRATER NAME	LOCATION	LATI-TUDE	LONGI-TUD	DIAM-ETER (km)	Age (Ma)	EXP-OS-ED	DRI-LLED
Lawn Hill	Queensland, Australia	S 18° 40′	E 138° 39′	18	〉515	Y	N
Liverpool	Northern Territory, Australia	S 12° 24′	E 134°′ 3′	1.6	150 ± 70	Y	N
Lockne	Sweden	N 63° 0′	E 14° 49′	7.5	455	Y	Y
Logancha	Russia	N 65° 31′	E 95° 56′	20	40 ± 20	N	N
Logoisk	Belarus	N 54° 12′	E 27° 48′	15	42.3 ± 1.1	N	Y
Lonar	India	N 19° 58′	E 76° 31′	1.83	0.052 ± 0.006	Y	Y
Lumparn	Finland	N 60° 9′	E 20° 6′	9	~1,000	N	Y
Macha	Russia	N 60° 6′	E 117° 35′	0.3	〈0.007	Y	N
Manicouagan	Quebec, Canada	N 51° 23′	W 68° 42′	100	214 ± 1	Y	Y
Manson	Iowa, U.S.A.	N 42° 35′	W 94° 33′	35	73.8 ± 0.3	N	Y
Maple Creek	Saskatchewan, Canada	N 49° 48′	W 109° 6′	6	〈75	N	Y
Marquez	Texas, U.S.A.	N 31° 17′	W 96° 18′	12.7	58 ± 2	N	Y
Middlesboro	Kentucky, U.S.A.	N 36° 37′	W 83° 44°Ø	6	〈300	Y	Y
Mien	Sweden	N 56° 25′	E 14° 52′	9	121.0 ± 2.3	Y	Y
Mishina Gora	Russia	N 58° 43′	E 28° 3′	4	300 ± 50	Y	Y
Mistastin	Newfoundland/Labrador, Canada	N 55° 53′	W 63° 18′	28	36.4 ± 4*	Y	N
Mizarai	Lithuania	N 54° 1′	E 23° 54′	5	500 ± 20	N	Y
Mj©™lnir	Norway	N 73° 48′	E 29° 40′	40	142.0 ± 2.6	N	Y
Montagnais	Nova Scotia, Canada	N 42° 53′	W 64° 13′	45	50.50 ± 0.76	N	Y
Monturaqui	Chile	S 23° 56′	W 68° 17′	0.46	〈1	Y	N
Morasko	Poland	N 52° 29′	E 16° 54′	0.1	〈0.01	Y	N
Morokweng	South Africa	S 26° 28′	E 23° 32′	70	145.0 ± 0.8	N	Y
Mount Toondina	South Australia, Australia	S 27° 57′	E 135° 22′	4	〈110	Y	N
Neugrund	Estonia	N 59° 20′	E 23° 40′	8	~470		
New Quebec	Quebec, Canada	N 61° 17′	W 73° 40′	3.44	1.4 ± 0.1	Y	N
Newporte	North Dakota, U.S.A.	N 48° 58′	W 101° 58′	3.2	〈500	N	Y
Nicholson	Northwest Territories, Canada	N 62° 40′	W 102° 41′	12.5	〈400	N	N
Oasis	Libya	N 24° 35′	E 24° 24′	18	〈120	Y	N
Obolon°Ø	Ukraine	N 49° 35′	E 32° 55′	20	169 ± 7	N	Y
Odessa	Texas, U.S.A.	N 31°Δ 45°Ø	W 102° 29′	0.168	〈0.05	Y	Y
Ouarkziz	Algeria	N 29° 0′	W 7° 33′	3.5	〈70	Y	N
Paasselka	Finland	N 62° 2′	E 29° 5′	10	〈1,800	N	Y
Piccaninny	Western Australia, Australia	S 17° 32′	E 128° 25′	7	〈360	Y	N
Pilot	Northwest Territories, Canada	N 60° 17′	W 111° 1′	6	445 ± 2	Y	N
Popigai	Russia	N 71° 39′	E 111° 11′	100	35.7 ± 0.2	Y	Y
Presqu°Øile	Quebec, Canada	N 49° 43′	W 74° 48′	24	〈500	Y	N
Puchezh-Katunki	Russia	N 56° 58′	E 43° 43′	80	167 ± 3	N	Y
Ragozinka	Russia	N 58° 44′	E 61° 48′	9	46 ± 3	N	Y
Red Wing	North Dakota, U.S.A.	N 47° 36′	W 103° 33′	9	200 ± 25	N	Y
Riachao Ring	Brazil	S 7° 43′	W 46° 39′	4.5	〈200	Y	N
Ries	Germany	N 48° 53′	E 10° 37′	24	15.1 ± 0.1	Y	Y

CRATER NAME	LOCATION	LATI-TUDE	LONGI-TUD	DIAM-ETER (km)	Age (Ma)	EXP-OS-ED	DRI-LLED
Rio Cuarto	Argentina	S 32° 52'	W 64° 14'	1 by 4.5	< 0.1	Y	N
Rochechouart	France	N 45° 50'	E 0° 56'	23	214 ± 8	Y	N
Rock Elm	Wisconsin, U.S.A.	N 44° 43'	W 92° 14'	6	< 505		
Roter Kamm	Namibia	S 27° 46'	E 16° 18'	2.5	3.7 ± 0.3	Y	N
Rotmistrovka	Ukraine	N 49° 0'	E 32° 0'	2.7	120 ± 10	N	Y
Saaksjarvi	Finland	N 61° 24'	E 22° 24'	6	~ 560	Y	Y
Saarijarvi	Finland	N 65° 17'	E 28° 23'	1.5	> 600		Y
Saint Martin	Manitoba, Canada	N 51° 47'	W 98° 32'	40	220 ± 32	N	Y
Santa Fe	New Mexico, U.S.A.	N 35° 45'	W 105° 56'	6-13	< 1,200	N	N
Serpent Mound	Ohio, U.S.A.	N 39° 2'	W 83° 24'	8	< 320	Y	Y
Serra da Cangalha	Brazil	S 8° 5'	W 46° 52'	12	< 300	Y	Y
Shoemaker (formerly Teague)	Western Australia, Australia	S 25° 52'	E 120° 53'	30	1,630 ± 5	Y	N
Shunak	Kazakhstan	N 47° 12'	E 72° 42'	2.8	45 ± 10	Y	Y
Sierra Madera	Texas, U.S.A.	N 30° 36'	W 102° 55'	13	< 100	Y	Y
Sikhote Alin	Russia	N 46° 7'	E 134° 40'	0.027	1947년	Y	N
Siljan	Sweden	N 61° 2'	E 14° 52'	52	361.0 ± 1.1	Y	Y
Slate Islands	Ontario, Canada	N 48° 40'	W 87° 0'	30	~ 450	Y	N
Sobolev	Russia	N 46° 18'	E 137° 52'	0.053	< 0.001	Y	N
Soderfjarden	Finland	N 63° 2'	E 21° 35'	5.5	~ 600	N	Y
Spider	Western Australia, Australia	S 16° 44'	E 126° 5'	13	> 570	Y	N
Steen River	Alberta, Canada	N 59° 30'	W 117° 38'	25	91 ± 7*	N	Y
Steinheim	Germany	N 48° 41'	E 10° 4'	3.8	15 ± 1	Y	Y
Strangways	Northern Territory, Australia	S 15° 12'	E 133° 35'	25	646 ± 42	Y	N
Suavjarvi	Karelia, Russia	N 63° 7°'	E 33° 23'	16	~ 2,400		
Sudbury	Ontario, Canada	N 46° 36'	W 81° 11'	250	1,850 ± 3	Y	Y
Suvasvesi N	Finland	N 62° 42'	E 28° 10'	4	< 1,000	N	Y
Tabun-Khara-Obo	Mongolia	N 44° 6'	E 109° 36'	1.3	150 ± 20	Y	N
Talemzane	Algeria	N 33° 19'	E 4° 2'	1.75	< 3	N	Y
Tenoumer	Mauritania	N 22° 55'	W 10° 24'	1.9	0.214 ± 0.097	Y	N
Ternovka	Ukraine	N 48° 08'	E 33° 31'	11	280 ± 10	Y	Y
Tin Bider	Algeria	N 27° 36'	E 5° 7'	6	< 70	Y	N
Tookoonooka	Queensland, Australia	S 27° 7'	E 142° 50'	55	128 ± 5	N	Y
Tswaing (formerly Pretoria Saltpan)	South Africa	S 25° 24'	E 28° 5'	1.13	0.220 ± 0.052	Y	Y
Tvaren	Sweden	N 58° 46'	E 17° 25'	2	> 455	N	Y
Upheaval Dome	Utah, U.S.A.	N 38° 26'	W 109° 54'	10	< 170	Y	N
Veevers	Western Australia, Australia	S 22° 58'	E 125° 22'	0.08	< 1	Y	N
Vepriai	Lithuania	N 55° 5'	E 24° 35'	8	> 160 ± 10	N	Y
Viewfield	Saskatchewan, Canada	N 49° 35'	W 103° 4'	2.5	190 ± 20	N	Y
Vista Alegre	Brazil	S 25° 57'	W 52° 41'	9.5	< 65	Y	N
Vredefort	South Africa	S 27° 0'	E 27° 30'	300	2,023 ± 4	Y	Y
Wabar	Saudi Arabia	N 21° 30'	E 50° 28'	0.116	0.00014	Y	N

CRATER NAME	LOCATION	LATI-TUDE	LONGI-TUD	DIAM-ETER (km)	Age (Ma)	EXP-OS-ED	DRI-LLED
Wanapitei	Ontario, Canada	N 46° 45′	W 80° 45′	7.5	37.2 ± 1.2	N	N
Wells Creek	Tennessee, U.S.A.	N 36° 23′	W 87° 40′	12	200 ± 100	Y	Y
West Hawk	Manitoba, Canada	N 49° 46′	W 95° 11′	2.44	351 ± 20	N	Y
Wetumpka	Alabama, U.S.A.	N 32° 31′	W 86° 10′	6.5	81.0 ± 1.5	Y	Y
Whitecourt	Alberta, Canada	N 54° 00′	W 115° 36′	0.036	< 0.0011	Y	N
Wolfe Creek	Western Australia, Australia	S 19° 10′	E 127° 48′	0.875	< 0.3	Y	N
Woodleigh	Australia	S 26° 3′	E 114° 39′	40	364 ± 8	N	Y
Yarrabubba	Western Australia	S 27° 10′	E 118° 50′	30.00	~ 2,000	Y	N
Zapadnaya	Ukraine	N 49° 44′	E 29° 0′	3.2	165 ± 5	N	Y
Zeleny Gai	Ukraine	N 48° 4′	E 32° 45′	2.5	80 ± 20	N	Y
Zhamanshin	Kazakhstan	N 48° 24′	E 60° 58′	14	0.9 ± 0.1	Y	Y

주(註)

서문

1) 양승훈, "다중격변모델의 재고," 『통합연구』 17(2): 23-80(2004.8); 양승훈, 『창조와 격변』 (서울: 예영, 2006) 14장.
2) Baron Georges Cuvier, *Discourse on the revolutions of the surface of the globe* (*Discours sur les révolutions du globe*) (London(UK): Whittaker, Treacher, and Arnot, 1829).

제1강

1) 동일과정설(同一過程說, uniformitarianism) 혹은 균일설(均一說)은 지질학에서 사용하는 말이며, 국부홍수설은 대홍수설에 대하여 기독학자들이 사용하는 용어이다. 이 두 용어는 엄밀하게 같은 용어는 아니지만, 국부홍수설을 주장하는 사람들은 대부분 지질학의 동일과정설을 그대로 수용한다는 점에서 혼용할 수도 있다. 국부홍수설 지지자들은 지구의 역사에서 국부적 홍수와 같은 사건들이 "균일"하게 발생했다고 믿는다는 점에서 동일과정설의 한 부분이라고도 할 수 있다. 본서에서는 꼭 필요한 경우가 아니라면, 이 두 용어를 구별하지 않고 사용할 것이다.
2) 이 다섯 가지 지사학의 원리들은 시간이 지나면서 조금씩 다듬어지고 세분화 되었다. 좀 더 현대적인 표현으로는 지구와 우주의 연대를 다룬 제5권을 참고하기 바란다.
3) 스테노(Nicolas Steno, 1638-1686): 덴마크의 지질학자이며 본명은 Niels Stensen. 원래 코펜하겐 대학에서 의학을 공부했으나, 후에 네덜란드, 독일, 프랑스 등을 여행하면서 지질학에 흥미를 느껴 지층과 암석의 생성 순서를 밝히는 지층누중의 법칙, 수평성의 원리 등을 발견하였다.
4) 표준화석(標準化石, index fossil): 시준화석(示準化石)이라고도 하며, 암석층의 시대를 보여주는 화석. 한정된 기간 동안 독특한 형태, 넓은 분포, 다량 산출의 조건을 만족하는 필석류, 암모나이트, 삼엽충, 공룡 등의 화석이 그 예가 된다.
5) 스미스(William Smith, 1769-1839): 영국의 토목기술자이자 지질학자. 우연히

지층의 순서와 화석 사이에 긴밀한 관계가 있음을 발견하여 화석에 의한 지층 비교법인 동물군천이의 법칙을 발견하였으며, 이는 근대 지질학의 기초원리가 되고 있다. 그는 이 법칙을 이용하여 1815년 잉글랜드의 지질도를 처음으로 제작하였다.

6) 오랜 기간 동안 특정한 자연환경에서 번성한 생물이 화석이 되었을 때, 비로소 시상화석으로서의 자격을 갖게 된다. 예를 들어, 따뜻하고 얕고 깨끗한 바다에 오랫동안 살았던 산호, 다습한 습지에 오랫동안 살았던 고사리, 갯벌이나 바다에 오랫동안 살았던 조개 등의 화석이 대표적인 시상화석이라고 할 수 있다.

7) 부정합은 부정합면을 중심으로 아래 위 암석층의 종류와 구조에 따라 경사부정합(傾斜不整合, angular unconformity), 평행부정합(平行不整合, disconformity), 난정합(難整合, nonconformity), 준정합(準整合, paraconformity)으로 구분된다.

8) 허튼(James Hutton, 1726-1797): 영국 지질학자. 에딘버러, 파리, 라이덴 등지에서 의학과 화학을 공부하였으며, 여러 유럽 지역을 여행하면서 관찰한 것을 토대로 『지구의 이론』(Theory of the Earth)이라는 저서를 남겼다. 이 책에서 허튼은 현대 지질학의 기초가 되는 동일과정의 법칙을 제시하였으며, 당시 지구의 기원과 관련하여 당시에 유행하던 베르너(Abraham Gottlob Werner, 1749-1817)의 해성설(Neptunian theory)을 부정하고 화성설(Plutonic theory)을 제창하였다.

9) 라이엘(Charles Lyell, 1797-1875): 스코틀랜드 태생의 영국 지질학자. 옥스퍼드 대학에서 지질학을 공부했으며, 제3기 해성층 연구를 통해 오래된 지층일수록 현생동물의 종이 포함된 비율이 감소한다는 사실을 기초로 신생대 지층의 시대를 구분하였다. 여러 차례 영국 지질학회장직을 역임했으며, 그의 『지질학원리』(Principles of Geology)는 허튼의 동일과정설을 더욱 체계화시켰고, 다윈의 진화론이 출현하는데 중요한 진화론적 지질학의 기초를 놓았다.

10) Davis A., *Christianity and the age of the Earth* (Grand Rapids, MI: Zondervan, 1982), 52.

11) 날-시대 이론과 진행적 창조론에 대해서는 본 『창조론 대강좌』 시리즈의 다른 책을 참고하기 바란다.

12) Flavius Josephus, *Antiquities of the Jews* 1:5:95 (c.93-94) - Nicolaus of Damascus, "There is a great mountain in Armenia, over Minyas, called Baris, upon which it is reported that many who fled at the time of the Deluge were saved; and that one who was carried in an ark came on shore upon the top of it; and that the remains of the timber were a great while preserved. This might be the man about whom Moses, the legislator of the Jews wrote."

13) cf. "Local flood," http://creationwiki.org/Local_flood (accessed 2010.4.7).

14) 울리경(Sir Charles Leonard Woolley, 1880-1960): 영국의 고고학자. 우르의 발굴로 유명하다.

15) Harun Yahya, "Prophet Nuh (as) and the great flood," http://www.harunyahya.com/pernat11.php - 회교도 창조론자인 야햐(Harun Yahya)는 누의 홍수(the flood of Nuh)는 메소포타미아 평원에서 일어났다고 주장한다. 그는 창세기의 역사성을 부정하며, 전 지구적 홍수를 언급하지 않는 코란의 홍수기록과 울리경의 발굴만을 근거로 국부적 홍수를 주장한다(accessed 2010.4.7).

16) C.L. Woolley, *Ur of the Chaldees*, 2nd edition, 22-23.

17) Howard F. Vos, *Genesis and Archaeology* (Chicago : Moody Bible Institute, 1963), 31.

18) Vos, *Genesis and Archaeology*, 31.

19) John Bright, "Has Archaeology Found Evidence of the Flood?" *The Biblical Archaeologist 1942*, 55-59 ; Adre Parrot, *The Flood and Noah's Ark*, 45-53.

20) Nicholas Wolterstorff, *Reason within the bounds of religion*, 2nd edition (Grand Rapids, MI: Eerdmans, 1976).

21) Thomas S. Kuhn, *The structure of scientific revolution*, 2nd edition

(Chicago, Il: The University of Chicago Press, 1970).

22) 예를 들면, Vincent Courtillot, *Evolutionary catastrophes: The science of mass extinction* (Cambridge University Press, 1999); James Lawrence Powell, *Night comes to the Cretaceous: Comets, craters, controversy, and the last days of the dinosaurs* (San Diego: Harcourt Brace, 1999); Gerrit L. Verschuur, *Impact: The threat of comets and astroids* – 한국어판, 백상현 역, 『대충돌: 혜성과 소행성의 충돌』(영림카디널, 2004); Philip M. Dauber and Richard A. Muller, *The three big bangs* (Reading MA: Addison-Wesley, 1996) – 한국어판, 황도근 역, 『지구 대폭발: 인간은 어디에서 왔는가』(자작나무, 1997).

23) Hugh Norman Ross, *Creation and time: A biblical and scientific perspective on the Creation-date controversy* (Colorado Springs, CO: NavPress, 1994), 110-111.

24) Young, *Christianity and the age of the Earth*, 137.

25) Davis A. Young, *Creation and the Flood: An alternative to flood geology and theistic evolution* (Grand Rapids, MI: Baker Book House, 1977), 176 – 현대 지질학의 지층연대표는 모든 지질학 책에 소개되고 있다. 예를 들면, "Historic positions on the age of the Earth" in Harold L. Levin, *The Earth through time*, 7th edition (Philadelphia, PA: Saunders, 1978), 3; "Geologic time and geologic time scale" in Levin, *The Earth through time*, 7th edition, 14.

26) 밴쿠버섬(Vancouver Island)의 Comox Valley에 거주하는 하워드(Chery Howard, Director of GLEEM)가 소유하고 있는 방주 모형을 필자가 촬영. 동일한 모형을 캐나다 BC주 랭리(Langley)에 거주하는 피어스(George Pearce, Director of Creation Science BC)도 갖고 있다.

27) Ronald Youngblood, *The Genesis debate: Persistent questions about Creation and the Flood* (Nashville, TN: Nelson, 1986), 210-211.

28) Youngblood, *The Genesis debate*, 225-226.

29) cf. 마 24:37; 히 11:7; 벧전 3:20; 벧후 2:5; 벧후 3:3-7.
30) Youngblood, *The Genesis debate*, 212-215. cf. Henry Madison Morris, *The biblical basis of modern science* (Grand Rapids, MI: Baker, 1986) – 한국어판, 이현모 역, 『현대 과학의 성서적 기초』 (요단출판사, 2005), 372-373; Whitcomb and Morris, *The Genesis Flood*, 683-686.
31) Young, *Creation and the Flood*, 120-124.
32) 영(D.A. Young)은 웨스트민스터 신학교 구약학 교수였던 에드워드 영(Edward Young)의 아들이다.
33) 영(D.A. Young)은 칼빈대학 교수직에서 은퇴하여 지금은 11991 N. Labyrinth Dr., Tuscon, AZ 85737에 살고 있다(dotndave@comcast.net).
34) Larry Vardiman, *Rocks of ages or rock of Creation* (Answer in Genesis / Institute for Creation, 2003) DVD series.
35) 방사능 연대측정법에 대해서는 후에 본 『창조론 대강좌』 시리즈 다른 책에서 좀 더 자세히 다룰 것이다.
36) Rich Milne and Ray Bohlin, "Christian views of science and Earth history," http://www.origins.org/articles/milne-bohlin_christianviewsofearth.html - "Biblically, we find the young earth approach of six consecutive 24-hour days and a catastrophic universal flood to make the most sense. However, we find the evidence from science for a great age for the universe and the earth to be nearly overwhelming. We do not know how to resolve the conflict yet." (accessed 2010.4.6).
37) Young, *Creation and the Flood*, 14-15.
38) Young, *Christianity and the age of the Earth*, 75-76.
39) Young, *Creation and the Flood*, 199-200.
40) Ibid., 209-210.
41) 2003년 Discovery Channel에서 방영한 다큐멘터리 "Surviving the ice age" (빙하시대) 참고. 이 다큐멘터리는 한국에서 2004년 8월부터 다우리 엔터테인

먼트에서 "빙하시대"라는 제목의 DVD로 번역, 보급하고 있다.

42) Young, *Creation and the Flood*, 177.

43) Ibid., 184.

44) Ross, *Creation and time*, 112.

45) 창 7:22; cf. 창 6:17; 7:21-23; 8:21.

46) Young, *Creation and the Flood*, 210 - "the Bible strongly suggests that prediluvian geography did basically resemble postdiluvian geography."

47) Ibid., 211 - "If prediluvian geography had been radically different from that familiar to the Israelites, there would have been little point to Moses' reference to the Tigris and Euphrates."

48) 이성균, VIEW Graduating Essay, (Langley, BC: ACTS, 2005).

49) "The lost rivers of the Garden of Eden," http://www.kjvbible.org/rivers_of_the_garden_of_eden.html (accessed 2010.4.7).

50) Young, *Creation and the Flood*, 172.

51) Ibid., 175.

52) Ibid., 173. - "It is perfectly legitimate to assume that in the past there may have been other geological cataclysms which performed as much activity as the Genesis flood. However, Scripture does not mention any other such events."

53) 강서 성서 아카데미 조성윤 목사가 개인적으로 보내온 메일(2009.5.20).

54) "Mount Hermon," *Wikipedia*, http://en.wikipedia.org/wiki/Mount_Hermon (accessed 2010.4.7).

55) cf. Brad Greenwood, Stuart Becher and Hansen Planetarium, *Cosmic catastrophes* (Salt Lake City, UT: Hansen Planetarium, 1993).

56) Ploughshares Fund, 한스 크리스텐슨(미국 과학자연맹), 로버트 노리스(미국 자연자원방위협의회)의 공동조사, "2009 세계 핵무기 현황," 〈연합뉴스〉 (2009.9.11).

57) 핵겨울이 어떠할지에 대해서는 양승훈, 『창조론 대강좌』 (서울: 예영, 2006) 첫 부분에 있는 "로봇의 기원"이라는 공상과학 꽁트를 참고하기 바란다.

58) cf. Greenwood, *Cosmic catastrophes* (1993).

59) 우주가 무한 팽창과 수축이 평형을 이루기 위해서는 모든 천체들의 운동에너지 $mv^2/2$과 마이너스 위치에너지로 표시되는 중력에너지 GMm/R의 절대값이 같아야 한다. 즉, $mv^2/2 - GMm/R = 0$이어야 한다. m과 M은 작은 천체와 큰 천체의 질량, R은 두 천체 간의 거리, v는 천체의 속도, G는 중력상수이다. Hubble 법칙으로부터 $v=H_0R$을, 큰 천체의 질량 $M=4\pi R^3 \rho/3$을 대입하면 우주의 무한 팽창을 위한 임계질량밀도 $\rho=3H_0^2/8\pi G$이다. 여기서 허블상수 $H_0=72km/s/Mpc$, 중력상수 $G=6.67 \times 10^{-11} m^3/kg.sec^2$를 대입하여 계산하면 $\rho=9.7 \times 10^{-27} kg/m^3$이며, 이는 $1m^3$에 수소원자 5.8개가 분포하는 것과 같다.

60) 학자들은 지난 3,000년 동안 적어도 9회의 초신성 폭발이 있었다고 본다. 그 중 가장 유명한 것이 바로 1054년 중국 천문학자들이 관측한 게성운(Crab Nebula)에서 폭발한 초신성을 들 수 있다. 그들은 또 하나의 태양이라고 해도 좋을 정도로 눈이 부시는 항성을 목격했다.

61) Dan Krotz, "Supernova explosion may have caused mammoth extinction," <Berkeley Lab Research News> (2005.9.23.), http://www.lbl.gov/Science-Articles/Archive/NSD-mammoth-extinction.html (accessed 2010.4.7).

62) 소행성 충돌과 관련한 중요한 서적으로는 다음 두 권을 들 수 있다: William Glen, <The mass-extinction debates : how science works in a crisis> (Stanford, CA: Stanford University Press, 1994); Gerrit L. Verschuur, *Impact! : The threat of comets and asteroids* (New York: Oxford University Press, 1996) - 한국어판: 백상현 역, 『대충돌: 혜성과 소행성의 위협』 (영림카디널, 2004).

제2강

1) 퀴비에의 다중격변모델에 대해서는 다음 문헌을 참고하라: Martin J. S. Rudwick, *Georges Cuvier, fossil bones, and geological catastrophes: New translations & interpretations of the primary texts* (University of Chicago Press, 1997); Cuvier, *Discourse on the revolutions of the surface of the globe* was the introduction to Georges Cuvier's *Recherches sur les ossemens fossiles des quadrupèdes* (Research on the fossil bones of quadrupeds) which was first published in France in 1812.

2) 퀴비에(Baron Georges Léopold Chrétien Frédéric Dagobert Cuvier, 1769-1832): 프랑스 생물학자 겸 고생물학자.

3) Buffon, de Maillet, Hutton 등에 대해서는 본 『창조론 대강좌 시리즈』 3권을 참고하기 바란다.

4) 퀴비에가 26세였던 1796년, National Institute(Paris Academy of Science)에서 행한 역사적인 강연에 대해서는 Frederick Gregory, *The Darwinian Revolution* Part 1 (Chantilly, VA : The Teaching Company, 2008), 53-63에 자세히 소개되어 있다.

5) "큰 괴물"(great beast)이란 의미의 메가테리움(megatherium)은 200만 년 전부터 8,000년 전까지 홍적세 기간 동안 살았던 코끼리 크기의 지상 나무늘보이다. 현존하는 작은 나무늘보와는 달리 메가테리움은 무게가 5톤이나 되는 거대한 몸집을 가졌다. 주로 네 발로 다녔지만, 발자국을 연구해본 결과 메가테리움은 두 발로 설 수 있었으며, 뒷발로 섰을 때는 높이가 6m로 현존하는 코끼리 키의 두 배에 이르렀다. 이처럼 키가 크고 강한 골격을 가졌기 때문에 메가테리움은 당시에 생존했던 어떤 채식동물들보다 더 높은 나뭇잎이나 열매를 먹을 수 있었다.

6) Cuvier, *Discourse on the revolutions of the surface of the globe* - Cuvier, "All of these facts, consistent among themselves, and not opposed by any report, seem to me to prove the existence of a world previous to ours, destroyed by some kind of catastrophe." - "Georges Cuvier," <Wikipedia>,

http://en.wikipedia.org/wiki/Georges_Cuvier (accessed 2010.5.6)에서 재인용.

7) 라마르크(Jean de Lamarck, 1744-1829): 프랑스의 생물학자, 진화론자. 획득형질이 유전된다는 용불용설을 주장.

8) "Extinctions: Georges Cuvier," http://evolution.berkeley.edu/evolibrary/article/0_0_0/history_08 (accessed 2010.4.7).

9) Ibid.

10) Georges Cuvier, *Recherches sur les ossemens fossiles de quadrupèdes : où l'on rétablit les caractères de plusieurs esp?ces d'animaux que les révolutions du globe paroissent avoir détruites*, (Bruxelles: Culture et civilisation, 1812).

11) Harold L. Levin, *The Earth through time*, 7th edition (New York: John Wiley & Sons, 2003), 9.

12) Young, *Christianity and the age of the Earth*, 50.

13) Gordon L. H. Davies, "Bangs replace whimpers," *Nature* 365: 115(1993.9.9), review of Derek Ager, *The new catastrophism* (Cambridge University Press, 1993) - "Now all is changed. We are rewriting geohistory. Where once we saw a smooth conveyor belt, we now see a stepped escalator. Upon that escalator the treads are long periods of relative quiescence when little happens. The risers are episodes of relatively sudden change when the landscape and its inhabitants are translated into some fresh state. Even the most staid of modern geologists are invoking sedimentary surges, explosive phases of organic evolution, volcanic blackouts, continental collisions and terrifying meteoroid impacts. We live in an age of neocatastrophism."

14) 일반적으로 소행성과 운석은 크기에 의해 분류된다. 편의상 직경 100m 이상 되는 물체는 소행성, 그보다 작은 물체는 운석으로 분류한다. 하지만 소행성공(小行星孔)이란 말보다는 운석공(隕石孔)이란 말이 많이 사용되고 있기 때문

에 본 장에서는 꼭 필요한 경우가 아닌 경우에는 소행성이란 용어 대신 운석 혹은 거대 운석이라는 용어를 사용한다.

15) Young, *Christianity and the age of the earth*, 87.

16) 근래에는 K-T 경계면이라는 용어보다는 K-Pg(Cretaceous-Paleogene) 경계면이라는 말을 쓰는 사람들이 늘고 있다. cf. Peter Schulte, et al., "The Chicxulub asteroid impact and mass extinction at the Cretaceous-Paleogene boundary," *Science* 327: 1214-1218(2010.3.5).

17) 현세(現世, Holocene): 신생대 제4기의 두 번째 지질시대로서 가장 젊은 시대이며, 충적세(沖積世), 완신세(完新世)로도 부른다.

18) Julian B. Murton, Mark D. Bateman, Scott R. Dallimore, James T. Teller and Zhirong Yang, "Identification of Younger Dryas outburst flood path from Lake Agassiz to the Arctic Ocean," *Nature* 464: 740-743(2010.4.1).

19) John Gribbin, *Science : A history, 1543-2001* (London: Penguin Books, 2003) – 한국어판, 강윤재, 김옥진 역, 『사람이 알아야 할 모든 것, 과학』 (들녘, 2004), 300.

20) 팡게아(Pangaea): 그리스어의 "모든 지구"(all the earth) 혹은 "모든 땅"(all land)이라는 의미에서 온 말. cf. Alfred Wegener, *The origin of continents and oceans* (New York, Dover Publications, 1966). 베게너(Alfred Lothar Wegener, 1880-1930): 판구조론(plate tectonics)을 제창한 독일 태생의 지구물리학자.

21) 홈즈(Arthur Holmes, 1890-1965): 영국의 지구물리학자. 방사능 연대 측정법을 확립하는데 중요한 업적을 남겼다.

22) 자연잔류자기[自然殘留磁氣, natural residual (remanent) magnetization]란 암석 내에 남아있는 영구 자성으로, 위치를 변경시킨다고 해도 변하지 않는다. 자연잔류자기의 세기와 방향을 측정하면, 이들의 역사나 연대를 결정할 수 있다.

23) Harry Hammond Hess, "History of ocean basins," in Paul Bartholome, A.F.

Buddington, A.E. J. Engel, editor, *Petrologic studies: A volume in honor of A.F. Buddington* (New York, NY: Geological Society of America, 1962).

24) 지금도 지구의 판들이 계속 움직이면서 대륙과 대양저가 갈라지고 있음을 생생하게 보여주는 비디오 자료로는 NHK, "제2편 갈라지는 대륙,"(Africa: The Great Rift) 「지구 대기행」을 참고하라. 한국어로는 1992년 신한 프로덕션이 번역, 제작하여 KBS에서 방영하였다.

25) H.G. Reading, editor, *Sedimentary environments : Processes, facies and stratigraphy*, 3rd edition (Blackwell Science, 2002), 35. - "In nature there are no models. Each environment and rock sequence is unique. We create models from present-day environments, and we also create them by interpreting facies in older rocks and by blending ideas from modern and ancient together. However, situations never exactly repeat themselves."

26) D.V. Ager, *The nature of the stratigraphical record* (New York: John Wiley and Sons, 1973), 49.

제3강

1) Glen, *The mass-extinction debates*, 6.

2) 지표면에 드러난 것과는 달리 지각을 구성하는 암석의 비율은 화성암 80%, 변성암 15%, 퇴적암 5% 정도이다.

3) Emil Silvestru, *Rocks & ages: Do they hide millions of years?* (Florence, KY: Answers in Genesis Video, 2003) Creation Library DVD.

4) Ross, *Creation and time*, 110-112.

5) cf. Gabriele Cipollitti, "Ipotesi sul l' estinzione"(공룡멸종설), *Il pianeta del dinosauri* (공룡의 세계: 공룡은 살아있다) (Rai Uno, 1993) TV documentary.

6) cf. Silvestru, *Rocks & ages: Do they hide millions of years?*.

7) 속성작용 혹은 퇴적변질(堆積變質)이라고도 한다.

8) cf. Silvestru, *Rocks & ages: Do they hide millions of years?*.

9) Ibid.

10) Steven A. Austin, editor, *Grand Canyon : Monument to catastrophe* (Santee, CA: ICR, 1994), 65-66.

11) Ariel Roth et al., *Evidences : The record and the flood* (Loma Linda, CA: Geoscience Research Institute, 1990) Video.

12) Ibid.

13) R. Brian, "Friday field foto #76: Thin-bedded turbidites (special repost)," (2009.1.30) http://clasticdetritus.com/2009/01/30/friday-field-foto-76-thin-bedded-turbidites-special-repost (accessed 2010.4.7).

14) Roth et al., *Evidences : The record and the flood* - Arjen van der Wolf, "In the rock record on land, we find many turbidites. You can recognize them by the grading of sediment's coarse grains at the bottom and fine grains on the top. Probably 30% or even more of all the sediments have been deposited in past as turbidites."

15) 어떤 문헌에서는 이 섬의 이름을 크라카토아(Krakatoa)라고 표기하기도 하지만, 정확한 이름은 크라카타우(Krakatau)이다. 근래에 이 화산의 폭발에 관해 종합적인 두 권의 책이 출간되었다: Ian W.B. Thornton, *Krakatau : The destruction and reassembly of an island ecosystem* (Cambridge, MA: Harvard University Press, 1996); Simon Winchester, *Krakatoa : The day the world exploded : August 27, 1883* (New York: Harper-Collins, 2003). 크라카타우 화산의 폭발을 배경으로 제작한 영화(DVD)도 제작되었다: Bernard L. Kowalski 감독, Maximilian Schell 주연, "Krakatoa, east of Java" (UK: Anchor Bay, 1999) 상영시간 131분. 한국어로 자막 처리 되어 보급되고 있다.

16) Edward O. Wilson, *The diversity of life* (Cambridge, MA: Belknap Press of Harvard University Press, 1992) - 한국어판, 황현숙 역, 『생명의 다양성』 (서울: 까치, 1995), 29.

17) 리더스 다이제스트, 『인류가 겪은 대재앙 : 세계사의 진로를 바꾼 천재지변의 생생한 기록』(서울: 동아출판사, 1994), 138-140.

18) Wilson, *The diversity of life* - 한국어판, 『생명의 다양성』, 26-34.

19) Loren Coleman, "Flash frozen? Siberian baby raises old questions," *Cryptomundo*, (2007.7.10), http://www.cryptomundo.com/cryptozoo-news/baby-mammoth (accessed 2010.4.7).

20) "러시아 자연사 박물관전"(Paleontological treasures from Russia)은 지난 2007년 12월 14일부터 2008년 2월 10일까지 서울에서 양재동 aT센터 제2전시장에서 열렸다.

21) "Anyone want this skull?," (2009.6.6), http://www.sikunews.com/art.html?artid=1392&catid=5 (accessed 2010.4.6).

22) "Skull is an Arctic mystery," *The Vancouver Sun* (2006.5.31).

23) 권경훈, "우리말 이름 공룡, 세계 공룡목록에 올랐다," <국민일보> (2005.1.5) - 2000년 2월 경남 하동군 금성면 갈사리 앞바다 돌섬에서 부경대 백인성 교수팀이 발견한 초식공룡 화석이 2004년 1월 세계 공룡 목록에 931번째 공룡속 '천년 부경용'(Pukyongsaurus millenniumi)으로 등재되었다.

24) Santa Barbara, "Discovery of oldest dinosaur bones reported in science," *ScienceDaily* (1999.10.22).

25) 여기서는 Cipollitti, *Il Pianeta Del Dinosauri* (공룡의 세계: 공룡은 살아있다)에서 제시하고 있는 몇 가지 이론들을 중심으로 공룡멸종을 살펴본다.

26) cf. Greenwood, *Cosmic catastrophes*.

27) 멸종에 대한 몇몇 근래의 문헌들로는 M.E.J. Newman and R.G. Palmer, "Models of extinction : A review," (1999.8.6), http://www.lassp.cornell.edu/newmme/science/ModelsOfExtinction.pdf (accessed 2010.4.8); NOVA, "Mass extinction," (aired on 2006.11.21), http://www.pbs.org/wgbh/nova/sciencenow/3318/01.html (accessed 2010.4.8); Helen M. Regan et al., "The currency and tempo of extinction." *The American Naturalist* 157(1): 1-

10(2001.1); Lee Siegel, "The five worst extinctions in Earth's history," (2000.9.7), http://www.space.com/scienceastronomy/planetearth/extinction_sidebar_000907.html (accessed 2010.4.8); Illinois State Museum,. "The Late Pleistocene extinctions," http://www.museum.state.il.us/exhibits/larson/lp_extinction.html (accessed 2010.4.8); Christina Avildsen et al., "The Ordovician," *University of California Museum of Paleontology* (1998.5.11), http://www.ucmp.berkeley.edu/ordovician/ordovician.html (accessed 2010.4.8).

28) Tracy V Wilson, "How extinction works.," (2008.3.10) http://science.howstuffworks.com/evolution/extinction.htm (accessed 2010.4.8).

29) Field Museum of Natural History 전시.

30) 러시아 자연사 박물관 전시 도록.

31) Field Museum of Natural History 전시.

32) 러시아 자연사 박물관 전시 도록.

33) Field Museum of Natural History 전시.

34) 러시아 자연사 박물관 전시 도록.

35) Beth Shaw, "The Siberian Traps: Supervolcano," *Blue Star Chronicles* (2009.2.4), http://military.rightpundits.com/2009/02/04/the-siberian-traps-supervolcano (accessed 2010.4.8).

36) Paul B. Wignall, Yadong Sun, David P. G. Bond, Gareth Izon et al., "Volcanism, mass extinction, and carbon isotope fluctuations in the Middle Permian of China," *Science* 324: 1179-1182(2009.5.29) - 우리말 요약 기사, "고대 화산 폭발로 해양생물 대멸종," <연합뉴스> (2009.5.29), http://news.naver.com/main/read.nhn?mode=LSD&mid=sec&sid1=102&oid=001&aid=0002686885 (accessed 2010.4.9).

37) Field Museum of Natural History 전시.

38) 러시아 자연사 박물관 전시 도록.

39) 오래 되었지만 대격변설에 대한 문헌들은 미국 창조과학연구소(ICR)의 지질학 교수인 오스틴이 편집한 책에 잘 소개되어 있다: Steven A. Austin, *Catastrophes in Earth history : A source book of geologic evidence, speculation and theory* (El Cajon, CA: ICR, 1984).

40) Marc Kéry, "Extinction rate estimates for plant populations in revisitation studies: Importance of detectability," *Conservation Biology* 18(2): 570-574(2004.4).

41) Wilson, http://science.howstuffworks.com/evolution/extinction.htm (accessed 2010.4.8).

42) 이 수치는 Kent Holsinger, "Patterns of biological extinction," *University of Connecticut* (2009.8.31), http://darwin.eeb.uconn.edu/eeb310/lecture-notes/extinctions/extinctions.html (accessed 2010.4.8)이 제시하고 있는 것이지만, Field Museum of Natural History는 이보다 훨씬 많은 10,000배 정도를 제시하고 있다.

43) Wilson, http://science.howstuffworks.com/evolution/extinction.htm (accessed 2010.4.8).

44) 이기영, "기후변화 어디까지 왔는가,"「시조」98(7): 36-37(2009.6.25).

45) Ibid., 37.

46) Ibid., 36.

제4강

1) J.H. Whitmore, "Experimental fish taphonomy with a comparison to fossil fishes," Ph.D. Dissertation (Loma Linda, CA: Loma Linda University, 2003) – 위트모어는 이 연구에서 400여 마리 이상의 죽은 물고기가 어떻게 부패하고 썩는지에 대한 연구결과를 제시하고 있다; James C. Schneider, "Fate of dead fish in a small lake," *The American Midland Naturalist* 140(1): 192-196(1998.7); Rainer Zangerl and Eugene S. Richardson, *The paleoecological*

history of two Pennsylvanian black shales* (Chicago, IL: Field Museum of Natural History, 1963).

2) William A. DiMichele, Howard J. Falcon-Lang, W. John Nelson, Scott D. Elrick and Philip R. Ames, "Ecological gradients within a Pennsylvanian mire forest," *Geology* 35(5): 415-418(2007.5).

3) Kirk R. Johnson, "Forests frozen in time," *Nature* 447(14): 786-787(2007.6.14).

4) Jeanna Bryner, "Fossilized rainforest found in coal mine," (2007.4.23) http://www.msnbc.msn.com/id/18279510 (accessed 2010.4.12).

5) John J. Renton, *The nature of Earth: An introduction to geology* Part 1 (Chantilly, VA: Teaching Company, 2006), 138.

6) Lloyd & Doris Anderson, " 7 wonders of Mount St. Helens," http://www.creationism.org/sthelens/7wonders.htm (accessed 2010.4.12) – 이 부유성 매트 모델에 대한 반론으로 G.R. Morton, "Canadian coal not formed catastrophically," http://home.entouch.net/dmd/cancoal.htm (accessed 2010.4.12)을 참고하라.

7) 근래에 창조과학자들은 석유의 기원을 젊은 지구/대홍수모델로 설명하기가 어렵다는 것이 밝혀지자 모든 석유는 초자연적인 방법으로 창조되었다고 주장한다: cf. John D. Matthews, "The origin of oil-a creationist answer," *Answers Research Journal* 1: 145-168(2008) – 이 논문에 대한 비판으로는 G.R. Morton, "An analysis of John Matthews' 'the origin of oil - a creationist answer' ," http://home.entouch.net/dmd/matthewsoil.htm (accessed 2010.4.12)을 참고하라.

제5강

1) 슈메이커-레비 혜성은 슈메이커 부부(Carolyn and Eugene Schoemaker)와 레비(David Levy) 팀이 아홉 번째 발견한 혜성이란 뜻에서 공식적으로는 제9호

슈메이커-레비 혜성(Comet Shoemaker-Levy 9)이라 불리지만, 본서에서는 편의상 슈메이커-레비 혜성 혹은 S-L9이라 부른다.

2) Alexei V. Filippenko, "Lecture 36. Catastrophic Collisions," *Understanding the universe : An introduction to astronomy*, 2nd edition, (Springfield, VA: Teaching Co, 2007), 200.

3) NASA 제공.

4) NASA 사진.

5) "재앙급 소행성 아슬아슬 비켜가," <조선닷컴> (2009.3.5), http://news.chosun.com/site/data/html_dir/2009/03/05/2009030500859.html (accessed 2010.4.12).

6) Filippenko, "Lecture 36. Catastrophic Collisions," *Understanding the universe : An introduction to astronomy*.

7) Tariq Malik, "Jupiter apparently smacked by rogue object, new images reveal," (2009.7.20), http://www.space.com/scienceastronomy/090720-jupiter-new-impact.html (accessed 2010.4.12).

8) NASA에서 미국 동부시간으로 2009년 7월 20일 오전 6-12시 사이에 적외선 사진기로 촬영

9) Filippenko, "Lecture 36. Catastrophic Collisions," *Understanding the universe : An introduction to astronomy*.

10) See "Icarus" in <Wikipedia>.

12) 슈메이커(Eugene M. Shoemaker, 1928-1997): 미국 지질학자이자 행성천문학자. 아내 캐롤린(Carolyn Shoemaker), 레비(David Levy)와 함께 1994년에 목성에 충돌한 슈메이커-레비 혜성을 발견하였다.

12) 「월간 Newton」 1996년 1월호: 85.

13) Ibid., 84.

14) 얼음으로 뒤덮인 아리엘의 표면은 그렇게 단단하지 않음에도 불구하고 많은 운석공들이 존재한다.

15) 달의 수많은 운석공들은 괜찮은 쌍안경으로 보더라도 선명하게 보인다. cf. Steel, *Target Earth*, 30-35.

16) NASA photos from public domain.

17) John Shibley, "Cassini's 4-year odyssey: Saturn's beauty is more than ring deep," *Astronomy Special Issue: Explore the Universe* (Waukesha, WI: Kalmbach Publishing, 2006), 8-15.

18) Steel, *Target Earth*, 45.

19) Francis Reddy, "Earth impacts at a glance," *Astronomy* 36(1): 60-61(2008.1)에서 발표한 운석공의 숫자는 179개이다. 하지만 2010년 11월 4일까지 운석공 데이터베이스(Earth Impact Database, EID)에 수록된 운석공 숫자는 176개이다. *Astronomy*와 운석공 데이터베이스(EID)가 발표하고 있는 운석공 숫자가 약간 다른 것은 운석공 판별 기준이 다소 다르기 때문인 것으로 보인다.

20) 캐나다 순상지(楯狀地, Canadian Shield): 캐나다 사스카체원주(Saskatchewan), 매니토바주(Manitoba), 온타리오주(Ontario), 퀘벡주(Québec), 래브라도주(Labrador) 북부, 래브라도주와 뉴펀들랜드주(Newfoundland)의 중앙 부분을 가리키며, 거대한 암상 위에 위치해 있어서 오랜 세월 동안 지각 변동이 거의 없어서 충돌구조가 가장 잘 보존될 수 있었다.

21) Planetary and Space Science Centre, "Earth impact database," http://www.unb.ca/passc/ImpactDatabase/index.html (accessed 2010.4.12).

22) 충돌구조임을 확인하는 기준에 대해서는 Planetary and Space Science Centre, "Criteria for impact crater identification - how can you tell if it is an impact crater?" http://www.unb.ca/passc/ImpactDatabase/index.html#ImpactCraterCriteria (accessed 2010.4.12)을 참고하라.

23) 1947년 디에츠(R.S. Dietz)가 처음 발견한 이후 애리조나 배링거(Barringer) 운석공이나 캐나다 브렌트(Brent) 운석공 등 많은 운석공에서 발견된다. 양승영, "샤터콘," 『지질학 사전』(서울: 교학연구사, 1998), 375.

24) 돌출구조(diapir): 지하의 가소성 물질(주로 암염과 혈암, 드물게 화성암이 관입하기도 함)이 큰 압력을 받아 솟아오를 때 위에 있는 암석(주로 퇴적임)이 배사구조로 돌출하는 현상.
25) 암맥(岩脈, dike): 기존 암석의 틈을 따라 관입한 판상의 화성암체.
26) 유리질화산암 혹은 타킬라이트(tachylite): 현무암이나 휘록암처럼 실리카의 함량이 적은 유리질 화산암을 말한다. 이 암석은 급속한 냉각이 일어난 환경에서만 발견되며, 상응하는 산성 화산성 유리질 화산암보다 드물게 산출된다.
27) 어떤 사람들은 이 때 운석의 크기를 직경 25-30m 정도로 추정하기도 한다. cf. Cipollitti, "Ipotesi Sul L' estinzione"(공룡멸종설), *Il Pianeta Del Dinosauri* (공룡의 세계: 공룡은 살아있다).
28) 로렌시아 순상지(Lorentian Shield), 로렌시아 고지(Lorentian Plateau), 선캄브리아 순상지(Precambrian Shield) 등 여러 이름으로 불리는 캐나다 순상지는 지구 탄생 초기부터 고생대 초기까지의 암석으로 구성되어 있으며, 전 세계적으로 지질학적으로 가장 안정된 지역으로 화산 활동이 없는 곳이다.
29) cf. NHK, "제1편 기적의 행성 지구," <지구 대기행> Video.
30) 떨어진 운석이 철질운석인지, 석질운석인지는 주변에 떨어진 운석 조각들로부터 알 수 있다. 그러나 떨어진지 오래된 운석의 경우에는 주변 지형이 침식이나 퇴적됨으로 인해, 혹은 대홍수 등으로 인해 운석 조각들을 찾기 어려운 경우가 많다.
31) Duncan Steel, *Target Earth: The search for rogue asteroids and doomsday comets that threaten our planet* (Pleasantville, NY: Reader's Digest Association, 2000), 54-55.
32) Planetary and Space Science Centre, "Impact structures listed by diameter (increasing)," (2009.11.27) http://www.unb.ca/passc/ImpactDatabase/CIDiameterSort2.htm (accessed 2010.11.1).
33) Andrei Ol'khovatov, "The 1908 Tunguska event: Facts are against space impact and point to geophysical origin," (2002.2.16), in conference

proceedings of *Environmental Catastrophes and Recoveries in the Holocene* (2002.8.29-9.2) (Brunel University, Uxbridge, UK), http://atlas-conferences.com/c/a/i/q/07.htm (accessed 2010.4.14) – 어떤 사람들은 퉁구스카 운석 충돌이 혜성도, 석질운석의 낙하도 아닌, tectonic activity와 meteorological activity가 결합된 지구물리학적 기원을 갖는다고 주장하기도 한다.

34) "퉁구스카 미스터리,"「월간 Newton」1996년 1월호: 78-85.

35) Colin Wilson and Damon Wilson, "The great Tunguska explosion," *The encyclopedia of unsolved mysteries* (London(UK): Harrap, 1987) – 한국어판, 황종호 역, "시베리아 대폭발의 진상,"「세계불가사의백과 I」(서울: 하서, 1990), 57-63.

36)「월간 Newton」1996년 1월호: 81.

37) Ibid., 82, 84 – 어떤 사람들은 이 때 운석의 크기를 직경 100-200m 정도로 추정하기도 한다. 하지만 충격의 크기는 히로시마 원자탄 크기의 1,000배 정도라고 추정한다. cf. Cipollitti, "Ipotesi Sul L' estinzione" (공룡멸종설), *Il Pianeta Del Dinosauri* (공룡의 세계: 공룡은 살아있다).

38) 미국 스미소니안 박물관(National Museum of Natural History)에는 실제 식호테-알린 운석 조각이 전시되어 있다.

39) 지난 2010년 10월 13일(23:10) 소행성 충돌과 관련된 다큐멘터리를 EBS <다큐10+>에서 "소행성 충돌, 그 후 24시간"이란 제목으로 방영했다. 미국 National Geographic에서 제작한 이 다큐의 원제는 "24 Hours After: Asteroid Impact"이며, K-T 경계멸종을 일으켰던 칙술룹 운석의 피해와 더불어 소행성 충돌의 피해와 전문가들의 연구 현황을 자세히 소개하고 있다.

40) 운석공 형성과 관련된 모의실험 과정과 알루미늄 탄환이 모래 더미와 충돌하는 과정에 대한 동영상은 NHK, "제1편 기적의 행성 지구," <지구 대기행> 을 참고하라. 한국어로는 1992년 신한 프로덕션이 번역, 제작하여 KBS에서 방영하였다.

41) cf. Planetary and Space Science Centre, http://www.unb.ca/passc/ImpactDatabase/CIDiameterSort2.htm (accessed 2010.4.14).

42) Neil deGrasse Tyson, *My Favorite Universe* (Chantilly, VA : The Teaching Company, 2003), Lecture 6.

43) John D. Morris, "Geologic evidence for Noah's Flood," 『창조과학 국제 심포지움 논문집』 (한국창조과학회, 1991), 129에서 재인용. Austin은 에너지의 단위를 erg로 표시했으나, 여기서는 우리들에게 더 익숙한 J로 환산하여 표기하였다. 이 표에서 제시한 운석공들의 직경은 본서의 다른 곳에서 제시한 동일한 운석공들의 직경과 다소 차이가 난다. 이는 대형 운석공들, 특히 연대가 오랜 운석공들은 정확한 경계를 알기가 어려워 측정하는 사람들마다 다소의 차이가 나기 때문이다.

44) cf. 『Newton Highlight-공룡 연대기』 (서울: 계몽사, 1994), 44.

45) Ted Bryant, "Evidence for cosmogenic tsunami," in conference proceedings of *Environmental Catastrophes and Recoveries in the Holocene* (2002.8.29-9.2) (Brunel University, Uxbridge, UK), http://atlas-conferences.com/c/a/j/i/42.htm (accessed 2010.4.20).

46) cf. Cipollitti, "Ipotesi Sul L'estinzione"(공룡멸종설), *Il Pianeta Del Dinosauri* (공룡의 세계: 공룡은 살아있다).

47) Ross, *Creation and time*, 111.

48) Planetary and Space Science Centre, "Impact Structures Listed by Name," (2009.11.27) http://www.unb.ca/passc/ImpactDatabase/CINameSort2.htm (accessed 2010.4.14)에 있는 표를 근거로 재작성한 것임.

49) Michael Paine, "Asteroid/comet impact craters and mass extinctions," (2001.2.16) http://www1.tpgi.com.au/tps-seti/crater.html (accessed 2010.4.7)에서는 고생대로부터 현대에 이르기까지의 운석공과 멸종한 생물종의 관련성을 그래프로 그렸다.

50) Charles B. Officer and Jake Page, *The great dinosaur extinction*

controversy (Reading, MA: Addison-Wesley, 1996).

51) Normal MacLeod, "Extinction!" (2001.1.6), http://www.firstscience. com/home/articles/earth/extinction-page-1-1_1258.html (accessed 2010.4.14). cf. J.J. Sepkoski, Jr., "Extinction and the Fossil Record," *Geotimes* 39(3): 15-17(1994.3); See also V. Courtillot, J-J. Jaeger, Z. Yang, G. Feraud and C. Hofmann, "The influence of continental flood basalts on mass extinctions: Where do we sand?" in G. Ryder, D. Fastovsky and G. Gartner, editors, *The Cretaceous-Tertiary event and other catastrophes in earth history*, GSA Special Paper 307: 513-525(1996.1); R. Grieve, J. Rupert, J. Smith and A. Therriault, "The record of terrestrial impact cratering," *The Geological Society of America Today* 5(10): 189,194-196(1996); A. Hallam, *Phanerozoic sea-level changes* (New York: Columbia University Press, 1992).

52) 운석공이 얼마나 빨리 사라질 수 있는가를 보여주는 좋은 예로는 1908년 6월 30일 오전 7시 40분 경, 시베리아의 퉁구스카 강 근처(북위 60° 55′, 동경 101° 57′)에 떨어진 운석을 들 수 있다. 비록 60m 내외의 크지 않은 운석(소행성 급에 들지 못하는)의 낙하지만, 1927년, 1938년, 1990년에 찍은 사진들을 보면 운석공의 흔적이 현저히 사라지는 것을 볼 수 있다.

53) MacLeod, http://www.firstscience.com/home/articles/earth/ extinction-page-1-1_1258.html (accessed 2010.4.14). cf. Sepkoski, *Geotimes* 39(3): 15-17(1994).

제6강

1) 측정하기에 따라 이 운석공의 크기를 230km로 추정하기도 한다. cf. Cipollitti, "Ipotesi Sul L' estinzione" (공룡멸종설), *Il Pianeta Del Dinosauri* (공룡의 세계: 공룡은 살아있다).

2) 알바레즈(Walter Alvarez, 1940-): 스페인과 아일랜드 계통의 미국 지질학자로

서 프린스톤 지질학과에서 박사학위를 받았으며, 노벨물리학상을 수상한 루이스 알바레즈(Luis Walter Alvarez)의 아들이기도 한다. 현재 캘리포니아 대학 버클리 분교의 교수로 재직하고 있다. 버클리팀은 그의 아버지인 루이스 알바레즈(Luis Walter Alvarez), 아사로(Frank Asaro), 미쉘(Helen V. Michel) 등이었다. Walter Alvarez, Luis Walter Alvarez, Frank Asaro, and Helen V. Michel, "Anomalous iridium levels at the Cretaceous/Tertiary boundary at Gubbio, Italy: Negative results of tests for a supernova origin," *Cretaceous/Tertiary Boundary Events Symposium*, W.K. Christensen and T. Birkelund, editors, 2: 69(1979); L. W. Alvarez, W. Alvarez, F. Asaro, and H. V. Michel, "Extraterrestrial cause for the Cretaceous-Tertiary extinction," *Science* 208: 1095-1108(1980.6.6).

3) 이리듐(Iridium): 원소 기호 Ir, 원자번호 77번, 용융점 2,410℃인 금속원소. 내마모성이 가장 강하여서 이의 합금은 시계의 베어링이나 펜촉, 과학기기 등의 제작에 사용된다. 백금광맥 속에서 발견된다.

4) A. Montanari et al., "Spheroids at the Cretaceous-Tertiary boundary are altered impact droplets of basaltic composition," *Geology* 11: 668-671(1983.11); Bruce F. Bohor, "Shock-induced microdeformations in quartz and other mineralogical indications of an impact event at the Cretaceous-Tertiary boundary," *Tectonophysics* 171: 359-372(1990.1).

5) Lowell Dingus and Timothy Rowe, *The mistaken extinction* (New York: W.H. Freeman, 2001), 63; Meixun Zhao and Jeffrey L. Bada, "Extraterrestrial amino acids in Cretaceous/Tertiary boundary sediments at Stevns Klint, Denmark," *Nature* 339: 464-465(1989.6.8). 비록 지구상에 있는 생명체들은 20종의 아미노산만을 사용하지만 이것은 전체 아미노산의 일부분일 뿐이다.

6) Web Elements, "Iridium: geological information," http://www.webelements.com/iridium/geology.html (accessed 2010.4.19).

7) Qivx Inc., "ISPT periodic table: Iridium," http://www.qivx.com/ispt/elements/ptw_077.php (accessed 2010.4.19).

8) Hillary Mayell, "Asteroid rained glass over entire Earth, scientists say," <National Geographic News> (2005.4.15), http://news. nationalgeographic.com/news/2005 /04/0415_0 50418_chicxulub.html (accessed 2010.4.19).

9) Glen, *The Mass-extinction debate*, 9.

10) Schulte et al., *Science* 327: 1214-1218.

11) W. Alvarez and F. Asaro, "An extraterrestrial impact," *Scientific American* 263: 78-84(1990.10).

12) J.M. Luck and K.K. Turekain, "Osmium-187/osmium-186 in manganese nodules and the Cretaceous-Tertiary boundary," *Science* 222: 613-615(1983.11.11).

13) A. Shykolyukov and G.W. Lugmair, "Isotopic evidence for the Cretaceous-Tertiary impactor and its type," *Science* 282: 927-930(1998.10.30).

14) Cipollitti, "Ipotesi Sul L' estinzione" (공룡멸종설), *Il Pianeta Del Dinosauri* (공룡의 세계: 공룡은 살아있다).

15) 백악기 말기에 일어난 소행성 충돌과 관련하여 탁월한 문헌으로는 Glen, The *Mass-extinction debates*을 보라.

16) "Chicxulub crater," <Wikipedia>, http://en.wikipedia.org/ wiki/Chicxulub_ Crater (accessed 2010.4.19).

17) Alan R. Hildebrand, Glen T. Penfield, David A. Kring, Mark Pilkington et al., "Chicxulub crater: a possible Cretaceous/Tertiary boundary impact crater on the Yucatan Peninsula, Mexico," *Geology* 19(9): 867-871(1991.9).

18) Ibid.

19) David B. Weinreb, "Catastrophic events in the history of life: Toward a new understanding of mass extinctions in the fossil record - part I," *Journal*

of Young Investigators 5(6) (2002.3), http://www.jyi.org/volumes/volume5/issue6/features/weinreb.html (accessed 2010.4.19).

20) Moya K. Mason, "In search of a key paper," http://www.moyak.com/papers/citation-searching.html (accessed 2010.4.19).

21) Hildebrand et al., *Geology* 19(9): 867-871. 흑색, 녹색 혹은 황색의 규산질 유리인 텍타이트는 외계로부터 들어왔거나 운석이 지표면 암석과 충돌하여 만들어진 것으로 보인다. tektite의 어원이 되는 그리스어 tektos는 용융되다(molten)라는 의미이다.

22) Charles Frankel, *The end of the dinosaurs: Chicxulub crater and mass extinctions* (New York: Cambridge University Press, 1999), 236.

23) Barbara Feldon and Robin Bates, "Part 4. Death of the dinosaur," *The dinosaurs!* (WHYY-TV, PBS Video, Pacific Arts, 1992) VHS - Hildebrand interview.

24) 용식함몰지(溶蝕陷沒地, sinkhole): 돌리네(doline)라고도 불리며 석회암과 같이 용해, 침식되기 쉬운 암석이 분포하는 곳에 생긴 웅덩이; 수직동굴(垂直洞窟, cenote): 주로 석회암 지대에 형성된 수직에 가까운 동굴.

25) 일반적으로 이러한 침강은 주로 네 가지 원인에 의해 일어난다: (1) 지각 밑에 있는 암석이 용해되거나 (2) 치밀화 작용이 일어나는 경우, (3) 지각 밑에 있는 유체 용암이 이동하거나 (4) 지각의 뒤틀림(warping)에 의해 일어난다. 칙술룹 운석공 주변이 함몰하여 용식함몰지를 형성한 것은 이들 중 하나나 그 이상의 이유 때문에 일어난 것으로 보인다.

26) V.L. Sharpton and L.E. Marin, "The Cretaceous?Tertiary impact crater and the cosmic projectile that produced it," *Annals of the New York Academy of Sciences* 822(Near-Earth Objects: The United Nations Conference) (1997.5): 353-380.

27) Cipollitti, "Ipotesi Sul L' estinzione" (공룡멸종설), *Il Pianeta Del Dinosauri* (공룡의 세계: 공룡은 살아있다).

28) Ibid.

29) Ibid.

30) Feldon and Bates, "Part 4. Death of the Dinosaur," *The Dinosaurs!* - Gene Milosh interview.

31) Feldon and Bates, "Part 4. Death of the Dinosaur," *The Dinosaurs!* - Gene Milosh interview, "On the ground, you would feel an effect similar to an oven on broil, lasting for about an hour [⋯] causing global forest fires."

32) Hildebrand et al., *Geology* 19(9): 867-871.

33) David Perlman, "Scientists say they know where dinosaur-killing asteroid came from," *San Francisco Chronicle* (2007.9.6), http://www.sfgate.com/cgi-bin/article.cgi?f=/c/a/2007/ 09/06/MNVFRUVCK.DTL (accessed 2010.4.19); K.O. Pope, K.H. Baines, A.C. Ocampo and B.A. Ivanov, "Energy, volatile production, and climatic effects of the Chicxulub Cretaceous/Tertiary impact," *Journal of Geophysical Research* 102(E9): 21645-21664(1997).

34) O.B. Toon, K. Zahnle, D. Morrison, R.P. Turco and C. Covey, "Environmental perturbations caused by the impacts of asteroids and comets," *Reviews of Geophysics* 35(1): 41-78(1997.2); E. Pierazzo, A.N. Hahmann, L.C. Sloan, "Chicxulub and climate: Radiative perturbations of impact-produced S-bearing gases,"*Astrobiology* 3(1): 99-118(2003.1); D. A. Kring, "The Chicxulub impact event and its environmental consequences at the Cretaceous-Tertiary boundary," *Palaeogeography, Palaeoclimatology, Palaeoecology*, 255(1-2): 4-21(2007.11).

35) Pope, Baines, Ocampo and Ivanov, *Journal of Geophysical Research*, 102(E9): 21645-21664; Steven D' Hondt, "Consequences of the Cretaceous/Paleogene mass extinction for marine ecosystems," *Annual Review of Ecology, Evolution, and Systematics* 36: 295-317(2005.12); A.R.

Sweet and D.R. Braman, "Cretaceous-Tertiary palynofloral perturbations and extinctions within the Aquilapollenites Phytogeographic Province ," *Canadian Journal of Earth Sciences*, 38(2): 249-269(2001.2); P. Bown, "Selective calcareous nannoplankton survivorship at the Cretaceous-Tertiary boundary," *Geology* 33(8): 653-656(2005.8).

36) Marc Airhart, "Seismic images show dinosaur-killing meteor made bigger splash," (2008.1.17), http://www.jsg.utexas.edu/news/ rels/011708. html (accessed 2010.4.19).

37) 물론 모든 공룡들이 이 때 모두 멸종한 것은 아니었다. 그보다 훨씬 이전에 이미 많은 공룡들이 멸종하였다. 예를 들면, K-T 경계면보다 알로사우루스(Allosaurus)는 6-7천만 년 전에, 브라키오사우루스(Brachiosaurus)는 1,200만 년 전에, 브론토사우루스(Brontosaurus)와 스테고사우루스(Stegosaurus)는 8백만 년 전에 멸종하였으며, 하늘을 날던 람포린커스(Rhamphorhynchus)와 프테로사우루스(Pterosaurus)와 같은 익룡들도, 익티오사우루스(Ichthyosaurus)와 같은 어룡들도 이미 백악기 후기에 멸종하였다. 실제로 중생대가 끝날 때까지 살아남았다가 멸종된 공룡으로는 안킬로사우루스(Ankylosaurus), 하드로사우루스(Hadrosaurus), 티라노사우루스(Tyrannosaurus), 프테라노돈(Pteranodon) 등이다.

38) Paul J. Crutzen, "Acid rain at the KT boundary," *Nature* 330: 108-109(1987.11.18).

39) K.R. Johnson and L.J. Kickey, "Patterns of megafloral change across the Cretaceous Tertiary boundary in the northern great plains and Rocky Mountains," in V.L. Sharpton and P.D. Ward, editors, *Global Catastrophes in Earth History* , GSA Special Paper 247: 433-434(1990).

40) 지르콘(zircon, $ZrSiO_4$): 우라늄-납 연대측정에서 가장 중요한 광물질로서 그 이유는 다음과 같다. 첫째, 지르콘은 경도(硬度, hardness)가 매우 커서(7.5) 기계적인 마찰이나 압력, 변성작용 등에 매우 강하고, 둘째, 화학적으로도 다

른 물질들과 쉽게 반응을 일으키지 않기 때문에 폐쇄계를 유지할 가능성이 그만큼 클 뿐 아니라, 셋째, 지르콘은 우라늄은 모으고, 납은 차단하기 때문에 U-238/Pb-204의 비율이 매우 높아서 자연에 있는 암석들 중에서 최고의 시계라고 할 수 있고, 마지막으로 지르콘은 다양한 화성암이나 변성암의 부대적 상태로 흔히 발견되기 때문이다. cf. "Geochronology V. The U-Th-Pb system: zircon dating," *Department of Earth and Atmospheric Sciences, Cornell University* (2003.2.6), http://www.geo.cornell.edu/geology/classes/Geo656/656notes03/656%2003Lecture09.pdf (accessed 2010.4.19).

41) 흥미롭게도 한국창조과학회에서는 나의 『창조와 격변』에 대한 반박문에서 "운석공들에 대한 여러 가지 다른 해석들이 존재"한다고 반박하고 있지만 (2006.8.31), 여러 가지 다른 해석들이 뭔지에 대해서는 아직까지 아무런 언급을 하고 있지 않다!!

42) Christian Koeberl, "Impact cratering: An overview of mineralogical and geochemical aspects," http://www.univie.ac.at/geochemistry/koeberl/impact (accessed 2010.4.19).

43) G.A. Izett, G.B. Dalrymple and L.W. Snee, "40Ar/39Ar age of Cretaceous-Tertiary boundary tektites from Haiti, *Science* 252 (1996.6.14): 1539-1542; C.M. Hall and D. York, "Laser Ar-40/Ar-39 step heating ages from Cretaceous-Tertiary boundary glass spherules," *Eos* 72: A531(1991).

44) Hall and York, *Eos* 72: A531.

45) C.C. Swisher III, J.M. Grajales-Nishimura et al., "Coeval 40Ar/39Ar ages of 65.0 million years ago from the Chicxulub Crater melt rock and Cretaceous-Tertiary boundary tektites," *Science* 257: 954-958(1992.8.14); V.L Sharpton, G.B. Dalrymple et al., "New links between the Chicxulub impact structure and the Cretaceous/Tertiary boundary," *Nature* 359: 819-821(1992.10.29).

46) H.S. Sigurdsson, S. D' Hondt et al., "Glass from the Cretaceous/Tertiary

boundary in Haiti," *Nature* 349: 482-487(1991.2.7); J.D. Blum, C.P. Chamberlain et al., "Isotopic comparison of K/T boundary impact glass with melt rock from Chicxulub and Manson impact structures," *Nature* 364: 325-327(1993.7.22).

47) 1956년 G.W. Wetherill이 도입한 방법으로서, 이 방법에 의하면 U-Pb 연대측정에서 방사성 기원의 Pb-206과 Pb-207을 이들의 모핵종인 U-238과 U-235과 비를 취하여 종축에 Pb-206/U-238을, 횡축에 Pb-207/U-235를 도시하면, 이차적으로 우라늄이 출입한 시료에서도 원래의 연대를 측정할 수 있다. 만일 납과 우라늄의 이차적 출입이 없는 폐쇄계라면, U-238 - Pb-206연대는 U-235 - Pb-207 연대와 일치하여 원점을 통과하는 그래프(concordia graph)를 얻을 수 있을 것이다. 하지만 변성작용을 받아서 이차적 출입이 있었다면, 두 연대는 불일치할 것이다(disconcordia). 이런 경우에는 두 그래프가 만나는 교차점에서 오래된 연대가 시료의 생성연대가 된다. cf. 양승영, 『지질학사전』, 734.

48) Powell, *Night comes to the Cretaceous*, 120.

49) Ibid., 119.

50) 예를 들면, V.L. Sharpton, L.E. Marin, J.L. Carney, S. Lee, G. Ryder, B.C. Schuraytz, P. Sikora, and P.D. Spudis, "Model of the Chicxulub Impact Basin," in G. Ryder, D. Fastovsky, and S. Gartner, editors, *The Cretaceous-Tertiary Event and Other Catastrophes in Earth History*, GSA Special Paper 207: 55-74(1996).

51) 두께와 넓이가 1/1,000-1/5,000인, 얇고 넓게 분포하는 퇴적암층을 블랑켓(blanket) 혹은 sheet라고 부른다.

52) 예를 들면, Joanne Bourgeois, Thor A. Hansen, Patricia L. Wiberg and Erle G. Kauffman, "A tsunami deposit at the Cretaceous-Tertiary boundary in Texas," *Science* 241: 567-570(1988.7.29).

53) Iturralde Vinent, "A short note on the Cuban late Maastrichtian megaturbidite (an impact-derived deposit?)," *Earth and Planetary Science*

Letters 109(1-2): 225-228(1992).

54) A. Montanari, P. Claeys, F. Asaro, J. Bermudez and J. Smit, "Preliminary stratigraphy and iridium and other geochemical anomalies across the KT boundary in the Bochil Section (Chiapas, Southeastern Mexico)," *New Developments Regarding the KT Event and Other Catastrophes in Earth History* (Lunar and Planetary Institute, and the University of Houston, Clear Lake, TX, 1994.2.9-12), 84.

55) A.C. O' Campo, K.O. Pope, and A.G. Fischer, "Ejecta blanket deposits of the Chicxulub Crater from Albion Island, Belize," in G. Ryder, D. Fastovsky, and S. Gartner, editors, *The Cretaceous-Tertiary event and other catastrophes in Earth history*, GSA Special Paper 307: 75-88(1996).

56) Florentin J-M. R. Maurrasse and Gautam Sen, "Impacts, tsunamis, and the Haitian Cretaceous-Tertiary boundary layer," *Science* 252: 1690-1693(1991.6.21).

57) W. Alvarez, J. Smith, W. Lowrie, F. Asaro, S. Margolis, M. Kastner, A. Hildebrand, "Proximal impact deposits at the Cretaceous-Tertiary boundary in the Gulf of Mexico: A reinterpretation of DSDP Leg 77 sites 536 and 540," *Geology* 20(8): 697-700(1992).

58) 1ng(나노그램, nano gram) = 10^{-9}g이다.

59) F.T. Kyte, "A meteorite from the Cretaceous/Tertiary boundary," *Nature* 396: 237-239(1998.11.19).

60) William F. Bottke, David Vokrouhlick?, and David Nesvorn?, "An asteroid breakup 160 Myr ago as the probable source of the K/T impactor," *Nature* 449: 48-53(2007.9.6).

61) Ibid.; Govert Schilling, "The Source of the Dinosaurs' Asteroid," *Sky & Telescope* (2007.9.5), http://www.skyandtelescope.com/ news/home/95889 22.html (accessed 2010.4.19).

62) Feldon and Bates, "Part 4. Death of the Dinosaur," *The Dinosaurs!* - Robert T. Bakker interview, "Does the [impact theory] explain the extinction of the dinosaurs? There are problems…"

63) Nan Crystal Arens and Ian D. West, "Press-pulse: A general theory of mass extinction?" *Paleobiology* 34(4): 456-471(2008.12).

64) G. Keller, W. Stinnesbeck, T. Adatte, D. St?ben, "Multiple impacts across the Cretaceous?Tertiary boundary," *Earth-Science Reviews* 62(3-4): 327-363(2003.9).

65) S. Self, M. Widdowson, T. Thordarson and A.E. Jay, "Volatile fluxes during flood basalt eruptions and potential effects on the global environment: A Deccan perspective," *Earth and Planetary Science Letters* 248(1-2): 518-532(2006.8.15); A.-L. Chenet et al., "Determination of rapid Deccan eruptions across the Cretaceous-Tertiary boundary using paleomagnetic secular variation: 2. Constraints from analysis of eight new sections and synthesis for a 3,500-m-thick composite section," *Journal of Geophysical Research* 114(B6): B06103(2009.6).

66) http://www.dinooption.com/din03/di008-004.htm (accessed 2010.04.20).

67) 1ppb는 1 part per billion, 즉 10억분의 1을 말한다. 이리듐의 배경농도나 K-T 경계면의 이리듐 농도는 사람마다, 측정한 시료들마다 다소 다르다.

68) N. Bhandari, P.N. Shukla et al., "Impact did not trigger Deccan volcanism : Evidence from Anjar K/T Boundary intertrappean sediments," *Geophysical Research Letters* 22(4): 433-436(1995). cf. 쿠르티요 등은 FI, FII, FIII의 연대를 이보다 약간 더 오랜 6,650만 년에서 6,700만 년 전이라고 한다: V. Courtillot et al., "Cosmic markers, 40Ar/39Ar dating and paleomagnetism of the KT sections in the Anjar area of the Deccan large igneous province," *Earth and Planetary Science Letter* 182(2): 137-156(2000.10.30).

69) http://www.dinooption.com/din03/di008-004.htm (accessed 2010.4.20).

70) S.A. Stewart , P.J. Allen, "A 20-km-diameter multi-ringed impact structure in the North Sea," *Nature* 418: 520-523(2002.8.1).

71) Simon P. Kelley, Eugene Gurov, "Boltysh, another end-Cretaceous impact," *Meteoritics & Planetary Science* 37(8): 1031-1043(2002).

72) Leslie Mullen, "Shiva: Another K-T impact?" *Astrobiology Magazine* (2004.11.03), http://www.astrobio.net/exclusive/1281/shiva-another-k-t-impact# (accessed 2010.4.20).

73) http://www.biocrawler.com/w/images/1/1f/Silverpit_crater_seismic_map.jpg (accessed 2010.4.20).

74) http://www.depts.ttu.edu/vpr/images/ShivacraterS.jpg (accessed 2010.4.20).

75) Eric W. Weisstein, "Roche limit," *Eric Weisstein's World of Physics*, http://scienceworld.wolfram.com/physics/RocheLimit.html (accessed 2010.4.20).

76) Leslie Mullen, "Did multiple impacts pummel earth 35 million years ago?" (2004.10.21), http://www.spacedaily.com/news/deepimpact-04p.html (accessed 2010.4.20).

77) Gerta Kellera, Thierry Adatteb, Zsolt Bernerc, Markus Hartingd, Gerald Baume, Michael Praussf, Abdel Tantawyg and Doris Stuebenc, "Chicxulub impact predates K-T boundary: New evidence from Brazos, Texas," *Earth and Planetary Science Letters* 255(3-4): 339-356(2007.3.30).

78) EBS 『다큐10+』 "소행성 충돌, 그 후 24시간," 2010년 10월 13일(23:10) 방영. 이 다큐는 National Geographic에서 제작한 이 다큐의 원제는 "24 Hours After: Asteroid Impact"이다.

79) Ker Than, "Study: Single meteorite impact killed dinosaurs," *Live Science* (2006.11.28), http://www.livescience.com/animals/ 061128_dinosaur_extinct.html (accessed 2010.4.20). 하지만 다중 충돌을 주장하는 켈러(Gerta Keller)는 맥클레오드의 주장에 대해 "지나치게 과장된 것"(rather hyper-

inflated)이라고 비판한다. "Debating Chixulub" http://gogexplore.blogspot.com/2006/12/debating-chixulub.html (2006.12.7.) (accessed 2010.4.28)

80) 그 동안 K-T 경계멸종의 원인을 두고 제기된 대표적인 이론으로는 칙술룹 소행성 충돌설과 인도 데칸 트랩의 화산 폭발설 등으로 나눌 수 있다. 이러한 논쟁에서 대규모 연구를 통해 칙술룹 소행성 충돌설을 증명한 논문은 Schulte et al., *Science* 327: 1214-1218을 들 수 있다. 이 논문은 그 동안의 연구들을 잘 요약하면서 동시에 칙술룹 소행성 충돌이 K-T 경계멸종의 원인이었음을 설득력 있게 제시한다. 이 연구에 참여한 공동연구원들만도 41명에 이른다!

81) J. Smit, "The global stratigraphy of the Cretaceous-Tertiary boundary impact ejecta," *Annual Review of Earth and Planetary Sciences* 27: 75-113(1999); P. Claeys, W. Kiessling and W. Alvarez, "Distribution of Chicxulub ejecta at the Cretaceous-Tertiary boundary," in C. Koeberl and K.G. MacLeod, editors, *Catastrophic events and mass extinctions: impacts and beyond*, GSA Special Paper 356: 55-68(2002.1).

82) J. Urrutia-Fucugauchi, L. E. Mar?n, A. Trejo-Garcia, "UNAM scientific drilling program of Chicxulub impact structure evidence for a 300 kilometer crater diameter," *Geophysical Research Letters* 23(13): 1565-1568(1996); I. Arenillas et al., "Chicxulub impact event is Cretaceous/Paleogene boundary in age: New micropaleontological evidence," *Earth and Planetary Science Letters* 249(3-4): 241-257(2006.9.30); K. Goto et al., " Lateral lithological and compositional variations of the Cretaceous/Tertiary deep-sea tsunami deposits in northwestern Cuba," *Cretaceous Research* 29(2): 217-236(2008.4).

83) P. Claeys, W. Kiessling and W. Alvarez, *Catastrophic events and mass extinctions: impacts and beyond*, GSA Special Paper 356: 55-68(2002); J. Smit, W. Alvarez et al., "Coarse-grained, clastic sandstone complex at the K/T boundary around the Gulf of Mexico: Deposition by tsunami waves

induced by the Chicxulub impact?," in G. Ryder, D.E. Fastovsky, and S. Gartner, editors, *The Cretaceous-Tertiary event and other catastrophes in Earth history*, GSA Special Paper 307: 151-182(1996.1); P. Schulte and A. Kontny, "Chicxulub impact ejecta from the Cretaceous-Paleogene (K-P) boundary in northeastern M?xico," in T. Kenkmann, F. H?rz, and A. Deutsch, editors, *Large Meteorite Impacts III*, GSA Special Paper 384: 191-221(2005.1).

84) Sweet and Braman, *Canadian Journal of Earth Sciences*, 38(2): 249-269; R.D. Norris, B.T. Huber, B.T. Self-Trail, "Synchroneity of the K-T oceanic mass extinction and meteorite impact: Blake Nose, western North Atlantic," *Geology*, 27(5): 419-422(1999); K.G. MacLeod, D.L. Whitney, B.T. Huber and C. Koeberl, "Impact and extinction in remarkably complete Cretaceous-Tertiary boundary sections from Demerara Rise, tropical western North Atlantic," *Geological Society of American Bulletin*, 119(1-2): 101-115(2007.1); P. Schulte et al., "A dual-layer Chicxulub ejecta sequence with shocked carbonates from the Cretaceous-Paleogene (K-Pg) boundary, Demerara Rise, western Atlantic," *Geochimica et Cosmochimica Acta* 73(4): 1180-1204(2009.2.15).

85) Smit, *Annual Review of Earth and Planetary Sciences* 27: 75-113(1999).

86) 이회토(泥灰土, marl)란 주로 점토와 석회질 입자들로 구성된 퇴적물이나 이러한 퇴적물이 굳어진 암석을 말한다.

87) Claeys, Kiessling and Alvarez, *Catastrophic events and mass extinctions: impacts and beyond*, GSA Special Paper 356: 55-68; J. V. Morgan et al., "Analyses of shocked quartz at the global K-P boundary indicate an origin from a single, high-angle, oblique impact at Chicxulub," *Earth and Planetary Science Letters* 251(3-4): 264-279(2006.11.15).

88) Smit, *Annual Review of Earth and Planetary Sciences* 27: 75-113; Claeys,

Kiessling and Alvarez, *Catastrophic events and mass extinctions: impacts and beyond*, GSA Special Paper 356: 55-68; T.J. Bralower, C.K. Paull, R.M. Leckie, "The Cretaceous-Tertiary boundary cocktail: Chicxulub impact triggers margin collapse and extensive sediment gravity flows," *Geology* 26(4): 331-334(1998.4).

89) Smit, Alvarez et al., *The Cretaceous-Tertiary event and other catastrophes in Earth history*, GSA Special Paper 307: 151-182(1996.1).

90) 데칸에서의 대규모 화산 활동 등을 고려하더라도 여전히 K-T 경계멸종은 칙술룹 운석에 의한 것이라는 것이 많은 학자들에 의해 지지되고 있다. 한 예로, Schulte et al., *Science* 327: 1214-1218을 보라.

제7강

1) Louis Agassiz, Études sur les glaciers (Neuchatel: Selbstverl., 1840). 애거시즈(Jean Louis Rodolphe Agassiz, 1807-1873): 스위스에서 출신의 하버드대학 생물학자 및 지질학자. 퀴비에(G. Cuvier)로부터 현생 및 화석 어류를 공부하였으며, 1836년에는 알프스 빙하를 연구하여 『빙하에 관한 연구』(Études sur les glaciers)(1840)라는 저서를 통해 처음으로 지구에 빙하기가 있었음을 밝혔다. 그의 업적을 기려 빙하기 말기에 북미주에 존재했던 최대의 빙하호수를 애거시즈 호수(Lake Agassiz)로 명명하였다.

2) Michael J. Oard, *An ice age caused by the Genesis flood* (El Cajon, CA: ICR, 1990); Larry Vardiman and ICR, *Climates before and after the Genesis flood : numerical models and their implications* (El Cajon, CA: ICR, 2001).

3) Robert Mulvaney, "How are past temperatures determined from an ice core?" *Scientific American* (2004.9.20), http://www.scientificamerican.com/article.cfm?id=how-are-past-temperatures (accessed 2010.4.20) - 무거운 동위원소를 포함하는 물 분자는 온도가 낮아질수록 기화되기 어렵고, 기화되었다 하더라도 먼저 응결되어 제거되어 버리기 때문에 극지방까지 도달하기가 어

렵게 된다.
4) 미국 사람들은 간빙기의 이름으로 네브라스카기, 캔사스기, 일리노이기, 위스콘신기 등 자기 나라 주의 이름을 붙였다.
5) John C. Whitcomb and Henry M. Morris, *The Genesis flood* (Philadelphia: Presbyterian and Reformed Pub. Co., 1961) - 한국어판, 이기섭 역, 『창세기 대홍수』 (서울: 성광문화사, 1985), 332-340.
6) 뷔름(Würm)이란 뮌헨 남서 지방에 있는 스탄베르그 호수(Lake Starnberg, 옛 명칭 Würm 호수)에서 유래하였다.
7) cf. James S. Aber, "Lecture 1. Introduction to ice ages," http://academic.emporia.edu/aberjame/ice/lec01/lec1.htm (accessed 2010.4.20).
8) 강가나 해안, 호숫가를 따라 형성된 계단상의 대지를 단구라 하며, 강을 따라 형성되었는지 호수나 바닷가를 따라 형성되었는지에 따라 하안단구(혹은 하성단구), 호안단구, 해안단구 등으로 부른다. 계단상으로 된 각각의 대지면을 단구면이라 하고, 앞면의 절벽을 단구애라 한다. 단구면은 예전의 강바닥, 해저, 호수 바닥이었던 것이 수면의 변화와 지각변동 등의 복합적 요인으로 말라붙은 것이다. 현재 남아 있는 대부분의 단구들은 신생대 제4기 중기 이후에 형성되었다.
9) Oard, *An ice age caused by the Genesis flood*, 2.
10) J.O. Fletcher, "The influence of the Arctic pack ice on climate," in J.M. Mitchell, Jr., editor, *Meteorological monographs: Causes of climatic change* 8(30): 93(1968).
11) J.R. Bray, "Volcanic triggering of glaciation," *Nature* 260: 414-415(1976.4.1).
12) G.H. Denton and T.J. Hughes, *The last great ice sheets* (New York: John Wiley, 1981).
13) 밀란코비치 이론은 많은 학자들로 하여금 지구 역사에는 한 번의 빙하기가 아니라 여러 번의 빙하기가 있었음을 믿게 하는 데 큰 기여를 했다.
14) 2003년 Discovery Channel에서 방영한 다큐멘터리 <Surviving the ice

age>(빙하시대) 참고.

15) J.D. Hays, J. Imbrie and N.J. Shackleton, "Variations in the Earth's orbit: Pacemaker of the ice ages," *Science* 194: 1121-32(1976.12.10).

16) J.P. Kennett, *Marine geology* (Englewood Cliffs, NJ: Prentice-Hall, 1982).

17) J. Imbrie and K.P. Imbrie, *Ice ages : solving the mystery* (Short Hills, NJ: Enslow Publishers, 1979).

18) P. Fong, "Latent heat of melting and its importance for glaciation cycles," *Climatic Change* 4(2): 199-206 (1982.6).

19) Oard, *An ice age caused by the Genesis flood*, 18.

20) James Fastook의 연구 결과는 2003년 Discovery Channel에서 방영한 다큐멘터리 <Surviving the ice age>(빙하시대)를 통해 생생하게 볼 수 있다.

21) James T. Teller and David W. Leverington, "Outbursts from Lake Agassiz and their possible impact on coastal environments," in conference proceedings of *Environmental Catastrophes and Recoveries in the Holocene* (2002.8.29-9.2) (Brunel University, Uxbridge, UK), http://atlas-conferences.com/c/a/i/q/69.htm (accessed 2010.4.20). cf. 신생대 제4기 홍적세(Pleistocene)와 현세(Holocene) 기간 동안 일어난 격변들에 대해서는 다음 학회에 발표된 논문들을 참고하라: http://atlas-conferences.com/c/a/i/q/01.htm (accessed 2010.4.20).

22) Alexei N. Rudoy, "Late-quaternary diluvial floodstreams in the mountains of Altai and Tuva," in conference proceedings of *Environmental Catastrophes and Recoveries in the Holocene* (2002.8.29-9.2) (Brunel University, Uxbridge, UK), http://atlas-conferences.com/c/a/j/i/14.htm (accessed 2010.4.20).

23) A.N. Rudoy and V.R. Baker, "Sedimentary effects of cataclysmic late Pleistocene glacial outburst flooding, Altay Mountains, Siberia," *Sedimentary Geology* 85(1-4): 53-62(1993.5).

24) Victor R. Baker, "Catastrophic floods: Scientific understanding and continuing human ignorance," in conference proceedings of Environmental *Catastrophes and Recoveries in the Holocene* (2002.8.29-9.2) (Brunel University, Uxbridge, UK), http://atlas-conferences.com/c/a/j/i/13.htm (accessed 2010.4.20).

25) Whitcomb and Morris, *The Genesis flood*, 292-311 - 한국어판, 이기섭 역, 『창세기 대홍수』, 327-349.

26) Whitcomb and Morris, *The Genesis flood*, 293-295, 301, 303.

27) Donald Wesley Patten, *The Biblical flood and the ice epoch; a study in scientific history* (Seattle, WA: Pacific Meridian Publishing Company, 1966).

28) Oard, *An ice age caused by the Genesis flood*. 그의 견해는 그의 대중강연을 DVD로 만든 Michael J Oard and Answers in Genesis Ministries, *The ice age : only the Bible explains it* (Hebron, KY: Answer in Genesis, 2007) 에 잘 요약되어 있다.

29) S. Rahmstorf und H. J. Schellnhuber, Der Klimawandel : Diagnose, Prognose, Therapie (München: Beck, 2006) - 한국어판, 한윤진 역, 『미친 기후를 이해하는 짧지만 충분한 보고서』 (서울: 도솔, 2007).

30) 부산사이버해양박물관, http://seaworld.busan.go.kr/uploadfile/_editor/gofb2.bmp (accessed 2010.4.20).

31) 이 시기를 영어 드라이아스라고 부르는 것은 고산 식물인 담자리꽃(dryas)의 분포가 다시 널리 확장되었기 때문이다.

32) cf. "Nadir View of Change in Elevation over Greenland with a Blue/Yellow Color Scale," *NASA Goddard Space Flight Center*, http://svs.gsfc.nasa.gov/goto?3455 (accessed 2010.4.20).

33) *Science News* (1996.11.9), 298; (1997.3.22), 181.

34) Richard Monastersky, "When glaciers covered the entire Earth," *Science News* 151(13): 196(1997.3.29).

제8강

1) Chris Yorath, *How old is that mountain? : A visitor's guide to the geology of Banff and Yoho National Parks*, revised edition (Madeira Park, BC: Harbour Publishing, 2006) iii.

2) Yorath, *How old is that mountain?*, 69-70.

3) T.A. Hauge, "The Heart Mountain detachment, northwestern Wyoming: 100 years of controversy," in A.W. Snoke, J.R. Steidtmann, and S.M. Roberts, editors, *Geology of Wyoming*, volume 2 Geological Survey of Wyoming Memoir No. 5 (Laramie, Wyoming, 1993) 530.

4) 라라미드 조산운동(造山運動, Laramide Orogeny): 중생대 백악기 후기에서 신생대 팔레오세 말기에 걸쳐 일어난 조산운동으로서, 이 시기에 화성암이 관입되고 주요 광상이 형성되었다. 북미주 록키산맥 동쪽에 그 흔적들이 잘 남아 있으며, 라라미드라는 명칭은 미국 와이오밍주와 콜로라도주에 분포하는 Laramie층에서 유래하였다.

5) Michael Oard, "How could the Heart Mountain slide occur in only 30 minutes?" (2006.06.21, http://www.answersingenesis.org/docs2006/0621heart-mtn.asp (accessed 2010.4.29); M.J. Oard, "Possible analogue for the Heart Mountain detachment," *Journal of Creation* (formerly Technical Journal) 10(1): 3-4(1996).

6) E. Aharonov and M.H. Anders, "Hot water: A solution to the Heart Mountain detachment problem?" *Geology* 34: 165-168(2006).

7) Silvestru, *Rocks & ages: Do they hide millions of years?*.

8) A.P. Hamblin, "Regional distribution and dispersal of the Dinosaur Park Formation, Belly River Group, surface and subsurface of southern Alberta," *Bulletin of Canadian Petroleum Geology*, 45(3): 377-399(1997.9).

퇴적암은 퇴적암을 구성하는 입자의 크기(입도)에 따라 분류한다. 퇴적물을 입도 별로 분류하면 표력(boulder, 256mm 이상), 왕자갈(cobble, 64-256mm), 잔자갈(pebble, 4-64mm), 왕모래(granule, 2-4mm), 모래(sand, 1/16-2mm), 미사(silt, 1/256-1/16mm), 점토(clay, 1/256mm 이하) 등이다. 이러한 퇴적물이 암석화 작용(속성작용)을 거치면 퇴적암이 되는데, 역암(conglomerate)은 둥근 자갈들 사이를 모래나 점토가 채우고 있는, 마치 콘크리트와 같은 암석이며, 이때 각진 자갈들로 구성되어 있으면 각력암(breccia)이라고 한다. 사암(sandstone)은 모래가 고결된 암석으로서 자갈과 점토는 소량 존재하며, 주로 석영, 장석, 암편 등으로 이루어져 있다. 미사암(siltstone)은 미사(silt), 즉 가는 모래를 주성분으로 하는 암석이다. 이암(mudstone)은 미사와 점토로 되어 있고 층리가 관찰되지 않는데 비해, 혈암(shale)은 미사와 점토로 구성되며 층리가 잘 관찰되고, 층리를 따라 쪼개지는 박리성을 가지며, 주로 흑색이나 갈색을 띤다.

9) 공룡주립공원의 지층에 대해서는 많은 연구들이 이루어졌다. cf. James M. Wood, "Sedimentology of the Late Cretaceous Judith River formation, "Cathedral" area, Dinosaur Provincial Park, Alberta," M.Sc. Thesis, (University of Calgary, 1985); John Visser, "Sedimentology and taphonomy of a Syracosaurus bonebed in the Late Cretaceous Judith River formation, Dinosaur Provincial Park, Alberta," M.Sc. Thesis, (University of Calgary, 1986).

10) 수로화된 용암 암반 지대에 대한 해석의 역사에 대한 가장 종합적인 문헌으로는 John E. Allen, Majorie Burns and Sam C. Sargent, *Cataclysms on the Columbia : A layman's guide to the features produced by the catastrophic Bretz Floods in the Pacific Northwest* (Portland, OR: Timber Press, 1986), 213을 참고하라.

11) J. Harlen Bretz, "The Channeled Scablands of the Columbia Plateau," *Journal of Geology* 31(8): 617-649(1923); J. Harlen Bretz, "The Spokane Flood beyond the Channeled Scablands," *Journal of Geology* 33(2): 97-115(1925).

12) "J. Harlen Bretz," http://www.answers.com/topic/j-harlen-bretz (accessed 2010.4.20).

13) 창조과학자의 해석으로는 Steve Austin, "워싱턴주 화산용암지대와 미졸라 호수의 홍수"(Washington Scablands and the Lake Missoula Flood), http://www.kacr.or.kr/library/itemview.asp?no=2932&orderby_1=subject (accessed 2010.4.20)를 보라. 그는 미졸라 빙하 홍수를 노아의 홍수와 일치시키기 위해 단 한 차례의 대홍수로 현재와 같은 엄청난 현무암 계곡이 형성되었다는 주장을 굽히지 않고 있다.

14) J.T. Pardee, "The glacial Lake Missoula," *Journal of Geology* 18(4): 376?386(1910); J.T. Pardee, "Unusual currents in glacial Lake Missoula, Montana," *Geological Society of America Bulletin* 53(11): 1569-1599(1942.11).

15) Bruce L. Foxworthy and Mary Hill, *Volcanic eruptions of 1980 at Mount St. Helens-The first 100 days* (Washington: United States Government Printing Office, 1982), Geological Survey Professional Paper #1249, 16.

16) 리더스 다이제스트, "세인트 헬렌스산의 진노: 장대한 폭발로 사라진 눈 덮인 산정,"『인류가 겪은 대재앙』, 272-275.

17) 리더스 다이제스트,『인류가 겪은 대재앙』, 272-275.

18) 최종걸, "동일과정설은 아직도 유효한가?"『창조과학국제학술대회 논문집』(삼육대학교, 2006), 86.

19) 칼데라란 화산이 폭발할 때 기존의 산체를 폭발시키거나 마그마의 분출로 빈 지하 공동이 함몰되어 형성되는 거대한 분지 모양의 지형을 말한다. 일반적으로 칼데라 직경은 화구보다 훨씬 크다.

20) "Yellowstone National Park," *UNESCO World Heritage Centre*, http://whc.unesco.org/en/list/28 (accessed 2010.4.20).

21) Steven R. Brantley et al., "Tracking changes in Yellowstone's restless volcanic system," *U.S. Geological Survey* (2006.1.19), http://pubs.usgs.gov/

fs/fs100-03 (accessed 2010.4.20).

22) 응회암(凝灰巖, tuff): 화산재가 굳어서 형성된 암석. Brantley et al., http://pubs.usgs.gov/fs/fs100-03 (accessed at 2010.4.20); "Volcanic history of the Yellowstone Plateau Volcanic Field, Wyoming," *U.S. Geological Survey*, http://volcanoes.usgs.gov/yvo/about/history/index.php (accessed 2010.4.20).

23) http://volcanoes.usgs.gov/yvo/about/history/index.php (accessed 2010.4.20).

24) Ilya N. Bindeman, "The secrets of supervolcanoes," *Scientific American Magazine* 294(6): 36-43(2006.6).

25) "Questions about future volcanic activity," *U.S. Geological Survey*, http://volcanoes.usgs.gov/yvo/faqsfactivity.html#eruptagain (accessed 2010.4.20).

26) "Historic earthquakes-Largest earthquake in Montana," *U.S. Geological Survey*, http://earthquake.usgs.gov/regional/states/ events/1959_08_18.php (accessed 2010.4.20); Brantley et al., http://pubs.usgs.gov/fs/fs100-03 (accessed 2010.4.20).

27) "More than a dozen earthquakes shake Yellowstone," *KUTV News* (2007.5.6), http://web.archive.org/web/20070526111246/ http://kutv.com/national/local_story_126175405.html (accessed 2010.4.20); "Archive of Yellowstone updates for 2008," *U.S. Geological Survey* (2008.12.29), http://volcanoes.usgs.gov/yvo/ activity/archive/2008.php (accessed 2010.4.20)

28) Mike Stark, "Yellowstone domes rising at 'really pronounced' pace," *Billings Gazette* (2006.12.14), http://billingsgazette.com/news/ state-and-regional/montana/article_e27f8fea-7b93-5597-aeea-478254ac5d55.html (accessed 2010.4.20); Robert B. Smith, Wu-Lung Chang and Lee Siegel,

"Yellowstone rising," *EurekAlert!* (2007.11.8), http://www.eurekalert.org/pub_releases/2007-11/uou-yr103007.php (accessed 2010.4.20); Jake Lowenstern, "Truth, fiction and everything in between at Yellowstone," *Geotimes* (American Geologic Institute), http://www.agiweb.org/geotimes/june05/feature_ supervolcano.html (accessed 2010.4.20).

29) "About the Yellowstone Volcano Observatory," *U.S. Geological Survey*, http://volcanoes.usgs.gov/yvo/yvo.html (accessed 2010.4.20).

30) "San Rafael Group," <Wikipedia>, http://en.wikipedia.org/wiki/San_Rafael_Group (accessed 2010.4.29).

31) "Morrison Formation," <Wikipedia>, http://en.wikipedia.org/wiki/Morrison_Formation (accessed 2010.4.29).

32) 모리슨층에서 발견된 공룡 화석에는 Diplodocus, Brachiosaurus, Allosaurus, Stegosaurus, Seismosaurus, Ceratosaurus, Camarasaurus, Camptisarus, Ornitholestes 등을 비롯하여 30군데 이상에서 흔적화석이 발견되었다. 그 외에도 악어, 도마뱀, 개구리, 민물대합, 어류, 고사리, 나무 화석, 대규모 흰개미 둥지(termite nest) 등이 발견되었다.

33) 윤조 식물(輪藻植物, Charophyte): 녹조식물(綠藻植物)에 가까운 조류(藻類) 식물.

34) 혈암(頁岩, shale): 박리(剝離)가 발달한 점토질 암석.

35) "Dockum Group," <Wikipedia>, http://en.wikipedia.org/wiki/Dockum_Group

36) 역암(礫岩, conglomerate): 직경 2mm 이상의 중근 자갈들이 모래나 실트와 같은 보다 세립의 기질 속에 25% 이상 포함된 조립질 퇴적암을 말한다.

37) "Glen Canyon Group," <Wikipedia>, http://en.wikipedia.org/wiki/Glen_Canyon_Group (accessed 2010.4.29).

38) Austin, editor, *Grand canyon : Monument to catastrophe*.

제9강

1) Austin, editor, *Grand Canyon : Monument to Catastrophe*.
2) Whitcomb and Morris, *The Genesis flood*, 474-489.
3) 홍적세는 플라이스토세 · 갱신세(更新世) · 최신세(最新世)라고도 한다.
4) Gerald Aardsma, "Radiocarbon, dendrochronology and the date of the Flood," *Proceedings of the Second International Conference on Creationism* (Pittsburgh, PA: Creation Science Fellowship, 1990), volume 2, 9.
5) 랭든(Stephen Herbert Langdon, 1876-1937): 미국의 고고학자. 그의 발굴 내용은 Stephen Herbert Langdon, *Excavations at Kish* (Paris: Geuthner, 1924)란 제목으로 출판되었다.
6) Young, *Creation and the flood*, 211-212. 여기에 대해 창조과학자들은 나의 저서 "『창조와 격변』에 대한 한국창조과학회의 입장"이라는 반박문에서 "노아의 방주에 발려진 역청(pitch)은 식물들의 송진에 숯을 가하여 가열할 때도 만들어질 수 있기 때문에 생물들의 유해, 즉 죽음과 상관없다"고 하면서 인간의 타락 이전에는 동물의 죽음도 없었다고 주장한다. 이 반박문은 2006년 8월 31일자로 한국창조과학회 홈페이지(http://www.kacr.org)에 실렸으나 수일 후 삭제하였다.
7) William Hanna, *Memoirs of the life and writings of Thomas Chalmers* (New York: Harper, 1857, 1849-1852), vol.I: 80-81; Thomas Chalmers, "Remarks on Cuvier's Theory of the Earth," *The Christian Instructors* (1814), reprinted in *The works of Thomas Chalmers* (Glasgow: W. Collins, 1836-42), XII: 347-372.
8) John Bird Sumner, *A treatise on the records of the Creation, and on the moral attributes of the Creator : with particular reference to the Jewish history* (London: Printed for J. Hatchard, 1816), II: 356.
9) William Buckland, *Geological and mineralogical considerations with reference to natural theology* (1836), I: 22-25에서 Pusey에 대한 각주를 보라.
10) Cyrus I. Scofield, *The Scofield Reference Bible* (London: Oxford University

Press, 1909), 3. - footnote 2, "The first creative act refers to the dateless past, and gives scope for all the geologic ages." ; 이 책은 1909년에 초판이 출판된 후 1917년에 저자에 의해 개정판이 출판되었다.

11) Scofield, *The Scofield Reference Bible* 3 - footnote 3, "Jer. 4.23-26, Isa. 24.1 and 45.18, clearly indicate that the earth had undergone a cataclysmic change as the result of a divine judgement. The face of the earth bears everywhere the marks of such a catastrophe."

12) 창세기 1장 1-2절 사이의 접속사가 한글개역이나 개역개정 성경에는 생략되었지만 영어 흠정역(KJV)에서는 "and"를, NIV에서는 "now"를 넣어 원래의 의미를 살아나게 했다.

13) 천문학자들은 직경 6km 정도의 혜성에는 약 25만 톤 정도의 물이 포함되어 있다고 본다. 수천 개의 혜성들이 지구에 부딪쳤다고 본다면, 현재 바닷물의 50%는 혜성에 의해 운반된 것이라고 할 수 있다.

14) 이하 시나리오는 Alexei V. Filippenko and Teaching Company, "Lecture 84. The afterglow of the Big Bang," *Understanding the universe : An introduction to astronomy*, 2nd edition, (Springfield, VA: Teaching Co, 2007) DVD의 내용을 기초로 재구성한 것이다.

15) 성경의 문자적 해석에 대한 문제점은 내가 쓴 다른 글을 참고하기 바란다 – 양승훈, "성경 해석과 과학,"『물에 빠져죽은 오리』(서울 : 조이선교회 출판부, 2006), 296-323.

16) Young, *Creation and the Flood*, 173.

17) Steven Austin and Answers in Genesis Ministries, *Geologic Evidences for very Rapid Strata Deposition in the Grand Canyon* (Florence, KY : Answers in Genesis Video, 2003), DVD

부록

1) http://www.unb.ca/passc/ImpactDatabase/CINameSort2.htm에서 인용한 표.
2) *로 표시된 것은 1977년 이전에 계산된 K-Ar, Ar-Ar, Rb-Sr 연대는 Steiger와 Jager (1977)가 제시한 반감기로 다시 계산.

색인

내용색인

60마일층 Sixty Mile Formation 118

| ㄱ |

가니메데 Ganymede 179
각력암 角礫岩 breccia 118, 185, 401
간격이론 Gap Theory 339
간빙기 間氷期 interglacial stage 250, 260
갈멜층 Carmel Formation 322
갑주어 甲冑魚 ostracoderm 133
개형충류 介形蟲類 ostracod 241
거대 특성 megascopic features 184
거대 현무암 주상절리 giant basalt column 300
거시 특성 macroscopic feature 184
건조폭포 Dry Falls 303
검치호 劍齒虎 saber-tooth cat 142
게성운 Crab Nebula 132
격변설 Catastrophism 28, 38-44
격변적 홍수가설 Catastropic Flood Hypothesis 302
경사부정합 傾斜不整合 angular unconformity 363
고생물학파 palaeontologic school 109
고신세 古新世 Paleocene 122
고준위 변성작용 high grade metamorphism 295
곤드와나 Gondwana 46, 136
골질어류 骨質魚類 bony fish 233
공극율 孔隙率 porosity 164

공룡주립공원 Dinosaur Provincial Park 298
과달루피아세 대규모 멸종 Guadalupian mass extinction 138
관입 貫入 intrusion 32, 116
관입의 법칙 貫入의 法則 Law of Intrusion 32
교토의정서 京都議定書 Kyoto Protocol 278
구비오 Gubbio 39
구적사암 舊赤砂岩 Old Red Sandstone 115
국부홍수설 局部洪水說 Local Flood Theory 28, 33-38
균일설 均一說 Uniformitarianism 28
그랜드 캐년 Grand Canyon 18, 31, 112
그랜드 쿨리 Grand Coulee 302
그레이트 폴스 Great Falls 277
글렌 캐년 층군 Glen Canyon Group 324
기저역암 基底礫岩 basal conglomerate 123
기저층원 基底層員 basal member 324
기존배수로이론 旣存排水路 Precocious Gully Theory 117
기혼강 Gihon 52
길가메시 서사시 Gilgamesh Epic 274

| ㄴ |

나무늘보 sloth 76
난정합 難整合 nonconformity 363
난코웹 뷰트 Nankoweap Butte 118
날-시대 이론 Day-age Theory 33
내인성 과정 內因性 過程 endogenic

process 186
네브라스카기 Nebraskan stage 397
노리스 분천분지 噴泉盆地 Norris Geyser Basin 317
누나벗연구소 Nunavut Research Institute 129
뉴퀘벡 운석공 New Quebec crater 190

| ㄷ |

다공질 현무암 多孔質 玄武巖 vesicular basalt 301
다윈의 점진적 멸종 Darwinian trickle 81
다중격변설 多重激變說 Multiple Catastrophism 13, 39, 57-66
다중평면단구 多重平面斷口 multiple planar fracture 234
다중평면변형구조 多重平面變形構造 multiple planar deformation feature 184
다지층 나무화석 多地層나무化石 polystratic tree fossil 158
다코타 사암층 Dokota Sandstone Formation 323
다형 多形 polymorph 184
단일격변설 單一激變說 Single Catastrophism 40-44
단층면 斷層面 fault zone 293
대격변설 大激變說 Catastrophism 39
대규모 멸종 mass extinction 133, 335
대규모 현무암 화산활동 flood-basalt volcanism 207
대륙붕 continental shelf 46, 136, 261

대륙이동설 大陸移動說 Continental Drift Theory 99-103
대홍수설 大洪水說 Great Flood theory 39
댐 파괴 이론 Breached Dam Theory 117
덮개암 帽岩 cap rock 164
데본기 Devonian 115, 136
데본기 후기 대멸종 The Late Devonian Extinction 136
데칸 트랩 Deccan Traps 239
데코돈트 thecodont 133
도미니언 천문대 Dominion Observatory 183
도쿰 층군 Dockum Group 323
돌리네 doline 386
동물군천이의 법칙 動物群遷移의 法則 Law of Faunal Succession 29
동일과정설 同一過程說 Uniformitarianism 29-33
동일과정의 법칙 同一過程의 法則 Law of Uniformity 31
두족강 頭足綱 Cephalopoda 233
드럼헬러 Drumheller 288, 296
디메트로돈 dimetrodon 133
딥베이 Deep Bay 190
딥코브 피요르드 Deep Cove Fijord 254

| ㄹ |

라라미드 조산운동 造山運動 Laramide Orogeny 292
라바 크릭 응회암층 凝灰巖層 Lava Creek Tuff 315

람포린커스 Rhamphorhynchus 388
래톤 분지 Raton Basin 235
런던 자연사박물관 Natural History Museum, London 76
레드 디어 리버 계곡 Red Deer River Valley-Huxley Area 219
레아 Rhea 179, 181
레이니어산 Mt. Rainier 312
레이튼 Raton 219
로나 운석공 Lonar crater 202
로드네이 산맥 Rodnei Mountains 295
로라시아 Laurasia 46
로렌스버클리국립연구소 Lawrence Berkeley National Laboratory 64
로렌시아 고지 Lorentian Plateau 380
로렌시아 순상지 楯狀地 Lorentian Shield 380
로렌타이드 빙상 氷床 Laurentide ice sheet 92, 273
리스 빙기 氷期 Riss Glacial Stage 259
리스-뷔름 간빙기 Riss-Wurm Interglacial Stage 259

| ㅁ |

마그마 챔버 magma chamber 58, 319
마니쿠아간 운석공 隕石孔 Manicouagan crater 189, 247
마니쿠아간 충돌구조 衝突構造 Manicouagan impact structure 188
마리나 10호 Marina 10 180
마모트 mamoht 125

마스토돈 mastodon 75
마스트리히트 Maastricht 228
마스트리히트 사건 Maastrichtian Event 228
마차 운석공 Macha crater 202
매머드 mammoth 64, 80, 125, 272
맬라드 레이크 돔 Mallard Lake Dome 317
머럼바터티만 Murrumbateman 175
먼우주 deep space 17, 346
메가테리움 megatherium 76
메사 폴스 응회암층 Mesa Falls Tuff 316
모래톱 砂洲 reef 137
모리슨층 Morrison Formation 322
모사사우루스 mosasaurus 77, 232
모암 母岩 parent rock 236
모엔코피층 Moenkopi Fromation 323
몽골자연사박물관 Mongolian Museum of Natural History 153
물순환 循環 hydraulic cycle 275
미국 기독과학자협회 American Scientific Affiliation, ASA 28
미국기상청 National Weather Service 277
미국지질조사국 United States Geological Survey, USGS 309, 317
미마스 Mimas 179
미사 微砂 silt 401
미사암 微砂岩 siltstone 297, 401
미세 다이아몬드 micro-diamond 216
미세 텍타이트 microtektite 234
미스타스틴 호수 운석공 Mistastin Lake crater 189

미시 특성 microscopic feature 184
미시건대학 자연사박물관 Natural History Museum of the University of Michigan 78
미시시피기 Mississipian 206, 291
미졸라 호수 Lake Missoula 302
미항공우주국 National Aeronautics and Space Administration, NASA 145, 173
밀란코비치 주기 Milankovitch cycle 266

| ㅂ |

바나바라 Vanavara 192
바이칼호 Lake Baikal 192
밥티스티나 소행성군 小行星群 Baptistina family 238
방사능 연대측정법 radioactive dating 17, 44
배경멸종 背景滅種 background extinction 82
배경멸종속도 background rate of extinction 141
배경신념 背景信念 background belief 38
배링거 운석공 Barringer Meteor Crater 187, 325
배사구조 背斜構造 anticlinal trap 164
백악기 白堊期 Cretaceous 43, 89, 206
백악기-제삼기 대멸종 Cretaceous-Tertiary(K-T) Event 140
백운암 苦灰石 dolomite 246
밴쿠버섬 Vancouver Island 365
밸로시랩터 Velociraptor 152
버밀리온 카운티 Vermillion County 161
버제스 혈암 頁岩 Burgess Shale 103

베개 용암 pillow lava 300
베어투쓰 산맥 Beartooth Range 292
베타 토리드 Beta Taurid 195
벨렘나이트류 belemnites 233
벨리강층 Belly River Formation 289
벨리제 Belize 237
변성작용 變成作用 metamorphism 116, 295
보스톡 호수 Lake Vostok 269
볼티쉬 운석공 Boltysh crater 242
부유성 floatability 94
부유성매트모델 Floating Mat Model 164
부정합 不整合 unconformity 30, 323
부정합의 법칙 不整合의 法則 Law of Unconformity 30
북아메리카판 North American Plate 288
분기공 噴氣空 spiracle 309
뷔름 빙기 氷期 Wurm Glacial Stage 259
브라이스 캐년 Bryce Canyon 113
브라키오사우루스 Brachiosaurus 388
브레데포르트 운석공 Vredefort crater 182, 206
브론토사우루스 Brontosaurus 388
브리스트리타-나소드 지방 Bristrita-Nasoud 295
비각 운석공 Bigach crater 202
비늘 겹침 imbricate 119
비손강 Pishon River 52
빅혼 분지 Bighorn Basin 291
빙상 氷床 ice sheet 250
빙설기 氷雪期 Cryogenian period 258

빙퇴구 氷堆丘 drumlin 252
빙퇴석 氷堆石 moraine 251, 252
빙하 퇴적물 氷河 堆積物 glacial deposit 256
빙하국립공원 Glacier National Park 276
빙하기 氷河期 glacial age 41, 250-272
빙하댐 glacial dam 273, 305
빙하마찰작용 glacial scour 253
빙하작용 氷河作用 glaciation 250, 257
빙하표석 氷河漂石 glacial erratics 252
빙하홍수 Missoula Floods 91, 288, 298
빙하홍수설 Missoula Flood Theory 302, 305

| ㅅ |

사구층 砂丘層 Dunesand 261
사막 퇴적물 desert deposit 89
사암 砂岩 sandstone 110, 323
사우어 크릭 돔 Sour Creek Dome 317
사질 砂質 arenaceous 295
산라파엘 층군 San Rafael Group 322
산란물 퇴적층 散亂物 堆積層 ejecta blanket 237
산화규소 silica 317
산화칼슘 calcium oxide 293
산후안 화산 San Juan 火山 228
삼엽충 三葉蟲 trilobite 133, 158
삼첩기말 대멸종 End-Triassic Extinction 139
생태학적 서식지 이론 Ecological Zonation Theory 93, 95
샤터콘 shatter cone 184, 380

서식지 파괴 habitat loss 141
석철질운석 石鐵質隕石 stony-iron meteorite 193, 195
석탄기 石炭紀 Carboniferous 136, 259
석회암 石灰岩 limestone 110, 246, 289
선신세 鮮新世 Pliocene 259
선캄브리아 순상지 楯狀地 Precambrian Shield 380
선캄브리아기 Precambrian 31, 112, 247
섭입대 攝入帶 subduction zone 247
세계보건기구 World Health Organization, WHO 142
세이셸 Seychelles 240
세인트 헬렌스 화산 Mount St. Helens 48, 114, 230, 307
세차운동 歲差運動 precession 267
소구체들 小球體 spherules 216
소나무 딱정벌레 pine beetle 145
소행성대 astroid belt 195
소형 갑각류 crustacea 241
속성작용 續成作用 diagenesis 116, 150
속씨식물 被子植物 angiosperm 233
쇄설성 지층 clastic bed 245
수로화된 용암 암반 Channeled Scabland 275, 298, 304
수목한계선 樹木限界線 tree-line 129
수아브자르비 운석공 Suavjarvi crater 183
수직동굴 垂直洞窟 cenote 226, 386
쉬나럼프 역암 Shinarump 礫岩 324
슈낙 운석공 Shunak crater 202

슈메이커-레비 혜성 Comet Shoemaker-Levy 9 16, 39, 109, 168, 169
스미스소니언 박물관 Smithsonian Institution 227, 273
스코필드 관주성경 Scofield Reference Bible 340
스테고사우루스 Stegosaurus 388
스파핫츠 폭포 Spahats Falls 301
스페시멘스 크릭 Specimens Creek 318
스페이스 워치 Space Watch 178
스플릿 산맥 주립공원 Split Mountains State Park 160, 320
스피릿 호수 Spirit Lake 311
시바 운석공 Shiva crater 242
시베리아 용암지대 Siberian Traps 137
시상화석 示相化石 facies fossil 30, 363
시신세 Eocene 90, 153, 317
시조강 이론 始祖江 理論 Theory of Ancestral River 117
시준화석 示準化石 index fossil 362
식호테-알린 운석공 Sikhote-Alin crater 196, 381
신격변설 Neo-Catastrophism 85
신생대 초기 암석 Willwood Formation 291
실라칸트 Coelacanth 156
실루리아기 Silurian 112, 136, 206
실버핏 운석공 Silverpit crater 242
심해굴착 프로젝트 Deep Sea Drilling Project, DSDP 237
쌍소행성 binary asteroid 190

쓰나미 tsunami 86, 105, 204

| ㅇ |

아르곤-아르곤(Ar-40/Ar-39) 방사능연대 측정법 226
아리엘 Ariel 179, 379
아모르 그룹 195
아이티 벨록 Beloc, Haiti 228
아일랜드 파크 칼데라 Island Park Caldera 316
아타바스카 빙하 Athabasca Glacier 262
아타바스카 폭포 Athabasca Falls 111
아폴로 11호 Apollo 11 196
아폴로 그룹 195
안데스-사하라기 Andean-Saharan glaciation 259
안산암 安山岩 andesite 224
안킬로사우루스 Ankylosaurus 388
알로사우루스 Allosaurus 388
알비온섬 Albion Island 237
암맥 岩脈 dike 185, 293, 380
암모나이트 ammonite 232, 362
암염 돌출구조 salt diapir 185
암염 岩鹽 halite 혹은 rock salt 110
애거시즈 호수 Lake Agassiz 273, 396
앨버타사우루스 Albertasaurus 288
앱사로카 분지 Absaroka Basin 292
앱사로카 산맥 Absaroka Range 292
얌너스카산 Yamnuska Mountain 289
양파껍질 모양의 암석 Onion-shaped Rock 320

어메이산 峨眉山 Mount Emei 138
엔켈라두스 Enceladus 179
엘카피탄 El Capitan 320
역암 礫岩 conglomerate 110, 323, 404
연체동물 軟體動物 mollusk 137
열점 熱點 hot spot 247, 319
염화불화탄소 鹽化弗化炭素 chlorofluorocarbon, CFC 59
영거 드라이아스기 Younger Dryas 92, 281
옐로우스톤 고원지대 Yellowstone Plateau volcanic field 317
옐로우스톤 칼데라 Yellowstone Caldera 315
옐로우스톤 화산 관측소 Yellowstone Volcano Observatory 317
오르도비스기 Ordovician 112, 135, 291
오르도비스기 대멸종 The Ordovician Extinction 135
오소유스 Osoyoos 253
오타비 채석장 Otavi Quarry 186
오하이오 동물 Ohio animal 75
온실효과 greenhouse effect 46, 59, 199
올드 페이스풀 분천 Old Faithful Geyser 315
와바르 Wabar 202, 333
와이즈먼연구소 Wizemann Institute 294
완족류 腕足類 brachiopod 137, 233
왈콧 채석장 探石場 Walcott Quarry 95, 103
왕립티렐공룡박물관 Royal Tyrrell Museum 297
왕모래 granule 401
왕자갈 cobble 401

요세미티 국립공원 Yosemite National Park 48, 319
요세미티 폭포 Yosemite Falls 320
요호국립공원 Yoho National Park 95, 103
용식함몰지 溶蝕陷沒地 sinkhole 226, 386
용암돔 lava dome 225, 310
우라늄-납(U-Pb) 연대측정법 236, 388
우르 Ur 36, 364
우주왕복선 Space Shuttle 189
우주진 宇宙塵 cosmic dust 62, 265
운석공 데이터베이스 Earth Impact Database, EID 183, 197, 379
운석공 隕石孔 meteor crater 15, 39, 182
울프 크릭 운석공 Wolf Creek crater 190
원생대 빙하기 Proterozoic ice age 258
원암 原岩 source rock 235, 295
원지암석 原地岩石 184
위스칸신 빙기 氷期 Wisconsin Glacial Stage 259
위스콘신델 Wisconsin Dells 111
윌레맷 계곡 Willamette Valley 305
윙게이트층 Wingate Formation 324
유공충 有孔蟲 foraminifera 138, 164, 233
유럽우주국 European Space Agency, ESA 180
유로파 Europa 179
유성우 流星雨 meteor shower 65, 195
유신론적 진화론 theistic evolution 77
유전자 풀 gene pool 350
유카탄 반도 Yucatan Peninsula 39, 171, 214

윤조식물 輪藻植物 Charophyte 323
융빙수 融氷水 meltwater 92, 272
은하먼지 구름이론 Galactic Dust Cloud Theory 265
은행나무 화석 숲 주립공원 Ginkgo Petrified Forest State Park 300
응회암 凝灰巖 tuff 110, 403
의사유리질화산암 擬似琉璃質火山岩 pseudotachylite 185
이구아노돈 iguanodon 78
이동도 mobility 94
이리듐 Iridium, Ir 43, 89, 200, 214
이스탄불 고고학 박물관 Istanbul Archaeological Museum 90
이심률 異心率 eccentricity 266
이아페투스 Iapetus 179, 181
이암 泥岩 mudstone 401
이질 泥質 argillaceous 295
이토 泥土 mud 320, 321
이회토 泥灰土 marl 245, 395
익티오사우루스 Ichthyosaurus 78, 232
일리노이기 Illinoisan 260, 397

| ㅈ |

자갈 퇴적층 gravel deposit 303
자기 모멘트 magnetic moment 258
자만신 운석공 Zhamanshin crater 202
자연잔류자기 自然殘留磁氣 natural residual magnetization 101, 371
자이온 캐년 Zion Canyon 113, 322
자화도 磁化度 magnetization 240
잔자갈 pebble 401
장비목 長鼻目 Proboscidea 125
장석 長石 feldspar 235, 401
저준위 변성작용 low grade metamorphism 295
저탁류 底濁流 turbidity current 120-123
저탁암 底濁岩 turbidite 122
점신세 漸新世 Oligocene 90, 206
점토 粘土 clay 122, 395, 401
정부간 기후변화협의체 Intergovernmental Panel on Climate Change, IPCC 145
제3기 Tertiary 43, 89, 153, 206
제4기 Quaternary 90, 259, 371
제일설 齊一說 Uniformitarianism 균일설, 동일과정설 28, 67
조립사암 粗立砂岩 coarse sandstone 323
조이데스 레졸루션 JOIDES Resolution 227
종점빙퇴석 終點氷堆石 terminal moraine 252
준정합 準整合 paraconformity 363
중력 이상 gravity anomaly 226
중력식 유동 gravity flow 245
중준위 변성작용 medium grade metamorphism 295
쥐라기 Jurassic 127, 139, 322
쥬라산맥 Jura Mountains 73
지각평형 반동 isostatic rebound 186
지르콘 zircon 혹은 지르코늄 Zirconium 234, 389
지자기 地磁氣 Earth's magnetic field 101

지진호수 地震湖水 earthquake lake 316
지진방제프로그램 Earthquake Hazards Program 317
지층누중의 법칙 地層累重의 法則 Law of Superposition 29, 362
진수류 眞獸類 Eutheria 233
진행적 창조론 progressive creationism 11, 33, 77

| ㅊ |

창조과학연구소 Institute for Creation Research, ICR 28, 39
창조과학연구협회 Creation Research Society 277
창조 암석 創造岩石 creation rock 342
철질운석 鐵質隕石 iron meteorite 190
첨정석 尖晶石 spinel 216, 245
체사피크만 Chesapeake Bay 190
초대륙 超大陸 supercontinent 46, 136
초신성 超新星 supernova 63, 131, 368
충격 각력암 衝擊 角礫岩 impact breccia 237
충격 석영 衝擊 石英 shocked quartz 234
충격 원추암 衝擊 圓錐岩 184
충격 유리 衝擊 琉璃 impact glass 234
충돌 용융 각력암 衝突 鎔融 角礫岩 impact melt breccia 185
충돌 용융층 衝突 鎔融層 impact melt sheet 185
충돌구조 衝突構造 impact structure 182-188
츄야-쿠라이 홍수 Chuya-Kurai flood stream 274

측면빙퇴석 側面氷堆石 lateral moraine 252
치늘층 Chinle Formation 323
치아파스 Chiapas 221, 237
칙술룹 Chicxulub 16, 39, 214, 221
칠리 운석공 Chiyli crater 202
침강 沈降 subsidence 226, 386
침식면 浸蝕面 eroded surface 87, 116

| ㅋ |

카라쿨 운석공 Kara-kul crater 190, 202
카시니 탐사선 Cassini 180
카옌타층 Kayenta Formation 324
칼리스토 Callisto 182
칼리재르프 운석공 Kaalijarv crater 202
캄브리아기 Cambrian 31, 95
캄브리아기 대폭발 Cambrian Explosion 95
캄페체 해저절벽 Campeche Escarpment 237
캄포델치엘로 운석공 Campo del Cielo crater 202
캐나다 순상지 楯狀地 Canadian shield 183, 247, 379
캐나다 지질조사국 Geological Survey of Canada 183
캐루빙하기 Karoo Ice Age 259
캔사스기 Kansasian 397
컬럼비아 빙원 Columbia Icefield 253
케스케이드 산맥 Cascade Range 308
케이밥 곡륭 曲隆 Kaibab Upwarp 118
코딜러란 빙상 Cordilleran Ice Sheet 305

콩코디아 다이아그램 Concordia Diagram 236

크라카타우 화산 Krakatau 혹은 Krakatoa 火山 123-125

클라크 포크강 Clark Fork River 305

클리어워터 운석공 Clearwater crater 247

클리어워터 호수 Clearwater Lake 190

키쉬 Kish 37, 332

킬라우에아 화산 Kilauea 火山 242, 300

| ㅌ |

타이가 taiga 192

타이탄 Titan 179

타킬라이트 tachylite 380

탄산염암 carbonate rock 291

탄소질 콘드라이트 운석 carbonaceous chondrite meteorite 218

태평양판 Pacific plate 288

테라프실리 133

테티스 Tethys 179, 181

텍타이트 tektite 225, 234

토탄늪모델 土炭 peat swamp model 163

퇴적 堆積 sedimentation 30

투그레긴 쉬레 Tugregiin Shiree 152

투바 Tuva 274

툰드라 tundra 126

퉁구스카 Tunguska 173, 192

트러스트 구조 thrust 構造 289

티그리스강 Tigris River 혹은 힛데겔강 51

티라노사우루스 Tyrannosaurus 388

| ㅍ |

파리 분지 Paris Basin 62

판구조론 板構造論 plate tectonics 46, 101

판피류 板皮類 placodermi 137

팔로우스 폭포 Palouse Falls 301, 304

팡게아 Pangaea 46, 100, 371

팡니르텅 Pangnirtung 129

페름기 Permian 46, 112, 137, 206

페름기-삼첩기 대멸종 Permian-Triassic Extinction 137

페리토 모레노 빙하 Glacier Perito Moreno 262

페멕스 Petroleos Mexicanos, PEMEX 223

펠리코사우러스 pelycosaur 133

평행부정합 平行不整合 disconformity 363

평형파괴이론 平衡破壞理論 Punctuated Equilibria Theory 349

포드카멘나야 퉁구스카강 Podkamennaya Tunguska River 193

포자 胞子 spore 233

포피가이 운석공 Popigai crater 197

폭렬성 화산 爆裂性 火山 explosive volcano 230

표력암 漂礫岩 tillite 252

표석 漂石 boulder 119, 303

표석점토 漂石粘土 till 252

표준화석 標準化石 index fossil 30, 362

풍화 風化 weathering 31, 87, 205

프로토세라톱스 Protoceratops 152

프테라노돈 Pteranodon 388

프테로닥틸 Pterodactyl 77
프테로사우루스 Pterosaurus 388
플레시오사우루스 Plesiosaurus 233
피비 Phoebe 179
피요르드 Fijord 254

| ㅎ |

하도사암 河道砂岩 channeled sandstone 323
하드로사우루스 Hadrosaurus 388
하성사암 河成砂岩 fluvial sandstone 324
하안단구층 河岸段丘層 River Terrace 261
하트산 Heart Mountain 291
하프돔 Half Dome 320
합 合 conjunction 192
해성설 海成說 Neptunian theory 363
해저 산사태 underwater avalanche 121, 204
해저산맥 海底山脈 seamount chain 247
핵겨울 nuclear winter 61, 200
행성 및 우주과학센터 Planetary and Space Science Centre 183
허드슨만 Hudson Bay 247
허셜 운석공 Herschel crater 181
헉클베리 리지 응회암층 Huckleberry Ridge Tuff 316
헨리스 포크 칼데라 Henry's Fork Caldera 316
헨베리 운석공 Henbury crater 202
헬몬산 Mount Hermon 54
헬크릭 Hell Creek 235
헵진 호수 Hebgen Lake 316

현세 現世 Holocene 91, 259
혈암 頁岩 shale 103
형태측정연구 morphometric study 184
호성퇴적물 湖成堆積物 lacustrine deposit 89
혼탁수 混濁水 Turbidity 혹은 저탁류 121
홍적세 洪績世 Pleistocene 91, 260, 330
화산 쇄설물 pyroclastic material 315
화석생성론 taphonomy 150
화석숲 fossil forest 161
화석호수 化石湖水 fossil lake 153
화성설 火成說 Plutonic theory 363
화성암 火成岩 igneous rock 32, 116
화학적 풍화 chemical weathering 87
환태평양 조산대 環太平洋造山帶 Circum-Pacific orogen 125, 200
황산염 부유분진 浮游粉塵 sulfate aerosol 231
황소자리 유성군 복합체 Taurid Complex 179, 195
황제폭탄 Tsar Bomba 230
횡적부착 橫의附着 lateral accretion 115
후기 삼첩기 Upper Triassic 323
흔적화석 痕迹化石 trace fossil 404
힛데겔강 Hiddekel River 혹은 티그리스강 51

인명색인

걸릭 (Sean Gulick) 231
고재형 152
굴드(Stephen Jay Gould) 95, 349
글렌(William Glen) 217, 220
김도형 312
뉴코멘(Thomas Newcomen) 162
니콜라우스(Nicolaus of Damascus) 35
덜러(Charles Duller) 226
데이비스(Gordon Davies) 85
디알라(Andrew Dialla) 129
라마르크(Jean de Lamarck) 77
라이엘(Charles Lyell) 31
라카토스(Imre Lakatos) 17
람스토르프(Stefan Rahmstorf) 279
랭든(Stephen Herbert Langdon) 332
레닌(Nikolai Lenin) 194
레버링톤(David W. Leverington) 273
레비(David Levy) 168
레오니드 크리크(Leonid Crick) 194
레이(Dixy Lee Ray) 313
루도이(Alexei N. Rudoy) 274
리딩(H.G. Reading) 104
마이크 웡(Mike Wong) 176
마텔(Gideon Matells) 78
만타나리(Alexandro Mantanari) 114, 229
맥클레오드, 노멀(Normal MacLeod) 207
맥클레오드, 켄(Ken MacLeod) 244
머튼(Julian Murton) 92
모라스(Florentine Moras) 225
모리스, 존(John Morris) 39
모리스, 헨리(Henry Madison Morris) 40
미쉘(Helen V. Michel) 215
밀란코비치(Milutin Milankovitch) 266
밀른(Rich Milne) 45
바디만(Larry Vardiman) 251, 277
바이어스(Carlos Byars) 226
배링거(Daniel Barringer) 187
배커(Robert Bakker) 243
베게너(Alfred L. Wegener) 100
베르너(Abraham Gottlob Werner) 74
베이(Osman Hamdi Bey) 90
베이컨(Francis Bacon) 352
보인톤(William V. Boynton) 225
볼린(Ray Bohlin) 45
봇케(William F. Bottke) 238
뷔퐁(Louis Leclerc de Buffon) 73
브라이언트(Ted Bryant) 205
브레츠(J. Harlen Bretz) 302
비르템베르크 대공(Duke of Wurttemberg) 73
빌스(Carlyle S. Beals) 183
생띨레르(Geoffroy Saint-Hilaire) 75
섬너(John Bird Sumner) 339
셉코스키(J.J. Sepkoski) 208
슈메이커(Eugene M. Shoemaker) 168
슐트(Peter Schulte) 218

스미스(William Smith) 30, 78
스코필드(Cyrus I. Scofield) 339
스테노(Nicolas Steno) 29
실베스트루(Emil Silvestru) 115, 295
아사로(Frank Asaro) 215
아스마(Gerald Aardsma) 331
아하로노브(E. Aharonov) 294
알바레즈, 루이스(Luis Water Alvarez) 219
알바레즈, 월터(Walter Alvarez) 16, 215
애거시스(Louis Agassiz) 251
애닝스(Mary Annings) 78
앤더스(Mark H. Anders) 294
양승영 20, 379
에반스(David A. Evans) 258
에이저(Derek V. Ager) 85, 105
엘드리지(Niles Eldridge) 349
영, 데이비스(Davis A. Young) 43
영, 에드워드(Edward Young) 366
오르드(Michael J. Oard) 251, 268
오르텔리우스(Abraham Ortelius) 99
오스틴(Steve A. Austin) 40, 197, 329
오웬(Richard Owen) 77
오캄포(Adriana Ocampo) 226
요세푸스(Flavius Josephus) 35
울리경(Sir Charles Leonard Woolley) 36
울프(Arjen van der Wolf) 122
웨스트(Allen West) 64
웨슬리(Anthony Wesley) 175
윌슨(Ken Wilson) 42
윗콤(John C. Whitcomb, Jr.) 275

존슨(Kirk R. Johnson) 161
챔벌린(T.C. Chamberlin) 302
챠머스(Thomas Chalmers) 338
최종걸 294
카마르고(Antonio Camargo) 224
카우프만(Alan J. Kaufman) 283
캐롤린(Carolyn Shoemaker) 168
켈러(Gerta Keller) 243
퀴비에(Georges Cuvier) 16, 73
클레멘스(William Clemens) 109
텔러(James T. Teller) 273
트루먼(Harry Truman) 313
파디(J.T. Pardee) 302
파이어스톤(Richard Firestone) 64
패스툭(James Fastooks) 270
패튼(Donald W. Patten) 276
퍼시(E.B. Pusey) 339
펜필드(Glen Penfield) 171, 223
포웰(James Lawrence Powell) 236
포프(Kevin Pope) 226
프라이스(George McCready Price) 39
피어스(George Pearce) 365
하우게(T.A. Hauge) 291
하워드(Chery Howard) 365
허튼(James Hutton) 31, 32, 74
헤스(Harry H. Hess) 102
홀싱거(Kent Holsinger) 141
홈즈(Arthur Holmes) 101
화이트헤드(James Whitehead) 190, 333
힐데브란드(Alan R. Hildebrand) 225

창조회 후원

본 연구의 일부는 창조회의 이름으로 모인 다음 교회 및 기관들(괄호 속은 본 연구를 후원하던 당시의 담임 목회자)의 후원으로 이루어진 것입니다.

대전 영음교회(권재천 목사)
여주 월송교회(김경배 목사)
안양 반석감리교회(김상종 목사)
천안 반석장로교회(민경진 목사)
대천 제일감리교회(박인호 목사)
춘천 남부제일감리교회(백낙영 목사)
대전 대신고등학교(서정식 목사)
서초 감리교회(송상면 목사)
유성 감리교회(유광조 목사)-회장
대전 갑동교회(윤승호 목사)-총무
안산 부곡중앙교회(이명근 목사)
홍성 홍주제일교회(임종만 목사)
부천 중동제일감리교회(조영성 목사)
대전 예수로침례교회(조영진 목사)
김해 장로교회(조의환 목사)
용인 한마음감리교회(최호권 목사)
수원 에바다선교교회(한규석 목사)
이천 양정감리교회(황동수 목사)
함안 중앙감리교회(황병원 목사)

양승훈(梁承勳)

양승훈은 6·25 전쟁 직후, 낙동강의 커다란 지류인 영강이 마을 뒤를 휘감고 흐르며 강 건너 소백산맥의 일부인 오정산이 휴전선처럼 버티고 서 있는 경상북도 문경의 창리 윗마을에서 태어났다. 일찍부터 미국 선교사들을 통해 예수를 믿은 양명철 장로와 임의정 권사의 5남 2녀 중 여섯째 자녀로 태어났기 때문에 본인은 세례가 뭔지도 모르던 나이에 유아세례를 받았다.

어릴 때는 몸이 약해서 인근 문경 시멘트 공장의 발파 소리에 놀라 경기(驚氣)를 하는 등 부모님의 마음을 조마조마하게 했지만 10여 년 간 왕복 10km가 넘는 학교를 도보로, 자전거로 통학하면서 많이 건강해졌다. 그리고 당시 대부분의 시골 아이들이 그랬듯이 양승훈도 "지게 대학"을 갈 수밖에 없었지만, 하나님의 은혜로 고등학교를 졸업한 후에 계속 대학 공부를 할 수 있게 되었다.

성장하면서 주변에 사표(師表)가 될 만한 몇 분이 계셨다. 대학원을 다니던 1978년, 63세를 일기로 암으로 별세하신 아버지는 완전한 분은 아니었지만, 양승훈의 신앙과 삶에 지울 수 없는 모델이었다. 그리고 1990년, 50세를 일기로 역시 암으로 세상을 떠나신 큰 누님 양희숙 권사는 마음의 가장 깊은 것들까지 털어놓을 수 있는 믿음의 선배였다.

시골에서 붉은 저녁놀을 바라보면서 황금빛 들녘을 가로질러 학교를 오갈 땐 온갖 황당무계 하고 철딱서니 없는 생각들을 하기도 했지만, 대학을 가서부터는 생각이 좀 더 깊어지게 되었고, 특히 몇몇 분들은 양승훈의 삶에 큰 영향을 끼쳤다.

아버지를 제외하고 양승훈의 삶에 가장 큰 영향을 끼친 분으로는 우선 미국인 평신도 선교사 원이삼(Wesley Wentworth, 1934-) 박사님을 들 수 있다. 1980년, 한국창조과학회 창립을 위한 모임에서 처음 만난 원 선교사님은 좋은 책과 사람들을 만나게 해줌으로 양승훈에게 기독교 세계관, 기독교적 지성의 중요성을 일깨워주었다. 후에 양승훈이 창조과학의 여러 문제점들을 깨닫게 된 데도 그의 공로가 컸다. 양승훈의 기독교적 지성의 자양분의 대부분은 그와 직, 간접적 교제를 통해 얻었다고 할 수 있을 정도로 그의 영향은 지대하였다.

또한 예수원 설립자이자 성공회 사제였던 대천덕(Reuben Archer Torrey, III, 1918-2002) 신부님도 양승훈에게 큰 영향을 끼쳤다. 1979년, "기독교와 과학"이라는 강연을 위해 한국과학기술원(KAIST)을 방문했던 대 신부님으로부터 양승훈은 진정한 신앙, 진정한 경건이 무엇인지를 배웠다. 아직도 그렇게 살지는 못하지만, 신부님은 양승훈에게 진정한 경건에 더하여 진정한 보수와 진보가 무엇인지, 신앙과 학문의 관계가 어떠해야 하는지를 몸으로 보여주었다.

양승훈은 어릴 때는 멋도 모르고 자동차 정비공이 되려는 마음을 먹기도 하고, 음악가가 되었으면 하는 황당한 꿈을 가진 적도 있었다. 그러다가 1973년 경북대 사대 물리교육과에 진학하면서 그 후 24년 간 물리학도로서의 훈련을 받았다. 경북대를 졸업한 후에는 KAIST에 진학하여 반도체 물성 연구로 이학석사(M.S.) 및 박사(Ph.D.) 학위를 받았고, KAIST 학생 시절에는 이탈리아 국제이론물리학센터(1982)에서 한 학기동안 공부할 수 있는 기회가 있어서 약간이지만 유럽의 정취를 맛볼 수도 있었다. 졸업 후에는 곧바로 모교에서 근무하게 되었는데, 대학에 근무하는 동안 한국과학재단 포스터닥으로 미국 시카고대학(1986)에서, 후에는 대학원 학생으로 미국 위스콘신대학에서 과학사(M.A.)를, 위튼대학에서 신학(M.A.)을 공부할 수 있는 축복을 누렸다.

이 중 위튼에서 신학을 공부한 것은 양승훈의 삶의 후반기의 방향을 결정하는데 가장 중요한 계기가 되었다. 사실 신학 공부는 양승훈이 원해서 했다기보다 시카고대학에서 연구하는 동안 출석하던 시카고 한인서부교회 최일식 목사님(현 KIMNET 대표)의 권유 때문이었다. 양승훈이 두 번째 미국에 가서 위스콘신대학에서 과학사를 공부할 때, 최 목사님은 다짜고짜 "쓸데없는 공부"는 하지 말고 신학공부를 하라고 강력하게 권했다. 그러면서 그는 위튼대학에서 가장 금액이 많은 빌리그래함센터 장학금을 받을 수 있도록 주선해주었다. 물론 양승훈은 처음에는 신학을 "성도의 교양" 정도로 생각하고 시작했다. 그런데 결국 이로 인해 양승훈은 경북대와 물리학을 떠나 캐나다로 와서 현재의 세계관 및 창조론 사역을 하게(혹은 할 수 있게) 되었으니 사람의 미래는 하나님 밖에 모른다.

미국에서 신학을 공부하고 돌아온 후에 양승훈은 주 전공이었던 반도체 물리학에 더하여 창조론, 기독교 세계관, 기독교와 과학 등에 점점 더 많은 관심을 갖게 되었다. 하지만 수년이 지난 후 그는 이 모든 것들을 공부하기에는 인생이 너무 짧고 자신의 능력이 부족하다고 생각하여 결국 1997년 10월 31일, 14년간 정들었던 경북대 교수직을 사임했다. 그 후 기독학자들의 모임인 DEW(기독학술교육동역회)의 파송을 받아 밴쿠버에 VIEW(밴쿠버기독교세계관대학원)를 설립, 운영하면서 지금은 창조론과 세계관 분야의 강의와 글을 쓰는 데 주력하고 있다.

현재 VIEW는 밴쿠버 인근 트리니티 웨스턴 대학(TWU)에 속한 캐나다연합신학대학원(ACTS)을 통해 기독교세계관 대학원 과정(기독교 세계관 문학석사 과정 및 디플로마 과정)을 개설하고 있다. 또한 2005년부터는 TWU 인근에 VIEW 국제센터를 만들어(그 안에 양승훈의 집도 있지만) 청소년 캠프나 교사 연수 같은 단기 세계관 훈련 및 창조론 탐사여행도 인도하고 있다.

그 동안 양승훈은 반도체 물리학, 기독교 세계관, 과학교육 등에 관한 어설픈 논문들과 책들을 여러 권 썼지만, 본인이 생각하기에 수작(秀作)이라고 할 말한 것은 별로 없다. 구태여 몇 가지를 든다면 비정질 반도체의 구조와 전기적 특성의 관계를 밝힌 것과 비정질 반도체에 급냉에 의해 만들어지는 새로운 준안정 상태(전기전도도가 300배 가까이 증가하는)가 있다는 것을 발견한 것은 반도체 물리학 발전에 작은 기여를 한 것이 아닌가 생각한다. 근래에 어느 반도체 회사에서 이 준안정 상태를 이용하여 스위칭 소자를 만들었다는 얘기를 들었으나 확인하지는 못했다. 또한 경북대 사범대에 근무하는 동안 중등학교에서 과학개념을 가르치는데 과학사적 학습이 효과적임을 밝힌 것도 나름대로 과학교육의 발전과 과학을 "인간화"(humanize) 하는데 작은 기여를 한 것이 아닌가 생각한다.

물리학이나 과학교육과는 달리 창조론 연구는 심리적 부담을 수반하지만, 양승훈이 지속적인 보람을 느끼는 분야이다. 창조론 연구와 관련하여 양승훈이 가장 큰 보람을 느끼는 것이라면, 2004년에 제안한 "다중격변모델"(Multiple Catastrophism)이다. 이 이론은 비록 200여 년 전, 프랑스 파리 과학원의 창조론자 퀴비에(G. Cuvier)가 처음 제창한 아이디어이기는 하지만 지난 수년 동안 양승훈이 최근 지질학적, 천문학적 증거들을 사용하여 다듬었다. 이것은 지구역사에는 여러 차례의 전 지구적 격변이 있었고, 그것의 마지막 격변이 노아의 홍수였다고 하는 이론이다.

양승훈이 다중격변모델을 제안하게 된 배경에는 근래 지구 곳곳에 흩어져 있는 운석공들에 대한 연구가 있다. 1994년, 20여 개 이상으로 부서진 채 목성 표면에 부딪힌 슈메이커-레비 혜성으로 인해 학자들은 혜성 혹은 소행성이 지구와 충돌한 가능성에 대한 본격적인 연구를 시작했다. 그리고 이로 인해 현재 전 지구적으로 180여 개의 운석공들이 확인되고 있다. 이 중 28개는 한 대륙의 멸종을 가져올 수 있는 직경 30km 이상 되는 운석공들이며, 그 중 5개는 중생대 말기나 고생대 페름기 말기에 일어난 전 지구적 멸종을 일으킬 수 있는 직경 100km 이상 되는 운석공들이다. 물론 바다에 떨어진 운석공들까지 포함한다면, 이보다 3배 가량 더 많은 숫자의 운석들이 지구와 충돌했으리라고 본다. 거대한 운석들이 음속의 100여 배에 이르는 무시무시한 속도로 지구와 충돌할 때 어떤 격변이 일어나는지에 대한 여러 모의실험을 결과를 근거로 양승훈은 다중격변모델을 제안하게 되었다.

처음 이 모델을 구상하게 되었을 때 양승훈은 드디어 이 모델로 창조과학의 6,000년/노아홍수설과 진화론자들의 동일과정설로 설명할 수 없는 많은 것들을 창조론적 관점에서 설명할 수 있게 되었다고 기뻐했다. 특히 양승훈은 이 이론이 전문가들 앞에서 단칼에 나가떨어지는 창조과학을 구해낼 것으로 기대하면서 제안했지만, 아쉽게도 지금은 창조과학자들로부터 비난을 받고 있고, 2008년 8월에는 결국 이 이론 때문에 창립준비부터 30여 년 간 몸담았던 창조과학회를 떠났다. 창조과학회에서 탈퇴하지 않으면 제명하겠다고 해서 탈퇴한 것이니 쫓겨났다고 표현하는 것이 정확하다.

양승훈의 학문적 여정의 또 하나 중요한 영역은 에세이를 쓰는 것이다. 양승훈은 1980년 이후로는 기독교 세계관적 삶을 나누는 에세이들을 부정기적으로 쓰고 있다. 처음에는 따로 일기를 쓰지 않기 때문에 그때그때 지나가는 생각의 편린들을 앨범에 모아둔다는 마음으로 글을 쓰기 시작했다. 에세이들은 주로 기독교적으로 산다는 것과 사고하는 것, 그리고 기독교 세계관적으로 학문을 한다는 것이 무엇인지 반성하는 내용이다. 다행히 사람들이 꾸준히 읽어주는 통에 이 글들을 모아 몇 권의 책을 낼 수 있었고, 지금도 틈틈이 글을 쓰고 있다. 근래에 들어 양승훈은 어쩌면 다른 "심오하고 난해한" 학문적인 글보다 이 평이한 에세이가 보통 사람들에게 더 많은 도움이 되는 것은 아닐까 생각하기도 한다.

목 맨 송아지 같았던 10대가 엊그제 같은데, 공부하느라 바빴던 20-30대, 글 쓰고 일 한다고 분주했던 40대도 지나고 어느 새 필자도 50대 중반을 지나고 있다. 이제는 새치라고 둘러댈 수 없을 만큼 흰머리도 생기고, 여기 저기 몸 구석구석에서 노화의 조짐들이 나타나는 것을 보니 나이를 이길 장사는 없음을 다시 한 번 확인한다. 나이가 들어가고 아이들이 자라는 것을 보면서, 그리고 가까운 분들이 하나씩, 둘씩 세상을 떠나는 것을 보면서 양승훈은 늘 "인생이 무엇이며, 하나님 앞에서 산다는 것이 무엇인가?"라는 원초적인 질문을 던지면서 살아가고 있다. 앞으로 일찍 세상을 떠난 아버지나 누님을 생각하면서 이제는 자신도 언제든지 한국 남자들의 평균 수명을 채우지 못한 채 죽을지 모른다는 생각을 하기도 한다.

하지만 하나님의 이른 부름이 없다면 양승훈은 지금처럼 VIEW에서 세계관과 창조론에 관한 글을 쓰면서, 후배들을 가르치면서, 그리고 뒤

늦게 대학 캠퍼스에서 시작한 쥬빌리 채플에서 설교도 하며 남은 인생을 살 것이다. 근래에는 더 많은 일을 하려고 애쓰기보다 하나님 앞에 서게 될 자신을 돌아보는 것이 점점 더 중요하게 생각되는 것을 보니 이젠 조금씩 철이 드는 모양이다.

다중격변 창조론

양승훈 지음

초판1쇄 2011년 3월 5일

발행처   SFC 출판부
총 판   하늘유통(031-947-7777)
인 쇄   (주)일립인쇄

137-040 서울특별시 서초구 반포4동 58-5 2층 SFC출판부
TEL (02)596-8493   FAX (02)596-5437
ISBN 978-89-93325-40-9   03230

값 18,000원
독자의 의견을 기다립니다.
www.sfcbooks.com

□잘못 만들어진 책은 언제든지 교환해 드립니다.